中华文化促进会编纂

儒释道 600 条

主编 王 石

海南出版社
·海口·

图书在版编目 (CIP) 数据

儒释道 600 条 / 中华文化促进会编纂；王石主编
. —— 海口：海南出版社，2023.2（2024.9 重印）.
　ISBN 978-7-5730-1011-7

　Ⅰ.①儒… Ⅱ.①中… ②王… Ⅲ.①中华文化－通
俗读物 Ⅳ.① K203-49

中国版本图书馆 CIP 数据核字 (2023) 第 009645 号

儒释道 600 条
RU SHI DAO 600 TIAO

作　　者：中华文化促进会　王 石
出 品 人：王景霞
责任编辑：闫 妮
特约编辑：江 力
装帧设计：MM末末美书
责任印制：杨 程
印刷装订：炫彩（天津）印刷有限责任公司
读者服务：唐雪飞
出版发行：海南出版社
总社地址：海口市金盘开发区建设三横路 2 号
邮　　编：570216
北京地址：北京市朝阳区黄厂路 3 号院 7 号楼 101 室
电　　话：0898-66812392　010-87336670
电子邮箱：hnbook@263.net
经　　销：全国新华书店
版　　次：2023 年 2 月第 1 版
印　　次：2024 年 9 月第 2 次印刷
开　　本：880 mm×1 230 mm　1/32
印　　张：27
字　　数：456 千字
书　　号：ISBN 978-7-5730-1011-7
定　　价：128.00 元

《儒释道600条》编纂委员会

主　任：高占祥

编　委：金坚范　张玉文　张圣洁　江　力

主　编：王　石

执　行：林　争

《四书五经语录》

编　著：张圣洁　张国动　于振富　闫立君

《老庄语录》

编　著：张圣洁　刘汛涛　闫立君

《禅语录》

编　著：刘鹿鸣　包胜勇

诵　读：张玉文　马　耘　左润英

编　务：曹文霆　刘梦莹

音频后期制作：王　宝

书前语

○王石

　　这本语录体的书前后编纂了八九年，很费了一番工夫。一是选。因为我们的主张乃选择性传承，所以选什么不选什么就必须斟酌。二是注。注出自汉代，可知汉人已读不懂春秋时代的经典，况论今人？几位分卷编者实在功不可没。三是诵。诵是有声的阅读。听到张玉文、马耘、左润英三位诵者的语音语调，抑扬顿挫，该记住的、该懂得的，也就八九不离十了。为这本书问世做出努力的还不止以上三个方面，在此一并谢过！

编辑说明

○张圣洁

　　本书编纂构思、编选方法及编写特点如下：

　　（一）选择语录体。基于两点考虑：一是原文文字多而艰深，而许多读者尤其是领导干部工作繁忙，应酬多，时间呈"碎片化"，不可能沉得下心，坐得下来，捧着这些厚重的鸿篇巨制读下去。选择语录体，不拘地点，不限时间，见缝插针，抓个三五分钟就可以读上一两段，而各条语录之间没有内容上的紧密联系，一条一义，不必顾虑没有连续阅读造成理解上的支离破碎；二是语录体的典籍古已有之，如《论语》、南宋朱熹《朱子语类》、明朝王阳明《传习录》均是。语录体便于携带，便于记诵，便于引述，也便于学以致用。

　　（二）注重选条的全面性、科学性，兼顾其借鉴意义。选编这本语录，意在使广大读者和各级领导干部全面了解中华传统文化的主流，理解其精髓，从而掌握传统文化的本质；同时，广泛吸收其营养，全面提高自己的文化素养、道德水平，增长处世智慧和执政能力。

所选段落以各经为单元编排，大体以文段的先后为序，但考虑到同一经内选条内容的一致性或相关性，我们对选条的排序做了微调。如《易经》中，将分属乾卦和坤卦的"天行健，君子以自强不息"和"地势坤，君子以厚德载物"两条合为一条。又，将有关当政者先正己而后正人的三段论述并为一条，从而加重了论述的分量。

（三）设置"提要"一栏。提要的内容及写法不拘一格，有的是对选条某些文句的串讲，有的是对选条微言大义的挖掘，有的是对重要选条之意义的阐述，有的则是为选条补充必要的背景材料或一些生动的例证。

（四）根据国学注重诵读的特点，为了帮助广大读者扫除诵读障碍并准确理解文意，我们在注释和提要中对原文的下列情况做了加注汉语拼音并附直音（同音字）的技术处理。

（1）"碏、阋、訾、颥、镃、逳、虺"等在现代汉语中难得一见的生僻字、繁难字。

（2）容易误读的多音字及与习见读音不同的字，如"鲜（xiǎn 显）不及""德不称（chèn 衬）""其臭（xiù 秀）如兰"等。

（3）姓氏、人名、书名、篇名等特殊读音，如"召（shào 绍）公""皋陶（yáo 摇）"《论（lún 仑）语》和"《小雅·常棣（táng dì 唐弟）》"等。

鉴于当今汉字读音变化较大的状况，我们从人性化的角度考虑，标音不避重复。

（五）对选条做了简明注释；同时，对文言文中特殊的语法现象予以提示，如指出古今字、通假字的对应关系。例：

（1）"诲女知之乎"。女：通"汝"。

（2）"拂士"。拂：同"弼"。

（3）"众星共之"。共："拱"的本字，环抱，环绕。"俭，德之共也"。共：同"洪"，大。

目录

四书五经语录

老庄语录

禅语录

四书五经语录

序

○高占祥

2009 年春，时任中央政治局常委、中央党校校长习近平同志，曾经专门讲到领导干部读书问题，其中特别强调了中华文化典籍的阅读。他认为"读书、修身、立德不仅是立身之本，更是从政之基"。那年 3 月，习近平同志在和我的一次谈话中也特别说到这一看法，并希望中华文化促进会能编选一些好的读本。

而今，《四书五经语录》能在党的十八大胜利召开之后问世，实在是让人高兴！

众所周知，儒家学说作为中华文化的主流思想，历来重视人格修养，包括政治伦理中的道德修养。而"四书""五经"则是体现上述思想的经典著作，其中所记述的以孔子、孟子为代表的古代思想家们对于人生与社会的思索，至今仍然闪烁着跨越时空的永恒的光芒！

这本"语录"，以"四书"(《论语》《孟子》《大学》《中庸》)、"五经"(《易》《书》《诗》《礼》《春秋》)为原本，以提升广大读者特别是领导干部的文化道德修养为目标，编选了"'四书'语录"和"'五经'语录"各一百条，并对各条做了简明注释和"提要"。而以"语录"方式刊行，一方面是为了适应当今广大读者特别是领导干部阅读时间"碎片化"的特点，便于读者习记；另一方面，"语录体"也是中国书籍的编纂特色之一，如《论语》以及宋代朱熹的《朱子语类》、明代王阳明的《传习录》，均是言简意赅、哲思隽永的言谈口语，向为历代读者所注重。当然，如果因为阅读这本"语录"而引发同志们研读中华文化典籍的兴趣，那就更让人感到欣慰！

　　感谢王石、张圣洁以及各位同人的努力，感谢海南出版社的良好合作，更感谢钱逊、刘景禄等专家学者以及滦南、南通、西安、杭州四地同志在本书试读、征集意见过程中所给予的热情支持。

　　是为序。

写于 2013 年

[作者为中华文化促进会名誉主席，第八、九、十届全国政协常委，原文化部常务副部长，中国文联原党组书记]

「四书」语录

100 条

"四书"简介

"四书",指《论语》《孟子》《大学》和《中庸》。

《论语》是孔子及其部分弟子言行的汇编,由孔子弟子及再传弟子辑录整理。全书二十篇,五百一十二章,是研究孔子及儒家思想的主要资料。《论语》的哲思博大精深,大至治国,小至日常起居,无不蕴含着精警的启迪,反映了孔子在社会、政治、哲学、伦理、教育诸多方面的真知灼见。其人文思想的光华,烛照千古,成为中华民族传统文化的重要标志。自西汉以来,《论语》一书就被那些追求理想人格,并以"修(身)齐(家)治(国)平(天下)"为人生最高目标的读书人奉为经典和行为准则。《论语》的思想,对于我们在今天这个伟大时代依法治国、以德治国、建立和谐社会,仍具有积极的意义。

《孟子》是记述儒家重要代表人物孟轲言行的著作，共七篇，二百六十章。《孟子》继承了《论语》中孔子关于"仁"的道德修养的论述，并发展为服务于政治统治的"仁政"学说。他认为"民为贵，社稷次之，君为轻"，人性本善，主张"以不忍人之心（怜悯之心），行不忍人之政（怜悯体恤百姓的政治）"。孟轲的地位在宋代以前并不很高。自韩愈的《原道》将孟子列为先秦儒家中唯一继承孔子"道统"的人物开始，孟子的地位才逐渐提升。《孟子》在宋代被奉为"经"，其人在元代被奉为"亚圣"，配享孔庙，地位仅次于孔子，其思想与孔子思想合称"孔孟之道"。到了明代，《孟子》"民贵君轻"的观点惹恼了当朝皇帝朱元璋，他下令将孟子的牌位逐出孔庙，并大肆删削《孟子》的有关章节。朱元璋的做法，从反面说明了孟子民本思想的价值。

《大学》和《中庸》原为《礼记》中的两篇，其作者迄无定论。最初是北宋理学家程颢、程颐兄弟把它们从《礼记》中抽出，加以改编，使之独立成篇；南宋理学家朱熹又进行加工，作成章句，并把它们与《论语》《孟子》合编为《四书章句集注》（简称《四书集注》）。从此，这两篇进入儒家经典行列。

对《大学》一篇，朱熹做了重新编排整理，并补上"传（zhuàn 赚，解释经文的著作）"中所缺"格物致知"一章，分成"经"一章，"传"十章。朱熹说："经一章，盖孔子之言，而曾子述之；其传十章，则曾子之意，而门人记之也。"他认为，"大学"不同于"详训诂，明句读（dòu 豆）"，讲"洒扫、应对、进退"的"小学"，而是讲"穷理正心，修己治人"、治国安邦的"大人之学"。《大学》里面寄托了古人"内圣外王"的理想。

对《中庸》一篇，二程认为它是"孔门传授心法"的要籍，其理论性、思辨性高于其他三者。孔子之孙"子思恐其久而差也，故笔之于书，以授孟子"。《中庸》重点发挥孔子"过犹不及"的思想，要求人们追求"和而不流""中立不倚"的境界，力图使社会秩序恒常不变。"诚"是《中庸》的核心观念。"诚"在孔子的学说中，是人的一种品质，而《中庸》认为，"诚者，天之道也"，"真实无妄"是宇宙最真实的存在，"诚"已经成为重要的哲学概念了。

凝聚着先贤非凡智慧的"四书"，不单微言大义，富含哲理，也是古代士子们学习传统文化的入门书。《朱子语类》说四书"是"'六经'之阶梯"。到了元皇庆二年

（1313），这四部书对于安邦定国、选拔人才的重要性被进一步发现与重视，朝廷直接把它们定为考试科目，即考试必须在"四书"内出题，题意发挥则须以朱熹的《四书集注》为根据。不过，历史的天空变幻不定，近一个世纪以来，以"四书""五经"为主干的传统文化屡遭冷落，逐渐远离了大众的视野。但是，数千年来血脉不断，那些传统文化中修身处事的铮铮箴言，早已深入到中华民族的骨髓和血液之中。

今天，我们本着与时俱进的原则，编选出这本语录，为的是让广大读者特别是各级领导干部在对传统文化"管窥蠡测"的同时，再次咀嚼其中的微言大义，以收经世致用之效。

《论语》50条

◎第1条 《论（lún 仑）语·学而第一》

子①曰："学而时②习③之，不亦说乎④？有朋⑤自远方来，不亦乐乎？人不知而不愠⑥，不亦君子⑦乎？"

【注释】

①〔子〕古代对有地位、有学识、有道德修养的男子的尊称。《论语》中单提"子"字，一般指孔子。

②〔时〕以时，即在一定的或适当的时候。

③〔习〕一般解释为温习，但孔子教授的课业有些带有实践性，如礼、乐、射、御，所以此处的"习"也有实习、演习、练习等含义。

④〔不亦说（yuè 月）乎〕不是很让人高兴的事吗？不亦……乎，相当于"不也……吗""不是……吗"，表示委婉的反问语气。说：通"悦"，愉快，高兴。

⑤〔有朋〕旧注说，"同门曰朋"，即同学于一位老师门下称朋。后泛指志同道合的人或宾朋。

⑥〔人不知而不愠（yùn 运）〕别人不了解自己，也不气恼、怨恨。知：了解。愠：恼怒，怨恨。

⑦〔君子〕西周、春秋时对贵族的通称，春秋末年后逐渐成为有德者的称谓。

【提要】

这是《论语》开篇的第一章。开门见山便提"学"和"习"二字，是因为两者"乃入门之道、积德之基"（朱熹语），是达到"仁"的境界的先决条件。因此，"学"且"习之"自然成为一件让人高兴的事。同时，敞开大门，喜迎远方乃至异域的宾朋，切磋砥（dǐ 抵）砺，畅叙友谊，表现出一种博大的胸怀和开放的心态。

◎第 2 条 《论语·学而第一》

有子①曰："其为人也孝弟②，而好犯上者，鲜③矣；不好犯上，而好作乱者，未之有④也。君子务本⑤，本立而道⑥生。孝弟也者，其为仁之本与⑦！"

【注释】

①〔有子〕姓有，名若，字子有，鲁国人。孔子晚年最得意的弟子之一。

②〔孝弟（tì 替）〕孝：尽力奉养并顺从父母。弟：通"悌（tì 替）"，敬爱兄长。

③〔鲜（xiǎn 显）〕少。

④〔未之有也〕"未有之也"的倒装句，意为"没有这种情况"。之：代词，指"不好犯上，而好作乱者"。

⑤〔务本〕致力于根本。务：致力于。本：立身行事的根本。

⑥〔道〕在古人的思想体系中，"道"有很宽泛的含义。这里应指社会的道德规范、做人的基本准则。

⑦〔其为仁之本与（yú 于）〕（孝悌）也许就是实践仁德的开始吧！其：表示推测之词，也许，大概。为仁：行仁，实践仁德。仁，古代儒家的一种含义极广的道德范畴，其核心是"爱人"。与：通"欤（yú 于）"，语气助词。这里表示揣测语气。《四书章句集注》引程子对这句话的阐释说："谓行仁自孝弟始，孝弟是仁之一事。"

【提要】

有若提出，君子要在为人处（chǔ 楚）世的根本上狠下功夫，抓住了这个根本，立身行事的原则也就有了，而孝悌就是实践仁德的开始。

◎第3条 《论语·学而第一》

曾子①曰："吾日三省吾身②：为③人谋而不忠乎？与朋友交而不信乎？传④不习乎？"

【注释】

①〔曾（zēng 增）子〕姓曾，名参（shēn 深），字子舆（yú 于），鲁国人。孔子的弟子，是孔子思想的主要传承人之一。

②〔吾（wú 无）日三省（xǐng 醒）吾身〕我每天多次反省检查自己。省：检查，反省。"三省"还有两种解释：一是从三个方面检查反省，二是三次检查反省。一般认为"三"为古文中常见的虚数表示法，表示多次。

③〔为（wèi 未）〕替。

④〔传（chuán 船）〕传授。这里用作名词，指老师传授的知识和技能。孔子以"六艺（礼、乐、射、御、书、数）"教授学生。

【提要】

孔子把当政者或管理层要求的下对上要讲"忠、信"，拓展为人与人之间要讲诚信，从而使"信"与孝悌一样，也成为实践仁德的一个重要的道德规范。

◎第4条 《论语·学而第一》

子曰："道①千乘之国②，敬事③而信，节用④而爱人⑤，使民⑥以时。"

【注释】

①〔道（dǎo 蹈）〕通"导（繁体为'導'）"，治理，管理。

②〔千乘（shèng 剩）之国〕拥有一千辆兵车的诸侯国。乘：古时由四匹马拉着的一辆兵车叫一乘。古代的兵车，一乘有甲士三人、步卒七十二人、后勤人员二十五人，实际兵力为一百人。当时根据拥有兵车的多少来衡量一个诸侯国的强弱大小。诸侯国地盘方圆百里，有兵车千辆，称"千乘之国"。

③〔敬事〕严肃认真地对待工作。敬：严肃，慎重。

④〔用〕资财。

⑤〔人〕指各级官吏。

⑥〔民〕民众，百姓。

【提要】

严肃认真地对待工作，讲究信用；节约资财，并且爱护各级官吏；根据农时役使百姓：这是孔子为政治国思想的总纲，也是他对贤人政治的描绘。

◎第5条 《论语·学而第一》

子曰："弟子入①则孝，出则弟②，谨③而信，泛爱众而亲仁④。行有余力，则以学文⑤。"

【注释】

①〔入〕古代父子分别居处（chǔ 楚），"入"指进到父母住处，即在家的意思。

②〔弟〕通"悌"，见第2条注②。

③〔谨〕慎重小心，也表示郑重和恭敬。

④〔亲仁〕亲近有仁德的人。

⑤〔行有余力，则以学文〕厉行道德修养之外还有精力的话，就用来学习文献典籍、研究学问。文：文献典籍。

【提要】

孔子认为，作为弟子，修身先于、重于学文。孝悌谨信、博爱大众、亲近仁人等方面的道德修养应摆在首要的位置上。

◎第6条 《论语·学而第一》

有子曰："礼①之用，和②为贵。"

【注释】

①〔礼〕泛指奴隶社会贵族等级制的典章制度和道德规范。

②〔和〕恰当，适中，和谐。

【提要】

礼的运用以达致和谐为贵。孔子主张，在礼的规范和调节下，在人际乃至国家之间，处（chǔ 楚）理事务应适当、适中、不偏不倚，以达到和谐相处（chǔ 楚）的目的。所以，它还是一种关乎大局的思维模式。

◎ 第7条 《论语·学而第一》

子曰："君子食无求饱，居无求安①，敏于事②而慎于言，就有道而正焉③，可谓好学也已。"

【注释】

①〔食无求饱，居无求安〕饮食不追求过分饱足，居住不追求过分安逸。饱：饱足。安：安逸。

②〔敏于事〕做事勤奋努力。敏：勤勉，勤奋努力。于：在……方面。

③〔就有道而正焉〕向道德高尚的人看齐，纠正自己

的错误。就：靠近，凑近。有道：指注意思想修养而道德高尚的人。正：纠正，匡（kuāng 筐）正。

【提要】

所谓好学，绝不单纯指喜好读书。在物质生活上坚持低标准，在做人做事上坚持高标准，勤勉谨慎，见贤思齐，同样是好学，同样会促使精神和生命的升华。

◎第8条 《论语·学而第一》

子曰："不患①人之不己知②，患不知人也。"

【注释】
①〔患〕忧虑，担忧。
②〔不己知〕"不知己"的倒装形式。

【提要】

无须担忧别人不了解自己，"不知人"才真的值得担忧。对于当政者或管理层来说，"不知人"会导致忠奸不辨，贤愚不分，贻误大事。

◎第9条 《论语·为政第二》

子曰:"为政以德①,譬如北辰②居其所而众星共③之。"

【注释】

①〔为政以德〕即"以德为政",依靠道德教化来治理国家。以:用,凭借,依靠。

②〔北辰〕即北极星。

③〔共(gǒng 巩)〕"拱"的本字,环抱,环绕。

【提要】

孔子认为,以德治国的领导者,一定会受到人民的拥戴,这就像北极星处(chǔ 楚)在它自己的位置上,而群星环绕在它的周围一样。

◎第10条 《论语·为政第二》

子曰:"道之以政①,齐之以刑②,民免而无耻③;道之以德,齐之以礼,有耻且格④。"

【注释】

①〔道（dǎo 蹈）之以政〕即"以政道（导）之"，用法制政令来引导百姓。道：通"导"。

②〔齐之以刑〕即"以刑齐之"，用刑律来约束他们。齐：使一致，使整齐。

③〔民免而无耻〕百姓虽能免于犯罪，但无羞耻之心。免：先秦古书中单用"免"字，应为免罪、免刑、免灾、免祸等意思。

④〔有耻且格〕有知耻之心，而且人心归服。格：归服。一说，"格，至也，至于善也"；一说，"格，正也，《书》曰：'格其非心。'"

【提要】

用道德教化和礼义来引导、约束民众，民众才会有羞恶（wù务）之心，自觉地奉公守法。

◎第11条 《论语·为政第二》

子曰："吾十有①五而志于学②，三十而立③，四十而不惑④，五十而知天命⑤，六十而耳顺⑥，七十而从心所欲，不逾矩⑦。"

【注释】

①〔有（yòu 幼）〕通"又"，表示整数之外再加上零数。在古文中用于整数和比它小一位的数字之间。

②〔志于学〕立志于做学问。

③〔立〕自立。

④〔不惑〕指对立身处（chǔ 楚）世的原则心中有数，不再疑惑。

⑤〔天命〕上天的旨意。应指人世间事物的发展规律。

⑥〔耳顺〕能透彻地理解所听到的各种话（真话、假话，好话、坏话）。一说，能够听得进不同的意见。

⑦〔逾矩（yú jǔ 于举）〕超越法度。逾：超越，越过。矩：规矩（ju 居），法度。

【提要】

孔子一生都在刻苦学习，探索事物的发展规律，认真实践，不断完善自己的人格。

◎第 12 条 《论语·为政第二》

子贡问君子①。子曰："先行其言而后从之。"

①〔子贡问君子〕子贡问怎样做才算得上一位君子。
子贡：复姓端木，名赐，字子贡，卫国人。孔子的弟子。
孔子对他的器重程度仅次于对颜回。

【提要】

先把要说的事做好，然后再说出来，这样先做后说，
比"言必信，行必果"更能取信于人。

◎第13条 《论语·为政第二》

子曰："学而①不思则罔②，思而不学则殆③。"

【注释】

①〔而〕却。

②〔罔（wǎng 网）〕通"惘（wǎng 网）"，迷惑。

③〔殆（dài 带）〕疑惑。

【提要】

这是孔子对学与思的辩证关系的阐释。学习是一个
不断思考、认知的过程；思考是学习的深化，是认知的
必由之路，是把书本读懂、读活而使之为我所用的关键。
只读不思，人云亦云，必"罔"无疑；当然，学是思的

基础，只有不断地学得新知识、了解新思想，才能使思维更准确、更深刻、更富于创造性。

◎第14条 《论语·为政第二》

子曰："由①！诲女②知之乎！知之为知之，不知为不知，是知也③。"

【注释】

①〔由〕姓仲，名由，字子路，又叫季路，鲁国人。孔子的弟子。为人坦诚直爽，有行政才干，是孔子最坚定的捍卫者。

②〔诲（huì 汇）女（rǔ 乳）〕诲：教导。女：通"汝"，你。

③〔是知（zhì 至）也〕这（种态度）是聪明的。是：指示代词，这，此。知：通"智"，聪明。

【提要】

孔子教育学生，学习必须持老老实实的态度，不可强（qiǎng抢）不知以为知，自欺欺人。

◎第15条 《论语·为政第二》

哀公①问曰:"何为②则民服?"孔子对曰③:"举直错诸枉④,则民服,举枉错诸直,则民不服。"

【注释】

①〔哀公〕春秋时鲁国的最后一位国君。姬姓,名蒋,"哀"是谥(shì 士)号〔古代帝王、贵族、大臣或其他有地位的人死后被加封的带有褒(bāo 包)贬意义的称号〕。

②〔何为(wéi 围)〕怎样做。

③〔对曰〕《论语》中记载对国君及上位者问话的回答都用"对曰",以表示尊敬。

④〔举直错诸枉(wǎng 往)〕把正直的人提拔起来,安排在奸邪小人之上。错:通"措",放置,安排。诸:"之于"的合音。枉:弯曲或歪斜。这里借指心术不正的奸邪小人。

【提要】

在用人上,"举直错诸枉",任人唯贤,才能使下属和百姓心服口服。

◎第16条 《论语·为政第二》

子曰："人而无信，不知其可①也。"

【注释】

①〔不知其可〕不知道那怎么可以。

【提要】

诚信是一个人安身立命的根基。如果没有这个根基，人怎么能在社会上站得住脚、吃得开呢？

◎第17条 《论语·八佾（yì义）第三》

子入太庙①，每事问。

【注释】

①〔太庙〕古代开国的君主叫太祖，供奉祭祀太祖的庙叫太庙。周公（姬姓，名旦，周文王的儿子，武王的弟弟，成王的叔叔）是鲁国最先受封的君主，所以供奉祭祀他的庙也叫太庙。

【提要】

人生在世，不懂的东西很多，正确的态度是"知之

为知之，不知为不知"，是不耻下问、"学而不厌"。孔子本是礼学专家，但他初入太庙参加祭祀时，不懂就问，而且每事必问，足见其注重调查研究的求实作风和学而不厌的求知态度。

◎第18条 《论语·里仁第四》

子曰："富与贵，是人之所欲也；不以其道得之①，不处②也。"

【注释】

①〔不以其道得之〕不是通过正当的途径和方法去获得它（指"富与贵"）。

②〔处（chǔ 楚）〕这里是接受的意思。

【提要】

人人想望富有（发财）和显贵（升官），但必须取之有道。

◎第19条 《论语·里仁第四》

子曰："见贤思齐①焉，见不贤而内自省②也。"

①〔齐〕同样，一致。

②〔内自省（xǐng 醒）〕内心自我反省。

【提要】

这是"以人为镜"的道德修养模式。

◎第20条 《论语·公冶长第五》

子谓子产①，"有君子之道四焉②：其行己也恭，其事上也敬，其养民也惠，其使民也义"。

【注释】

①〔子产〕复姓公孙，名侨，字子产，郑国贵族。春秋末期杰出的政治家，曾担任过郑国的正卿（相当于后世的宰相）。

②〔有君子之道四焉〕具有君子的四种道德品行。这里的"君子"当指掌握实权的臣属。

【提要】

要求自己谦逊谨慎，侍奉君主恭顺敬业，养育百姓注意给（jǐ己）予实惠，役使百姓合乎道义、时宜，这应该是执掌重权之臣必须具备的"官德"。

◎第21条 《论语·公冶长第五》

子路^①曰："愿闻子之志^②。"
子曰："老者安之^③，朋友信之^④，少者怀之^⑤。"

【注释】

①〔子路〕即孔子的弟子仲由。见第14条注①。
②〔愿闻子之志〕希望听听老师您的志向。
③〔老者安之〕（我愿）使老年人安乐。
④〔朋友信之〕使朋友之间互相信赖。
⑤〔少者怀之〕使年轻人得到关怀。

【提要】

这是孔子在和他的弟子颜回、仲由闲谈各自的志向时所说的一段话，是孔子执着于"仁"的理念和大同世界的具体体现。"要多谋民生之利，多解民生之忧""学有所教、劳有所得、病有所医、老有所养、住有所居"，不正是先哲所追求的理想境界吗？

◎第22条 《论语·雍也第六》

子曰："贤哉，回也^①！一箪食^②，一瓢饮，

在陋巷③，人不堪④其忧，回也不改其乐。贤哉，回也！"

【注释】

①〔贤哉，回也〕颜回真是贤良啊！回：姓颜，名回，字子渊，又称颜渊，鲁国人。聪颖好学，闻一知十，对孔子及其学说怀有深厚的崇爱之情，是孔子最得意的弟子。早逝。被后世尊为"复圣"。

②〔一箪（dān 丹）食〕一竹筒饭菜。箪：古代盛饭用的小而圆的竹器。食：旧读 sì，食物，饭菜。

③〔陋巷〕简陋狭小的宅子。巷，宅屋（一般误为"巷子"）。

④〔堪〕忍受。

【提要】

有了崇高的志向、坚强的意志、充实的精神世界，才能安贫乐道。

◎第23条 《论语·雍也第六》

夫①仁者，己欲立而立人②，己欲达③而达人。

【注释】

①〔夫（fú 扶）〕句首语气词，没有实在意义。

②〔己欲立而立人〕自己想建功立业，也帮助别人建功立业。立人：使人立，使别人建功立业。

③〔达〕（事事）畅达。

【提要】

这句话道出了实现人与人之间和谐关系的一条重要原则，是孔子施行仁德的具体体现。

◎第24条 《论语·述而第七》

子曰："默而识①之，学而不厌②，诲人不倦，何有于我哉③？"

【注释】

①〔识（zhì 至）〕通"志"，记住。

②〔厌〕同"餍（yàn 艳）"。本义是饱足，引申为满足。

③〔何有于我哉〕即"于我何有哉"，对我来说有什么困难呢？何有：即"有何"，有什么（困难）。一说，（这三条）我做到了哪些呢？

【提要】

这种治学和育人的态度，真实地记录了教育家孔子的为人，对后世影响深远。

◎第25条 《论语·述而第七》

子曰："三人行，必有我师焉①。择其善者而从之②，其不善者而改之。"

【注释】

①〔必有我师焉〕其中必定有人可以做我的老师。焉：于此，在这（三人）之中。

②〔从之〕跟他们学习（这些优点）。从：跟从。之：指"其善者（他们的优点）"。

【提要】

老师就在身边，就在群众之中。要以人为镜，学其所长，避其所短。

◎第26条 《论语·泰伯第八》

曾子曰："士不可以不弘毅①，任重而道远。仁以为己任②，不亦重乎？死而后已③，不亦远乎？"

【注释】

①〔弘毅〕弘：宽广，宏大。毅：刚毅，坚强。

②〔仁以为己任〕即"以仁为己任"，把实现"仁"看成自己的责任。

③〔已〕停止。引申为罢休。

【提要】

士人的心胸必须开阔，意志必须坚强，因为他们要为实现儒家的理想境界——"仁"而奋斗终身，所担负的责任实在重大，而且路途实在遥远。

◎第27条 《论语·泰伯第八》

子曰："如有周公之才之美①，使骄且吝②，其余不足观也已。"

【注释】

①〔美〕美好。一说指美貌。宋·邢昺（bǐng 丙）《论语正义》（又名《论语注疏》）曰："周公，周公旦也。大圣之人也，才美兼备。"

②〔使骄且吝〕如果他骄傲自满而且吝啬。使：假设，假使，如果。

【提要】

"骄"是败事的前因，"吝"是贪渎（dú 毒）的根源。一个人只要沾上了这两个字，即使再有才能，也没有什么值得一看的地方了，因为衡量一个人的好坏，道德品质的优劣是居于首位的。

◎第28条 《论语·子罕第九》

子绝四①：毋意②，毋必③，毋固，毋我。

【注释】

①〔子绝四〕孔子（在自身修养方面）戒绝四种毛病。绝：戒绝，克服。

②〔毋（wú 无）意〕不主观臆断。毋：不要。意：同"臆"，主观揣测，猜想。

③〔必〕绝对肯定。

【提要】

在自身修养方面，克服主观臆断、绝对肯定、固执己见和唯我独尊这四种毛病，才能完善道德，养成高尚的人格。

◎第29条 《论语·子罕第九》

子曰："三军①可夺②帅也，匹夫③不可夺志也。"

【注释】

①〔三军〕按周朝的军制，天子有六军，诸侯大国可有三军。一军为一万二千五百人。春秋时，大国多设三军，如晋国称中军、上军、下军，楚国称中军、左军、右军。

②〔夺〕使失去。

③〔匹夫〕古时指平民中的男子。

【提要】

以三军主帅可夺而匹夫之志不可夺，勉励世人确立理想，坚守信念，保持气节，坚定不移。

◎第30条 《论语·子罕第九》

子曰："岁寒①，然后知松柏之后凋②也。"

【注释】

①〔岁寒〕一年到了最寒冷的日子。

②〔凋〕凋谢。草木花叶脱落。

【提要】

"疾风知劲（jìng 敬）草。"只有在艰难困苦的环境中，才能看出一个人的意志品质。

◎第31条 《论语·颜渊第十二》

子曰："克己复礼为仁。一日①克己复礼，天下归仁②焉。"

子曰："非礼勿视，非礼勿听，非礼勿言，非礼勿动。"

【注释】

①〔一日〕一旦。

②〔天下归仁〕天下的人都会赞许你是仁人。归：意思同"与（yǔ 雨）"，即赞许、称赞。

【提要】

孔子要求人们克制一己的私欲，使"视听言动"都回复到周礼所规定的范围内。礼的内涵在现代社会中，可引申为人与人之间尊卑长幼的秩序和待人接物的规范与规定。

◎第32条 《论语·颜渊第十二》

司马牛①忧曰："人皆有兄弟，我独亡②。"子夏③曰："……君子敬而无失④，与人恭而有礼。四海之内，皆兄弟也。"

【注释】

①〔司马牛〕复姓司马，名耕，一名犁，字子牛，宋国人。孔子的弟子。相传是宋国大夫桓魋（tuí 颓）的弟弟。

②〔我独亡（wáng 吴）〕司马牛有兄弟四人。据《左传·哀公十四年》载，桓魋在宋国作乱，司马牛的几个兄弟参与其中，失败而死，桓魋逃亡。司马牛不赞成且未参与其兄弟的作乱，但也被迫逃亡到鲁国。司马牛名义上有兄弟，实际上等于没有，因此发出"我独亡"的忧叹。亡，通"无"。

③〔子夏〕姓卜，名商，字子夏，卫国人。孔子的弟子。以文学著称。精通"六经"，对《春秋》一书尤多创见，历史上称他为"传经之儒"。

④〔无失〕没有过失，不出差错。一说，通"毋佚（yì义）"，不轻忽放纵。无，通"毋"，不要；失，通"佚"，与"敬（严肃认真）"的意思相反，轻忽，放纵。

【提要】

子夏对发愁没有兄弟的司马牛说："只要你做事严肃认真而没有过失，对人恭敬，依礼而行，那么，天下到处都是你的兄弟。"

◎第33条 《论语·颜渊第十二》

自古皆有死，民无信不立①。

【注释】

①〔民无信不立〕如果人民对当权者不再信任，那么国家就维持不住了。

【提要】

儒家认为，对于一个国家来说，取信于民比充足的粮食和军备还重要。

◎第34条 《论语·颜渊第十二》《论语·子路第十三》

　　子张①问政。子曰:"居之无倦,行之以忠②。"
　　子路问政。子曰:"先之③,劳之④。"请益⑤。曰:"无倦。"

【注释】

　　①〔子张〕复姓颛(zhuān专)孙,名师,字子张,陈国人。孔子的弟子。孔子去世后,他在陈国聚徒设教,自成学派,被韩非列为儒家八派之首。

　　②〔居之无倦,行之以忠〕居官不可懈怠,执行政令要忠诚。

　　③〔先之〕先于下属和百姓,做在他们的前头,即率先垂范。

　　④〔劳之〕慰劳(鼓励)下属和百姓。劳:旧读为lào,慰劳(鼓励)。一说,"劳之"指"使之劳",也就是使下属和百姓勤劳地工作。

　　⑤〔请益〕请求多讲一些。益:增加。

【提要】

当政者或管理层人士必须勤勉而不懈怠，忠实地执行政令和规约，率先垂范，适时地对下属和百姓予以鼓励。

◎ 第35条 《论语·颜渊第十二》《论语·子路第十三》

季康子①问政于孔子。孔子对曰："政者，正也。子帅②以正，孰③敢不正？"

子曰："其身正，不令而行④；其身不正，虽令不从⑤。"

子曰："苟正其身矣，于从政乎何有⑥？不能正其身，如正人何⑦？"

【注释】

①〔季康子〕复姓季孙，名肥，"康"是谥号。春秋时鲁国大夫（fū 肤）。鲁哀公时担任正卿，是当时鲁国政治上最有权力的人。

②〔帅〕同"率"，带头。

③〔孰（shú 熟）〕谁。

④〔不令而行〕即使不发号施令，百姓也会照着去做。

⑤〔从〕听从。

⑥〔于从政乎何有〕在治理政事时还能有什么困难呢？何有：有什么（困难）呢？

⑦〔如……何〕怎么能……呢。

【提要】

正人先正己，治民先治官。要求别人做到的，领导者或管理层首先要做到；要求别人不做的，领导者或管理层首先不去做。这样以身示范，做好榜样，何愁政风不正、下属和百姓不从？

◎第36条 《论语·子路第十三》

仲弓为季氏宰①，问政。子曰："先有司②，赦小过，举贤才。"

【注释】

①〔仲弓为（wéi 唯）季氏宰〕冉雍担任季氏的总管。仲弓：姓冉，名雍，字仲弓，鲁国人。孔子的弟子。孔子把他列入德行科，并认为他凭才干可以主持一个国家的工作。宰：总管。

②〔先有司〕先于主管部门。古代设官分职，各有专司，故称主管部门为"有司"。司：主管。

【提要】

（凡事）给下属部门带头，宽恕他们小的过错，提拔德才兼备的下属，这是领导者或管理层调动下属工作积极性、保证令行禁止的重要措施。

◎第37条 《论语·子路第十三》

子适卫①，冉有仆②。子曰："庶③矣哉！"冉有曰："既庶矣，又何加焉？"曰："富之。"曰："既富矣，又何加焉？"曰："教之。"

【注释】

①〔适卫〕到了卫国。适：到……去。

②〔冉有仆（pú菩）〕冉有为孔子驾车。冉有：名求，字子有，鲁国人。孔子的弟子。仆：驾车的人。这里指为……驾车。

③〔庶〕众多。这里指人口众多。

【提要】

孔子认为，一个地区或国家拥有众多的人口，经济繁荣了，生活富裕了，必须抓紧对百姓的教化。这种关乎民族素质提高和国家长治久安的富民教民政策，充分体现了儒家的治国方略。

◎第38条 《论语·子路第十三》

子曰："无欲速①，无见小利。欲速则不达，见小利则大事不成。"

【注释】

①〔无欲速〕不要图快，即不要急于（在短时间内）很快做出政绩。

【提要】

子夏做了鲁国莒父（jǔ fǔ 举府）这座城邑的长官，他向老师请教如何施政，孔子回答了这两句话。从政是关乎国计民生的大事，不可急于建功邀名、贪小利而坏大局。

◎第39条 《论语·子路第十三》

子曰："君子和而不同①，小人同而不和。"

【注释】

①〔君子和而不同〕君子能与人和谐相处（chǔ 楚），却不肯盲目附和（别人的主张）。"和"与"同"是春秋时期常用的两个概念。和：和谐，调和，指以义相交，能提出自己的正确意见来纠正他人的错误意见，像烹饪时调和五味、弹琴时八音克谐那样，融合不同性质的各种因素，使持不同看法的人和谐相处。同：同一，指以私利相勾结，不分是非曲（qū 屈）直，盲目附和（hè 贺）甚至曲（qū 屈）意迎合（别人错误的主张）。

【提要】

以义相交，能提出自己的正确意见来纠正他人的错误意见，和谐相处却不丧失原则立场，是政治成熟、负责任的表现；而以私利相勾结，抛弃正义的原则，同流合污，最终分崩离析，则是卑劣小人的无耻行径。

◎第40条 《论语·卫灵公第十五》

子曰："君子不以言举人①，不以人废言②。"

【注释】

①〔以言举人〕仅凭某人的言论而举荐或提拔他。

以：因，凭，依据。

②〔以人废言〕因为某人有缺点、错误而拒不采纳他的正确言论、意见。

【提要】

"有言者不必有德"，所以举荐人才、提拔下属不能只听他怎么说，还要看他怎么做。"不以人废言"则不会堵塞（sè色）言路。

◎第41条 《论语·卫灵公第十五》

子贡问曰："有一言①而可以终身行之者乎？"子曰："其恕乎②！己所不欲，勿施于人③。"

【注释】

①〔一言〕汉语的一个字叫一言。言：字。

②〔其恕乎〕也许就是恕吧！其：表示推测之词，也许，大概。恕：谓推己及人，以仁爱之心待人。一说，恕：宽容。

③〔己所不欲，勿施于人〕自己不愿意的事情，不要强加给别人。

【提要】

"恕道"是孔子将心比心处理人际关系的一生不变的
准则。"己所不欲，勿施于人"这句话，国人无不熟悉，
但很少有人知道它的世界影响。明末意大利传教士利玛
窦把"四书""五经"翻译成拉丁文；法国启蒙运动领
军人物伏尔泰看到这句话后，大为兴奋，把它称为"金
律"，并作为自己的座右铭。后来这句话被写进法国大革
命的《人权宣言》中。19世纪德国著名哲学家路德维
希·费尔巴哈评价道："中国的圣人孔子说……'己所
不欲，勿施于人'……在许多由人们思考出来的道德原
理和训诫中，这个朴素的通俗的原理是最好的、最真实
的，同时也是最明显，而且最有说服力的。因为这个原
理诉诸人心，因为它使自己对于幸福的追求服从良心的
指示"，是"健全的、纯朴的、正直的、诚实的道德，是
渗透到血和肉中的人的道德，而不是幻想的、伪善的、
道貌岸然的道德"。

◎第42条 《论语·卫灵公第十五》

子曰："知及之①，仁不能守之，虽②得之，
必失之。知及之，仁能守之，不庄以莅之③，则

民不敬。知及之，仁能守之，庄以莅之，动之^④不以礼，未善也。"

【注释】

①〔知（zhì 至）及之〕依靠聪明才智得到它。知：通"智"，指聪明才智。及：本义为追上，这里是得到的意思。之：它，代指职位、政权等。

②〔虽〕即使，纵然。

③〔庄以莅（lì 立）之〕即"以庄莅之"。用庄重严肃的态度对待自己得到的这个职位（掌握的这个政权）。莅：临，面对。这里指临民，即行使权力，治理百姓。

④〔动之〕动：行动。之：语气助词，没有实在意义。

【提要】

孔子认为，治理天下、巩固政权，不能单靠聪明才智，必须用仁德守住它、强化它，用庄重严肃的态度对待它，以求得百姓的尊敬和信服；在此基础上，再用礼来调和并完善施政的措施，才能收到理想的效果。

◎第43条 《论语·季氏第十六》

丘也闻^①有国有家者^②，不患寡而患不均，不

患贫而患不安③。盖均无贫，和无寡，安无倾④。

【注释】

①〔丘也闻〕我孔丘听说。丘：孔子名丘。这里是孔子自称。也：表示句中停顿的语气词，没有实在意义。

②〔有国有家者〕指诸侯和大夫。国：指周天子分封的诸侯国。家：古代大夫的家族，不是现代意义的家庭。

③〔"不患寡"二句〕据清代学者俞樾（yuè 月）考证（见于其所著《群经平议》），原文应是"不患贫而患不均，不患寡而患不安"（西汉·董仲舒《春秋繁露·度制》和《魏书·张普惠传》引用这两句话即如此），即不怕财富少，就怕分配不均匀，不怕百姓人口少，就怕社会不安定。

④〔盖均无贫，和无寡，安无倾〕因为财富分配均匀了，就无所谓贫穷；国内和家族内部和睦团结了，就不显得人少势弱；社会安定了，就没有倾覆的危险了。盖：推测原因之词。

【提要】

促进社会分配公平，缩小贫富差距，以求"上下相安"（朱熹语），社会也就稳定了。

◎第44条 《论语·季氏第十六》

孔子曰:"益者三友,损者三友。友直,友谅①,友多闻,益矣。友便辟②,友善柔③,友便佞④,损矣。"

【注释】

①〔谅〕诚实。

②〔便辟(pián pì 胼譬)〕习惯于装腔作势摆样子,内心却邪恶不正。辟:通"僻",邪僻。

③〔善柔〕假作和颜悦色,谄媚奉承。

④〔便佞(pián nìng 胼泞)〕善于花言巧语,取媚于人。

【提要】

交友必先识友。孔子主张要交正直、诚信、见多识广的"益友",不交"便辟""善柔""便佞"的"损友"。

◎第45条 《论语·阳货第十七》

子张问仁于孔子①。孔子曰:"能行②五者于天下,为仁矣。"

"请问之③。"曰:"恭,宽,信,敏,惠④。恭则不侮,宽则得众,信则人任焉,敏则有功,惠则足以使人⑤。"

【注释】

①〔问仁于孔子〕向孔子请教怎么做才算仁。问:询问,请教。于:向。

②〔行〕实行,实践。

③〔请问之〕(子张说:)"请问是哪五项。"之:指上句所说的"五者"。

④〔惠〕慈惠;对下属和百姓施以恩惠。

⑤〔使人〕役使下属和百姓。使:差遣,支使,役使。人:指下属官吏及百姓。

【提要】

这是孔子从为官从政的角度对仁的解释。恭敬、宽厚、诚信、勤敏、慈惠是仁德的外在表现。态度恭敬就不会招致侮辱,宽厚待人就会赢得民众的拥护,诚信就能得到他人的任用,勤勉做事就会有所成就,对下属和百姓施以恩惠就能役使他们。总之,能够做到这五点,就一定会得到下属和百姓的拥戴。当然,这也应该是做人做事的基本要求。

◎第46条 《论语·微子第十八》《论语·子张第十九》

周公谓鲁公①曰："……故旧②无大故③，则不弃也。无求备于一人。"

子夏曰："大德不逾闲，小德出入可也④。"

【注释】

①〔鲁公〕指周公的儿子伯禽。因周公须留在朝廷辅佐成王，不能亲往封地，所以成王特命伯禽代替其父赴鲁国就封，称鲁公。

②〔故旧〕老臣旧属。

③〔大故〕重大事故。这里指造反、叛国等重大罪过。

④〔大德不逾（yú 于）闲，小德出入可也〕人在大节上不能超越界限，在小节上有点儿出入是可以的。大德：即大节，指纲常伦理方面的节操。小德：指日常的生活小节。闲：木栏之类的遮挡物，引申为界限。

【提要】

《论语》选了周公和子夏的这两句话，体现了儒家的用人观。"金无足赤，人无完人"，不能指望一个人白璧无瑕（xiá 侠）。因此，对一个人不能求全责备，在大节不亏的前提下，可以宽恕他的小过。

◎第47条 《论语·子张第十九》

子张曰："……君子尊贤而容众，嘉善而矜①不能。"

【注释】

①〔矜（jīn 今）〕同情。

【提要】

有容乃大。尊重贤人，也包容普通的人；嘉勉能人，也同情没有什么才能的人：这是团结大多数人的要则。

◎第48条 《论语·子张第十九》

子夏曰："日知其所亡①，月无忘其所能②，可谓好学也已矣！"

【注释】

①〔日知其所亡（wú 吴）〕每天都能学到自己所不懂的知识和不会的技能。亡：通"无"。

②〔所能〕已经掌握的知识和技能。

【提要】

日积月累，不断巩固学到的知识和技能，有这样的学习态度，才能不断充实自己。

◎第49条 《论语·子张第十九》

子贡曰："君子之过也，如日月之食焉①：过也，人皆见之；更②也，人皆仰③之。"

【注释】

①〔君子之过也，如日月之食焉〕君子的过错，就像日食和月食一样。焉：语气助词，这里表示肯定语气，同"也"。

②〔更〕更改，改正。

③〔仰〕抬头。这里引申指仰望、仰慕、敬仰。

【提要】

闻过则喜，知错必改，这是一种光明磊落的襟怀。"人谁无过？过而能改，善莫大焉。"(《左传·宣公二年》) 无论是普通人还是领导者，概莫能外地都会常犯错误，这就像自然界常会发生日食和月食一样（日食每年至少发生两次，最多五次；月食每年最多发生三次）。犯了错误后如果能真心诚意地彻底改正，就像复圆以后的日月一样，照样能得到人们的敬仰。

◎第50条 《论语·尧曰第二十》

子曰："尊五美①，屏四恶②，斯③可以从政矣。"

子张曰："何谓五美？"

子曰："君子惠而不费，劳而不怨，欲而不贪，泰而不骄，威而不猛。"④

......

子张曰："何谓四恶？"

子曰："不教而杀谓之虐；不戒视成谓之暴；慢令致期谓之贼；犹之与人也，出纳之吝谓之有司。"⑤

【注释】

①〔尊五美〕尊崇五种美德。

②〔屏（bǐng 丙）四恶〕摒（bìng 病）除四种恶政。屏：排除，摈（bìn 鬓）弃，摈除。

③〔斯〕这样。

④〔"君子"以下五句〕当政者给百姓好处，自己却无所耗费；役使百姓，却不招致百姓的怨恨；追求仁义，而不贪求财利；态度矜（jīn 今）持舒泰，而不骄横；庄重威严，却不凶猛。欲：指欲仁欲义。下文孔子解释"欲而不贪"时说："欲仁而得仁，又焉贪？"

⑤〔"不教"以下四句〕事先不加教育就杀戮，叫作"虐"；事先不加申诫却苛责迅速成功，叫作"暴"；迟迟下达命令却限期完成，叫作"贼"；同样是给人东西，出手时却显得吝啬（sè 色），这叫小家子气。虐：残暴，侵害。不戒视成："不宿戒而责目前成"（东汉·马融语）。致期：克期，限期。贼：害。"缓于前而急于后，以误其民，而必刑之，是贼害之也。"（朱熹语）出纳：偏义词。单指"出"而无"纳（入）"意。有司：见第36条注②。

【提要】

孔子从正反两方面道出了当政者应该具备的五种美德和必须摒弃的四种恶政。这是他为人处世的原则，也是他政治主张的基本点。孔子在解释"惠而不费"时说："因民之所利而利之，斯不亦惠而不费乎？"意思是：允许百姓做对他们自己有利的事情，不就是对他们自己有利而当政者无所耗费吗？允许就是"给政策"。这种"给政策"的思路，体现了儒家的民本思想，闪烁着从政治国的大智慧。所以，孔子提倡的"五美"在今天仍有重要的借鉴价值。

《孟子》34 条

◎第 51 条 《孟子·梁惠王上》

仁者①无敌②。

【注释】

①〔仁者〕有仁德的人。

②〔无敌〕没有可以和他对抗的，没有可以和他比拟的。

【提要】

有仁德的人是无敌于天下的。孟子主张以仁义而不是以功利为指导治理天下。他认为，只要这样坚持下去，弱国也可以变成强国，就是拿着木棒也可以抗击"秦、楚之坚甲利兵"。所以，从长远看，施行仁政的国家也是不可战胜的。

◎第52条 《孟子·梁惠王上》

老吾老，以及人之老①；幼吾幼②，以及人之幼，天下可运于掌③。

【注释】

①〔老吾老，以及人之老〕尊敬我自己的长辈，从而延伸到尊敬别人的长辈。前一个"老"：动词，尊敬（老人、长辈）。后两个"老"：名词，老人、长辈。及：延伸到，推广到。

②〔幼吾幼〕爱护我自己的儿女。前一个"幼"：动词，爱护（晚辈、儿女）。后两个"幼"：名词，晚辈、儿女。

③〔运于掌〕运转在手掌之中。比喻容易。

【提要】

如果一切政治措施都从恻（cè 册）隐之心出发，推己及人，以仁爱之心治国，那么，统一天下便是情理之中的事了。

◎第53条 《孟子·梁惠王上》

权①，然后知轻重；度②，然后知长短。物皆然③，心为甚。

【注释】

①〔权〕秤锤。引申为测定重量。

②〔度〕计量长短的标准。引申为计量长短。

③〔皆然〕都是这样。然：如此，这样。

【提要】

称一称，才知道轻重；量一量，才知道长短。人心更需多方考察，才能知道其善恶。儒家考察君心善恶的标准，就看他是否施行仁政。

◎第54条 《孟子·梁惠王上》

明君制民之产①，必使仰足以事父母②，俯足以畜妻子③，乐岁④终身饱，凶年⑤免于死亡⑥。然后驱而之善⑦，故民之从之也轻⑧。

【注释】

①〔制民之产〕规定民众的产业。孟子提出应保证农民一夫一妻有五亩（五亩合现在一亩二分多。周朝田制，六尺为步，百步为亩）宅地、百亩农田。

②〔仰足以事父母〕对上足以赡（shàn 善）养父母。仰：对上。事：服侍，赡养。

③〔俯足以畜妻子〕向下足以养活妻子儿女。俯：向下。畜：同"蓄"，养活。子：儿女。

④〔乐岁〕丰年。

⑤〔凶年〕荒年。

⑥〔死亡〕死去和流亡。

⑦〔驱而之善〕引导（他们）走上善良的道路。之：动词，往，向……走去。

⑧〔民之从之也轻〕百姓很容易服从领导。前一个"之"：结构助词，没有实在意义。后一个"之"：代词，他，指君主。轻：轻易，容易。

【提要】

"得民心者得天下"是儒家政治学说的核心。孟子"制民之产"的主张，使这一政治理念变成了切实可行的政纲，极大地丰富了"保民而王（wàng 旺）"的思想内容。这一主张对后世也产生了深远的影响。

◎第55条 《孟子·梁惠王下》

乐民之乐①者，民亦乐其②乐；忧民之忧者，民亦忧其忧。乐以天下，忧以天下，然而不王③者，未之有④也。

【注释】

①〔乐民之乐〕以民众的快乐为快乐。前一个"乐"：动词，以……为快乐。后一个"乐"：名词，快乐。

②〔其〕他的。

③〔王（wàng 旺）〕动词，称王。

④〔未之有〕即"未有之"。没有过这种情况。之：代词，指"乐以天下，忧以天下，然而不王"的情况。

【提要】

作为君主，顺民心，从民意，与天下百姓同忧同乐，必然会获得天下。作为领导者，以民心为重，以民意为准，与人民同呼吸共命运，就一定会得到人民的拥护和爱戴。

◎第56条 《孟子·梁惠王下》

左右①皆曰贤，未可也。诸大夫②皆曰贤，未可也。国人皆曰贤，然后察之；见贤焉，然后用之。左右皆曰不可，勿听。诸大夫皆曰不可，勿听。国人皆曰不可，然后察之；见不可焉，然后去之。左右皆曰可杀，勿听。诸大夫皆曰可杀，勿听。国人皆曰可杀，然后察之；见可杀焉，然后杀之。

【注释】

①〔左右〕近臣，侍从。

②〔大夫（fū肤）〕古职官名。周代在国君之下有卿、大夫、士三等。

【提要】

"兼听则明，偏信则暗。"领导者或管理层任用或处分下属，必须多方面听取意见，才能综合考量、明辨是非；偏听偏信某一方面的话而据以决断，就可能导致错误的结果。

◎第57条 《孟子·公孙丑上》

虽有智慧，不如乘势①；虽有镃基②，不如待时③。

【注释】

①〔乘势〕趁势，借助有利的形势。

②〔镃（zī姿）基〕锄头。

③〔待时〕等待时机。时：特指农时。

【提要】

要干成一项事业，即使有足够的聪明才智，也不如抓住合适的时机，借助有利的形势。如果时机不成熟、形势不允许却贸然行事，那就是盲动，离失败也就不远了。这和耕作不看农时，农具再好也不会有收获是一个道理。

◎第58条 《孟子·公孙丑上》

昔者曾子谓子襄①曰："子好勇乎？吾尝闻大勇于夫子②矣：自反而不缩③，虽褐宽博④，吾不惴⑤焉；自反而缩，虽千万人，吾往矣。"

【注释】

①〔子襄〕曾子的弟子。

②〔闻大勇于夫子〕从老师孔子那里听到关于"大勇"的教导。于：从。夫子：老师，指孔子。大勇：异于常人、超乎寻常的勇敢。

③〔自反而不缩〕反躬自问，自己是不占理的。自反：自我反省，反躬自问。缩：直。这里指正直，不理亏。

④〔褐宽博〕古代贫贱者所穿宽大的粗布衣服。借指

贫贱者。褐：粗布或粗布衣服。

⑤〔惴（zhuì 坠）〕既忧虑又害怕的样子。此处是使动用法，"使之惴"，使之惧怕。

【提要】

这是孟子转述曾子从老师孔子那里听到的关于什么是"大勇"的一段话。遇事首先反躬自问：如果自己理亏，即使是贫穷低贱的人，我也不去恐吓（hè 贺）、凌辱；如果正义在我一边，那么即使面对千军万马的拦挡，我也会勇往直前。这种基于理性和道义的勇气是值得肯定和发扬的。

◎第59条 《孟子·公孙丑上》

以力服人者，非心服也，力不赡①也；以德服人者，中心②悦而诚服也，如七十子③之服孔子也。

【注释】

①〔力不赡（shàn 善）〕力量不足以抵御。赡：充足。

②〔中心〕内心，心中。

③〔七十子〕即"七十二子"。指孔子门下才德出众的七十二个弟子。七十，举其成数而言。

孟子对诸侯国的君主们动辄（zhé 哲）炫（xuàn 渲）耀武力、攻城略地，十分反感。他指出，以强大的武力压服别人，别人可能一时服软，但是口服心不服；只有以德待人、感化人，才能使人口服心服。大至一国之君，小至一般官员，都必须牢记：人心欺不得、压不服，只有以诚相待，以德感化，才能使人心悦诚服，和谐相处（chǔ 楚）。

◎第60条 《孟子·公孙丑上》

无恻隐①之心，非人也；无羞恶②之心，非人也；无辞让③之心，非人也；无是非之心，非人也。恻隐之心，仁之端也；羞恶之心，义之端也；辞让之心，礼之端也；是非之心，智之端也。

【注释】

①〔恻（cè 册）隐〕同情，怜悯。

②〔羞恶（wù 勿）〕对自己或别人的坏处感到羞耻、厌恶。朱熹《四书集注》："羞，耻己之不善也；恶，憎（zēng 增）人之不善也。"

③〔辞让〕谦逊推让。

【提要】

孟子认为，具有恻隐、羞恶、辞让、是非之心，是做人的起码要求。恻隐之心，是感慨天地万物皆有物极必反、荣枯盛衰而萌生的悲悯之情，这是大仁的开端；面对缺陷与不足，感到羞愧，勇于承认，对丑恶的行为表示厌恶，这是义的开端；不居功、不矜（jīn 今）能，懂得辞让，这是礼的开端；明辨是非善恶，坚持正义正道，这是智的开端。以上种种，就是孟子超越前人之处。孟子的"四端"之说是儒家学说的重要范畴，极为重要，后来西汉董仲舒再加上孔子所说的"信"，就成为儒家纲常名教的"五常"。

◎第61条 《孟子·公孙丑上》

子路，人告之以有过，则喜；禹闻善言，则拜①。大舜有大焉②；善与人同③，舍己从人④，乐取于人以为善⑤；自耕稼、陶、渔⑥，以至为帝，无非取于人者。取诸人以为善⑦，是与人为善⑧者也。故君子莫大乎与人为善。

【注释】

①〔禹闻善言，则拜〕禹听到好的意见就拜谢（提意见的人）。禹：也称大禹、夏禹，夏朝建立者。原为夏后氏部落领袖，后因治理洪水有功，被舜确定为继承人，舜死后继位。

②〔大舜有（yòu 幼）大焉〕大舜更为突出。有，通"又"。

③〔善与人同〕自己有优点，愿意别人也有这些优点；别人有长处，肯于向别人学习。

④〔舍己从人〕放弃自己的见解而接受别人的意见。

⑤〔乐取于人以为善〕愿意从别人那里学习善言善行，自己来加以实践。于：从。

⑥〔耕稼、陶、渔〕据《史记·五帝本纪》载，虞舜曾在历山耕田，在河滨制作陶器，在雷泽打鱼。稼：种植谷物。陶：制作陶器。渔：捕鱼。

⑦〔取诸人以为善〕吸取别人的优点来做善事。取诸人：取之于人。诸，"之于"的合音。

⑧〔与人为善〕原意为偕（xié 协）同别人一起做好事。后多用作善意地与人相处或帮助他人的意思。与：和，及，偕同。为善：行善，做好事。

【提要】

子路闻过则喜，"禹闻善言，则拜"，大舜"善与人同，舍己从人"且"与人为善"。这些古圣先贤身上的优良品德，彰显了他们博大的胸怀和过人的胆识。正因为如此，虞舜才能从耕稼、陶、渔的一介平民登上帝位；影响所及，还形成了淳朴的社会风尚、良善的道德习俗。作为领导者和管理者，每个人都应从中得到教益。

◎第62条 《孟子·公孙丑下》

天时不如地利，地利不如人和①。

【注释】

①〔天时不如地利，地利不如人和〕"天时、地利、人和"是战国时期常见的概念，《荀（xún 寻）子》和《孙膑（bìn 摈）兵法》等书中均有提及，其内涵并不相同。孟子这里所说的"天时"，可能是指宜于攻战的阴阳寒暑等自然气候条件；"地利"，当指利于防守的山川险阻、高城深池等地理优势；"人和"则当指人心所向，内部团结。

【提要】

要想成就一番事业，天时、地利与人和缺一不可。"不如"不等于不重要，只不过是说三者有先后及主次之分，"人和"是第一要素。

◎第63条 《孟子·公孙丑下》

得道^①者多助，失道者寡助。寡助之至，亲戚畔^②之；多助之至^③，天下顺之。

【注释】

①〔得道〕符合道义。

②〔畔〕同"叛"。

③〔之至〕到了顶点。之：动词，往，到。至：顶点。

【提要】

符合道义，就会万众相随，即便是星星之火，也能成燎原之势；违背道义，则无人相助，即使是天纵之才、九五之尊，照样会众叛亲离，落得个孤家寡人的悲凉下场。

◎第64条 《孟子·滕文公上》

上有好者，下必有甚焉者^①矣。"君子之德，风也；小人之德，草也。草尚之风^②，必偃^③。"

【注释】

①〔上有好者，下必有甚焉者〕在上位的人爱好什么，下面的人必定对此更加爱好。甚：过分；超过。

②〔草尚之风〕即"草尚之以风"。风吹在草上。尚：上，加于……之上。

③〔偃（yǎn 演）〕倒。

【提要】

君子的德行好比是风，风向哪边吹，草就向哪边倒。孟子引用孔子的话（《论语·颜渊》："君子之德风，小人之德草。草上之风，必偃。"）借以说明，当政者的言行举止具有很大的示范性，只要他们身体力行，臣下也一定更加努力地去效法。孔孟对两边倒的墙头草并不鄙（bǐ 笔）视，也不排斥，而是认为可以引导他们倒向正义一边。

◎第65条 《孟子·滕文公上》

民事不可缓①也。

【注释】

①〔缓〕延缓，推迟。

【提要】

这是"滕文公问为国（如何治理国家）"时，孟子回答他的话。此处所说的"民事"，主要指的是与民生密切相关的农事。"王者以民为天，而民以食为天。""民事不可缓"即不违农时，"顺应天时，以尽地利"的意思。当然，推而广之，一切与民生密切相关的事，都"不可缓"，不可拖，必须抓紧办，办得快，办得好。

◎第66条 《孟子·滕文公上》

民之为道也，有恒产①者有恒心②，无恒产者无恒心。苟无恒心，放辟邪侈③，无不为已。及陷乎罪④，然后从而刑之，是罔民⑤也。焉有仁人在位罔民而可为也？是故贤君必恭俭礼下⑥，取于民有制⑦。

【注释】
①〔恒产〕指土地、田园、房屋等不动产。
②〔恒心〕常存的善心。
③〔放辟（pì 譬）邪侈〕放纵违法，为非作歹。辟：通"僻"，偏颇。
④〔陷乎罪〕陷于罪。即犯了罪。乎：于。
⑤〔罔（wǎng 往）民〕布下罗网陷害百姓。罔：通"网"，指布下罗网。

⑥〔恭俭礼下〕恭谨谦逊，对下属以礼相待。俭：谦
逊的样子。

⑦〔取于民有制〕按一定的规制（如税率十分抽一分
的什一之制）从百姓那里征收赋税。于：从。

【提要】

百姓有固定产业或收入，就有安分守己之心。相反，
穷困潦倒、饥寒交迫，他们就可能铤（tǐng 挺）而走险、
违法乱纪。这时再将他们治罪，就无异于陷害他们。所
以，使百姓安居乐业才是国家长治久安的大计。

◎第67条 《孟子·滕文公下》

居天下之广居①，立天下之正位②，行天下之
大道③。得志，与民由之④；不得志，独行其道。
富贵不能淫⑤，贫贱不能移，威武不能屈。此之
谓大丈夫⑥。

【注释】

①〔广居〕宽大的住所。儒家用以喻仁。

②〔正位〕中正之位。儒家用以喻礼。

③〔大道〕正道。儒家用以喻义。

④〔与民由之〕跟民众一起沿着大道前行。由：循着，沿着。之：代词，指大道。

⑤〔淫〕乱。

⑥〔大丈夫〕指有志气或有作为的男子。

【提要】

孟子主张以德服人，统一天下，反对武力征伐。他认可的大丈夫应该是：居于仁，立于礼，行于义；得志时，率众前行，不得志时，坚守原则，独善其身；富贵不能乱其心，贫贱不能变其志，威武不能屈其节。孟子道出了具有高尚节操、人格尊严，并且勇敢无畏的大丈夫真谛（dì 帝），昭示了天地间的浩然正气。

◎第68条 《孟子·滕文公下》

非其道①，则一箪食②不可受于人；如其道，则舜受尧之天下不以为泰③。

【注释】

①〔道〕指道义。

②〔一箪食〕见第22条注②。

③〔泰〕过分。

如果不合道义，即使是一竹筒饭也不能接受；如果合乎道义，那么，就像舜接受尧的禅让而得到天下一样，也不算过分。可见，能否"受于人"，应以是否合于"道"为标准。"临财毋（wú 无）苟得""君子爱财，取之有道"，说的都是一个意思。

◎第69条 《孟子·离娄上》

离娄①之明、公输子②之巧，不以规矩③，不能成方员。

【注释】

①〔离娄〕传说为黄帝时人，视力特强，"能于百步之外见秋毫之末"。

②〔公输子〕即公输班〔班，也作"般"或"盘（bān 搬）"〕，因为他是鲁国人，所以也称鲁班，是春秋时著名的巧匠。

③〔规矩（jǔ 举）〕画圆形和方形的两种工具。引申为礼法、法度。

【提要】

即使有离娄那样的视力、鲁班那样的巧技，没有规和矩，也画不出圆形和方形。礼制和法制就是治国的"规矩"。德治和法治双管齐下，就可以维护国家秩序和社会稳定，促进社会发展。

◎第70条 《孟子·离娄上》

城郭不完①，兵甲②不多，非国之灾也；田野不辟③，货财不聚，非国之害也。上无礼，下无学，贼民④兴，丧无日矣。

【注释】

①〔城郭不完〕城墙不坚固。城：指内城的墙。郭：指外城的墙。完：坚固。

②〔兵甲〕兵器和铠（kǎi 凯）甲。泛指武器、军备。

③〔不辟〕未加开辟。

④〔贼民〕指犯上作乱之民。

【提要】

维护国家安全，城郭、兵甲、田野、货财并不是最重要的因素。当政者不依礼行事，百姓失去教化，这才是最可怕的。因为此时，违法乱纪的人会趁机而起，铤（tǐng 挺）而走险，国家灭亡之日也就临近了。孟子在这里再次强调仁政、礼教是强国的基础。

◎第71条 《孟子·离娄上》

爱人不亲，反其仁①；治人不治，反其智②；礼人不答，反其敬③。行有不得者皆反求诸己④，其身正而天下归之。

【注释】

①〔反其仁〕反思自己所行仁爱足不足。

②〔反其智〕反思自己施政的智慧多不多。

③〔反其敬〕反思自己对人的敬意够不够。

④〔行有不得者皆反求诸己〕任何做法如果没有达到预期效果都要反躬自责。诸："之于"的合音。

【提要】

我爱别人，别人却不亲近我；我管理别人，却管理不好；我礼貌待人，却得不到相应的尊重。诸如此类的事情发生后，"不怨天，不尤人"，而是反躬自省：自己的仁爱足不足？智慧多不多？敬意够不够？这是何等博大的胸襟、何等高尚的品格！这就是孔子所说"躬自厚而薄责于人"（《论语·卫灵公》）的精神。有了这种精神，何愁下属和百姓不拥戴、天下不归心！

◎第72条 《孟子·离娄上》

天下之本①在国，国之本在家②，家之本在身。

【注释】

①〔本〕根本，根基，基础。

②〔家〕这里指家庭，非指卿大夫的采（cài 蔡）地食邑。

【提要】

天下的根基在于国，国的根基在于家，家的根基在于人自身。只有自己严于修身，才能"齐家治国平天下"。因此，加强每个社会成员的思想修养，不断提高人的素质，是达到家庭和睦、社会和谐、国家兴旺、天下太平的必由之路。

◎第73条 《孟子·离娄上》

夫人必自侮，然后人侮之①；家必自毁，而后人毁之；国必自伐②，而后人伐之。

【注释】

①〔夫（fú 扶）人必自侮（wǔ 午），然后人侮之〕人

一定是先有了自取侮辱的行为，别人才会侮辱他。夫：用在句首的语气助词，没有实在意义。然后：这样做了以后。然，这样，如此。

②〔伐〕征伐。

【提要】

先哲孟子在这里有意无意地运用唯物辩证法分析了"人、家、国"由盛变衰的道理：外因是变化的条件，内因则是变化的根据，外因通过内因而起作用。实际上在告诫人们，不论是个人、家庭、家族还是国家，只要自尊自爱、自强不息，外人就不敢欺负。这也正是我国坚持独立自主、自力更生和对外开放方针的哲学理论依据。

◎第74条 《孟子·离娄上》

桀纣①之失天下也，失其民也；失其民者，失其心也。得天下有道，得其民，斯得天下矣；得其民有道，得其心，斯得民矣；得其心有道，所欲与之聚之②，所恶勿施③，尔也④。

【注释】

①〔桀（jié 节）纣（zhòu 咒）〕夏、商两代的亡国之

君。夏桀暴虐荒淫，商纣暴敛重刑，百姓怨声载道。

②〔所欲与（yǔ宇）之聚之〕百姓所想得到的东西，替他们积聚起来。与：为（wèi卫），替。前一个"之"：代指"民"，即百姓。后一个"之"：代指"所欲"，即想要得到的东西。

③〔所恶（wù物）勿施〕百姓所厌恶的，不强加于他们。

④〔尔也〕如此而已，如此罢了。

【提要】

得民心者得天下，失民心者失天下。孟子不仅指出得民心的重要性，还提出赢得民心的具体做法："所欲与之聚之，所恶勿施。"

◎第75条 《孟子·离娄上》

人之患①在好②为人师。

【注释】

①〔患〕指毛病。

②〔好（hào耗）〕喜好，喜欢。

孟子指出，一些人的毛病在于自以为是，总想卖弄学问，指手画脚，硬充别人的老师。这种人与学高为师、身正为范的真正的老师有天壤之别，与孔子的"三人行，必有我师焉"和"子入太庙，每事问"的态度大相径庭。

◎第76条 《孟子·离娄下》

声闻过情^①，君子耻之^②。

【注释】

①〔声闻过情〕名声超过实情。声闻：名声，名誉。闻，旧读 wèn。情：实际情形，真实情况。

②〔耻之〕以之（声闻过情）为耻。

【提要】

这是"知耻"的另一境界，需要克服虚荣心和物质方面的双重诱惑，很不容易做到。

◎第77条 《孟子·万章下》

万章①问曰："敢问友②。"孟子曰："不挟长③、不挟贵④、不挟兄弟⑤而友。友也者，友其德也，不可以有挟也。"

【注释】

①〔万章〕战国时人。孟子的弟子。

②〔敢问友〕（我）冒昧地问一下怎么交朋友。敢：斗胆，冒昧地。

③〔不挟长（xié zhǎng 协掌）〕不倚仗年岁大。挟：依仗，倚仗。

④〔贵〕（自己）地位高，有权势。

⑤〔兄弟〕（自己的）兄弟才高位显。"兄弟"后承上省略"贵"字。

【提要】

"同声相应，同气相求。"交友应该彼此看重对方的道德情操，平等相待。唐·李白《少年行》："府县尽为门下客，王侯皆是平交人。"平交最是难能可贵。

◎第78条 《孟子·告子上》

鱼，我所欲①也，熊掌亦我所欲也。二者不可得兼②，舍鱼而取熊掌者也。生亦我所欲也，义③亦我所欲也。二者不可得兼，舍生而取义者也。

【注释】

①〔我所欲〕我想得到的，我所喜欢的。

②〔得兼〕即"兼得"，同时得到。

③〔义〕道义。

【提要】

孟子以鱼和熊掌不可兼得时，"舍鱼而取熊掌"为喻，说明在生与义不可兼得时，应该"舍生而取义"。从古至今，无数的志士仁人"舍生取义"，为正义事业牺牲了自己的生命。如南宋文天祥，坚守气节，从容就义。死前，他写好了"赞"藏在衣带中："孔曰成仁，孟曰取义。惟其义尽，所以仁至。读圣贤书，所学何事？而今而后，庶几（jī机）无愧！"

◎第79条 《孟子·告子下》

　　故天将降大任于是人①**也，必先苦其心志**②**，劳其筋骨**③**，饿其体肤**④**，空乏其身**⑤**，行拂乱其所为**⑥**，所以动心忍性**⑦**，曾益其所不能**⑧**。**

【注释】

①〔是人〕这个人。是：这。

②〔苦其心志〕使他的心意苦恼。

③〔劳其筋骨〕使他的筋骨困乏疲劳。

④〔饿其体肤〕使他的肠胃饥饿。

⑤〔空（kòng 控）乏其身〕使他受到穷困之苦。空乏：穷困，资财贫乏。

⑥〔行拂（fú 福）乱其所为〕违背他的意愿，搅乱他的行为，使他做事不顺。拂：逆，违背。

⑦〔动心忍性〕使他的心受到惊动，使他的性情坚忍起来。

⑧〔曾（zēng 增）益其所不能〕增长他原不具备的才干。曾：同"增"。益：增加。

【提要】

　　所有要干一番大事业的人，都必然会在精神和身体各方面经受痛苦与曲折的考验，并以此来坚定自己的意志，增长自己的才干，使自己成长为处（chǔ楚）变不惊、临危不惧、百折不挠、无往不胜的栋梁之材。

◎第80条 《孟子·告子下》

入①则无法家②拂士③，出④则无敌国⑤外患者，国恒亡。然后知生于忧患而死于安乐也。

【注释】

①〔入〕指在国内。

②〔法家〕严守法度的大臣。

③〔拂（bì必）士〕辅弼（bì必）的贤士。指能够直言劝谏、矫正君主过失的臣子。拂：通"弼"，辅弼，辅佐。

④〔出〕指在国外。

⑤〔敌国〕力量相与匹敌的邻国。

【提要】

"生于忧患，死于安乐"是一个蕴含辩证思维的命题。逆境和忧患激励人们奋发向上，自强不息；优游安乐的环境，容易使人怠惰，人心涣散，从而使国家走向衰落。因此，对于一个人、一个单位、一个地区乃至一个国家来说，忧患意识不仅仅是盛世危言，它还应该是预警系统里的一个重要环节。

◎第81条 《孟子·尽心上》

仁言①不如仁声②之入人深也，善政③不如善教之得民也。善政、民畏之，善教、民爱之。善政得民财，善教得民心。

【注释】

①〔仁言〕仁德教化的言论。

②〔仁声〕具有教化作用，能使风俗变得淳厚的音乐或乐声，如古代乐曲《雅》《颂》的演奏声。一说，"仁声"指仁德的声望。朱熹《四书集注》引述程颐的说法："仁声，谓仁闻，谓有仁之实而为众所称道者也。"

③〔善政〕清明的政治；良好的政令。《尚书·虞书·大禹谟》："德惟善政，政在养民。"

【提要】

仁德教化的言论不如具有教化作用的淳美的音乐那样深入人心，良善的政令不如良好的教育那样赢得民心。良善的政令，百姓畏服它；良好的教育，百姓喜爱它。良善的政令能得到百姓的财富，良好的教育能赢得百姓的拥戴。

◎第82条 《孟子·尽心上》

君子有三乐^①，而王天下不与存焉^②。父母俱存，兄弟无故^③，一乐也；仰不愧于天，俯不怍^④于人，二乐也；得天下英才而教育之，三乐也。

【注释】

①〔三乐〕三种高兴的事。

②〔王（wàng 旺）天下不与存焉〕称王于天下是不在其中的。（称王于天下属于君王之乐，而不是君子之乐。君王可以称王于天下，但不一定有君子之乐。君子有如下三乐，而君王未必有。）

③〔故〕事故，指灾患丧病。

④〔怍（zuò 坐）〕惭愧。

【提要】

父母健在，兄弟们没有灾患丧病，这是孝悌之乐；抬头无愧于天，低头无愧于人，这是自律的结果，应属修身之乐；而得到天下的优秀人才，对他们进行教育，使他们成为"治国平天下"的栋梁，这是育人之乐。这"三乐"均属深层次、高境界的君子之乐，而不是浅层次、低俗化的小人之乐。

◎第83条 《孟子·尽心上》

其进锐①者，其退速。

【注释】

①〔锐〕迅速，急切。

【提要】

前进太猛，做得过了头，退起来也会很快，结果还是达不到目的。这就应了孔子的话："欲速则不达"（《论语·子路》），"过犹不及"（《论语·先进》）。

◎第84条 《孟子·尽心下》

贤者以其昭昭①使人昭昭，今以其昏昏②使人昭昭。

【注释】

①〔以其昭昭〕用他的清楚明白。以：用。其：他的。昭昭：明白。

②〔昏昏〕糊里糊涂。

【提要】

教育者必须先受教育。作为领导者或管理者，大到路线、方针、政策和治国方略，小到本行业的名物、制度乃至细则等，都应了然在胸，然后才有资格去管理下属、指导工作。否则，自己糊里糊涂，也绝不可能让下属和群众清楚明白。

《大学》7 条

◎第85条 《大学·经一章》

大学之道①，在明明德②，在亲民③，在止于至善④。

【注释】

①〔大学之道〕大学的宗旨。大学：指相对于"小学"而言的"大人之学"。古人八岁入小学，学习基础知识和礼仪；十五岁入大学，学习儒家修己教人、治国平天下的大道理。道：道路，引申为规律、原则、思想体系等。

②〔明明德〕彰显并弘扬光明正大的品德。前一个"明"为动词，即"使彰明"，就是发扬、弘扬的意思。后一个"明"为形容词，"明德"即光明正大的品德。

③〔亲民〕朱熹认为：亲读 xīn，通"新"，使更新，使弃旧图新；亲民，即"新民"，是说推己及人，使人弃旧图新、去恶从善。明朝哲学家王阳明则认为："亲"仍

读 qīn，意为亲近、亲爱；"亲民"取"政在亲民"之意。

④〔止于至善〕达到最完美的境界。至：最，极。

【提要】

这句话言简意赅（gāi 该），道出"大学"的总纲：彰显并弘扬光明正大的品德，使人革除恶欲，弃旧图新，达到最完美的道德境界。"明明德""亲民""止于至善"被称为《大学》的"三纲领"。北宋理学家程颢、程颐则强调《大学》是"初学入德之门"。其特点在于从人的精神弘扬和品德修养出发，讲述治国平天下的道理，构筑治国平天下的精神基础。

◎第86条 《大学·经一章》

古之欲明明德于天下者，先治其国；欲治其国者，先齐其家①；欲齐其家者，先修其身②；欲修其身者，先正其心③；欲正其心者，先诚其意④；欲诚其意者，先致其知⑤；致知在格物⑥。物格而后知至，知至而后意诚，意诚而后心正，心正而后身修，身修而后家齐，家齐而后国治，国治而后天下平。

【注释】

①〔齐其家〕整治好自己的家族，使之和美兴旺。齐：整治，管理。

②〔修其身〕修养自身的品性。

③〔正其心〕使自己的思想、意念端正。

④〔诚其意〕使自己的心意诚实，不自欺欺人。

⑤〔致其知〕使自己获得知识。

⑥〔格物〕认识、研究万事万物。格：探究，推究。

【提要】

这一段分别从逆向和正向论述的八个环节，环环相扣，逻辑清楚，被宋儒朱熹称作《大学》"八条目"。"格物、致知、诚意、正心、修身"专注于心性修养和道德养成；"齐家、治国、平天下"说的是由近及远、由简到繁的治政之事，意在阐明高尚的道德是清明政治的基础。

◎第87条 《大学·传第三章》

为人君止①于仁，为人臣止于敬，为人子止于孝，为人父止于慈，与国人②交止于信。

①〔止〕居停。这里有做到、达到的意思。

②〔国人〕古代指居住在大邑内的人。范文澜、蔡美彪等《中国通史》:"农民住在田野小邑,称为野人;工商业者住在大邑,称为国人。"今泛指国内之人、全国的人。

【提要】

这一句是说,君仁臣敬,父慈子孝,民间交往讲究诚信。总之,在社会上和家庭里,不同身份的人都要遵守相应的道德行为规范。这是社会形成公序良俗的基础,也是保证社会和谐发展的基本条件。

◎第88条 《大学·传第六章》

所谓诚其意者,毋自欺也,如恶恶臭①,如好好色②,此之谓自谦③,故君子必慎其独④也!

【注释】

①〔恶(wù 务)恶(è 扼)臭(xiù 秀)〕厌恶腐臭的气味。前一个"恶":动词,厌恶,讨厌。后一个"恶":形容词,污秽。臭:气味。

②〔好(hào 耗)好(hǎo 郝)色〕喜爱美丽的女

色。前一个"好"：动词，喜爱。后一个"好"：形容词，美，善。

③〔谦（qiè 窃）〕通"慊（qiè 窃）"，指满足，满意。

④〔慎其独〕在他一个人独处（chǔ 楚）时也谨慎不苟。

【提要】

所谓使意念真诚，是说不要自己欺骗自己。要像厌恶腐臭的气味和喜爱美丽的女色一样，发自内心，心安理得。所以，道德高尚的人即使独处（chǔ 楚）一地，无人看到、无人监督时，也会谨慎不苟、严格律己，不做伤天害理的事。

◎第89条 《大学·传第十章》

民之所好^①，好之；民之所恶^②，恶之。此之谓民之父母。

有国者不可以不慎，辟，则为天下僇^③矣。

道得众则得国^④，失众则失国。

【注释】

①〔好（hào 耗）〕与下面"好之"的"好"均为动

词，喜好、喜爱之意。

②〔恶（wù 务）〕与下面"恶之"的"恶"均为动词，讨厌、厌恶之意。

③〔辟（pì 譬）则为（wéi 唯）天下僇（lù 路）矣〕如果政治措施有所偏颇，就会被天下民众推翻。辟：通"僻"，偏颇。为：被。僇，通"戮"，杀戮。

④〔道得众则得国〕政治措施能获得民众支持，就能巩固统治，保有国家政权。道：这里指当政者所采取的政治措施。

【提要】

当政者必须以民众的好恶（hào wù 耗务）为自己的好恶，必须谨慎地采取能得到民众拥护的政治措施。只有这样，才能赢得民心，巩固政权；否则就会失去民心，乃至丧身亡国。

◎第90条　《大学·传第十章》

未有上好仁，而下不好义者也；未有好义，其事不终①者也。

【注释】

①〔其事不终〕指事业半途而废。

【提要】

"仁"和"义"是儒家治国的根本原则。没有处
(chǔ 楚)上位的人喜好仁德而属下不喜欢道义的。这说
明，当政者做出榜样有不可估量的作用。

◎第91条 《大学·传第十章》

国不以利为利，以义为利也。

【提要】

国家不能以财富而要以道义为最高的利益追求。在
纷纷扰扰的国际争端中，我们以这把尺子稍加衡量，正
义和非正义即昭然若揭。先贤的这一治国理念，在言简
意赅(gāi 该)的论述中，穿越时代和疆域，给后人的启
示是隽(juàn 绢)永的。

《中庸》9 条

◎第 92 条 《中庸·第一章》

中也者，天下之大本①也；和也者，天下之达道②也。致中和，天地位焉，万物育焉③。

【注释】

①〔大本〕根本，事物的基础。

②〔达道〕公认的准则。

③〔"致中和"三句〕达到了中和的境界，天地就会各就其位而正常运转，万物就会各得其所而得到养育繁衍。

【提要】

儒家认为，恪（kè 克）守中正之道，不偏不倚，是天下的根本、万事万物的基础；和谐是天下的共由之路、事物发展的普遍规律。

◎第93条 《中庸·第十五章》

君子之道，辟如行远必自迩①，辟如登高必自卑②。

【注释】

①〔辟（pì譬）如行远必自迩（ěr耳）〕就像走远路一定要从近处起步一样。辟如：譬如，比如。辟，通"譬"。迩：近。

②〔自卑〕从低处开始。卑：低下。

【提要】

君子实践中庸之道，应当循序渐进，从自身做起，从自家做起，从身边做起。

◎第94条 《中庸·第二十章》

好学近乎知①，力行近乎仁，知耻②近乎勇。知斯三者③，则知所以修身④；知所以修身，则知所以治人⑤；知所以治人，则知所以治天下国家矣。

【注释】

①〔近乎知（zhì 至）〕接近于智慧。

②〔知耻〕谓有羞恶（wù 务）之心。

③〔斯三者〕这三条（三项、三点）。斯：这。

④〔则知所以修身〕就知道应该如何修养自身的品德。所以：用来……的方法。

⑤〔治人〕治理百姓。

【提要】

儒家认为，爱好学习就接近于智慧了，努力行善就接近于仁德了，有知耻之心就接近于勇敢了。因此，智、仁、勇三项是修身达德的门径。"力行近乎仁"则更凸显了行仁者的精神活力，表明"仁"不是抽象的概念，而是需要真心实意地表达恻（cè 册）隐、关爱情感的锲（qiè 窃）而不舍的行为。

◎第95条 《中庸·第二十章》

凡事豫①则立②，不豫则废③。

【注释】

①〔豫〕也作"预"。指事先准备、策划。

②〔立〕成功。

③〔废〕失败。

【提要】

做事要想成功，必须事先计划，做好准备，否则就会遭致失败。

◎第96条 《中庸·第二十章》

博学之，审①问之，慎思之，明辨之，笃行②之。

【注释】

①〔审〕详细，周密。

②〔笃（dǔ 堵）行〕切实履行，专心实行。笃：忠实，一心一意。

【提要】

广泛地学习，详细、周密地提问、求教，细致缜（zhěn 诊）密地思考事物之理，明确地分辨是非优劣，选择至善的道德而坚定不移地执行之。

◎第97条 《中庸·第二十章》

人一能之，己百之^①；人十能之，己千之。果能此道矣^②，虽愚必明，虽柔必强。

【注释】

①〔人一能之，己百之〕别人一次能做到的事，我则付出百倍的努力。

②〔果能此道矣〕如果真能这样。此道：这里指上文所说的"人一能之……己千之"的做法。

【提要】

"世上无难事，只要肯登攀。"如果真能具有这种百折不挠的精神，付出超乎常人千百倍的努力，那么，即使是笨人也会聪明起来，即使是弱者也会强大起来，无论做什么事都会成功。

◎第98条 《中庸·第二十五章》

君子诚之为贵。诚者，非自成己^①而已^②也，所以成物^③也。

【注释】

①〔成己〕完善自己，使自身有所成就。

②〔已〕止。

③〔成物〕成就万物，使自身以外的一切有所成就。

【提要】

"成己"以至"成物"，将完善自己和完善外部世界的实践活动相结合，是儒家中庸之道的一种表现。君子的真诚之所以可贵，就是因为这种真诚并非仅仅自我完善而已，还要成就万物，完善外部世界。

◎第99条 《中庸·第二十七章》

君子尊德性而道问学，致广大而尽精微①，极高明而道中庸②，温故而知新，敦厚以崇礼③。

【注释】

①〔尊德性而道问学，致广大而尽精微〕尊崇人的自然至诚之性，通过善学好问，思想境界要达到广博宏大，研讨事理要达到精细入微。德性：指人的自然至诚之性。道：由，从，通过。问学：求知，求学。广大：广博宏大。这里指宏观世界。精微：精细入微。这里指微观世界。

②〔极高明而道中庸〕达到崇高明睿（ruì 瑞），且遵循中庸之道。极：到，达到。中庸：儒家主张待人处（chǔ 楚）事不偏不倚，无过无不及，认为中庸是最高的德行。中，不偏于一方。庸，不改变常态。

③〔敦厚以崇礼〕为人朴实宽厚而言谈举止尊崇道德规范。

【提要】

这句话指出君子修养德行的路径。

◎第100条 《中庸·第三十二章》

唯天下至诚，为能经纶①天下之大经②，立天下之大本，知天地之化育③。

【注释】

①〔经纶〕原指整理丝缕、理出丝絮并编丝成绳。引申为筹划治理国家大事。

②〔大经〕常道，常规，大法。《史记·太史公自序》："夫春生夏长，秋收冬藏，此天道之大经也。"

③〔化育〕化生养育万物。

【提要】

只有具备天下最真诚的品性，才能策划制定治理国家的法则、规范，确立国家的根基，掌握天地间化生养育万物的道理。由"至诚"所形成的具有伟大人格和美好品性的人，则会成为国家的政治领袖、民族精神的导师。

「五经」语录

100 条

"五经"简介

　　"五经"指的是儒家的五本经典著作。《庄子》一书称《诗》《书》《礼》《易》《乐》《春秋》为"六经"。其中《乐》散佚，只留存下来《乐记》一篇，并入《礼记》中。因此在汉朝，以这五本著作为经典，称为"五经"，并按其成书年代，将顺序改为《易》《书》《诗》《礼》《春秋》。

　　《易》分为"经"和"传"两部分。"经"的内容包括六十四卦的卦象、卦名、卦辞和爻（yáo 摇）辞。它们的产生经历了从西周初年到春秋时期这个漫长的历史过程。鉴于卦辞、爻辞过于简单，很难理解，孔子与后人们持续研究，完成了"传"。《易传》内容很丰富，包括《文言传》《彖传》上下、《象传》上下、《系辞传》上下、《说卦传》《序卦传》和《杂卦传》七种，共十篇。这十篇都是对经文大意的解释，好比"经"的"羽翼"，所以又称作"十翼"。被称为"群经之首"的《易》，讲究阴阳互应，刚柔相济，周而复始，生生不息。《易传》的出现使《易》的德义精神、人文内涵得到真正的发扬光大，《易》的价值已不是占卜算卦的神秘技艺，而是勃发着包罗宇宙、经纬人伦的深刻哲理。

《尚书》是我国上古时王室诰命、誓词和追述古代史迹的著作汇编。汉代王充《论衡》称其为"上古帝王之书"。南朝梁刘勰《文心雕龙》说："圣贤言辞，总为之书。"其中为君治政、统军教民的理念、原则和措施具有普遍意义，所以，这部儒家经典也被视为帝王教科书。《尚书》在秦"焚书"后几近亡佚。西汉初，曾为秦博士的伏胜传《尚书》二十八篇，称《今文尚书》。到了东晋元帝时，梅赜却又献上包含有汉代孔安国作传的《古文尚书》的五十八篇。南宋以来，世称其为伪古文本。现在通行的《尚书》，正是今文本和伪古文本混合的五十八篇本。鉴于此书流传已久，内容也不是向壁虚构的，其中不乏真正的史料，所以，学界对其大体上还是认可的。

《诗经》是我国最早的诗歌总集，也是儒家最早传习的经典之一。《诗经》所收诗歌三百零五篇，最初只称

《诗》。早在春秋时期,《诗经》就已广泛流传。当时的士大夫常在外交场合引用《诗》中之句来表达自己的意见和愿望,孔子也以其为"六经"之一教育弟子。《诗经》按其作品乐调和性质不同分为"风""雅""颂"三大类。"风"包括十五个诸侯国或地区的诗歌,称为"十五国风",共一百六十篇,大部分是民间歌谣;其中一些作品思想性、艺术性均较高,是《诗经》中的精华。"雅"为朝廷正声,是周王朝京都地区的乐歌,分"大雅"和"小雅",共一百零五篇。"大雅"全部是出自贵族之手的朝会宴享之作;"小雅"大部分是贵族作品,小部分是民间歌谣。"颂"是西周及诸侯国鲁国、宋国的统治者祭祀天地宗庙的祭礼歌辞,分为"周颂""鲁颂""商颂",共四十篇。作为儒家经典,《诗经》的作用远超出文学范畴,它不仅承担了教化功能,而且许多作品直接指斥暴政、乱德,具有强烈的讽刺意味。

"五经"中的《礼》,本指《仪礼》,是春秋战国时期贵族中各种礼仪规范的汇编,也称"士礼"。内分《天官》《地官》《春官》《夏官》《秋官》《冬官》六部分,也称"六官",叙述国家政治制度中设官分职的情况。《礼记》是一部对《仪礼》进行阐释、补充、论述的著作,内容庞杂。西汉经学家刘向予以整理，得二百余篇。西汉经学家戴德删重合辑为八十五篇，称"大戴礼记"。其侄戴圣进一步删节为四十六篇，称"小戴礼记"；东汉经学家马融增补《月令》《明堂位》《乐记》各一篇，即成为我们今天所见到的四十九篇的《礼记》。东汉末年，经学家郑玄为《礼记》作注，《礼记》的地位从此逐渐上升，与《仪礼》和《周礼》合称"三礼"；到了唐代，便进入儒家经典"九经"之列了。《礼记》内容非常丰富，有关理政、治军、教育、伦理、交友、礼制等，书中均有论列；而专门记述孔子及其弟子言行的篇章，更为后人重视。《礼记》阐述的礼的社会作用，是正确处理各种身份、各等级的人之间的关系，使人们之间互敬互爱，营造一个有秩序而又和睦、和谐的社会。因此，礼在儒家的价值体系中占据了特殊的位置，《礼记》也成为后世除《论语》外，人们阅读、研究最多的著作。

《春秋》是鲁国的编年史。从鲁隐公元年（前722）到鲁哀公十四年（前481），共记二百四十二年间的史事。记录中虽对当时政治事件都有自己的见解和评价，但文句过于简略，如同记事提纲，引得后人为其作注解，流传下来的有《左传》《公羊传》《穀（gǔ 谷）梁传》。其中成书最早的《左传》，相传为春秋末年鲁国盲史官左丘明所作。由于《左传》已与《春秋》融为一体，历来被视为经书，从这个意义上说也属于"五经"之列。《左传》是我国最早的较为完善的编年体史书，记述方式灵活多样，有言有行，有述有评，叙事有条有理，写人栩栩如生。它记载了春秋时期许多重要的人物、史事，还保存了若干传说古史，有较高的史料价值和文学价值。

"五经"是中华优秀传统文化最重要的组成部分。它们像几根巨柱，巍然支撑着华夏精神文明的大厦。走进新时代，开创新气象，我们更应该传承文化、研习经典、把握精髓、学以致用。无论为官、治军、执教、经商、务工、做人，都要自强不息，敢于担当，以勇敢、谦逊、明智、勤奋、宽容的"正能量"，战胜怯懦、自傲、昏庸、怠惰、狭隘的陋习，为中华民族的伟大复兴贡献一己之力。

《周易》23 条

◎第101条 《周易·乾·象》《周易·坤·象》

天行健^①，君子以自强不息^②。

地势坤^③，君子以厚德载物^④。

【注释】

①〔天行健〕天体的运行刚强劲（jìng 敬）健，昼夜不停。

②〔自强不息〕自己奋发向上，永不止息。

③〔坤〕指女性。借指大地坤元之德，即大地生养培育万物之德。

④〔厚德载（zài 在）物〕指大地具有宽厚的德行，能够容纳、承载一切事物。厚德：宽厚的德行，高尚的道德。载：容纳，承载。

【提要】

君子既应效法天道，勤恳坚毅，奋发向上，永不停息，又要效法大地母亲，有坦荡宽广的胸怀，容得下万事万物。自强不息就可以一步步走向成功，厚德载物也会使自己的人生道路越走越宽广。

◎第102条 《周易·乾·文言》

居上位①而不骄，在下位②而不忧。

【注释】

①〔上位〕高位，显达的职位。

②〔下位〕低位，卑贱的职位。

【提要】

地位越高，越应该谨言慎行，谦逊而不张狂，这样才能少犯错误，受到人们的尊敬。地位低下或境遇不佳时，不能忧郁懈怠，自暴自弃；应该坚信，只要努力不懈，境遇是可以改变的。

◎第103条 《周易·乾·文言》

同声相应，同气相求。

【提要】

原指乐声相和（hè贺），比喻同类事物互相感应，也比喻志趣相同或气质相类者互相吸引、聚合。值得玩味的是，这个"吸引"与"聚合"，并没有专指好的一面，所以孔子告诫："君子不党（不结党营私）。"聚而不党，就是所谓的"君子之交"了。

◎第104条 《周易·坤·文言》

积善①之家必有余庆②；积不善之家必有余殃③。

【注释】

①〔积善〕积累善行。
②〔余庆〕指留给子孙后辈的德泽。
③〔余殃〕指留给子孙后辈的祸害、后患。

【提要】

积累善行的人家，留给晚辈的是美好的政治名声和宝贵的精神财富，能保子孙后代福泽绵长；积累恶行的人家，留给子孙后代的是千载骂名和无穷的后患。

◎第105条 《周易·坤·文言》

君子敬以直内①，义以方外②，敬义立而德不孤。

【注释】

①〔敬以直内〕即"以敬使内直"。用严肃恭敬的态度使内心正直、真诚。

②〔义以方外〕即"以义使外方"。用合乎道义的方式使外在的言行表现得方正。

【提要】

用严肃恭敬的态度来保持内心的正直和真诚，用合乎道义的方式来规范外在言行，这样兼具"敬"和"义"的有德行的人是不会孤单的。他的美德广泛地传布，必定会得到人们的响应，他也必定会得到人们的亲近和支持。所以，孔子说："德不孤，必有邻。"（《论语·里仁》）

◎第106条 《周易·否·象》

君子以俭德①辟②难，不可荣以禄③。

【注释】

①〔俭德〕俭约的品德。

②〔辟（bì 必）〕通"避"。

③〔荣以禄〕（追求）荣华，（谋取）禄位。以：顺接连词，而，而且。

【提要】

君子以节俭为美德而能够避开危难，不可谋取禄位，追求荣华。这句话告诉我们，俭朴的德行能够防止奢靡（mí 迷）腐化等行为，还可以帮助人躲避危险。可悲的是，从古至今，虽然明知欲海无边，而追求和迷恋奢华侈靡生活的人仍然接连不断，前"腐"后继。

◎第107条 《周易·谦·象》

天道亏盈而益谦①，地道变盈而流谦②，鬼神害盈而福谦③，人道恶盈而好谦④。

【注释】

①〔天道亏盈而益谦〕天的规律是亏损盈满而补益空虚的。天道：天理，指天的规律。《易经集解》引唐·崔憬（jǐng 景）语："若日中则昃（zè 仄），月满则亏，损有

余以补不足，天之道也。"

②〔地道变盈而流谦〕地的特征是迁变盈满而流入低洼之处。地道：大地的规律和特征。

③〔鬼神害盈而福谦〕鬼神祸害骄盈的而福佑谦下的。害盈：使骄傲自满者受祸害。福谦：使谦虚者得福。

④〔人道恶（wù 务）盈而好谦〕人的本性是厌恶骄盈自满者而喜好谦逊礼让者。

【提要】

从天道、地道、鬼神和人道四个方面，反复申明"满招损，谦受益"的道理，说明保持谦虚美德的必要性和重要性。

◎第108条 《周易·家人·象》

君子以言有物①而行有恒②。

【注释】

①〔言有物〕说话或写文章有内容，不空洞。

②〔有恒〕指严守道德规范，坚守高尚情操。

【提要】

说话要有依据，行动要有准则。"言有物"是有思想、有见识、有才学的表现，"行有恒"是对道德规范和高尚情操的坚守。

◎第109条 《周易·蹇（jiǎn 简）·彖》

见险而能止，知①矣哉。

【注释】

①〔知（zhì 至）〕通"智"。

【提要】

见到危险能够停止不前，便是明智。可是利欲熏心、利令智昏后，又有几人看得见那潜（qián 前）在的危险而悬崖勒马呢！

◎第110条 《周易·益·彖》

君子以见善则迁①，有过则改。

【注释】

①〔迁〕归向，跟从，追随。

从政者改过向善，不仅可以变被动为主动，还会让民众感受到仁爱的美德，进而受到民众的拥护。

◎第111条 《周易·困·彖》

险以说①，困而不失其所②亨③，其唯君子乎!

【注释】

①〔险以说（yuè 月）〕处于险境而能旷达乐观。以：而，却。说：同"悦"。《孔颖达疏》曰"畅悦之心"，即旷达乐观之心。

②〔所〕宜，即应处之所，应该坚持的信仰和操守。《左传·哀公十六年》："失志为昏，失所为愆（qiān 千）。"

③〔亨〕亨通。

【提要】

处于险难之中而能乐观面对，身陷困境而能坚持信仰和操守，最终依然能够通达顺利，这大概只有君子才能做到吧! 人在世上，窘（jiǒng 冏）迫、穷困是难以避免的，关键是应乐观向上，守志不移，创造条件，积极应对，这样终会脱困而"亨"。

◎第112条 《周易·困·象》

君子以致命①遂志②。

【注释】

①〔致命〕舍命，拼尽全力。

②〔遂志〕实现理想，满足愿望。

【提要】

君子在困窘之时，宁可舍弃生命也要实现崇高的理想。孟子说得更具体："生亦我所欲也，义亦我所欲也。二者不可得兼，舍生而取义者也。"（《孟子·告子上》）

◎第113条 《周易·艮（gèn亘）·象》

时①止则止，时行则行，动静②不失其时，其道光明。

【注释】

①〔时〕即"以时"。根据时机。

②〔动静〕指行动与止息。

根据时机该停就停下来，该行动就采取行动，无论动还是静都不失时机，这就是顺应规律，前途当然是光明的。

◎第114条 《周易·丰·彖》

日中则昃^①，月盈则食^②；天地盈虚^③，与时消息^④，而况于人乎？

【注释】

①〔日中则昃（zè 仄）〕太阳升到正中后就会西偏。昃：太阳偏西。

②〔食〕亏缺，亏损。

③〔盈虚〕盈满或虚空。谓发展变化。

④〔与时消息（xī 西）〕随着时间的推移而消亡或增长。息：滋长，繁衍。

【提要】

盛极而衰，物极必反。这里告诉人们的是，天地都会随着时间的推移而寒暑交替、陵谷变迁，更何况是人呢！所以，在盛大丰盈之时，要有忧患意识，保持戒惧之心，居安思危。

◎第115条 《周易·系辞上·第五章》

仁者见之谓之仁，知①者见之谓之知。

【注释】

①〔知（zhì 至）〕通"智"。

【提要】

这句话的意思是：对于道的化生万物，仁者见它说它是仁，智者见它说它是智。即对同一事物的见解因人而异。后以"见仁见智"谓对同一问题各有各的见解。

◎第116条 《周易·系辞上·第八章》

二人同心，其利断金①。同心之言，其臭如兰②。

【注释】

①〔其利断金〕它的锋利可以达到切断金属的程度。

②〔其臭（xiù 秀）如兰〕它的气味像兰草一样芬芳。臭：气味。

【提要】

这两句话与"人心齐，泰山移"异曲同工，都强调团结的重要性。

◎第117条 《周易·系辞上·第八章》

劳而不伐①，有功而不德②，厚之至也。

【注释】

①〔伐〕自夸。

②〔德〕自德，自以为有功德。

【提要】

那些有德行的君子，付出辛劳却不自夸，取得成功而不居功自傲，这是至高美德的表现。而有些德薄之人，出了点滴之力，就到处吹嘘，招人厌弃。

◎第118条 《周易·系辞上·第八章》

乱之所生也，则言语以为阶①。君不密则失臣②，臣不密则失身，幾事③不密则害成。是以君子慎密④而不出⑤也。

【注释】

①〔阶〕阶梯。引申指缘由、途径。《孔颖达疏》曰："阶，谓梯也。言乱之所生，则由言语以为乱之阶梯也。"

②〔君不密则失臣〕《孔颖达疏》曰："臣既尽忠，不

避危难，为君谋事，君不慎密，乃彰露臣之所为，使在下闻之，众共嫉怒，害此臣而杀之，是失臣也。"

③〔幾（jī 机）事〕机密的事。幾：也作"机（繁体为'機'）"。事物出现前或变化前的细微迹象。

④〔慎密〕谨慎保密。

⑤〔出〕这里指出格、出圈儿。

【提要】

"祸从口出，患从口入。"（《孔颖达疏》）祸乱往往是由言语引发的。君主说话不谨慎就会毁掉忠心辅佐的大臣，臣子说话不谨慎就会灾殃及身，机密的事情不注意保密就会酿成祸害。所以，君子说话处事须谨慎保密，不出格，不出圈儿，不乱说乱做。

◎第119条 《周易·系辞上·第八章》

慢藏诲盗①，冶容诲淫②。

【注释】

①〔慢藏诲（huì 汇）盗〕漫不经心地收藏保管财物，等于诱人前来盗窃。诲盗：诱诲人盗窃。

②〔冶容诲淫〕女子修饰得很妖媚，等于诱诲人淫

乱。冶：形容女子装饰艳丽。

【提要】

这句话原有祸由自招的意思，包含着人们的生活经验和智慧。后常用"诲（huì汇）淫诲盗"指引诱人去干盗窃、奸淫等坏事。

◎第120条 《周易·系辞下·第二章》

《易》穷①则变，变则通②，通则久③。是以"自天祐之，吉无不利④"。

【注释】

①〔穷〕极，穷尽，达到极点。

②〔通〕通畅。

③〔久〕恒久，长久。

④〔自天祐之，吉无不利〕这两句话是《大有》卦的上九爻（yáo 摇）辞，意思是上天保佑，吉祥而无所不利。祐：同"佑"，保佑。

【提要】

此句之前，先举古圣先贤的事迹：伏羲（xī希）氏、神农氏、黄帝、尧、舜通过改变前代的器用和制度，使百姓进取不懈；又在实践中神奇地变化它们，使百姓应用适宜。然后说明《易》理：穷极就要发生变化，变化就能畅通，畅通就可以长久地存在下去。正因为如此，便会有上天保佑，无往而不利。这说明变革创新自古有之，其功大矣。

◎第 121 条 《周易·系辞下·第五章》

善不积不足以成名，恶不积不足以灭身。小人以小善为无益而弗为①也，以小恶为无伤而弗去②也，故恶积而不可掩③，罪大而不可解④。

【注释】

① 〔弗为〕不（屑于）去做。

② 〔去〕除掉，改掉。

③ 〔掩〕掩饰，掩盖。

④ 〔解〕解救。

【提要】

事物发展有一个由量变到质变的过程。以为小的善事无关大局而不屑于去做，那么，"一屋不扫，何以扫天下"？如何能够成就美名？而以为小的毛病无伤大体而不坚决改掉，那么，日积月累，渐成恶德，千里之堤难免溃于蚁穴（xué 学）。到时候，大错铸成，乃至恶贯满盈，掩盖不住，解救不了，岂不追悔莫及！

◎第122条 《周易·系辞下·第五章》

君子安而不忘危，存而不忘亡，治而不忘乱，是以①身安而国家可保也。

【注释】

①〔是以〕即"以是"。因此。

【提要】

安居高位而忘记危险，保守现状而放松警惕，自以为治理得宜，乐享天下太平，这样的当政者是没有政治头脑、目光短浅的。他们治理的国家难免因此而遭遇凶险乃至败亡。所以，头脑清醒的领导者应该安居而不忘倾危，生存而不忘灭亡，整治而不忘败乱。只有这样，才可以立于不败之地，使国运常新。

◎第123条 《周易·系辞下·第五章》

德薄而位尊，知①小而谋大，力小而任重，鲜不及②矣。

【注释】

①〔知（zhì 至）〕通"智"。

②〔鲜（xiǎn 显）不及〕很少不及于（祸患）。鲜：少。及：遭受（祸患、灾难等）。

【提要】

功德不厚却地位尊崇，智慧微小却心高志大，力量微弱却身担重任，这样的人没有几个能不遭受祸患。这是孔子对德薄、智小、力弱者的忠告，更是对执政者能否选贤任能的警示。东汉王符在《潜（qián 前）夫论·忠贵》中说："德不称（chèn 衬）其任，其祸必酷；能不称其位，其殃必大。"谓选拔任用的官员必须德才兼备，二者缺一不可。

《尚书》20 条

◎第124条 《尚书·虞书·大禹谟（mó 摹）》

任贤勿贰①，去邪②勿疑。疑谋勿成③，百志④惟熙⑤。

【注释】

①〔任贤勿贰〕专用贤才而不要兼用小人。南宋学者蔡沈（chén 沉）《书经集传》："任贤以小人间（jiàn 剑）之，谓之贰。"

②〔邪〕指奸邪之人。

③〔疑谋勿成〕用义理衡量似有不妥的计划或方案，就不要付诸实施。蔡沈《书经集传》："谋，图为也。有所图为，揆（kuí 魁）之于理而未安者，则不复成就之也。"

④〔百志〕犹百虑，谓深思熟虑。志：意愿。

⑤〔熙（xī 西）〕兴盛，兴起。

当政者要专一任用贤良之才而不要兼用小人，罢黜（chù 触）奸邪之人不要犹豫不决。用道义衡量似有不妥的计划或方案，就不要付诸实施，深思熟虑才能使事业兴盛。

◎第125条 《尚书·虞书·大禹谟》

罔①违道以干②百姓③之誉，罔咈④百姓以从⑤己之欲。

【注释】

①〔罔（wǎng 往）〕勿，不要。

②〔干（gān 甘）〕求取，谋取。

③〔百姓〕百官。

④〔咈（fú 福）〕违背，违逆。

⑤〔从（zòng 粽）〕通"纵"，放纵。

【提要】

拿原则做交易，牺牲国家利益向下属"买好"，就是"违道干（gān 甘）誉"的一种做法；而以权谋私，搞"一言堂"，正是违背属下的意志、放纵一己私欲的专断作风。

◎第126条 《尚书·虞书·大禹谟》

德惟①善政②，政在养民。

【注释】

①〔惟〕是。

②〔善政〕即"使政善"，使政治清明。

【提要】

所谓有德，就是使政治清明；而实施清明的政治，就在于能养育民众。一语道破"德"的主旨和"政"的本质。

◎第127条 《尚书·虞书·大禹谟》

宥过无大，刑故无小①；罪疑惟轻，功疑惟重②。

【注释】

①〔宥（yòu 又）过无大，刑故无小〕不了解而犯错，无论多大都可以宽恕；明知故犯，无论多小都要处以刑罚。宥过：宽恕别人的过失。宥，宽恕，原谅。无：无论。故：故意。

②〔罪疑惟轻，功疑惟重〕罪行轻重有可疑之处无法确定的应从轻判处，而功劳大小不能确认的则应从重奖赏。疑：有疑点，不能确定。

【提要】

区分过失犯罪和故意犯罪的做法，以及"罪疑惟轻"的原则，是保证公正执法、避免冤假错案的一个重要侧面。

◎第128条 《尚书·虞书·大禹谟》《尚书·商书·说（yuè 月）命中》

汝惟不矜①，天下莫与汝争能；汝惟不伐，天下莫与汝争功。

有其善②，丧厥③善；矜其能，丧厥功。

【注释】

①〔矜（jīn 今）〕自夸（贤能）。

②〔有其善〕自居其善，自夸已能已功。有：居，自认为……。

③〔厥（jué 决）〕代词，其，他的。

正因为你不自夸己能己功,所以天下没人与你争能争功;反之,自夸其善,自矜其能,结果只能是"丧善""丧功"。原因何在? 其一,在中华民族的传统道德中,最忌居功自傲这种恶德。因为这样的人往往摆错自己的位置,夸大自己的力量,忽视或贬低上级、同人和民众的作用,故而必然脱离群众。其二,"满招损"。居功自傲者往往容易被一时的成绩冲昏头脑,忘乎所以,对形势做出错误的估计,最终给事业造成不可挽回的损失。

◎第129条 《尚书·虞书·大禹谟》

无稽之言①勿听,弗询之谋②勿庸③。

【注释】

①〔无稽(jī 机)之言〕没有根据、无从查考的话。蔡沈:"无稽者,不考于古。"稽:查考,查证。

②〔弗(fú 扶)询之谋〕没有征询过(其他)意见的计划或方案。蔡沈:"弗询者,不咨于众。"询:征询。

③〔庸〕任用,采用。

【提要】

捕风捉影、无从查证的话不可听信,未经广泛征求意见、未做可行性研究的计划或方案不能采用，这是决策者或管理者所应具有的起码的素质。

◎第130条 《尚书·虞书·大禹谟》

满招损①，谦受益，时乃天道②。

【注释】

①〔损〕损害，祸患。

②〔时（shì 士）乃天道〕这是天之常道。时：通"是"，这。

【提要】

自满招致祸害，谦逊得到好处，这是自然之理。这一点应是所有人时时刻刻都不可忘记的。

◎第131条 《尚书·虞书·皋陶（gāo yáo 高摇）谟》

知人则哲①，能官人②。

【注释】

①〔知人则哲〕能洞悉人的品行才能，就可称他为明智。知：了解，洞悉。哲：智，明智。

②〔官人〕给人官位，即任用官员。

【提要】

当政者必须善于任用官员，而善任的前提是"知人"。

◎第132条 《尚书·虞书·皋陶谟》《尚书·周书·泰誓上》《尚书·周书·泰誓中》

天聪明①，自②我民聪明。天明畏③，自我民明威。

天矜④于民，民之所欲，天必从⑤之。

天视自我民视，天听自我民听。

【注释】

①〔聪明〕视听。聪：耳听。明：目视。

②〔自〕来自。

③〔明畏〕同"明威"。明，彰显其善；威，威治其恶。即表彰好人，惩治恶人。

④〔矜（jīn 今）〕怜悯，同情。

⑤〔从〕顺从，听从。

【提要】

天意来自民意。民众的愿望，上天一定会顺从。这一观点是舜的掌管刑法的官皋陶首先提出来的，周武王讨伐商纣王时再次提出来，旨在反对商代迷信天命的绝对神权和滥用刑戮的严酷统治。"民之所欲，天必从之"一语，《国语》《左传》中都有引用。这一民本思想被孟子继承下来并加以发展，如他提出令封建帝王极力压制的著名观点："民为贵，社稷次之，君为轻。"

◎第133条　《尚书·夏书·五子之歌》

民可近①，不可下②。民惟③邦本，本固邦宁。

【注释】

①〔近〕亲近。

②〔下〕被轻贱，被认为卑贱低下。

③〔惟〕是。

【提要】

民众只可以亲近而不可以疏远，更不可以认为他们卑贱低下。民众是国家的根本，根本稳固了，国家才能安定。这种最早的"民本"思想，闪烁着历史唯物主义的熠（yì 义）熠光辉。

◎第134条 《尚书·夏书·胤（yìn 印）征》

火炎昆冈①，玉石俱焚②。天吏逸德③，烈于猛火。

【注释】

①〔火炎昆冈〕大火焚烧昆仑山。炎：燃烧。昆冈：即昆仑山。《史记·李斯列传》中李斯的上书（即《谏逐客书》）里有"今陛下致昆山之玉"一句，张守节《正义》曰："昆冈在于阗（tián 田）国东北四百里，其冈出玉。"冈：山脊。

②〔玉石俱焚〕美玉和石头一齐烧毁了。比喻好的坏的一同毁掉。

③〔天吏逸德〕掌管天文历法的官吏出现过失。这里指夏王仲康当政时，主管天文历法的官员羲（xī 希）氏、和氏酗（xù 续）酒失职，废日乱时。逸德：失德。

蔡沈《书经集传》："……羲、和之罪，当不止于废时乱日，是必聚不逞之人，崇饮私邑，以为乱党，助羿（yì 义）为恶者也。"

【提要】

重要部门的领导者或管理者如果渎职，则造成的危害会比烈火使玉石俱焚还要严重。

◎第135条 《尚书·商书·仲虺（huǐ 悔）之诰（gào 告）》

用人惟己①，改过不吝②。

【注释】

①〔用人惟己〕采纳别人的意见就好像采用自己的意见那样。用人：用人之言，采纳别人的意见。惟：如。

②〔改过不吝〕毫无保留地改正过错。吝：吝惜。

【提要】

《孔传》说："（商汤）用人之言，若自己出，有过则改，无所吝惜，所以能成王业。"对于领导者或管理者来说，"改过"比"用人"更不容易，因为"从谏如流"不光需要雅量，还要有甄（zhēn 真）别决断的能力。

◎第136条 《尚书·商书·仲虺之诰》

以义制事^①，以礼制心^②。

【注释】

①〔制事〕处理政事。

②〔制心〕约束人心。

【提要】

以道义为准则处理政事，以礼制为标准约束人心，体现了"以德治国"的思想。

◎第137条 《尚书·商书·仲虺之诰》

能自得师者王^①，谓人莫己若^②者亡。好问则裕^③，自用^④则小^⑤。

【注释】

①〔王（wàng 望）〕动词，称王。古代指统治者以仁义取得天下，成为君主。

②〔莫己若〕即"莫若己"，没有人比得上自己。若：如，像，比得上。

③〔裕〕多，指知识渊博。

④〔自用〕自行其是，不接受别人的意见。

⑤〔小〕这里是相对于"裕"而言的，指知识面窄，孤陋寡闻。

【提要】

能自觉主动地以贤能为师、以民众为师者，小则可以使自己知识渊博，大则可以得天下；而傲视贤能、卑视民众，刚愎（bì 必）自用、唯我独尊者，轻则孤陋寡闻，重则难免自取灭亡。

◎第138条 《尚书·商书·太甲中》

天作孽①，犹可违②；自作孽，不可逭③。

【注释】

①〔孽〕罪恶，灾祸。

②〔违〕离别，引申为避离。

③〔逭（huàn 换）〕逃避，避开。

【提要】

上天降下的灾祸还可以逃离得开，自己造成的罪孽则无法逃避惩罚。因此，人不可丢掉善良之心而做伤天害理之事，否则咎（jiù 旧）由自取，必有恶报。

◎第139条 《尚书·周书·泰誓下》

树德务滋①，除恶务本。

【注释】

①〔滋〕增添，加多。

【提要】

树立美德，务求其不断滋长；铲除邪恶势力，务求挖掉其毒根。对于当政者来说，两者都是治本的举措。

◎第140条 《尚书·周书·武成》

建官①惟贤，位事②惟能。

【注释】

①〔建官〕设置官职，选任官员。

②〔位事〕居官理事。位：居，指受任官职。

【提要】

选用德才兼备的干部，是任人唯贤的用人原则所决定的。选用一个好干部，就等于树立了一面旗帜。选任贤能之人，则贤能者进。

◎第141条 《尚书·周书·旅獒（áo 熬）》

不矜细行①，终累②大德。为山九仞③，功亏一篑④。

【注释】

①〔不矜（jīn 今）细行〕不注重小节。矜：慎重。细行：小节，小事。

②〔累（lěi 垒）〕连累，牵连。

③〔仞（rèn 认）〕古时八尺或七尺叫作一仞。

④〔篑（kuì 愧）〕盛土的筐子。

【提要】

这是西周开国大臣召（shào 绍）公劝诫周武王的话。他以堆积九仞高的土山，只差一筐土也不能算大功告成为喻，希望武王能从小事做起，注重小节，以免损害了君主的大德。

◎第142条 《尚书·周书·君陈》

必有忍，其乃有济①；有容②，德乃大③。

【注释】

①〔其乃有济〕才能有成。其：表推测、揣测之意。乃：才。济：成。

②〔有容〕有所包容。

③〔大〕高尚。

【提要】

领导者或管理者一定要胸襟开阔，度量过人，"忍小忿以就大谋"；同时，对属下不能求全责备，要包容他们的小节之亏、无心之失。这样的领导者或管理者才称得上政治品格高尚。

◎第143条 《尚书·周书·毕命》

政贵有恒①，辞尚②体要，不惟③好异④。

【注释】

①〔恒〕常，持久。

②〔尚〕崇尚，提倡。

③〔惟〕思。

④〔好（hào 耗）异〕喜好标新立异。

【提要】

政治措施贵在有稳定性，不可朝令夕改；讲话、写文章要切合实际、简明扼要，力戒空话、官话、套话和标新立异、华而不实的长篇大论。

《诗经》15 条

◎第144条 《诗经·鄘（yōng 拥）风·相（xiàng 向）鼠》

相①鼠有皮，人而无仪②。人而无仪，不死何为？

【注释】

① 〔相（xiàng 向）〕观察。

② 〔仪〕威仪。庄重严肃的容貌举止。

【提要】

这首诗以极其鄙（bǐ 笔）视的口吻，直斥那些不懂礼仪、不知廉耻的达官显贵，认为他们连令人憎恶（zēng wù 增务）的老鼠都不如。

◎第145条 《诗经·卫风·淇(qí旗)奥(yù玉)》

有匪①君子,如切如磋,如琢如磨②。

【注释】

①〔有匪〕犹言"斐(fěi 诽)斐"。指人物有文采,有才华。匪:通"斐",有文采。

②〔切、磋、琢(zhuó 啄)、磨〕器物加工的工艺名称。《尔雅·释器》:"骨谓之切,象(象牙)谓之磋,玉谓之琢,石谓之磨。"郭璞注:"皆治器之名也。"

【提要】

这是赞美春秋时卫武公的诗。卫武公在位时增修城垣(yuán元),兴办牧业,善于纳谏,政通人和。年九十余,率兵驱逐犬戎,立周平王,晋爵为公。死后卫人感念他的恩德,赋《淇奥》来歌颂他。足见百姓对于有道德、有作为的当政者是不会忘怀的。其中"如切如磋,如琢如磨"两句为后世广为使用,一则比喻人在修养道德、研究学问上精益求精,再则比喻同窗、同人、同志和朋友之间在道德、学问方面互相研讨,切磋砥砺,共同进步。

◎第146条 《诗经·魏风·伐檀》

不稼不穑①，胡②取禾三百廛③兮？不狩④不猎，胡瞻尔庭有县貆⑤兮？彼君子兮，不素餐兮⑥！

【注释】

①〔不稼不穑（sè 色）〕指不从事农业劳动。稼：种植谷物。穑：收割。

②〔胡〕何，为什么。

③〔三百廛（chán 蝉）〕指三百家的税收。廛：古代一家之居所占的地亩。

④〔狩（shòu 受）〕打猎，特指冬天打猎。

⑤〔胡瞻尔庭有县貆（xuán huán 玄环）兮〕为什么看到你家庭院中挂着猎物猪獾（huān 欢）呢？县：通"悬"。貆：貉（hé 合），俗名猪獾。

⑥〔彼君子兮，不素餐兮〕那些君子大人哪，可不是吃白食的哟！君子：西周、春秋时对贵族的通称。这里指高高在上、不劳而获的奴隶主。素餐：吃白食，白吃饱。

【提要】

《伐檀》描述一群奴隶伐木造车，边干边唱的情景，表达了他们对不劳而获、坐享其成的奴隶主的强烈愤懑（mèn 闷）和控诉。两个反问句揭示了奴隶主残酷的剥削本质；而末句又用反讽的手法，给予剥削者以痛快淋漓的冷嘲热骂。

◎第147条 《诗经·魏风·硕鼠》

硕鼠①硕鼠，无食我黍！三岁贯女②，莫我肯顾③。逝将去女④，适⑤彼乐土。乐土乐土，爰得我所⑥！

【注释】

①〔硕（shuò 朔）鼠〕大老鼠。硕：大。

②〔三岁贯女（rǔ 辱）〕侍奉喂养你多年。三岁：多年。三，言其多，并非实指。贯：侍奉。女：通"汝"，你。

③〔莫我肯顾〕"莫肯顾我"的倒装。莫：不。顾：顾念，体贴。

④〔逝将去女（rǔ 辱）〕决心要离开你。逝：通"誓"。

⑤〔适〕往。

⑥〔爰（yuán 元）得我所〕（那"乐土"才）是我安居乐业的好去处。爰：相当于"是"。所：处所。一说，所：宜，应该（去的地方）。

这首讽刺诗把残酷无情的剥削者比作贪婪（lán
兰）的大老鼠，喝令它们"不要抢我们的粮食吃"，强
烈地表达了奴隶们捍卫劳动果实的正义要求，鲜明地表
现了他们"逝将去女"的反抗意识，而对"乐土（朱
熹：'有道之国'）"的向往，则充满了他们追求美好生
活的理想色彩。

◎第148条 《诗经·小雅·常棣（táng dì 唐弟）》

**兄弟阋于墙①，外御其务②。每有良朋，烝③
也无戎④。**

【注释】

①〔阋（xì 细）于墙〕在萧墙内（即家中）争吵。
比喻内部纷争。阋：争吵，争斗，斗狠。于：在。墙：指
萧墙，即照壁、影壁。

②〔务（wǔ 午）〕通"侮（wǔ 午）"，侮辱。

③〔烝（zhēng 蒸）〕多。

④〔戎〕互助。

"阋于墙"是在家里争吵，属内部矛盾；遇到外敌，共御其侮是大义。后两句"平时虽有好友，人多也不相助"，更反衬出兄弟之情的诚笃（dǔ 堵）深厚。这首诗所彰显的团结御敌的思想，已成为中华民族巨大的精神武器。

◎第149条 《诗经·小雅·鹤鸣》

它山之石，可以为错①。
它山之石，可以攻玉②。

【注释】
①〔错〕磨刀石。
②〔攻玉〕将玉石琢磨成器。

【提要】
"它山之石，可以为错""可以攻玉"，意为别地别国的贤才可以成为本地本国的辅佐，外地外国的先进经验可以拿来为我所用。

◎第150条 《诗经·小雅·节南山》

君子如届①，俾②民心阕③；君子如夷④，恶怒是违⑤。

【注释】

①〔如届〕如能施行至诚之道。届：至。这里指至诚之道，即最好的政治措施。

②〔俾（bǐ 彼）〕使。

③〔阕（què 却）〕止息。

④〔如夷〕如能施行平和简易之政。夷：平。

⑤〔违（wéi 围）〕远离。

【提要】

贤能的官员如能施行至诚之道、平和简易之政，一定会使百姓心中的愤懑（mèn 闷）平息，怨言怒气自然会消除。

◎第151条 《诗经·小雅·小旻（mín 民）》

不敢暴虎①，不敢冯河②。人知其一③，莫知其他④。战战兢兢⑤，如临深渊⑥，如履⑦薄冰。

【注释】

① 〔暴虎〕空手和老虎搏斗。暴：徒手搏击。

② 〔冯（píng平）河〕不用船而徒步渡河。引申为有勇无谋，冒险行动。冯：通"淜（píng平）"。东汉·许慎《说文解字》："淜，无舟渡河也。"清·段玉裁注："徒步曰冯河。……淜，正字。冯，假借字。"《论语·述而》："暴虎冯河，死而无悔者，吾不与（yǔ羽）也。"

③ 〔其一〕指前两句所说的"暴虎"和"冯河"的危险。

④ 〔其他〕指《小旻》诗中前几节所述奸人当道、国策失误的危险。

⑤ 〔战战兢兢〕提心吊胆、谨慎戒惧的样子。毛亨："战战，恐也；兢兢，戒也。"

⑥ 〔如临深渊〕好像来到深水潭边。临：面对，到……面前。

⑦ 〔履〕踩。

【提要】

《小旻》这首诗讽刺周幽王重用奸邪小人及其施政中的种种错误决策。这里所选为结尾一节，表现了诗人提心吊胆、临深履薄、唯恐遭祸的心情。"不敢暴虎，不敢冯河"和"如临深渊，如履薄冰"，后世多用为临事谨慎，不冒险，不蛮干，而善于运筹，多谋善断。

◎第152条 《诗经·小雅·巧言》

君子信盗①，乱是用暴②。盗言孔甘③，乱是用餤④。

【注释】

①〔盗〕谗佞（chán nìng 缠泞）之人，即惯于用谗言陷害人和用花言巧语讨好当权者的小人。

②〔乱是用暴〕祸乱因此更加严重。是用：即"用是"，因此。用，因，因为；是，此，这。暴：甚，严重。

③〔盗言孔甘〕谗佞之人说的话听起来很甜。孔：很，甚。甘：甜。

④〔餤（tán 谈）〕进食。引申为增多或加深。

【提要】

作者告诫当政者莫用小人，别信谗言，否则，祸乱会因此而更加严重。

◎第153条 《诗经·小雅·青蝇》

营营①青蝇，止于樊②。岂弟君子③，无信谗言。营营青蝇，止于榛④。谗人罔极⑤，构我二人⑥。

【注释】

①〔营营〕拟声词。苍蝇飞来飞去的声音。

②〔止于樊〕停在篱笆上。樊：篱笆。孔颖达疏曰：（青蝇）"此虫污白使黑，污黑使白，乃变乱白黑，不可近之。当去止于藩篱之上，无令在宫室之内也。"而谗佞之人，"变乱善恶，不可亲之。当弃于荒野之外，无令在朝廷之上也"。下文"止于榛（zhēn 真）"与此句大意相同。

③〔岂弟（kǎi tì 凯替）君子〕这里应指周幽王。岂弟：同"恺悌（kǎi tì 凯替）"，和乐平易。

④〔榛（zhēn 真）〕一种丛生的小灌木。

⑤〔罔（wǎng 往）极〕没有定准，变化无常。罔：无，没有。极：准则。

⑥〔构我二人〕挑拨加害你我二人。构：构陷，陷害。

【提要】

"《青蝇》，大夫（fū 肤）刺幽王也。"（毛亨）此诗以苍蝇比喻进谗小人，告诫君主不要听信谗言。苍蝇嗡嗡营营，淆乱黑白，追腐逐臭，驱去复还；"谗人"无良无德，出尔反尔，翻云覆雨，挑拨离间。两者类比，贴切传神。

◎第154条 《诗经·大雅·旱麓（lù 路）》

鸢飞戾天①，鱼跃于渊。岂弟君子，遐不作人②？

【注释】

①〔鸢（yuān 冤）飞戾（lì 力）天〕老鹰能够一飞冲天。鸢：老鹰。戾：到达。

②〔遐（hé 合）不作人〕遐：通"何"。朱熹《诗集传》："瑕、何古音相近通用。"作人：即"使人作"，使人发挥聪明才智，也就是培养造就新人的意思。

【提要】

天高任鸟飞，海阔凭鱼跃。贤明的君主为什么不（让有志者发挥自己的聪明才智，）赶紧培养造就新人呢？

◎第155条 《诗经·大雅·思齐》

刑于寡妻①，至于兄弟，以御于家邦②。

【注释】

①〔刑于寡妻〕用礼法对待妻子。刑：礼法。这里用作动词，施行礼法。寡妻：嫡（dí 笛）妻，正妻。

②〔御于家邦〕御：统治，治理。家邦：家国。家，指家族。

【提要】

周文王将先人之德化为自己的言行，影响妻子、兄弟、家族，最终推行于天下。这种以家治来化导社会，从而达到国治的模式，应该是儒家"齐家治国平天下"理念的源头。

◎第156条 《诗经·大雅·民劳》

无纵诡随①，以谨无良②。

【注释】

①〔无纵诡随〕不要纵容诡诈放肆之人。无：毋、不要。纵：放纵，纵容。随：放肆，放任。

②〔以谨无良〕以使不良之徒不敢肆意妄为。谨：谨慎，守本分。这里是"使谨慎""使守本分"的意思。

【提要】

当政者严格执法，不纵容坏人，不良之徒才能有所收敛（liǎn 脸），社会才能安定和谐。

◎第157条 《诗经·大雅·荡》

靡不①**有初，鲜克有终**②**。**
殷鉴不远，在夏后之世③**。**

【注释】

①〔靡（mǐ 米）不〕无不。靡：无，没有。

②〔鲜（xiǎn 显）克有终〕很少能有"以善道自终"。鲜：少。克：能。

③〔殷鉴不远，在夏后之世〕殷商的明镜并不遥远，就在桀做君主的夏朝。相应地，周朝的明镜也不遥远，就在纣王做君主的商朝。殷鉴：殷商的镜子。谓殷商的子孙应以夏的灭亡为镜子。鉴，镜子，后泛指可以作为借鉴的往事。夏后：夏朝君主。后，古代称君主。

【提要】

《荡》是一首咏史诗，借夏桀被商汤所灭（兼指商纣被周武王所灭）的历史教训来讽喻暴虐昏庸的周厉王。而所选这几句诗的普世意义在于，警示当政者应接受历史教训，修养德行，善始善终地施行仁政，巩固自己的政权。

◎第158条 《诗经·大雅·抑》

白圭之玷^①，尚可磨也；斯言之玷^②，不可为^③也。

【注释】

①〔白圭（guī 归）之玷（diàn 电）〕白玉上的斑点。白圭：古代王侯在举行重大仪式时所佩带的礼器，用白玉制成，上尖下方。

②〔斯言之玷〕这里喻指政治、教化方面的错误言论。斯：这。

③〔为（wéi 维）〕治。这里指去除（它的影响）。

【提要】

这是一首政治讽刺诗中的句子。作者以形象的语句告诫当政者，"一言既出，驷马难追"，有关政治、教化方面的言论，必须谨慎不苟。

《礼记》22条

◎第159条 《礼记·曲礼上》

敖不可长^①，欲不可从^②，志不可满^③，乐不可极^④。

【注释】

①〔敖（ào 奥）不可长〕傲慢之心不可滋长。敖：通"傲"，傲慢。

②〔欲不可从（zòng 纵）〕私欲不可放纵。欲：私欲，贪欲。从：通"纵"，放纵。

③〔志不可满〕贪渎之心不可膨胀。志：心愿。

④〔乐不可极〕享乐不可过分。极：到极点。

【提要】

这里强调的是，对于心志的某些方面必须加以节制，否则，人就会唯我独尊，为非作歹，贪婪（lán 兰）无度，过分享乐。靠什么节制呢？这就是《礼记》所阐述的思想内容及其所制定的行为规范。

◎第160条 《礼记·曲礼上》

临财毋苟得①,临难②毋苟免③。

【注释】

①〔苟得〕《孔颖达疏》曰:"财利,人之所念,非义而取,谓之苟得。"

②〔难(nàn 南)〕指国难。《孔颖达疏》曰:"难,谓有寇仇谋害君父。"

③〔苟免〕苟且逃生而免于祸患。

【提要】

面对钱财,以义衡量,不该得到的不随便获取;国难当头,不能丧失气节,苟且逃生。"君子爱财,取之有道""不义之财不可取",都是祖宗的忠告,须臾不可忘记;"时穷节乃见(xiàn 现)……生死安足论"(文天祥《正气歌》)和"苟利国家生死以,岂因祸福避趋之"(林则徐《赴戍登程口占示家人》),则生动地诠释了"临难毋苟免"的真谛。

◎第161条 《礼记·曲礼上》

大上贵德①,其次务施报②。礼尚往来③。往

而不来④，非礼也；来而不往，亦非礼也。

夫礼者，自卑而尊人⑤。虽负贩者⑥，必有尊也，而况⑦富贵乎？

【注释】

①〔大上贵德〕三皇五帝时代以德为贵。郑玄注："大上，帝皇之世，其民施而不惟报。"《孔颖达疏》曰："太上谓三皇五帝之世也。其时犹醇厚其德，不尚往来之礼。所贵者在于有德，故曰贵德也。德主务施其事，但施而不希其反（返）也。"大：同"太"。

②〔其次务施报〕夏商周三代君王的时代注重施惠和回报之礼。郑玄注："三王之世，礼始兴焉。"《孔颖达疏》曰："其次，谓三王之世也。务，犹事也。三王之世，独亲其亲，独子其子，货力为己，施则望报，以为恒事，古云'务施报'。"

③〔礼尚往来〕礼注重有来有往。尚：尊崇，崇尚，注重。

④〔往而不来〕我去施恩而受惠者不来报答。

⑤〔自卑而尊人〕自我谦卑而尊重他人。

⑥〔负贩者〕挑担叫卖的小贩。这里泛指处于社会底层的平民百姓。

⑦〔况〕何况。

【提要】

"礼"的根本内涵是敬、让，讲究的是正常的往来之礼。这样的"礼"，是礼节，是礼数，是必不可少的相互尊重。抱着请托说情、拉帮结派的目的而往来，充斥着卑劣的私欲。这样的"礼"，是礼物，是贿赂，是对受礼者人格的侮辱与亵（xiè谢）渎。

◎第162条 《礼记·檀弓上》

曾子①曰："……君子之爱人也以德，细人②之爱人也以姑息③。"

【注释】

①〔曾子〕见第3条注①。

②〔细人〕小人。指见识短浅的人。

③〔姑息〕无原则地迁就、宽容。

【提要】

君子爱人，是使所爱之人的德行臻（zhēn真）于完美，因此，他们如有缺点、错误，君子会直言不讳（huì惠）地指出来，并督劝他们弥补、改正。见识短浅的人爱人，是无原则地宽容、迁就他们的缺点、错误，其结果会害了所爱之人。

◎第163条 《礼记·檀弓下》

苛政①猛于虎也。

【注释】

①〔苛政〕苛暴的政令。指反动统治者残酷地剥削、镇压人民的施政措施，如繁重的赋税、劳役和严刑峻法等。

【提要】

孔子从泰山旁路过，见一位妇人在坟前哭得很哀痛。孔子让子路去问她道："听你的哭声，好像有很伤心的事吧？"妇人说："是的。以前我的公公和丈夫都被老虎吃掉了，现在我的儿子又被老虎吃掉了。"孔子问道："那为什么不离开这里呢？"妇人回答："（这里）没有苛暴的政令。"孔子说："学生们要记住啊：苛暴的政令比老虎还要凶猛可怕！"这段逸事，从侧面揭露了统治者残酷压迫剥削人民的凶残面目。

◎第164条 《礼记·礼运》

孔子曰："大道之行也，天下为公①。选贤与能②，讲信修睦③。"

【注释】

①〔大道之行也，天下为（wéi 维）公〕大道施行的时代，天下是民众公有的。大道：指政治上的最高理想。这里应指原始共产主义的准则。

②〔选贤与（jǔ 举）能〕选拔任用贤能的人。与（繁体为"與"）：同"举（繁体为'舉'）"，选拔。一说，"与"仍读"yǔ 宇"，意同"举"，选拔。

③〔讲信修睦〕人与人之间讲究信用，和睦相处。修睦：调整相互间的关系，使之亲密和睦。修，整饬（chì 赤），调整。

【提要】

天下为公原指君位不为一家私有，后来成为一种美好的社会政治理想。清人孙希旦《礼记集解》："天下为公者，天子之位传贤而不传子也。"这可看作原始民主的理念、原始共产主义的准则。"选贤与能，讲信修睦"至今仍是治国的极佳主张。

◎第165条 《礼记·学记》

玉不琢，不成器①；人不学，不知道②。

【注释】

①〔成器〕成为有用的器物。

②〔知道〕谓通晓天地之道，深明人世之理。知：了解，通晓。

【提要】

《学记》是世界教育史上第一篇教育学的专论。它总结概括了我国先秦时期丰富的教育思想和各种教育实践活动。"玉不琢，不成器；人不学，不知道"，说明学习对于人成才的重要性。而把人比作玉石，说明儒家认为人性本善，经过良好的教育（"琢"），人是可以发展成有用之才（"成器"）的。南宋学者王应（yīng 映）麟编写《三字经》时，收入了这两句话（因须押韵，"道"改为"义"）。

◎第166条 《礼记·学记》

虽有嘉肴①，弗食，不知其旨②也；虽有至道③，弗学，不知其善也。

【注释】

①〔嘉肴（yáo 摇）〕宴席上美味的饭菜。

②〔旨〕味美。

③〔至道〕指最好的学说。至：极，最。

【提要】

即使有好饭好菜，不吃就不知道味美；即使有最好的学说，不学就不知道它的妙处。这两句话强调的是学习和实践的重要性。

◎第167条 《礼记·学记》

学然后知不足；教，然后知困。知不足，然后能自反①也；知困，然后能自强也。故曰：教学相长②也。

【注释】

①〔自反〕自我反省，回过头来要求自己。

②〔教学相长（zhǎng 掌）〕通过教学，学生学到知识和技能，得到进步，教师也得到提高。

【提要】

能知道自己的不足和困惑之处，是明智和谦虚的表现；而自我反省，不断增强自己的教学能力，则需要勇气和毅力。这段教育学的名句，千百年来激励着从事育人事业者不断地完善自我、诲（huì 汇）人不倦。

◎第168条 《礼记·学记》

凡学之道，严师为难①。师严然后道尊②，道尊然后民知敬学③。

【注释】

①〔严师为难（nán　南）〕尊敬老师是不容易做到的。郑玄注："严，尊敬也。"

②〔师严然后道尊〕老师受到尊敬，然后他们讲授的东西才能受到尊崇。

③〔敬学〕尊重教育。

【提要】

"师严然后道尊"，汉代经学家郑玄给这一条作注说："尊师重道焉，不使处臣位也。"意思是帝王也不能把老师当作臣子那样随意支使。可见古人对教师是多么尊崇。老师得到尊崇，真理和学问才能被重视，这样百姓才知道尊重教育。

◎第169条 《礼记·杂记下》

张而不弛①，文武②弗能也。弛而不张，文武弗为也。一张一弛，文武之道也。

【注释】

①〔张、弛（chí 池）〕弓上弦叫张，卸弦叫弛。引申指弓弦拉紧和放松。这里喻指施政的严和宽、急和缓。

②〔文、武〕指周文王和周武王。他们是古人心目中理想的治国明君。

【提要】

弓弦只拉紧而不放松，即便是周文王和周武王（那样的明君）也做不到；只放松而不拉紧，文王和武王也不会那样做；一时拉紧一时放松，这才是文王和武王治理民众的办法。掌握辩证思维，发布政令、处理政事时善于调节，张弛有度，宽严结合，不走极端，这样才能体现出当政者的智慧和能力，才能把国家治理好。

◎第170条 《礼记·坊记》

君子约言①，小人先言②。

【注释】

①〔约言〕少言，少说话。

②〔先言〕未行动而先说出去。

【提要】

本句采用了"互文见义"的修辞方法（即上下文各有交错省却，而又相互补足，交互见义），意思应是"君子约言后言，小人繁言先言"。以言语和行动评价人的德行，孔子有很多论述，如"君子欲讷于言而敏于行""先行其言，而后从之"等，均表现了有道德修养的人实事求是、谦虚稳重而不炫（xuàn 渲）耀的态度。这和那些说了不算、说到做不到、夸夸其谈、言过其实的浮薄"小人"形成鲜明对比。

◎第171条 《礼记·坊记》

善则称人①，过则称己②，则民不争③。善则称人，过则称己，则怨益亡④。

【注释】

①〔善则称人〕有成绩就归功于别人。称：称道。

②〔过则称己〕有过失就自己承担责任。称己：这里是自我承担责任、归咎（jiù 旧）于自己的意思。称，声言，说。

③〔争〕争执。这里指争功诿（wěi 委）过。

④〔怨益亡（wú 吴）〕（别人的）怨恨就越来越少了。益：愈益，越来越……。亡：通"无"。

【提要】

《左传·庄公十一年》中有这样一段话：大禹和商汤治国出现失误就责罚自己，所以他们很快兴旺起来；夏桀和商纣治国出现过错却责罚别人，所以他们很快灭亡。这是为什么？诿过于人则人心不顺，必招民怨，难免丧国亡身；推功于众，则民心归服，万众拥戴，自然江山永固。

◎第172条 《礼记·表记》

君子不自大其事①**，不自尚其功**②**。**

【注释】

①〔自大其事〕自己夸大所做工作的难度、成绩及其影响等。

②〔尚其功〕加大自己的功绩。尚：超过，加。

【提要】

自大其事，自尚其功，无非想说明自己的做法比别人高明，自己的贡献比别人大，其目的则在于邀功扬名。由于摆不正自己的位置，妄自尊大，其结果，轻则脱离群众，重则身败名裂。

◎第173条 《礼记·表记》

口惠而实不至^①，怨菑及其身^②。

【注释】

①〔口惠而实不至〕口头答应给人好处，实际上却没有做到。惠：恩惠，好处。

②〔怨菑及其身〕怨恨和灾祸就会落到"口惠"者自己的身上。菑：同"灾"。及：到。这里指殃及。

【提要】

民心不可欺，民事不可缓。答应给老百姓办的事，一定要抓紧办，要件件落到实处。否则，失信于民，岂止是"怨灾及其身"，还会降低政府的公信度，甚至损毁政府的形象。

◎第174条 《礼记·缁（zī 资）衣》

君民者^①子以爱之^②，则民亲之；信以结之^③，则民不倍^④；恭以莅^⑤之，则民有孙心^⑥。

【注释】

①〔君民者〕统治民众的人，即统治者、君主。君：主宰，统治。

②〔子以爱之〕即"以子爱之",把民众当成自己的子女那样爱护他们。

③〔信以结之〕即"以信结之",用诚心、信义来结交他们。

④〔倍〕同"背",背离,背叛。

⑤〔莅(lì 立)〕临,面对。

⑥〔孙(xùn 迅)心〕顺从的心。孙:通"逊",顺从。

【提要】

对于百姓是用德、礼教育和规范他们,还是用政令、刑罚约束和整治他们,从先秦起就是儒家和法家争执的焦点。儒家从人性和民本的观点出发,主张以慈爱、诚信、恭敬的态度对待民众,以取得民众的拥戴。

◎第175条 《礼记·缁衣》

下之事上①也,不从其所令,从其所行②。上好是物③,下必有甚焉者④矣。故上之所好恶⑤,不可不慎也,是民之表⑥也。

【注释】

①〔下之事上〕身份、地位在下的人侍奉身份、地位在上的人。下：下级，下属，身份、地位在下的人。事：服侍，侍奉。上：上级，上司，身份、地位在上的人。

②〔不从其所令，从其所行〕不是听从他的号令，而是效法他的所作所为。从：听从，跟从。

③〔好（hào 耗）是物〕喜爱这个东西，喜欢这个事。好：喜好，喜欢，喜爱。是：这，这个。

④〔必有甚焉者〕一定有（喜爱、喜欢得）更厉害的人。

⑤〔恶（wù 务）〕厌恶，讨厌。

⑥〔表〕表率。

【提要】

当政者是民众的表率。身教重于言教，当政者的一言一行，就是对民众无声的命令。所以，其言行、好恶（hào wù 耗务）绝不是个人的私事，而是关系到引导民众走什么路的大问题。

◎第176条 《礼记·缁衣》

小人溺于水①，君子溺于口②，大人③溺于民，皆在其所亵④也。

【注释】

①〔小人溺（nì 逆）于水〕小民淹死在水中。小人：小民，百姓。溺：淹没在水里。

②〔君子溺于口〕卿大夫被自己这张不顾及利害、毫无遮拦的嘴"淹"死。

③〔大人〕这里指君主。

④〔亵（xiè 谢）〕轻慢，不尊重。

【提要】

态度轻慢，没有敬畏之心，君主就会被自己的民众这个汪洋大海淹死。这不是危言耸听，而是被无数的史实所证明了的。所以，当权者必须以民为本，敬民爱民，而万万不可轻慢甚至虐害于民。

◎第177条 《礼记·缁衣》

心以①体全，亦以体伤；君以民存，亦以民亡。

【注释】

①〔以〕因；依靠。

【提要】

心脏靠身体得到保全，也因身体而受到损伤。国君靠人民生存，也因人民而败亡。唐太宗说："君，舟也；民，水也。水能载（zài 在）舟，亦能覆舟。"讲的也是这个道理。《缁衣》的这两句话，足令后世当权者引以为戒。

◎第178条 《礼记·儒行》

儒有不宝金玉①，而忠信以为宝②；不祈③土地，立义④以为土地；不祈多积，多文以为富⑤。

【注释】

①〔宝金玉〕即"以金玉为宝"，把黄金、玉器当成珍宝。

②〔忠信以为宝〕即"以忠信为宝"，把忠实诚信当成珍宝。

③〔祈（qí 旗）〕对天地神明告求。

④〔立义〕奉行大义。

⑤〔多文以为富〕即"以多文为富"，把学识渊博当成富有。

【提要】

《孟子·尽心下》："诸侯之宝三：土地、人民、政事。宝珠玉者，殃必及身。"而要保住土地、养育人民、治理政事，就要以忠信、立义、多文的儒家之道为济世方略。儒家的这些修身标准，就是为济世救民、匡（kuāng 筐）扶天下而量（liàng 亮）身定做的。

◎第179条 《礼记·儒行》

儒有可亲而不可劫①也，可近而不可迫②也，可杀而不可辱也。

【注释】

①〔劫〕威胁，威逼。

②〔迫〕胁迫。

【提要】

真正的儒者可亲可近，却不降志辱身。他们不惧怕威逼和胁迫，表现了刚强而坚毅的品格。这与孟子所推崇的"富贵不能淫，贫贱不能移，威武不能屈"的大丈夫形象何其相似！这几句话对各级领导者或管理者处理与当今儒者——知识分子的关系，是否有可借鉴之处呢？

◎第180条 《礼记·儒行》

儒有内称不辟亲①，外举不辟怨②，程功积事③，推贤④而进达之⑤。

【注释】

①〔内称不辟（bì 必）亲〕举荐人担任官职，不避弃本宗族内的贤良之士。称：推举，荐举。辟：同"避"，躲开，避弃。

②〔不辟怨〕不避弃仇人。

③〔程功积事〕衡量功绩和积累事迹。程：衡量，估量。事：事迹。

④〔推贤〕推荐贤才。

⑤〔进达之〕使他进身乃至达于朝廷。之：他，指被推荐的贤才。

【提要】

"外举不弃仇，内举不失亲"（《左传·襄公二十一年》）的忠臣，在我国历史上不胜枚举。如春秋时，晋国"南阳无令""国无尉"，晋平公问大夫祁黄羊谁可以担任这两个职务。祁黄羊推荐解狐担任南阳令、祁午担任"尉"。晋平公问：解狐不是你的仇人吗？祁午不是你的儿子吗？祁黄羊回答道：您问的是谁可以担任这两个职务，"非问臣之仇也""非问臣之子也"。解狐和祁午到任，均很称职，"国人称善焉"。孔子听说了这件事，感慨道："善哉，祁黄羊之论也！外举不避仇，内举不避子，祁黄羊可谓公矣。"（见《吕氏春秋·孟春纪·去私》）这种以国家利益为重、光明磊落的君子之风，广为后人所称道。

《左传》20条

◎ 第181条 《左传·隐公元年》《左传·襄公四年》

多行不义，必自毙^①。

多行无礼，必自及^②也。

【注释】

① 〔毙〕仆（pū 扑）倒。指摔倒、失败。

② 〔及〕指及于祸、及于罪，即遭祸、遇害。

【提要】

不符合道义、礼制的事做多了，必定犯众怒、失民心，那么，等待他的结果自然是"自毙"和"自及"了。

◎第182条 《左传·隐公三年》

爱子，教之以义方①，弗纳于邪②。骄、奢、淫、泆，所自邪也③。

【注释】

①〔爱子，教之以义方〕爱自己的孩子，就要用做人的正道来教育他。以：用。义方：做人的正道，指为人处世应该遵守的规矩。

②〔弗纳于邪〕不要让他走到邪路上去。弗：不。纳：放进去。于：到。

③〔骄、奢、淫、泆（yì义），所自邪也〕骄横奢侈，荒淫放荡，是走上邪路的起因。泆：又作"逸"或"佚"，放纵，放荡。所自邪：即"邪之所自"，走上邪路的缘由。

【提要】

春秋时，卫国大夫石碏（què 却）曾经劝谏卫庄公不要宠爱儿子州吁。鲁隐公四年（前719），卫庄公死，桓公即位。州吁与石碏之子石厚密谋杀害桓公并篡位。石碏大义灭亲，设计除掉了州吁与石厚。上面这段话就是当初石碏劝谏卫庄公时说的，历来被认为是教子箴（zhēn 珍）言。

◎第183条 《左传·隐公六年》

为国家者①，见恶如农夫之务去草焉②，芟夷蕴崇③之，绝其本根，勿使能殖④，则善者信⑤矣。

【注释】

①〔为国家者〕治理国家的人，当政者。为：治理。家：家族；卿大夫的采（cài 蔡）地食邑。

②〔务去草焉〕一定要除去杂草。务：必须，务必。去：去除，除掉。

③〔芟（shān 山）夷蕴（yùn 运）崇〕铲尽削平之后再堆积起来。芟：割。夷：削平。蕴：积聚。崇：积聚。

④〔殖〕增殖，增长。

⑤〔信（shēn 申）〕通"伸"，舒展，伸张。

【提要】

当政者对于黑恶势力，应该像农民对待杂草一样，不但一定要把它铲尽削平，还要"绝其本根，勿使能殖"。只有这样除恶务尽，才能使"善者信"，老百姓才能安居乐业。

◎第184条 《左传·桓公二年》

国家之败，由官邪①也。官之失德，宠赂章②也。

【注释】

①〔邪〕不正。

②〔章〕同"彰"，显明。

【提要】

国家的衰败，是由于官吏不走正道。而官吏们道德的丧失，是因为受到君主的宠信而贿赂公行造成的。可见，打击行贿受贿等贪腐行为，培养官员的清廉作风，是使国家立于不败之地的重要保证。

◎第185条 《左传·桓公十一年》

师克①在和，不在众。

【注释】

①〔师克〕军队打胜仗。师：军队。克：战胜。

【提要】

军队打胜仗靠的是官兵一致，万众一心，而不是靠人多势众。周武王在统率各路诸侯讨伐商纣王的誓师大会上，讲了一段很经典的话："纣王拥有十万部众，竟有十万条心；我只有三千兵卒，却只有一条心。"武王伐纣之所以大获全胜，靠的就是万众一心；纣王兵多将广，最终却惨败而丧国亡身。这是"师克在和，不在众"的最好注脚。

◎第186条 《左传·庄公十年》

夫战，勇气也①。一鼓作气②，再而衰③，三而竭④。

【注释】

①〔夫（fú 扶）战，勇气也〕作战，靠的是勇气。夫：发语词，没有实在意义。

②〔一鼓作气〕第一次敲击战鼓时，士兵们勇气大振。鼓：用作动词，敲击战鼓。作：起。

③〔再而衰〕第二次（敲击战鼓）时，士气有所衰落。再：第二次。

④〔三而竭〕第三次（敲击战鼓）时，士气已经完全没有了。竭：尽。

【提要】

古代作战，击鼓进军，擂第一通（tòng 痛）鼓时士气最盛。后多用"一鼓作气"来激励人们趁锐气正盛之时一举成事，或鼓足干劲，勇往直前。

◎第187条 《左传·庄公二十四年》

俭，德之共①也；侈，恶之大也。

【注释】

①〔共（hóng 红）〕通"洪"，大。

【提要】

节俭是美德之中的大德，奢侈是邪恶之中的大恶。古人对于节俭这种美德非常重视，将其看作保持自身廉洁和国家长治久安的重要因素。

◎第188条 《左传·僖公二十五年》

信，国之宝也，民之所庇①也。

①〔民之所庇（bì 必）〕（是）民众所赖以庇护的东西。庇：庇护，保护。

【提要】

诚信是国家的无价之宝，是立国的根本，是老百姓赖以生存和得到庇护的基础。孔子说："人而无信，不知其可也。"他要求弟子"敬事而信"，不欺骗愚弄百姓。唐朝诤（zhèng 正）臣魏徵（zhēng 征）说："德礼诚信，国之大纲。"（《贞观政要》）可见，"信"作为中华民族传统美德之一，历来受到肯定和提倡。

◎第189条 《左传·僖公三十三年》

一日纵敌①，数世②之患也。

【注释】

①〔纵敌〕放走敌人。

②〔数世〕几代，几辈子。世：三十年为一世。另，改朝换代建立新王朝也称一世。

【提要】

从战役、战术上讲，有时要注意"穷寇勿迫"；但从战略上讲，穷寇必迫，除恶务尽。

◎第190条 《左传·僖公三十三年》

不以一眚掩大德①。

【注释】

①〔不以一眚（shěng 省）掩大德〕不因为人的一次过错而抹杀他的大功绩。以：因。眚：过失，错误。掩：遮蔽，遮盖，抹杀。

【提要】

春秋时，在秦晋殽（yáo 尧，又读 xiáo 淆）之战中，秦军大败。秦穆公在迎接被晋国释放回来的败将时，主动承担罪责，哭着说："这是我的过错，你们有什么罪！我不能因为这一次失利而抹杀你们以往的大功绩。"作为一国之君，能以这样的心态和胸怀对待下属，确实难能可贵。

◎第 191 条 《左传·文公五年》

华而不实[1]，怨之所聚[2]也。

【注释】

①〔华而不实〕只开花不结果。比喻外表好看，内容空虚。华：古通“花”，读 huā，开花。实：果实，这里指结（jiē街）果。

②〔怨之所聚〕是怨恨聚集之地。

【提要】

华而不实不仅惹人嘲笑，遭人鄙（bǐ 笔）视，而且是“怨之所聚”。对于这一点，领导者或管理者尤须注意。

◎第 192 条 《左传·文公十七年》

畏首畏尾[1]，身其余几？

【注释】

①〔畏首畏尾〕原是对春秋时期郑国北面怕晋国、南面怕楚国的比喻之辞。现指怕这怕那、疑虑重重的样子。比喻做事胆子小，顾虑多。

【提要】

　首也怕，尾也怕，那剩下来的身子还有多少？这样一个比喻用反讽的语气道出，实在分量不轻。那些在危急关头不能当机立断、挺身而出，而是恐惧畏缩、犹犹豫豫，结果坐失良机、断送大局的人，应当引以为戒。

◎第193条　《左传·宣公二年》

人谁无过？过①而能改，善莫大焉②。

【注释】

①〔过〕动词，有了过错，犯了错误。

②〔善莫大焉〕没有比这更大的善行了。焉：于此，比这个。

【提要】

　过错人人都有，不必大惊小怪，更不该文过饰非。有了过错能及时改正，这是再好不过的善行了。"子路，人告之以有过，则喜""禹闻善言，则拜"……古代大圣大贤为我们做出榜样，我们今人难道不该闻过则喜、知过必改而不断完善自己吗？

◎第 194 条 《左传·成公十三年》

礼，身之干①也；敬，身之基②也。

【注释】

①〔干（gàn 赣）〕躯干。

②〔基〕建筑物的根脚。引申指事物的根本。

【提要】

古人认为礼如同人的躯干，不懂礼就不成其为人。敬，指认真严谨地做事，是一个人立身于社会的根本。孔子肯定他的弟子冉雍所说"居敬而行简，以临其民（以严肃的态度、简约的办法治理百姓）"（《论语·雍也》），说明古圣先贤对严肃认真地做人做事是十分重视的。

◎第 195 条 《左传·襄公十年》

众怒难犯①，专欲②难成。
专欲无成，犯众兴祸③。

【注释】

①〔犯〕触犯，冒犯。

②〔专欲〕专权独断的私欲。

③〔兴祸〕引发祸端。

【提要】

众人的怒气难以冒犯，专权独断的私欲难以实现。对于领导者或管理者来说，压制下属和群众、独断专行都会引发祸端；必须坚持民主，集思广益，时时处处维护下属和民众的根本利益。

◎第196条 《左传·襄公十一年》

《书》曰："居安思危。"思则有备，有备无患。

【提要】

这是晋国大夫魏绛（jiàng酱）援引《尚书》的文句来规劝晋悼公的一段话，意思是："'处于安定的环境中，要想到可能发生的危险。'想到了就应有所防备，有了防备才能没有祸患。""居安思危"不是杞（qǐ起）人忧天，而是在复杂多变的国际形势下，基于国家长远发展、社会长治久安所应具备的忧患意识。

◎第197条 《左传·襄公二十六年》

善为国者，赏不僭而刑不滥①。赏僭，则惧及淫人②；刑滥，则惧及善人。

【注释】

①〔赏不僭（jiàn 见）而刑不滥〕奖赏不过头，刑罚不滥用。僭：僭越，过分，过头。

②〔惧及淫人〕恐怕赏给淫邪之人。

【提要】

善于理政的领导者，必须坚持依法治国，不能以言代法；执法要严明，赏罚要得当。只有这样，才能劝善惩（chéng 成）恶，民心归服。

◎第198条 《左传·昭公元年》

临患不忘国，忠也；思难不越官①，信也；图国忘死，贞也。

【注释】

①〔越官〕放弃职守。越：失坠，坠落。这里是放弃、丢弃的意思。

面临祸患能够不忘国家，这是忠心；想到危难而能坚守岗位，不放弃职守，这是诚信；为了国家利益而舍生忘死，这是坚贞。这种爱国主义的情操，千百年来影响着无数志士仁人。他们捐躯赴难、视死如归，不愧为中华民族的脊梁。

◎第199条 《左传·昭公七年》

政不可不慎也。务三而已①：一曰择人，二曰因②民，三曰从时。

【注释】

①〔务三而已〕致力于三个方面就行了。

②〔因〕依靠。

【提要】

当政者要想处理好政事，必须做到三条：第一，任人唯贤，选拔德才兼备的优秀官员；第二，紧紧依靠民众；第三，顺从天时，不做违背自然规律的蠢事。

◎第200条 《左传·昭公二十五年》

众怒不可蓄也，蓄而弗治①，将蕴。蕴蓄，民将生心②；生心，同求将合③。

【注释】

①〔弗治〕指不做处理，不做化解工作。

②〔生心〕产生逆反之心、叛离之心。

③〔同求将合〕有同样诉求的人将要联合起来。求：要求，诉求。

【提要】

这段话应是对第195条"众怒难犯"和"犯众兴祸"更细致的解释。众怒蕴蓄→生心→同求将合；再往下发展，自然是"兴祸"无疑了。

老庄语录

「老子」语录

90条

《老子》简介

    《老子》又称《道德经》，是道家思想的重要来源，也是中国历史上首部完整的哲学著作。它不仅被后世奉为道教最高经典，而且在中国乃至世界思想史上均占有极为重要的地位。

    关于《老子》的作者和成书过程，历来众说纷纭。司马迁《史记·老子韩非列传》记载："老子者，楚苦县（今河南鹿邑县）厉乡曲仁里人也，姓李氏，名耳，字伯阳，谥曰聃，周守藏室之史也。孔子适周，将问礼于老子……老子修道德，其学以自隐无名为务。居周久之，见周之衰，乃遂去。至关，关令尹喜曰：'子将隐矣，强为我著书。'于是老子乃著书上下篇，言道德之意五千余言而去，莫知其所终。"据历代学者考证，司马迁这段记载基本可信。参考《庄子》《韩非子》《战国策》等书记载和郭店楚墓简本等其他佐证，我们认为：《老子》一书系与孔子（前551—前479）同期略早的著名思想家老子的个人专著，春秋末年完成初稿，历经后学传抄、修订，战国中前期基本定型。

《老子》一书，计五千余言（不同版本字数略有出入），通行本分为《道经》和《德经》两部分，共八十一章。其文质朴简约，微言大义，集中反映了老子的宇宙观、人生观、价值观和政治思想，形成了博大精深、周密严谨的思想体系。

在宇宙观方面，老子提出"无名天地之始；有名万物之母"，"有物混成，先天地生。寂兮寥兮，独立而不改，周行而不殆，可以为天地母。吾不知其名，强字之曰'道'"，"道生一，一生二，二生三，三生万物"，"人法地，地法天，天法道，道法自然"等一系列独特的论断，阐释了宇宙起源与发展演变的过程，具有明显的唯物主义色彩。

在人生观方面，老子提出"后其身而身先，外其身而身存"，"致虚极，守静笃"，"宠辱若惊，贵大患若身"，"功遂身退，天之道也"，"夫唯不争，故天下莫能与之争"，"强大处下，柔弱处上"，"柔弱胜刚强"等一系列看似消极保守、实则以退为进的思想主张，富有精警睿智、启人深思的人生哲理。

在价值观方面，老子主张"见素抱朴，少私寡欲"。他在书中反复提醒世人："金玉满堂，莫之能守。富贵而骄，自遗其咎"；"驰骋畋猎，令人心发狂。难得之货，令人行妨"；"甚爱必大费，多藏必厚亡"；"知足不辱，知止不殆"；"圣人欲不欲，不贵难得之货；学不学，复众人之所过"；"我有三宝，持而宝之：一曰慈，二曰俭，三曰不敢为天下先"……这些质朴而又精辟的观点，至今仍有强烈的警世意义。

在政治思想方面，老子主张"无为而治"，倡导"处无为之事，行不言之教"，"以正治国，以奇用兵，以无事取天下"。他认为："治大国，若烹小鲜"；"为无为，则无不治"；"我无为而民自化。我好静而民自正。我无事而民自富。我无欲而民自朴"。基于这种理念，他猛烈抨击贪得无厌、滥施苛政、"损不足以奉有余"的统治者，并向他们提出了"民不畏死，奈何以死惧之"的严正警告。在此基础上，老子提出"小国寡民……使人复结绳而用之。甘其食，美其服，安其居，乐其俗。邻国相望，鸡犬之声相闻，民至老死不相往来"的乌托邦式的社会理想。这种"无为而治"的政治理念，虽然带有明显的空想色彩和一定的消极倾向，但对化解矛盾纷争、减少社会动荡、使民休养生息、促进社会复兴，仍有不可忽视的积极意义。汉唐之初用其说而实现社会繁荣，便是极好的明证。

在对自然、社会、人生进行深入分析、全面论证的过程中，《老子》一书深刻地揭示了矛盾双方相互依存、互相转化的对立统一规律。书中提出的"有无相生，难易相成"，"将欲取之，必固与之"，"大器晚成，大音希声，大象无形"，"大直若屈，大巧若拙，大辩若讷"，"祸兮，福之所倚；福兮，祸之所伏"，"天下难事必作于易，天下大事必作于细"，"千里之行，始于足下"等一系列精辟论断，处处闪烁着辩证法的思想灵光，不仅在思想内容上具有不可多得的借鉴价值，而且在思维方式上给后人留下深刻的启迪。

《老子》以其严谨的逻辑、精美的文字、玄妙的思想，倾倒了一批又一批学者，影响了一代又一代后人。庄子、列子等从其学、倡其说，形成了道家学派；荀子、韩非子等借鉴其学说，完善了自己的思想体系；张道陵等以《道德经》为最高经典，奉老子为道祖，创立了具有世界影响的中国本土宗教——道教。

历史上，研究勘校《老子》者甚众，为其作注者历代皆有，甚至唐玄宗李隆基、宋徽宗赵佶、明太祖朱元璋、清世祖爱新觉罗·福临等几位皇帝都曾亲自为其作注。据不完全统计，迄今为止，各类校勘注释《老子》的汉语图书已达四千余种。一部五千余言的著作，后人阐释之说已远逾五千万言。这种现象，堪称中国文化史上的一道奇观。明太祖朱元璋在《御注道德真经序》中称："斯经乃万物之至根、王者之上师、臣民之极宝。"清代学者魏源在其《老子本义》中指出："老子之书，上之可以明道，中之可以治身，推之可以治人。"这两位的高度评价，似可作为这一奇特现象很好的注脚。

《老子》一书，不仅在中国思想文化发展史上占有重要地位，而且在世界上产生了深远的影响。自唐贞观二十一年（647）玄奘译《道德经》为梵文传入东天竺，迄今《老子》已被译为四十多种外国语言，目前可查到的各种外文版《老子》典籍已有一千多种。据联合国教科文组织统计，《道德经》是除《圣经》以外被译成外国文字发行量最多的文化名著。哲学巨匠尼采称："《道德经》像一眼永不枯竭的井泉，满载宝藏，放下汲桶，唾手可得。"一代文豪托尔斯泰对老子十分推崇。有人问他，世界上哪些作家和思想家对他影响最深，他回答说，孔子、孟子对他影响很大，而老子对他影响巨大！德国前总理施罗德说："德国每个家庭都应该买一本中国的《道德经》，以帮助解决人们思想上的困惑。"

当前，国际风云变幻莫测，社会纷争在全球范围内日益加剧，天下大势与《老子》诞生的春秋战国时期颇有几分相似；而我国也正处于社会转型的战略机遇期，改革开放已进入攻坚阶段。在这种形势下，如何借鉴传统文化的精华，改进我们的社会治理，加快中华民族的伟大复兴，当是每一位领导者或者管理者都必须关注的重大课题。为帮助大家更加便捷地阅读古代经典，汲取先贤智慧，帮助党员干部增强执政本领，我们不揣谫陋，精心编选了《老子语录》，奉献给广大读者。

在编选过程中，我们坚持以下三个原则：一是以通行本为底本，广泛吸纳前人研究成果，尽力还原老子思想的真谛；二是八十一章每章皆选，依次编排，力求完整地展现老子的思想体系；三是编选时对修身立命、治国理政方面的内容有所侧重。在具体工作中，我们选择最为通行的王弼注本为底本，同时参考敦煌诸写本、傅奕本、景龙碑本、帛书甲乙本、郭店楚墓简本等重要版本及王夫之《老子衍》、魏源《老子本义》、任继愈《老子绎读》、朱谦之《老子校释》、陈鼓应《老子注译及评介》等大量《老子》研究著作，对原文予以勘校精选，对注释予以审慎推敲，对文义加以简要提示，力求取精用宏、择善而从，更加精当地展示老子思想的精华。

老子曾经感慨："吾言甚易知，甚易行。天下莫能知，莫能行。"希望我们的工作能使更多的领导者和管理者领略《老子》的精义、成为老子的知音、增长自己的智慧。

《老子》90 条

◎ 第1条 《老子·第一章》

道可道，非常道^①；名可名，非常名^②。无，名天地之始；有，名万物之母^③。故常无，欲以观其妙^④；常有，欲以观其徼^⑤。此两者，同出而异名，同谓之玄^⑥。玄之又玄，众妙之门^⑦。

【注释】

①〔道可道，非常道〕"道"可以用语言表述出来，但能表述出来的就不是恒常的"道"。第一个"道"是名词，近似于人们习称的"道理"；第二个"道"是动词，指解说、表述的意思，犹言"说得出"。常道：帛书甲、乙本均作"恒道"（后为避汉文帝刘恒讳改"恒"为"常"），指宇宙永恒的本体、本源，即终极真理和规律。

②〔名可名，非常名〕"名"可以用语言表达出来，但能表达出来的就不是恒常的"名"。第一个"名"是名词，指事物的名称；第二个"名"是动词，是说明的意

思。常名：指宇宙"大道"的恒常之名。

③〔母〕母体，本源。

④〔妙〕奥妙。

⑤〔徼（jiào 叫）〕边际，边界，引申为端倪的意思。

⑥〔玄〕幽妙深远。

⑦〔众妙之门〕一切奥妙变化的总门径。这里用来比喻探索宇宙万物发展变化本质规律的门径。

【提要】

这是《老子》开篇的第一章，指出所要讨论的主旨为宇宙的本体、本源和本质规律。老子认为，真正的"道"是形而上的，这个形而上之"道"是不可言说的；任何语言文字都无法表述它，任何概念都无法用来指称它。这个"道"幽隐而无形，难以为我们的感官所认识，所以老子用"无"字来指称其特性；但这个"不见其形"而被指称为"无"的"道"，却能产生天地万物，因而老子又用"有"字来形容天地万物生长变化的状态。"无"和"有"的转化，乃是一个辩证的活动过程。老子指出，"无"和"有"虽然十分玄虚缥缈，但仍然给我们留下了可供探索的门径。

◎第2条 《老子·第二章》

天下皆知美之为美，斯恶已①；皆知善之为

善，斯不善已。有无相生②，难易相成，长短相形③，高下相盈④，音声相和⑤，前后相随。是以圣人⑥处无为之事，行不言之教；万物作焉而不辞⑦，生而不有，为而不恃，功成而弗居⑧。夫唯弗居，是以不去⑨。

【注释】

①〔天下皆知美之为美，斯恶已〕天下都知道美之所以为美，这样，丑的概念也就产生了。斯：这。恶：丑。已：通"矣"，了。

②〔有无相生〕有中生无，无中生有，有和无可以相互衍生变化。相：互相。

③〔长短相形〕长和短是互相映照呈现的。形：显露，映现。

④〔高下相盈〕高和低是相互对应、互为补充的。下：低。盈：充实，补充。

⑤〔音声相和（hè 贺）〕音与声是相互应和的。音声：汉代郑玄为《礼记·乐记》作注时说，合奏出的乐音叫作"音"，单一发出的音响叫作"声"。和：应和，呼应。

⑥〔圣人〕古人所推崇的达到最高境界的典范人物。这里指真正悟道的人。

⑦〔万物作焉而不辞〕任由万物生发而不加干涉、不

加否认。作：兴起，生发。辞：推拒，否认。

⑧〔功成而弗居〕功成名就却不居功自傲。弗：不。居：自恃。

⑨〔去〕失掉，泯没。

【提要】

这段话的内容分为两个层次。第一层集中体现了老子朴素的辩证法思想。他通过对社会现象与自然现象的分析，阐明世间万物都有自身的对立面，都以对立的方面为自己存在的前提，"美"和"丑"、"善"与"恶"、"有"和"无"、"难"与"易"、"长"和"短"、"高"与"下"、"音"和"声"、"前"与"后"，都是相反相成、互相转化的。在这里，老子揭示了事物相互对应、相互依存、相互联系、相互作用的对立统一规律。在此基础上，展开了第二层论述：身处矛盾对立的客观世界之中，人们应当如何应对呢？老子提出"处无为之事，行不言之教"的观点，进而指出，具有高境界的圣人，应该"生而不有，为而不恃，功成而弗居"。"夫唯弗居，是以不去"，深得辩证法之要，值得领导者和管理者深思。

◎第3条 《老子·第三章》

不尚贤①，使民不争②；不贵难得之货③，使民不为盗；不见可欲④，使民心不乱。是以圣人之治，虚其心⑤，实其腹，弱其志⑥，强其骨；常使民无知无欲⑦，使夫智者不敢为⑧也。为无为⑨，则无不治。

【注释】

①〔尚贤〕崇尚贤能。

②〔不争〕指不争功名利禄。

③〔贵难得之货〕即"以难得之货为贵"，珍视难得的财物。贵：以……为贵，重视，珍视。货：财物。

④〔不见（xiàn 现）可欲〕不展示可以激发贪欲的东西。见：通"现"，显露，展示。可欲：可以激发贪欲的东西。

⑤〔虚其心〕使他们心胸开阔，无思无欲。虚：使……空虚。心：心胸。

⑥〔弱其志〕弱化他们的竞争意志。

⑦〔无知无欲〕没有巧诈的知识，没有贪争的欲念。

⑧〔智者不敢为〕自作聪明的人不敢恣意妄为。

⑨〔为无为〕以无为的方式去为（做），即"处无为之事"，以顺其自然的态度去处理事务。

【提要】

在这一章里，老子进一步阐述了他"无为而治"的社会政治思想。他认为：不尊崇贤才异能，才会使民众不争夺功名利禄；不珍视难得的财物，才会使民众不沦为盗贼；不展示可以激发贪欲的东西，才会使民心稳定、避免动荡。因此，真正悟道的圣人，要治理天下，应该让百姓心胸豁达，吃饱肚子，弱化竞争意识，增强自身体质；总之，要使百姓"无知无欲"成为常态，使自作聪明的人不敢恣意妄为。只要行无为之政，天下就没有治理不好的。

老子"无为而治"的政治理念，是针对当时各国之间征伐不断、世俗之贤去质尚文、社会动荡日益加剧的现实提出来的，虽然带有明显的空想色彩和消极成分，但对化解社会矛盾、减少社会纷争仍有一定的积极作用。其合理成分，对后世产生了深远的影响，时至今日，仍有一定的借鉴意义。

◎第4条 《老子·第四章》

道冲①，而用之或不盈②。渊③兮，似万物之宗④。湛⑤兮，似或存⑥。吾不知其谁之子，象帝之先⑦。

【注释】

①〔冲〕同"盅（chōng 充）"，指器皿虚空，比喻空虚。

②〔不盈〕不满，引申为无穷无尽。

③〔渊〕幽深。

④〔宗〕宗祖，本源。

⑤〔湛〕沉，深，形容"道"隐没于冥暗之中，不见形迹。

⑥〔似或存〕似乎存在，形容"道"若无若存。

⑦〔象帝之先〕似乎产生于天帝之先。象：好像，似乎。

【提要】

在这段话中，老子进一步论述了"道"的特征。他认为，"道"是虚体的，无形无象，人们视而不见，触而不着，只能依赖意识去感知它。虽然"道"是虚体的，但它并非一无所有，而是蕴含着物质世界的创造性因素。这种因素极为丰富，极其久远，似乎产生于天帝之先。因而，创造宇宙、天地、万物、自然界的是"道"，而不是天帝。就这样，老子从创造万物的角度再次解释了"道"的属性。《老子》里的"道"，是一种派生并主宰宇宙万事万物的精神实体。

◎第5条 《老子·第五章》

天地不仁①，以万物为刍狗②；圣人不仁，以百姓为刍狗。天地之间，其犹橐籥③乎！虚而不屈④，动而愈出。多言数穷⑤，不如守中⑥。

【注释】

①〔不仁〕没有爱憎的感情，无所偏爱。

②〔刍（chú 除）狗〕用草扎成的狗。古代专用于祭祀之中，祭祀完毕，就把它扔掉或烧掉。比喻轻贱无用的东西。

③〔橐籥（tuó yuè 驼月）〕古代的风箱。

④〔不屈（jué 决）〕不竭。屈：竭，穷尽。

⑤〔多言数（sù 速）穷〕政令烦苛，将会加速败亡。言：指声教法令。数：通"速"，疾速、加快的意思。穷：陷入困境，指穷尽到头，无路可行。

⑥〔守中〕持守中虚，指守住内心的虚静。

【提要】

这一章从反对"有为"的角度出发，谈论的仍是"无为"的道理。老子认为：天地不带有任何人类道义方面的感情，对世间万物无所偏爱，它有自己的客观运行方式；圣人应效法天地，对百姓无所偏爱、平等对待，最好用顺其自然的方式来治理社会。天地之间，就好像一个风箱，空虚而不会枯竭，越鼓动风就会越多。如果施政者发布的政令过于烦苛，各种矛盾就会激化，国家就会加速败亡，反倒不如保持虚静无为的状态。无所偏爱，不乱发号施令，听任万物自生自灭，任由社会自然发展，这就是老子提出的"无为之治"的大体原则。

◎第6条 《老子·第六章》

谷神不死①，是谓②玄牝③。玄牝之门④，是谓天地根⑤。绵绵若存⑥，用之不勤⑦。

【注释】

①〔谷神不死〕指虚空而变幻莫测的"大道"永不衰竭。谷神：指"道"。谷，形容"道"虚空博大，像山谷；神，形容"道"变化无穷，很神奇。死：止息，衰竭。

②〔是谓〕这就叫作。是：这。谓：称为，是。

③〔玄牝（pìn 聘）〕指玄妙的母性，这里指孕育和生养出天地万物的母体。玄：原意是深黑色，有深远难测的意思。牝：本义是雌性动物的生殖器官，这里借喻具有

无限造物能力的"道"。

④〔门〕指雌性生殖器的产门。

⑤〔天地根〕天地万物产生的本源。

⑥〔绵绵若存〕连绵不断，仿佛就像是存在在寰宇之间。

⑦〔不勤〕不劳倦，无穷尽。

【提要】

老子在这一章里用形象的比喻来说明"道"的特征。他用"谷"象征"道"，说明"道"既是空虚的又是实在的；用"神"形容"道"，说明"道"生万物，奇妙莫测；用"玄牝之门"比喻"道"，说明"道"是天地万物产生的本源。他进而说明，"道"的作用是无穷无尽、永不衰竭的。从时间而言，它历久不衰、生生不息；从空间而言，它无处不在、无穷无尽。

◎第7条 《老子·第七章》

天长地久①。天地之所以能长且久者，以其不自生也②，故能长生。是以圣人后其身而身先③，外其身而身存④。非以其无私邪⑤? 故能成其私⑥。

【注释】

①〔天长地久〕天地长久存在。长、久：均指时间长久。

②〔以其不自生也〕因为它不为自己生存。

③〔后其身而身先〕将自身利益放在人后，反而能赢得大家的爱戴，被推举到前面。

④〔外其身而身存〕将自身置之度外，反而能保全性命。外：将……置之度外。

⑤〔非以其无私邪（yé 爷）〕不正是因为他无私吗？邪：同"耶"，助词，表示疑问的语气。

⑥〔故能成其私〕所以才能成就他自己的愿望、抱负。私：这里指个人的愿望、抱负。

【提要】

这段精彩的论述，由天道推论人道，反映了老子以退为进的思想主张。老子认为，天地由于"无私"才能长存永在，圣人由于先人后己、公正无私才能受人拥戴、成就理想。他用朴素辩证法的观点，说明"利他"与"利己"是统一的，利他往往能转化为利己。老子倡导的这种谦退无私精神，有着十分积极的意义，值得我们认真领会。

◎第8条 《老子·第八章》

上善若水①。水善利万物而不争，处众人之所恶②，故几于道③。居善地④，心善渊⑤，与善仁⑥，言善信，政善治⑦，事善能，动善时⑧。夫唯不争，故无尤⑨。

【注释】

①〔上善若水〕最善的境界就像水一样。上善：最善，指最善的境界。

②〔处众人之所恶（wù 勿）〕居处于众人所厌恶的地方。恶：厌恶。

③〔几（jī 机）于道〕接近于"道"。几：接近。

④〔居善地〕居处善于选择地方。善：善于。地：这里用为动词，指选择地方。

⑤〔心善渊〕内心善于保持沉静。渊：深沉，沉静。

⑥〔与善仁〕同人交往善于行仁爱。与：指同别人交往。仁：仁爱。

⑦〔政善治〕为政善于治理。

⑧〔动善时〕行动善于把握有利时机。

⑨〔尤〕怨恨，责难。

【提要】

老子在自然万物中最欣赏水。在他看来，水具有至善的特性。水润泽万物而无所争，且甘心流注于众人所厌恶的逼仄低洼之地，因此最接近于"道"；而理想中的"圣人"是"道"的体现者，其言行亦应类似于水。在这段话中，他用七个并列的排比句指出"圣人"所应具备的七种品格，而这"七善"，其实也都是水的特性。最后，他告诉我们：为人处世，亦应以水为榜样——"不争"；正因为不争，所以才会没有怨尤，免招麻烦。

◎第9条 《老子·第九章》

持而盈之①，不如其已②；揣而锐之③，不可长保④。金玉满堂，莫之能守；富贵而骄，自遗其咎⑤。功遂身退⑥，天之道也⑦。

【注释】

①〔持而盈之〕手持器皿使之盈满，含有自满自骄之意。持：手执，手捧。

②〔不如其已〕不如适可而止。已：停止。

③〔揣（zhuī追）而锐之〕把器具打造得又尖又利，

含有锋芒毕露之意。揣：捶击。

④〔长保〕长久保存。

⑤〔自遗其咎〕自己给自己留下祸患。咎：灾祸。

⑥〔功遂身退〕功成名就之后，及时抽身而退。遂：完成，实现。

⑦〔天之道也〕合乎自然规律。

【提要】

这一章讲为人处世之道，主旨是要本着"道"的精神，凡事留有余地、懂得适时进退，不要把事情做得太过，不要被胜利冲昏头脑。世俗之人名利当头，往往心醉神驰、趋之若鹜、永不知止。老子认为，不论做什么事都应适可而止，贪得无厌、锋芒毕露、金玉满堂、富贵而骄，都难免招致灾祸。在这里，老子指出知进而不知退、善争而不善让的祸患，提醒人们：满招损，谦受益，功业成就之后，应该适时抽身而退；只有这样，才能顺应天道，长久自保。

◎第10条 《老子·第十章》

载营魄抱一①，能无离乎？专气致柔②，能如婴儿乎③？涤除玄鉴④，能无疵乎？爱民治国，能无为乎⑤？天门开阖⑥，能为雌⑦乎？明白四达，能无知⑧乎？

【注释】

①〔载营魄抱一〕魂魄合而为一。载：语首助词，相当于发语词"夫"。营魄：魂魄。《内观经》曰："动以营身之谓魂，静以镇形之谓魄。"抱一：道家谓"道"生于"一"，故称精思固守"道"为"抱一"。

②〔专气致柔〕结聚精气，力求柔顺。专：结聚。

③〔能如婴儿乎〕能像婴儿一样吗？

④〔涤除玄鉴〕清洗澄澈如镜的心灵。涤除：扫除，清洗。玄鉴：澄澈如镜的心灵。

⑤〔能无为乎〕能够自然无为吗？

⑥〔天门开阖〕感官开启闭合。天门：指耳、目、口、鼻等人的感官。开阖：开启与闭合。

⑦〔为雌〕像雌性一样保持安静。

⑧〔知（zhì志）〕通"智"，指心智、心机。

【提要】

这段话用疑问语气提出了修身、治国应该注意的问题。在现实生活中，人们无论是形体还是精神，无论是主观努力还是客观实际，都不可能做到完全和谐统一。但老子认为，越是如此，越应抱朴归一、淡定柔顺、清除杂念、摒弃妄见，加强自身修养，顺应自然规律，明白豁达、少用心机、从政爱民、无为而治。这六句话似乎都是提问，但每句话都包含着老子殷切的期望，因此疑问本身就是最好的答案。

◎第11条 《老子·第十一章》

三十辐①共一毂②，当其无，有车之用③。埏埴以为器④，当其无，有器之用。凿户牖⑤以为室，当其无，有室之用。故有之以为利，无之以为用⑥。

【注释】

①〔辐〕车轮中连接轴心和轮圈的木条。古时的车轮由三十根辐条构成，此数取于每月三十日的历法。

②〔毂（gǔ 古）〕车轮中心的圆环，即插车轴和辐条的地方。

③〔当其无，有车之用〕正因轮毂中间有个圆孔，能够安插车轴，这才使车可以顺利运转。"无"，指轮毂中间用来插轴的圆孔。

④〔埏埴（shān zhí 山直）以为器〕和（huó 活）

黏土做成供人使用的器皿。埏：和（泥）。埴：黏土。

⑤〔户牖（yǒu 有）〕门窗。

⑥〔有之以为利，无之以为用〕有了这些实体，人们才可以获得便利；而正是由于"空无"部分的存在，这些东西才有了使用价值。

【提要】

在现实生活中，人们一般只注意事物有形的部分，而往往忽略虚空部分的作用。为此，老子在本章里专门论述了事物有形部分与虚空部分的关系。为了把"有"和"无"既相互对立又相互依存的关系讲清楚，他举了三个例子：车子是由辐条和轮毂等部件构成的，这些部件是"有"，而轮毂中间空虚的部分是"无"；没有"无"，车子就无法行驶，当然也就无法载人运货，"有"的作用也就不能发挥出来。器皿没有空虚的部分，亦即没有"无"，就不能起到盛装东西的作用，其外壁的"有"也就无法发挥作用。房屋同样如此，如果没有四壁和门窗之中"空无"的地方可供出入、休息、采光和流通空气，人也就无法居住；而正是由于"空无"部分的存在，房屋才有了居住价值。通过从具体到抽象、从感性认识到理性认识的精辟分析，老子巧妙地证明了"有"和"无"对立统一的辩证关系。

◎第12条 《老子・第十二章》

五色①令人目盲②，五音③令人耳聋④，五味⑤令人口爽⑥，驰骋畋猎⑦，令人心发狂，难得之货，令人行妨⑧。是以圣人为腹不为目⑨，故去彼取此⑩。

【注释】

①〔五色〕指青、黄、赤、白、黑。这里指缤纷绚烂的色彩。

②〔目盲〕比喻眼花缭乱。

③〔五音〕指宫、商、角（jué 决）、徵（zhǐ 止）、羽。这里指纷繁多样的音乐。

④〔耳聋〕比喻听觉不灵敏，分不清五音。

⑤〔五味〕指酸、苦、甘、辛、咸。这里指各种美味。

⑥〔口爽〕意思是味觉失灵。爽：伤败，败坏。

⑦〔驰骋畋（tián 田）猎〕纵横奔走，打猎游玩。畋：猎取禽兽。

⑧〔行妨〕操行受到妨害。妨：妨害，伤害。

⑨〔为腹不为目〕只求温饱安宁，而不纵情声色之娱。

⑩〔去彼取此〕摒弃物欲的诱惑，而保持安定知足的生活。"彼"，指"为目"的生活；"此"，指"为腹"的生活。

【提要】

老子认为，声色犬马会令人心智迷乱，奇珍异宝会令人操行受到妨害；真正悟道的圣人，应当为"腹"而不为"目"，务内而不逐外，但求安饱立命，不求声色之娱。当今社会，物质文明高度发达，但许多人纵情享乐、穷奢极侈，追逐财富、贪得无厌，最后往往沉迷其中、难以自拔，甚至走上腐化堕落、贪污犯罪的不归路，令人闻之叹惋不已。因此，老子之言至今仍如警世之钟，具有振聋发聩的作用。

◎第13条 《老子·第十三章》

宠辱①若惊，贵大患若身②。何谓宠辱若惊？宠为下③，得之若惊，失之若惊，是谓宠辱若惊。何谓贵大患若身？吾所以有大患者，为吾有身；及吾无身，吾有何患④？故贵以身为天下，若可寄天下⑤；爱以身为天下，若可托天下⑥。

【注释】

①〔宠辱〕荣宠和屈辱。

②〔贵大患若身〕重视大患就像珍视自己的身体一

样。贵：珍视，重视。

③〔宠为下〕受到宠爱是不光荣的、卑下的。

④〔及吾无身，吾有何患〕如果我没有身体，还有什么大患可言呢？

⑤〔贵以身为天下，若可寄天下〕以贵身的态度去对待天下，才可把天下寄付给他。

⑥〔爱以身为天下，若可托天下〕以爱身的态度去对待天下，才可将天下交付给他。

【提要】

人生在世，难免涉及功名利禄、荣辱得失，但如何对待这个问题，人与人的态度却往往大相径庭。如果把名利荣宠摆在比生命还重要的位置上，那就大错而特错了。老子从"贵身"的角度出发，认为生命远远重于名利荣宠，希望人们珍爱自身、清心寡欲。在他看来，重视天下如同重视身体，爱惜天下如同爱惜自己，一切声色货利之事皆无动于衷，然后才可以受天下之重托，为万民所寄命。

◎第14条 《老子·第十四章》

视之而弗见，名之曰微①；听之而弗闻，名之曰希②；捪之而弗得，名之曰夷③。此三者不可致诘④，故混而为一⑤。其上不曒⑥，其下不昧⑦，绳绳⑧兮不可名，复归于无物⑨。是谓无状之状、无物之象，是谓惚恍⑩。迎之不见其首，随之不见其后。

【注释】

①〔视之而弗见，名之曰微〕看它看不见，称之为"微"。此句王弼本原作"视之不见，名曰夷"。今据帛书甲本改。微：细小。

②〔希〕无声。

③〔捪（mín 民）之而弗得，名之曰夷〕摸它摸不着，称之为"夷"。此句王弼本原作"搏之不得，名曰微"。今据帛书甲本改。捪：抚摸。夷：平滑。

④〔致诘（jié 杰）〕追问，追究。

⑤〔一〕这里指"道"。

⑥〔曒（jiǎo 狡）〕清白，清晰。这里指光明之意。

⑦〔昧〕阴暗。

⑧〔绳（mǐn 敏）绳〕绵绵不绝。

⑨〔无物〕无形状的物，即"道"。

⑩〔惚恍〕若有若无，飘忽不定。

【提要】

在这段话中，老子对形而上的"道"做了描述和解释。他认为，超脱于具体事物之上的"道"，与现实世界的万事万物有着根本的不同：它没有具体的形状，看不见，听不到，摸不着；它无边无际、无日无夜地存在着，恍恍惚惚，若隐若现，难以命名。老子告诉我们，"道"不是普通意义上的物体，而是一种没有形迹可寻的东西。在此，老子用一些经验性的概念对它加以解释，然后又一一否定，从而反衬出"道"的玄奥和微妙。

◎第15条 《老子·第十四章》

执古之道，以御①今之有②。能知古始③，是谓道纪④。

【注释】

①〔御〕驾驭。

②〔有〕指具体事物。

③〔古始〕宇宙的起源，"道"的起始。

④〔道纪〕"道"的纲纪，即"道"的规律。

【提要】

老子认为，"道"的普遍规律，自古以来就一直支配着世间的具体事物。因此，要认识古已有之的"道"的普遍原理，把握自然和社会运动的基本规律，来驾驭现实世界。他指出，了解宇宙的起源，才可以抓住"道"的纲纪，从而把握"道"的规律，指导现实生活。

◎第16条 《老子·第十五章》

古之善为道者，微妙玄通，深不可识。夫唯不可识，故强为之容①：豫兮若冬涉川②，犹兮若畏四邻③，俨兮其若客④，涣兮其若释⑤，敦兮其若朴⑥，旷兮其若谷⑦，混兮其若浊⑧。孰能浊以静之徐清⑨？孰能安以动之徐生⑩？

【注释】

①〔强（qiǎng 抢）为之容〕勉强为他描述一番。强：勉强。容：形容，描述。

②〔豫兮若冬涉川〕小心谨慎哪，好像冬天涉过冰河。豫：原是野兽的名称，性好疑虑；豫兮，引申为迟疑慎重的意思。

③〔犹兮若畏四邻〕警觉戒备呀，好像畏惧四邻侵犯。犹：原是野兽的名称，性警觉；犹兮，形容警觉、戒备的样子。若畏四邻：形容心存畏惧，不敢妄动。

④〔俨兮其若客〕庄重谦恭啊，就像一位宾客。俨兮：形容庄重、谦恭的样子。其：那，指那样子。

⑤〔涣兮其若释〕随和洒脱呀，就像寒冰消融。涣：融和，流散；涣兮，形容随和、洒脱的样子。释：融化，消融。

⑥〔敦兮其若朴〕诚恳忠厚哇，就像一块原木。朴：原木，未经加工的木头。

⑦〔旷兮其若谷〕心胸旷达呀，就像空阔的山谷。旷：形容心胸开阔、旷达。

⑧〔混兮其若浊〕浑厚淳朴哇，好像泥水混浊不清。混：同"浑"，这里形容浑厚淳朴的样子。浊：混浊不清。

⑨〔孰能浊以静之徐清〕谁能在浑浊浮躁中沉静下来慢慢变得清明？孰：谁。徐：慢慢地。

⑩〔孰能安以动之徐生〕谁能在安定中活动起来慢慢焕发生机？生：生发，发展，焕发生机。

【提要】

古代得"道"之人，"微妙玄通，深不可识"。他们掌握了事物发展的普遍规律，懂得运用客观规律来对待现实存在的具体事物。他们的精神境界远远超出一般人所能理解的水平。他们具有谨慎、警惕、严肃、洒脱、融和、纯朴、旷达、浑厚等人格特质，微而不显、含而不露，浑厚朴拙、高深莫测。在现实生活中，谁能在浑浊浮躁中沉静下来，慢慢变得清明？谁又能在安定中活动起来，慢慢焕发生机、求得不断发展呢？在老子看来，无疑是那些真正的得"道"之人。

◎第17条 《老子·第十五章》

保此道者①，不欲盈②。夫唯不盈，故能蔽而新成③。

【注释】

①〔保此道者〕保有这一大道的人。保：保有，遵循。

②〔不欲盈〕不求满。盈：满。

③〔蔽而新成〕去故更新，指在旧事物凋敝之后用新生事物取代它。蔽：同"敝"，凋敝。成：生成，成就。

【提要】

老子认为，秉持大道的人，从不求满。正因为从不自满，所以才能及时淘汰旧的，吸纳并成就新的。在这里，老子提醒我们：留有余地，永不自满，才会不断取得进步，获得新的成就。

◎第18条 《老子·第十六章》

致虚极，守静笃①。万物并作②，吾以观复③。夫物芸芸④，各复归其根。归根⑤曰静，静曰复命⑥。复命曰常⑦，知常曰明⑧。不知常，妄作凶。知常容⑨，容乃公，公乃全⑩，全乃天，天乃道，道乃久，没身不殆。

【注释】

①〔致虚极，守静笃〕使心灵的虚寂达到极点，保持内心的清静坚定不变。极：达到极点。笃：坚实，坚定。

②〔作〕生长，发展，活动。

③〔复〕循环往复。

④〔芸芸〕茂盛，纷杂，繁多。

⑤〔归根〕复归于"道"。根：指"道"。

⑥〔复命〕复归本性，重新孕育新的生命。

⑦〔常〕指万物运动变化的永恒规律，即守常不变的规则。

⑧〔明〕明白，清醒。

⑨〔容〕宽容，包容，亦有从容之意。

⑩〔全〕周全，保全。

【提要】

在这段话里，老子特别强调要有致虚守静的功夫。

他主张人们保持虚寂沉静的心态，去观察与顺应宇宙万物的运动变化。在他看来，万事万物的发展变化都有其自身的规律，即从生长到死亡、再生长到再死亡，生生不息，循环往复，以至无穷。老子希望人们能够认识、把握这个规律，并且把它应用到社会生活之中。在这里，他提出"归根""复命"的概念，主张回归一切存在的本源，而这里是完全虚静的状态。他指出，不懂常道，恣意妄为，必遭凶险；只有"知常"，并且宽容、从容，才能公正周全，终身不殆。

◎第19条 《老子·第十七章》

太上①，不知有之②；其次，亲而誉之；其次，畏之；其次，侮之。信不足焉，有不信焉③。悠兮④，其贵言⑤。功成事遂，百姓皆谓"我自然"⑥。

【注释】

①〔太上〕至上，最好，指最好的统治者。

②〔不知有之〕民众感知不到有统治者的存在。

③〔信不足焉，有不信焉〕统治者诚信不足，就会有无数民众不信任他。

230

④〔悠兮〕悠闲自在的样子。

⑤〔贵言〕指不轻易发号施令。

⑥〔我自然〕我们自己本来就应该是这样的。然：这样。

【提要】

在这一章里，老子提出了自己的政治主张。他把统治者按不同情况分为四种，其中最好的是民众感知不到他的存在，最坏的是被民众所轻侮，处于中间状态的是老百姓亲近并称赞他，或者老百姓畏惧他。老子理想中的政治状态是：统治者具有诚朴信实的素质，悠闲自在，很少发号施令，政府只是服务民众的工具而已；政治权力丝毫不强加于民，民众和政府相安无事，大家都过着安闲自适的生活。这样，事情成功之后，老百姓都会说："我们自己本来就应该是这样的。"这当然只是老子的主观愿望，是一种乌托邦式的政治幻想。然而细细想来，人类不可以没有理想，哪怕只是空想，因为那是社会进步的催动力。

◎第20条 《老子·第十八章》

大道①废，有仁义；智慧②出，有大伪；六亲③不和，有孝慈④；国家昏乱，有忠臣。

【注释】

①〔大道〕宇宙万有的根本规律，也指人类社会自然发展之道。

②〔智慧〕聪明，智巧。王弼本原文作"慧智"，注文作"智慧"；今据河上公本、傅奕本、苏辙本等通行本和帛书甲、乙本改正。

③〔六亲〕父子、兄弟、夫妇。

④〔孝慈〕孝顺和慈爱。

【提要】

老子认为，社会上出现的仁义、大伪、孝慈、忠臣等，都是由君主失德所致。至德之世，大道兴隆，仁义行于其中，人皆有仁义，所以仁义看不出来，也就没有倡导仁义的必要；及至大道废弛，人们才开始崇尚仁义，试图以仁义挽回颓势，而此时社会风气已经不再淳厚，人们讲的大多是假仁假义。在这里，老子用辩证法分析社会现象，揭示了矛盾双方的对立统一关系，指出：仁义与大道废、大伪与智慧出、孝慈与六亲不和、忠臣与国家昏乱，形似相反，实则相成。老子的观点，可谓鞭辟入里，至今发人深省。

◎第 21 条 《老子·第十九章》

绝圣弃智①，民利百倍；绝仁弃义，民复孝慈；绝巧弃利，盗贼无有。此三者②以为文③，不足，故令有所属④：见素抱朴⑤，少私寡欲，绝学无忧⑥。

【注释】

①〔绝圣弃智〕抛弃聪慧智巧。圣：圣明，聪慧。

②〔此三者〕指圣智、仁义、巧利。

③〔文〕文饰，巧饰。

④〔属〕归属，适从。

⑤〔见（xiàn 现）素抱朴〕保持原有的自然本色。见：同"现"，展现。素：没有染色的丝。朴：未经雕琢的木。素、朴，这里代指自然本色。

⑥〔绝学无忧〕弃绝仁义圣智之学，保持无忧无虑的状态。（按："绝学""无忧"与"绝圣""弃智"相类，应为并列关系，而非因果或假设关系；过去一些学者将"绝学无忧"释为"只有弃绝各种学问，才能做到无忧无虑"，明显不合老子原意。）

【提要】

在这段话之前，老子阐述了大道废弃后社会上产生的种种病态表现；在这段话里，他针对各种社会病态提出了治理方案。老子认为，抛弃"圣智""仁义""巧利"，民风才会归于淳朴，社会才能保持稳定。这三种东西都是用来粉饰太平的，不足以使天下达到大治，要想从根本上解决问题，应该使人们归依最根本的法则：坚持朴素本色，减少私心杂欲，弃绝圣智仁义之学，保持无忧无虑的状态。这段话显然是针对儒家倡导的圣贤、仁义、智巧等学说而发的，虽然有些偏激，但仍含有一定的合理成分，值得我们细细思考。

◎第22条 《老子·第二十章》

唯之与阿①，相去几何②？美之与恶③，相去若何？人之所畏④，不可不畏。

【注释】

①〔唯之与阿（ē婀）〕唯唯诺诺与怠慢应答。唯：恭敬的应答声，用于对尊长的回答。阿：怠慢的应答声。一说"阿"通"呵"，斥责。

②〔相去几何〕相距多少？去：距离，差距。

③〔美之与恶〕美好和丑恶。

④〔畏〕惧怕，畏惧。

【提要】

老子从辩证的观点出发，认为贵贱、善恶、是非、美丑等都是相对的，其间相差无几。在此基础上，他进一步指出：人们都畏惧的，我们自己也不可不畏惧！因为如果无所顾忌，贵随时可以转变为贱，美随时可能转化为丑，善随时会转化为恶。

◎第23条 《老子·第二十一章》

孔德之容①，惟道是从②。道之为物，惟恍惟惚③。惚兮恍兮，其中有象④；恍兮惚兮，其中有物；窈兮冥兮⑤，其中有精⑥；其精甚真⑦，其中有信⑧。自今及古，其名不去⑨，以阅众甫⑩。

【注释】

①〔孔德之容〕大德的动态。孔：大。德："道"的显现和作用为"德"。容：动态，状态。

②〔惟道是从〕即"惟从道"，只跟从"道"的指引。惟：只。

③〔惟恍惟惚〕恍恍惚惚。恍惚：不真切，不清楚。惟：语气词。

④〔象〕形象，具象。

⑤〔窈兮冥兮〕深远哪，幽昧呀。窈：深远，微不可见。冥：暗昧，深不可测。

⑥〔精〕最微小的原质，极细微的物质性的实体。

⑦〔甚真〕极为真实。

⑧〔信〕信用，信验。

⑨〔不去〕不失去。

⑩〔众甫(fǔ 斧)〕万物的起源。甫：通"父(fǔ 斧)"，引申为起始。

【提要】

从本书第一章起，老子就指出"道"是宇宙的本体、本源。但这个"道"是精神的还是物质的呢？在本章中，老子进一步发挥第十四章关于"道""无状之状、无物之象，是谓惚恍"的观点，明确地提出"道"是由极其微细神秘的物质所组成的，虽然看不见，无形无象，但确实存在，万物都是由它产生的。在本章里，老子还提出，"德"的状态是由"道"决定的，"道"的属性表现为"德"。普通人往往只看到事物的表象，而看不透事物的本质。

◎第24条 《老子·第二十二章》

曲则全，枉①则直；洼则盈，敝②则新；少则得，多则惑。是以圣人抱一③为天下式④。不自见⑤，故明⑥；不自是，故彰；不自伐⑦，故有功；不自矜⑧，故能长。夫唯不争，故天下莫能与之争。

【注释】

①〔枉〕屈，弯曲。

②〔敝〕凋敝，破旧。

③〔抱一〕守"道"。抱：守。一：即"道"。

④〔式〕法式，范式。

⑤〔自见（xiàn 现）〕自我炫耀。见：同"现"，显示，炫耀。

⑥〔明〕彰明。

⑦〔伐〕夸耀。

⑧〔矜〕骄傲自大。

【提要】

在这段话中，老子从分析常见的生活现象入手，进一步阐释了事物正反两个方面相互转化的辩证法思想，即委曲方可求全、弯曲则会伸直、低洼才能盈注、破旧孕育新生、缺少即可获得、贪多导致迷惑。在此基础上，他得出了应该"抱一"而"不争"的结论，并提醒人们：不自我炫耀、自以为是、自我吹嘘、骄傲自满，才能功名卓著、保持长久；只有不争名逐利，才能立于不败之地。

◎第25条 《老子·第二十三章》

希言自然①。故飘风不终朝②，骤雨不终日③。孰为此者？天地。天地尚不能久，而况于人乎？

【注释】

①〔希言自然〕少发号施令才合乎自然。希言：少说话。此处指统治者少发政令、不扰民的意思。

②〔飘风不终朝（zhāo 招）〕狂风往往刮不上一早晨。飘风：大风，强风。

③〔骤雨不终日〕暴雨往往下不上一整天。骤雨：大雨，暴雨。

【提要】

老子认为，得道的圣人，应行"不言之教"，少发号施令。他举自然界的例子，说明狂风暴雨不能整天刮个不停、下个没完；天地掀起的暴风骤雨都不能够长久，更何况滥施苛政、虐待百姓的统治者呢？他借此告诫统治者：要遵循"道"的原则，顺乎自然民意，努力施行德政，乱施暴政是长久不了的！纵观古今中外的历史，哪一个施行暴戾苛政的统治者不是短命而亡呢？老子此言，发人深省。

◎第26条 《老子·第二十四章》

企者不立^①，跨者不行^②；自见者不明，自是者不彰，自伐者无功，自矜者不长。其在道也，曰余食赘形^③。物或恶之^④，故有道者不处^⑤。

【注释】

①〔企者不立〕踮着脚的人是站不稳的。企：提起脚跟，脚尖着地。

②〔跨者不行〕跳跃着走的人是行不了长路的。跨：跳跃，跨越。

③〔余食赘（zhuì 坠）形〕吃得过饱，就会使身上长出多余的肉。赘：多余的。

④〔物或恶（wù 勿）之〕人们或许都会厌恶这类人。物：指自己以外的人或与自己相对的环境。恶：厌恶。

⑤〔有道者不处〕有道的人不会这样处世。

在这段话里，老子用"企者不立，跨者不行"作比喻，说明"自见""自是""自伐""自矜"的后果都是不好的、不足取的。他指出，急躁冒进，自我炫耀，居功自傲，不仅达不到自己的目的，而且常常适得其反，并为人们所厌恶；因此，得道的高人绝不会这样为人处世。

◎第27条 《老子·第二十五章》

有物混成①，先天地生。寂兮寥兮②，独立而不改③，周行而不殆④，可以为天地母⑤。吾不知其名，强字之曰"道"⑥，强为之名曰"大"⑦。大曰逝，逝曰远，远曰反⑧。故道大，天大，地大，人亦大⑨。域中有四大，而人居其一焉。人法地，地法天，天法道，道法自然⑩。

【注释】

①〔有物混成〕有一种东西浑然天成。混成：浑然而成。

②〔寂兮寥兮〕没有声音，没有形体。寂：静寂无声。寥：空旷无形。

③〔独立而不改〕遗世独立，不因任何外力而改变。

④〔周行而不殆〕循环运行，连绵不息。殆：通"怠"，懈怠，怠惰，引申为停息。

⑤〔天地母〕天地的本源。母：指"道"，天地万物由"道"而产生，故称"母"。

⑥〔强字之曰"道"〕勉强给它取个名字叫"道"。

⑦〔强为之名曰"大"〕勉强命名它为"大"。大：形容"道"是无边无际、力量无穷的。

⑧〔大曰逝，逝曰远，远曰反〕大就是周流不息，周流不息就是悠远连绵，悠远连绵就是周而复返。逝：流逝，指"道"的运行周流不息的状态。远：悠远连绵。反：通"返"，意为返回原点，回复原状。

⑨〔人亦大〕人也大。王弼本、河上公本等通行本"人亦大"和下文"人居其一焉"中的"人"字皆作"王"，与下文"人法地，地法天，天法道，道法自然"的表述明显不合，"盖古之尊君者妄改之，非老子本文也"（奚侗语）。据范应元、奚侗、严灵峰、陈鼓应等人考证校改。

⑩〔道法自然〕"道"效法自然，意为"道"纯任自然。

【提要】

在这段话里，老子描述了"道"的存在、运行状态，这是《道德经》里极为重要的内容。老子指出："道"浑然天成，无声无形，先于天地而存在，不因外力而改变，循环往复而运行不息，是天地万物产生的本源。他认为："道""天""地""人"乃宇宙中的四大客观存在，而"道"是第一位的；人效法地，地效法天，天效法道，道效法自然。在此，老子从人类存在的角度突出了人的地位，同时也指出，人必须效法天地、遵循天道、顺应自然规律。

◎第28条 《老子·第二十六章》

重为轻根，静为躁君①。是以君子②终日行不离静重③，虽有荣观④，燕处⑤超然。奈何万乘之主⑥，而以身轻天下⑦？轻则失根⑧，躁则失君⑨。

【注释】

①〔静为躁君〕安静是躁动的主宰。君：主宰。

②〔君子〕指理想之主。"君子"二字，王弼本原作"圣人"，今据《韩非子·喻老篇》、景龙本、傅奕本、苏辙本及帛书甲本改正。

③〔静重〕沉静与稳重。"静"，通行本多作"辎（zī资）"，文义不通，今据严灵峰先生考证校改。

④〔荣观（guàn贯）〕贵族游玩的华丽的地方，引指荣耀的生活境遇。荣：华丽，壮观。观：台观，楼台。

⑤〔燕处（chǔ楚）〕安然处之。燕：同"宴"，安乐，安闲。处：居处。

⑥〔万乘（shèng剩）之主〕指拥有万辆兵车的国君。乘：古时称四匹马拉的车一辆为一乘。

⑦〔以身轻天下〕以自身轻率浮躁的态度治理天下。

⑧〔轻则失根〕轻浮纵欲，则会失去修身之本。

⑨〔躁则失君〕躁动不安，则会失去六神之主。

【提要】

在这段话中，老子举出两对矛盾现象：轻与重，躁与静。他认为：重为根本，轻为末端；静为主宰，躁为臣仆；因此，得道的君子应该始终保持沉静与稳重，虽有荣华富贵，均应处之超然。基于上述思想，他将矛头直指"万乘之主"，即大国的君王，认为他们奢侈荒淫、纵欲自残，用轻率浮躁的举动来治理天下，令人深感无奈。在他看来，统治者应当重而静，而不应轻且躁；轻浮则会失去根本，躁动则会失去主宰，唯有稳重沉静，才可有效地治理天下。

◎第29条 《老子·第二十七章》

善行，无辙迹①；善言②，无瑕谪③；善数④，不用筹策⑤；善闭，无关楗⑥而不可开；善结，无绳约⑦而不可解。是以圣人常善救人，故无弃人；常善救物，故无弃物。是谓袭明⑧。故善人者，不善人之师；不善人者，善人之资⑨。不贵其师，不爱其资，虽智大迷，是谓要妙⑩。

【注释】

①〔辙迹〕轨迹，行车时车轮留下的痕迹。

②〔善言〕指善于采用不言之教。

③〔瑕谪〕瑕疵，过失。

④〔数（shǔ 署）〕计算。

⑤〔筹策〕古时人们用作计算的器具。

⑥〔关楗〕古代关门的木闩，横的叫关，竖的叫楗。

⑦〔绳约〕绳索。约：旧读 yào，捆物用的绳索。

⑧〔袭明〕内藏智慧聪明。袭：承袭，这里有保持和含藏的意思。

⑨〔资〕鉴戒，指可资借鉴的事物。

⑩〔要妙〕精要玄妙，深远奥秘。

【提要】

这段话是对"自然无为"思想的进一步阐释和引申。老子用"善行""善言""善数""善闭""善结"作比喻，说明只要善于行不言之教，处无为之政，不必花费太大的气力，就可顺应自然之道，取得良好效果。他认为：悟道的圣人善于拯救人，扬其长而避其短，因而就不会有被遗弃的人；善于做到物尽其用，因此就不会有被废弃的东西。善人可以做不善之人的老师，不善之人可以作为善人的鉴戒。不注重以善人为师，不注意以不善之人为戒，即使很机智也会犯大迷糊。这个道理，堪称精要玄妙，值得我们认真思考。

◎第30条 《老子·第二十八章》

知其雄，守其雌①，为天下溪②；为天下溪，常德不离，复归于婴儿③。知其白，守其黑，为天下式④；为天下式，常德不忒⑤，复归于无极⑥。知其荣，守其辱，为天下谷⑦；为天下谷，常德乃足 ，复归于朴⑧。朴散则为器⑨，圣人用之，则为官长⑩，故大制不割⑪。

【注释】

① 〔知其雄，守其雌〕了解阳刚之美，却能持守雌静之气。雄：刚劲（jìng 竟），强大。雌：柔静，谦下。

② 〔为天下溪〕做天下的蹊径。溪：通"蹊"，蹊径。

③ 〔婴儿〕婴孩。象征纯真无邪。

④ 〔式〕范式，法式，样板。

⑤ 〔忒（tè 特）〕出现过失、差错。

⑥ 〔无极〕意为最终的真理。

⑦ 〔为天下谷〕做天下的深谷。谷：深谷、峡谷，喻指广阔的胸怀。

⑧ 〔朴〕素朴，指纯朴的大道。

⑨ 〔朴散则为器〕纯朴的大道分散开来就化为世间万物。器：器物，指万事万物。

⑩ 〔官长〕百官的首长，领导者、管理者。

⑪ 〔大制不割〕完整的政治是不会割裂的。大制：大制作，引申为完善的政治。割：割裂。

【提要】

这一段重点讲"复归"的学说，给人留下的印象非常深刻。面对春秋末期政治动荡、社会混乱、你争我夺、纷纭扰攘的社会局面，老子提出了知雄守雌、知白守黑、知荣守辱的处世原则，要求人们用这个原则去从事政治活动，参与社会生活。他认为，只要人们知雄守雌、遵守常德，就可以返璞归真，实现天下大治。

◎第31条 《老子·第二十九章》

将欲取天下而为①之，吾见其不得已②。天下神器③，不可为也，不可执④也。为者败之，执者失之。夫物或行或随⑤，或嘘或吹⑥，或强或羸⑦，或载或隳⑧。是以圣人去甚，去奢，去泰⑨。

【注释】
①〔为〕指靠强力去做。
②〔不得已〕不能达到目的。得：达到目的。已：语气助词。
③〔天下神器〕天下是神圣的东西。
④〔执〕掌握，执掌。
⑤〔或行或随〕有的走在前，有的跟在后。
⑥〔或嘘或吹〕有的气缓，有的气急。嘘：出气缓慢。吹：出气迅急。
⑦〔或强或羸（léi 雷）〕有的强壮，有的羸弱。
⑧〔或载或隳（huī 灰）〕有的能够担当，有的归于毁灭。载：承载，担当。隳：崩坏，毁灭。

⑨〔去甚，去奢，去泰〕去除过分的，去除奢侈的，去除极端的。泰：同"太"。

【提要】

老子在这里进一步论述"无为而治"的思想，并对于"有为"之政提出了警告，即"有为"必然招致失败。事实上，老子所讲的"无为"，并不是无所作为，也不是在客观现实面前无能为力。他认为：如果强为治理或以暴力统治民众，必将自取败亡。世间无论人还是物，都有各自的禀赋，其间的差异是客观存在的，不能以自己的主观意志强加于百姓、强加于事物。真正的圣人，应该顺其自然，因势利导，去甚戒奢，不走极端。

◎第32条 《老子·第三十章》

以道佐人主者，不以兵强天下，其事好还①。师之所处，荆棘生焉。大军之后，必有凶年②。善有果而已③，不敢以取强④。果而勿矜，果而勿伐，果而勿骄，果而不得已⑤，果而勿强。物壮则老⑥，是谓不道⑦，不道早已⑧。

【注释】

①〔其事好还〕用兵这件事很容易得到还报。还：还报。

②〔凶年〕荒年，灾年。

③〔善有果而已〕善于用兵的人达到战胜的目的就罢了。有果：取得战果，指达到获胜的目的。

④〔不敢以取强〕不敢借此而谋强称霸。取强：谋取强势，称霸。

⑤〔不得已〕不得不如此。

⑥〔物壮则老〕事物强壮至极就会走向衰败。老：衰败。

⑦〔不道〕不合于"道"。

⑧〔早已〕早亡。已：完结，灭亡。

【提要】

春秋战国时代，社会动荡不安，大小战争此伏彼起，给社会带来严重破坏，给百姓造成深重灾难。针对这种情况，老子明确地表达了强烈的反战思想。在这段话里，老子指出，战争是人类最愚昧、最残酷的行为，"师之所处，荆棘生焉"，"大军之后，必有凶年"，揭示了战争给人们带来的灾难性后果。他认为：真正善于用兵的人，只要达到获胜的目的就行了，切不可穷兵黩武、谋强称霸。达到了目的，不要妄自尊大，不要自我夸耀，不要骄狂自满。

达到以战取胜的目的也是出于不得已，不可借此逞强。他提醒人们，事物强大到极点就会走向衰败，这就是无道，而无道必定过早灭亡。老子的反战思想，无论在当时还是后世，都有其积极的意义。

◎第33条 《老子·第三十一章》

夫兵者①，不祥②之器，物或恶之③，故有道者不处④。

【注释】

①〔夫兵者〕指兵器，引申为军队、武力。夫：发语词。

②〔不祥〕不吉祥。

③〔物或恶之〕参见第26条注释④。

④〔有道者不处〕有道的人不喜欢使用它。

【提要】

老子认为，武力是不吉祥的东西，大家都讨厌它，因此有道的人都不愿意拥有它。从这句话中，我们可以再次印证老子反对暴政、慎用武力的思想倾向。时至今日，老子的话依然有着强烈的警示意义。

◎第34条 《老子·第三十一章》

兵者不祥之器，非君子之器；不得已而用之，恬淡为上①。胜而不美②；而美之者，是乐杀人③。夫乐杀人者，则不可得志于天下矣④。

【注释】

①〔恬淡为上〕以沉着冷静为上。恬淡：安静，沉着。

②〔胜而不美〕取胜了也不得意洋洋。

③〔乐杀人〕喜欢杀人。

④〔则不可得志于天下矣〕就不会在天下取得成功啊。

【提要】

老子认为，武力是不祥之物，不是君子喜欢使用的东西；在迫不得已的情况下用兵，也应沉着冷静、淡然处之。取胜之后，不可因此得意洋洋，否则就是喜欢杀人。而喜欢杀人的人，是不会取胜于天下的。

◎第35条 《老子·第三十二章》

道常无名，朴①。虽小②，天下莫能臣③。侯王④若能守之，万物将自宾⑤。天地相合，以降甘露，民莫之令而自均⑥。始制有名⑦，名亦既有，夫亦将知止⑧，知止可以不殆。譬道之在天下，犹川谷之于江海。

【注释】

①〔朴〕质朴。这里指"道"的特征。

②〔小〕细微。这里形容"道"是隐而难见的。

③〔莫能臣〕没有人能臣服它。臣：使之服从。

④〔侯王〕侯与王，指统治者。

⑤〔自宾〕自动宾服。宾：宾服，顺服。

⑥〔自均〕自会均衡。

⑦〔始制有名〕万物兴作，于是产生了各种名称。始制：指万物开始兴起。制，作，兴起。名：指名称、名分，如官职、礼制等名称。

⑧〔知止〕知道适可而止。

【提要】

这段话，进一步表达了老子"无为而治"的政治思想。老子认为，侯王若能依照质朴的"道"的法则治天下，世间万物和天下百姓都会各得其所、自然顺服。天地相合，甘露普降，人们无须下令自会保持均衡和谐。万物兴作，产生了各种名分，而名分既定，就应懂得适可而止，懂得适可而止才可避免陷于危险境地。他打比方说，道存在于天下，就像河川溪谷归于江海一样，一切均应顺其自然。

◎第36条 《老子·第三十三章》

知人者智，自知者明。胜人者有力，自胜者强①。知足者富，强行②者有志，不失其所者久③，死而不亡者寿④。

【注释】

①〔自胜者强〕能够战胜自己的人才称得上坚强。自胜：战胜自己，指战胜个人私欲滥情，有自我控制能力。强：坚强。

②〔强行〕勤勉力行。

③〔不失其所者久〕不丧失道德根基的人才会保持长久。所：处所，根基。

④〔死而不亡者寿〕身虽死而精神不朽的人才算长生。寿：长寿，长生。

【提要】

在老子看来，"知人""胜人"自然重要，但是"自知""自胜"更为重要。他认为，知道满足的人才会真正富有，勤勉力行的人堪称有志气，不丧失道德根基才会保持长久，其身虽死而精神不朽才算得上永生。这段话，阐明了一系列富有见地的人生哲理，值得各级领导者和管理者借鉴和深思。尤其"自胜"之说，更是耐人寻味。因为，对于一位身居高位、踌躇满志的领导者或管理者来说，能否抑制自己的欲望、战胜周边的诱惑，克服自身的弱点、实现人格的跨越，往往决定着他的前途和命运。常言道："最可怕的敌人，不是别人，是你自己。"这句话，当是老子"自胜"之言最好的注脚。

◎第37条 《老子·第三十四章》

大道氾^①兮，其可左右^②？万物恃之以生而不辞^③，功成而不有^④。衣养万物而不为主^⑤，可名于小^⑥；万物归焉而不为主，可名为大^⑦。以其终不自为大，故能成其大。

【注释】

①〔氾〕"泛"的异体字，意为广泛或泛滥。

②〔其可左右〕岂能左右？指大道自然存在，任何人都无法左右它。其：语气助词，表示反诘，相当于"岂"。

254

通行注本认为"其可左右"意为"大道可左可右，无所不往，无处不在"。如此理解，语义牵强（qiǎng 抢），今依刘景禄先生说改注。

③〔不辞〕不推辞，不拒绝。

④〔功成而不有〕功成之后却不自以为有功。不有，王弼注本作"不名有"，"名"字当为衍文，今据易顺鼎、蒋锡昌先生考证删去。

⑤〔衣（yì 义）养万物而不为主〕护持养育万物而不自以为主。衣：覆盖，护持。不为主：不做主宰。

⑥〔可名于小〕可以说它渺小。王弼注本等通行本此句前有"常无欲"三字，当为衍文，今据顾欢本、李荣本、敦煌丁本和陈鼓应先生考证删去。

⑦〔可名为大〕可称之为伟大。

【提要】

大道广泛流行，岂能左右？万物依赖其自然生长，而"道"从不推拒，有所成就也从不居功。护持养育万物而不自以为主，可以说它渺小；万物归附却不自以为主宰，也可称之为伟大。正因为它始终不自以为大，所以恰恰能够成就其伟大。在这里，老子借"道"来弘扬顺乎自然而"不为主"的精神，其实也在告诫统治者：应该消除占有欲和支配欲，不要自以为大；唯其如此，方可成就大业。

◎第38条 《老子·第三十五章》

执大象①，天下往。往而不害，安平太②。乐与饵③，过客止。道之出口，淡乎其无味，视之不足见，听之不足闻，用之不足既④。

【注释】

①〔执大象〕秉持大道之象。

②〔安平太〕就能平和安宁。安：乃，于是。平：平和。太：同"泰"，安宁。

③〔乐与饵〕音乐和美食。饵：糕饼，这里指美味佳肴。

④〔用之不足既〕用它却用不完。既：尽，完。

【提要】

这段话进一步阐明了"道"的特征和作用。老子认为，秉持大道之象，可以使天下之人都来归顺而不相妨害，这样大家都能过上和平安宁的生活。他指出：礼乐与美食，可以使过客为之驻足，痴迷一时，却不会持久。"道"与之不同，似乎淡而无味，看也看不见，听也听不清，但只要掌握了它，就会受用无穷。

◎第39条 《老子·第三十六章》

将欲歙之①，必固张之②；将欲弱之，必固强之；将欲废之，必固兴之；将欲取之，必固与之③；是谓微明④。柔弱胜刚强。鱼不可脱于渊⑤，国之利器不可以示人⑥。

【注释】

①〔将欲歙（xī 西）之〕将要收合它。歙：通"翕"，敛，收合。

②〔必固张之〕必须先张开它。固：必然，一定。

③〔将欲取之，必固与之〕将要夺取它，必定先给（jǐ 挤）予它。与：给予。

④〔微明〕微妙而又显明的道理。

⑤〔脱于渊〕脱离深渊。脱：离开，脱离。渊：深水，深潭。

⑥〔国之利器不可以示人〕国家尖端、重要的东西不可随意展示出来向人炫耀。利器：指权柄、军力等不能轻易动用的东西。示人：展示给人，把东西摆出来让人知道。

【提要】

老子认为，事物在发展过程中，都会走到某一个极限; 此时, 它必然会向相反的方向变化。这段话的前八句, 是对于事态发展的具体分析, 贯穿了老子"物极必反"的辩证法思想。在对自然与社会做了深入而普遍的观察研究之后, 他指出: 柔弱的东西里面蕴含着内力, 往往富于韧性, 生命力旺盛, 发展的余地极大; 相反, 看起来似乎刚强的东西, 由于过于显扬外露, 往往失去发展的前景, 因而不能持久。在柔弱与刚强的对立之中, 老子断言柔弱的内力胜于刚强的外表。他提醒人们: 正像鱼不应脱离深渊飞向天空一样, 国家尖端、重要的东西也不可随意展示出来向人炫耀, 否则必将招来麻烦甚至灾祸。

◎第40条 《老子·第三十七章》

道常无为而无不为①。侯王若能守之②, 万物将自化③。化而欲作④, 吾将镇之以无名之朴⑤。镇之以无名之朴, 夫亦将不欲⑥。不欲以静, 天下将自定。

【注释】

①〔道常无为而无不为〕"道"总是无为而又无所不为。无为: 不妄为, 顺其自然。无不为: 无所不为, 指任

何事情都能做成。

②〔守之〕即遵守"道"的法则。之：指"道"。

③〔自化〕自我化育，自然生长。

④〔欲作〕贪欲萌生。欲：指贪欲。作：兴起，萌生。

⑤〔无名之朴〕指"道"的真朴。无名：指无可名状的"道"。朴：素朴的自然状态。

⑥〔不欲〕不起贪欲。

【提要】

老子认为，"道法自然"，自然是无为的，但又无所不为。统治者若能遵守"道"的法则，实行无为而治，社会将会自然和谐发展。"静""朴""不欲"都是无为的内涵。在老子看来，统治者如果守"道"，不贪得无厌，不胡作非为，人们就不会滋生更多的贪欲，他们的生活就会和谐平静，天下自然就会安定。

◎第41条 《老子·第三十八章》

上德不德①，是以有德；下德不失德②，是以无德③。上德无为而无以为④，下德无为而有以为⑤。上仁为之而无以为，上义为之而有以为。上礼为之而莫之应，则攘臂而扔之⑥。故失道而后德，失德而后仁，失仁而后义，失义而后礼。夫礼者，忠信之薄⑦，而乱之首⑧；前识⑨者，道之华⑩，而愚之始。是以大丈夫处其厚，不居其薄；处其实，不居其华。故去彼取此。

【注释】

①〔上德不德〕具备上等品德的人顺其自然，不注重形式上的德。上德：指具备上等品德的人。

②〔下德不失德〕品德低下的人，总不丢失形式上的德。下德：指品德低下的人。失德：失去德，指丢失形式上的德。

③〔无德〕无法体现真正的德。

④〔上德无为而无以为〕具备上等德的人顺应自然而无心作为。无以为：无心作为。

⑤〔下德无为而有以为〕品德低下的人看似无为，实际上却是有意作为。

⑥〔攘臂而扔之〕伸展手臂而去引导。攘臂：伸展手臂。扔：强力引导。

⑦〔薄〕不足，衰薄。

⑧〔乱之首〕祸乱的开端。

⑨〔前识〕先知先觉，有先见之明。

⑩〔华〕虚华的表象。

【提要】

这一章是《德经》的开篇。老子认为，"道"的属性表现为"德"，凡是符合于"道"的行为就是"有德"，反之就是"失德"。"道"与"德"不可分离，但又有所区别。在本章里，老子把政治分成了两个类型、五个层次。两个类型即"无为"和"有为"，五个层次即"道、德、仁、义、礼"。在这五个层次中，道和上德是最高标准。失道而后德，这是在无为的类型内部说的，失道则沦为下德，那就与上仁相差无几了。失德而后仁，这是指离开了"无为"的类型才有了仁。仁已经是"有为""为之"了，所以"失仁而后义""失义而后礼"就是在"有为"范围内所显示出来的更低的不同层次。在老子看来，礼是忠信不足的产物，并且是祸乱的开端；所谓先知先觉只是"道"虚华的表象，并且是愚昧的开始。因此，大丈夫立身处世应注重道德修养，力求敦厚淳朴，不要因诚信不足再去讲求礼制；为人务求笃实，而切忌追慕虚华。

◎第42条 《老子·第三十九章》

昔之得一^①者，天得一以清，地得一以宁，神得一以灵^②，谷得一以盈，万物得一以生，侯王得一以为天下正^③。其致之也^④，谓天无以清^⑤，将恐裂；地无以宁，将恐废^⑥；神无以灵，将恐歇^⑦；谷无以盈，将恐竭^⑧；万物无以生，将恐灭；侯王无以正，将恐蹶^⑨。

【注释】

①〔得一〕即"得道"。这里的"一"是"道"的代名词。

②〔灵〕灵妙。

③〔正〕准则，正道。

④〔其致之也〕推而言之。

⑤〔天无以清〕天离开"道"，得不到清明。

⑥〔废〕荒废。

⑦〔歇〕停止，消失。

⑧〔竭〕干涸，枯竭。

⑨〔蹶〕跌倒，失败，受挫。

【提要】

老子认为，宇宙的本源只有一个，宇宙运行变化的总规律也只有一个，因此，他特别强调"一"，即宇宙起源的一元论。在世间的万事万物中，老子列举了许多相互矛盾的对立体，并认为对立的事物相互依存、相互转化，最终归于统一。所以，他一再使用"一"，也表明他认为矛盾和对立总要归于统一。对于人类社会，老子也特别强调统一，认为侯王也要注重唯一的"道"，这样才能使天下确立准则，遵循正道。他认为，失去了唯一的"道"，无论天地神灵，还是世间万物、社会治理，都会出现灾难性的后果，无法维持正常发展。

◎第43条 《老子·第三十九章》

故贵以贱为本，高以下为基。是以侯王自称孤、寡、不穀①。此非以贱为本邪？非乎？故至誉无誉②。是故不欲琭琭如玉③，珞珞如石④。

【注释】

①〔孤、寡、不穀（gǔ 古）〕古代帝王的自称。孤：孤独的。寡：寡德之人，亦称"寡人"。不穀：不善的。穀，善，好。

②〔至誉无誉〕至高无上的荣誉是没有荣誉。

③〔琭（lù 路）琭如玉〕像玉那样珍稀华美。琭琭：形容玉的珍稀华美。

④〔珞（luò 洛）珞如石〕像石那样质朴坚实。珞珞：形容石的质朴坚实。

【提要】

老子指出，贵以贱为根本，高以低为基础。侯王自称"孤、寡、不榖"，就是"以贱为本""以下为基"的明智表现。他认为，至高无上的荣誉是没有荣誉。因此，有道的人不要追求华美荣耀的表象，而应保持质朴坚实的本色。

◎第44条 《老子·第四十章》

反者①道之动，弱者②道之用。天下万物生于有③，有生于无④。

【注释】

①〔反者〕循环往复。反：通"返"，指循环往复。

②〔弱者〕柔弱，阴柔。

③〔有〕这里指有形质的"道"。

④〔无〕此处的"无"，指超现实世界的形而上之"道"。

【提要】

在本章里，老子用极其简练的文字，讲述了"道"的运动变化法则和"道"产生天下万物的作用。本章虽然只有两句话，但言简意赅，含义十分丰富。"反者道之动"，是说矛盾的双方总会向着自己的对立面转化，循环往复以至无穷；"弱者道之用"，是说"道"在发挥作用的时候，用的是柔弱的方法。老子认为，"无"生"有"，"有"生万物；道创造万物，并不使万物感到有什么强迫的力量，而是令其自然而然地产生和发展变化。

◎第45条 《老子·第四十一章》

上士①闻道，勤而行之②；中士闻道，若存若亡③；下士闻道，大笑之④——不笑，不足以为道。

【注释】

①〔上士〕具有上等智慧的人。士：先秦时最低级的贵族阶层，古代四民（士、农、工、商）之一。这里是对人的礼貌称呼。上士、中士、下士，是老子根据智慧水平分别指称的三类人。

②〔勤而行之〕勤奋地去实行它。

③〔若存若亡〕将信将疑，不在意，不重视。

④〔大笑之〕轻狂地嘲笑它。

【提要】

这段话生动地描述了"上士""中士""下士"闻道后的不同反应，同时也指出了"道"的玄妙高深。老子这里说的"上士"，即高明的人；"中士"，即平庸的人；"下士"，即浅薄的人。上、中、下不是就政治上的等级制度而言，而是就其思想认识水平高低而言的。"道"的本质隐藏在现象背后，浅薄之士是无法理解的，所以，他们"闻道"之后才会轻狂地嘲笑。正因为如此，老子指出："道"是玄妙高深的，不被浅薄之人大肆嘲笑就不足以成其"道"了。

◎第46条 《老子·第四十一章》

明道若昧①，进道若退，夷道若纇②；上德若谷，大白若辱③，广德若不足，建德若偷④；质真若渝⑤，大方无隅⑥；大器晚成⑦，大音希声⑧，大象无形⑨，道隐无名。夫唯道，善贷且成⑩。

【注释】

①〔明道若昧〕光明的“道”看上去似乎很暗昧。昧：幽暗，暗昧。

②〔夷道若纇（lèi 类）〕平坦的“道”看上去似乎很崎岖。夷：平坦。纇：本意为丝上的疙瘩，这里引申为崎岖不平、坎坷曲折之意。

③〔大白若辱〕最纯洁的东西看上去似乎有污垢。大白：最白，最纯洁的东西。辱：黑垢。

④〔建德若偷〕刚健的德看上去好像很薄弱。建：通“健”。偷：浅薄，薄弱。

⑤〔质真若渝〕质朴而纯真却好像变得浑浊。渝：变污。

⑥〔大方无隅（yú 于）〕最方正的东西看上去好似没有边角。隅：角落。

⑦〔大器晚成〕最贵重的东西总是最晚才会做成。

⑧〔大音希声〕最大的声音反而令人感觉似乎听不到声音。希：通“稀”。

⑨〔大象无形〕最大的形象反而令人看不到形状。

⑩〔善贷且成〕善于生发万物，并且成就万物。贷：施与、给予，引申为滋生、生发之意。

【提要】

这段话生动地描述了“道”和“德”在不同情况下的表现和特征，并且从对立统一的角度分析了“道”和

"德"的根本性质，揭示了矛盾双方相反相成、相互转化的基本规律，体现了老子一以贯之的"物极必反"的辩证法思想。其中"大白若辱""大方无隅""大器晚成""大音希声""大象无形"诸语，广为后世流传，如今已为成语。其深刻的思想内涵，对于各级领导者和管理者修身养性、处事理政，都有极强的借鉴意义。

◎第47条 《老子·第四十二章》

道生一①，一生二②，二生三③，三生万物④。万物负阴而抱阳⑤，冲气以为和⑥。

【注释】

①〔道生一〕"道"生而为"一"。"一"：老子用以代替"道"这一概念的数字表示，说明道是绝对无偶的。

②〔一生二〕"一"生出阴阳二气。"二"：指阴气、阳气。老子认为，"道"的本身包含着对立的两个方面，阴阳二气所凝成的统一体即是"道"；因此，对立的双方都生于"一"。

③〔二生三〕阴阳冲突交合就会产生第三类新兴事

物。"三"：指由阴和阳两个对立的方面相互作用所产生的第三类新兴事物。

④〔三生万物〕第三类事物繁衍发展，就会进而生成万物。

⑤〔负阴而抱阳〕背阴而向阳。

⑥〔冲气以为和〕阴阳二气相互作用形成和谐状态。冲：冲和，交融。

【提要】

这段话讲的是宇宙生成论。老子认为：宇宙万物的总根源是"混而为一"的"道"，对于千姿百态的万物而言，"道"是独一无二的。"道"生而为"一"，"一"生阴阳二气，阴阳交合产生第三类新兴事物，第三类新兴事物繁衍发展就产生了世间万物。世间万物都背阴而向阳，阴阳二气交合作用就形成和谐统一的状态。老子这段论述，既有朴素唯物论的色彩，又具有朴素辩证法的思想。

◎第48条 《老子·第四十二章》

人之所恶①，唯孤、寡、不穀②，而王公以为称。故物或损之而益，或益之而损。人之所教③，我亦教之。强梁者不得其死④，吾将以为教父⑤。

【注释】

① 〔恶（wù勿）〕厌恶。

② 〔孤、寡、不穀〕见第43条注①。

③ 〔人之所教〕前人教导我的。

④ 〔强梁者不得其死〕过于强悍的人不得好死。强梁者：强悍的人。

⑤ 〔教父〕教人的首要的道理。父：一家之首，这里引指首要的道理。

【提要】

这段话再次表达了老子的辩证法思想。老子认为：高低、贵贱都是对立统一、相互转化的。人们最厌恶的孤、寡、不穀等，也能向最尊贵的方面转化，王公诸侯即以之自称。世间万事万物也莫不如此，看似有所减损，实际却在增益，看似有所增益，实际却在减损。正因为如此，世人才应该谦卑忍让；如果太过强悍，往往不得善终。老子将这道理作为第一教义，值得我们深思。

◎第49条 《老子·第四十三章》

天下之至柔，驰骋①天下之至坚。无有入无间②，吾是以知无为之有益。不言之教，无为之益，天下希及之③。

【注释】

①〔驰骋〕奔驰，奔腾。

②〔无有入无间（jiàn 剑）〕无形的力量能够穿透没有间隙的东西。无有：指看不见形迹的东西。间：间隙，空隙。

③〔天下希及之〕天下之人很少能理解并获得它。希：通"稀"，很少。

【提要】

"贵柔"是《道德经》的基本理念之一。老子认为："柔弱"是万物富有生机的表现，也是最有力量的象征；天下最柔弱的东西，恰恰可以奔腾于最坚硬的东西之间。正因为发现了无形的力量可以穿透没有间隙的东西，老子才明白了"无为"的益处。只不过，不加言说的教诲、清净无为的益处，天下很少有人能够理解并真正获得。对此，老子感到非常遗憾。反观现实生活，那些争强好胜、好勇斗狠者可悲的结局，不也一样值得我们引以为鉴和反省深思吗？

◎第50条 《老子·第四十四章》

名与身孰亲①？身与货孰多②？得与亡孰病③？甚爱必大费④，多藏必厚亡⑤。故知足不辱⑥，知止不殆，可以长久。

【注释】

①〔名与身孰亲〕名声与生命相比哪个更可亲？

②〔身与货孰多〕生命与财富相比哪个更贵重？货：财富。多：重，重要。

③〔得与亡孰病〕得到名利与丧失生命哪个更有害？得：指得到名利。亡：丧失性命。病：指有害。

④〔甚爱必大费〕过于贪吝名利必定会付出极大的代价。

⑤〔多藏必厚亡〕过多地积累财富必定会招致惨重的损失。

⑥〔知足不辱〕知道满足而不贪求，就不会受到屈辱。

【提要】

虚名和人的生命、财富与人的价值，哪个更珍贵？获取名利与丧失生命，这二者哪个更可怕？这是老子向人们提出的尖锐问题，也是每个人都必然会遇到的问题。老子告诫人们：过于贪吝名利必定会付出极大的代价，过多地积累财富必定会招致惨重的损失，因此，人应贵生重己，不能贪得无厌，甚至舍命不舍财；只有知足常乐、适可而止，才能避免陷于危难，保持长久不衰。老子这段话，堪称警世通言。

◎第 51 条 《老子·第四十五章》

大成若缺①，其用不弊②。大盈若冲③，其用不穷。大直若屈④，大巧若拙，大辩若讷⑤。

【注释】

①〔大成若缺〕最完美的东西看上去却好像有残缺。大成：最为完满的东西。

②〔其用不弊〕它的效用永远不会衰竭。弊：止息，衰竭。

③〔大盈若冲〕最充盈的东西看上去却好像很空虚。冲：虚，空虚。

④〔大直若屈〕最直的东西看上去却好像有些弯曲。屈：弯曲。

⑤〔大辩若讷（nè 呐）〕最善辩的人却好像有些笨嘴拙舌。讷：说话迟钝。

【提要】

老子认为，事物发展到极致，其实质和表象往往呈现相反的状态。这种思想充满了辩证法的光辉。"大成""大盈""大直""大巧""大辩"的内在底蕴，恰恰表现出"若缺""若冲""若屈""若拙""若讷"的外在形态。而正因为如此，才会"其用不弊""其用不穷"。这就告诉我们，越是达到成功境界的悟道高人，越应含藏内敛、不事张扬。

◎第52条 《老子·第四十六章》

天下有道，却走马以粪①；天下无道，戎马生于郊②。祸莫大于不知足，咎③莫大于欲得。故知足之足，常足矣④。

【注释】

①〔却走马以粪〕退回战马给农人用来耕种。却：退回。走马：善于奔跑的马，指战马。粪：治田，耕种。

②〔戎马生于郊〕战马在郊外的战场上生驹。戎马：战马。生于郊：指雌性战马在郊外的战场上生驹。

③〔咎（jiù 就）〕过失，罪过。

④〔知足之足，常足矣〕知道满足的这种满足，是永久的满足。常：长久，永久。

【提要】

春秋时期，诸侯争霸，兼并和掠夺战争连年不断，给社会生产和人民生活造成了沉重灾难。为此，老子明确表示了自己的反战主张。他分析了战争的起因，认为祸根就在于统治者贪欲太强，而解决的办法就是希望统治者知足常乐、减少征战，以免招致更多的灾祸。"祸莫大于不知足，咎莫大于欲得"二句，至今对我们仍有很强的警示意义。

◎第53条 《老子·第四十七章》

不出户，知天下；不窥牖①，见天道②。其出弥远，其知弥少③。是以圣人不行而知，不见而明④，不为而成⑤。

【注释】

①〔窥牖（kuī yǒu 亏友）〕透过窗户向外看。窥：透过小孔隙观看。牖：窗户。

②〔天道〕世界万物发展变化的自然规律。

③〔其出弥远，其知弥少〕有些人出去得越远，知道的真理越少。弥：愈加，越。

④〔不见而明〕不需具体观察就会明晓天道。

⑤〔不为而成〕不去强力作为却能成就大事。不为：无为，不妄为。

【提要】

这段话主要谈的是哲学上的认识论。老子认为：在认识上单凭感觉经验是靠不住的，这样不仅不能认识事物的内在本质，而且还会扰乱人的心灵；要认识事物的本质，应该下功夫加强自身修养，靠内心的思辨提升理性认识。圣人领悟了"天道"，掌握了事物发展变化的规律，就可以不出行而知天下，不观察而明真谛，不强为而成大业。老子对感性认识和理性认识不同作用的判断，具有一定的合理成分，值得我们吸收和借鉴。

◎第54条 《老子·第四十八章》

为学日益①，为道日损②。损之又损，以至于无为。无为而无不为③。取天下常以无事④；及其有事⑤，不足以取天下。

【注释】

①〔为学日益〕治学会一天天增加知识积累。为学：治学，求学；此处的"学"，当指学习政教礼乐等方面的知识。日益：一天天增加知识积累。

②〔为道日损〕求道则会一天天减少俗见和杂念。为道：求道，指通过冥想或体验，领悟"天道"（真理）。此处的"道"，指自然、无为之道。损：减损，减少，指减少俗见和杂念。

③〔无为而无不为〕无所为实际上却是无所不为。

④〔取天下常以无事〕安定天下常常需要凭借清净无为而不滋扰生事的方式。无事：不滋扰生事。

⑤〔及其有事〕等到他们有了烦苛扰攘之事。及：等到。事：指烦苛扰攘之事。

【提要】

这段话论述"为学"与"为道"的问题。老子指出，"为学"是追求外在的经验和知识，愈求积累愈多；"为道"恰恰相反，是通过主观体悟来探究事物发展的本质规律，因此会一天天减少妄见和杂念，最终达到"无为"的境界。他认为，沉迷于"政教礼乐之学"，会令人竞相追逐智巧机变，无益于治理天下；而追求天道，清净无为，却可以无所不为。他强调，只有"无为而治"，少生事端，才可以安定天下；如果政令烦苛，变乱频仍，是无法真正得到天下的。

◎第55条 《老子·第四十九章》

圣人常无心①，以百姓之心为心。善者，吾善之②；不善者，吾亦善之；德善③。信者，吾信之④；不信者，吾亦信之；德信。圣人在天下，歙歙⑤焉，为天下浑其心⑥；百姓皆注其耳目⑦，圣人皆孩之⑧。

【注释】

①〔常无心〕总是没有私心。无心：无私心，没有成见。

②〔善者，吾善之〕善良的人，我善待他。

③〔德善〕社会才会向善。德：品德，这里指社会公德。

④〔信者，吾信之〕讲信用的人，我信任他。

⑤〔歙（xī 西）歙〕收敛欲念的样子。歙歙：吸气，此处指收敛欲念。

⑥〔浑其心〕使世人心思归于浑朴。

⑦〔百姓皆注其耳目〕百姓都注重动用自己的聪明机

谋。注其耳目：指百姓各用聪明，竞相用智。

⑧〔圣人皆孩之〕圣人都把他们当孩子一样看待。

【提要】

这段话表达了老子顺应民意、因势利导、爱民如子的政治主张。文中所讲的"圣人"，是老子理想中的执政者。老子认为：理想的执政者应该没有私心，而以百姓之心为心，想民之所想，盼民之所盼；要通过真诚的引导，促使人人向善、人人守信。"圣人"治理天下，总是收敛欲念、率先垂范，努力使世人的心思都回复到纯真浑朴的状态；即便天下百姓都斗智弄巧，"圣人"也总会把他们当孩子一样看待。

◎第56条 《老子·第五十章》

盖闻善摄生①者，陆行不遇兕②虎，入军不被甲兵③；兕无所投其角，虎无所措其爪，兵无所容其刃。夫何故？以其无死地④。

【注释】

①〔摄生〕养生，养护自己的生命。

②〔兕（sì 似）〕雌性犀牛，泛指犀牛类的动物。

③〔入军不被甲兵〕战争中不被武器杀伤。被：遭遇。甲兵：铠甲和兵器，泛指武器。

④〔无死地〕没有陷于遭遇危险的死亡境地。死地：无法生存的境地，绝境。

【提要】

这段话讲养生之道。老子认为，奉养太过，奢侈无度，容易短命夭折；真正善于养生的人，注意趋利避害，懂得以清净无为的方式避开危险，即使环境险恶，也能远离死地，所以才会保全生命，最终得以长寿。

◎第57条 《老子·第五十一章》

道生之，德畜之①，物形之②，势成之③，是以万物莫不尊道而贵德。道之尊，德之贵，夫莫之命而常自然④。故道生之，德畜之，长之育之，亭之毒之⑤，养之覆之⑥。生而不有，为而不恃，长而不宰，是谓玄德⑦。

【注释】

①〔德畜（xù 旭）之〕德畜养万物。畜：畜养，养育。

②〔物形之〕万物使自己呈现出各种形态。

③〔势成之〕自然环境的影响使万物不断成长。势：自然环境的影响。

④〔莫之命而常自然〕从不对万物乱加干涉而总是任其自然发展。莫之命：相当于"莫命之"，指不命令干涉它们。

⑤〔亭之毒之〕使它们逐渐成熟。亭：成。毒：熟。

⑥〔养之覆之〕培养并保护它们。覆：维护，保护。

⑦〔玄德〕玄妙的上德。它产生万物而不据为己有，养育万物而不自恃有功，任其发展而不去主宰。

【提要】

老子认为："道"生出万物，"德"养育万物，万物各呈其形，顺势而成，所以万物莫不尊崇"道"而珍视"德"。"道"和"德"的尊贵，在于它们从不干涉万物的生长繁衍，而总是顺其自然。"德"是"道"的化身，是"道"在世间的具体表现。万物由"道"而生，"道"生出万物之后，"德"又内在于万物，培养出万物各自的本性。道创造并养育、保护万物，并不含有什么主观意识，也不存有任何功利目的，从不占为己有、自恃有功而主宰它们，整个过程完全是自然而然的，这就是"道"在作用于世间万物时所体现出来的"德"的特有精神。这段话，集中表达了老子对"道"和"德"的由衷赞美，体现了老子的基本哲学理念。

◎第58条 《老子·第五十二章》

天下有始①，以为天下母②。既得其母，以知其子③；既知其子，复守其母，没身不殆。塞其兑，闭其门④，终身不勤⑤。开其兑，济其事⑥，终身不救。见小曰明⑦，守柔曰强⑧。用其光，复归其明⑨，无遗身殃⑩；是为袭常⑪。

【注释】

①〔始〕初始。此处指"道"。

②〔母〕本源。此处指"道"。

③〔子〕派生物，指由"母"所产生的万物。

④〔塞其兑，闭其门〕塞住贪欲的孔穴，关闭欲念的大门。兑：口，引申为孔穴。

⑤〔勤〕劳碌。

⑥〔开其兑，济其事〕打开贪欲的孔穴，增加纷扰的事件。济：增加。

⑦〔见小曰明〕能看见细微的东西，才叫作"明"。小：细微的东西。

⑧〔守柔曰强〕能持守柔弱，才叫作刚强。

⑨〔用其光，复归其明〕运用智慧之光，返照内心，使之明亮。

⑩〔无遗身殃〕不给自己带来麻烦和灾祸。

⑪〔袭常〕承袭常道。袭：沿袭，承袭。

【提要】

老子认为：天下万物的生长和发展有一个总的根源，人应该从万物发展中去追索这个本源，探究其奥秘，认识天下万物的同时不能离开本源。人不要老是向外奔逐，否则将会失去自我、难以救药。在认识活动中，要见微知著、守柔自强，排除私心杂念的障蔽，保持内心世界的清明，避免给自身带来麻烦和灾祸。这样做，才算把握了事物的本质规律。

◎第59条 《老子·第五十三章》

使我①介然有知②，行于大道，唯施是畏③。大道甚夷④，而人⑤好径⑥。朝甚除⑦，田甚芜，仓甚虚；服文采，带利剑，厌饮食⑧，财货有余，是谓盗夸⑨。非道也哉！

【注释】

①〔使我〕假使我。

②〔介然有知〕稍有所知。介：微小，稍微。

③〔唯施（yí夷）是畏〕只怕走入邪路。施：同

"迆"，邪，斜行。

④〔夷〕平坦。

⑤〔人〕指人君。

⑥〔径〕邪径。

⑦〔朝甚除〕朝政非常败坏。除：废弛，颓败。

⑧〔厌饮食〕饱享美酒佳肴。厌：饱足，饱享。

⑨〔盗夸〕盗魁，大盗。夸：大。

【提要】

在这一章里，老子深刻地揭露了当时社会的种种黑暗现象，尖锐地批判了统治者的荒淫无道。统治者凭借权势和武力，不遵天道，以致朝政败坏，田园荒芜，仓廪空虚，可他们却依旧过着腐朽糜烂的生活，奢侈成风，荒淫无度，横征暴敛，贪得无厌。面对这种状况，老子愤慨地将当政者称作强盗头子，并且给予了"非道也哉"的终极评价。从这段话中，我们可以看出老子对天下无道的深深忧虑和极度愤慨。

◎第60条 《老子·第五十四章》

善建者不拔①，善抱者不脱②，子孙以祭祀不辍③。修之于身，其德乃真；修之于家，其德乃余；修之于乡，其德乃长④；修之于邦⑤，其德乃丰；修之于天下，其德乃普。故以身观身⑥，以家观家，以乡观乡，以邦观邦，以天下观天下。吾何以知天下然哉？以此。

【注释】

①〔善建者不拔〕善于建树的人，基业不会被拔除。

②〔善抱者不脱〕善于抱持的人，坚守的东西不会松脱。抱：抱持，坚守。

③〔子孙以祭祀不辍〕子孙也会因此传承祭祀、香火不断。辍：停止，断绝。

④〔长〕绵长，久远。

⑤〔邦〕邦国，国家。

⑥〔以身观身〕根据一个人自身的道德修养水平，就可看出其总体情况。

【提要】

在这段话里，老子讲了修身立命的原则、方法和作用。他指出，善于建树，坚守大道，乃是立身处世的根基；按此原则修身持家，子孙才会世代传承、香火不断。只有坚守正道，不断修持，才可以正身立德，治家惠乡，安邦济世，泽被天下。因此，通过观察个人、家庭、乡里、

邦国和天下的道德修养水平，就可以推知其基本现状和未来发展。读完这段话，会使人不由自主地想起儒家经典之一《礼记》中所讲的"格物、致知、诚意、正心、修身、齐家、治国、平天下"。在修身的问题上，道家与儒家的观点并不一致，但也非完全不同。相同之处在于，他们都认为立命处世的根基是修身。道家认为，所谓为家为国，应该是充实自我、修持自我以后的自然发展，而儒家则要求有目的性地去执行。这则是儒、道之间的不同之处。

◎第61条 《老子·第五十五章》

知和曰常①，知常曰明；益生曰祥②，心使气曰强③。物壮则老④，谓之不道，不道早已。

【注释】

①〔知和曰常〕知道自然和顺就叫作"常"。常：指符合事物运作的规律。和：和顺，指阴阳二气和合的状态。

②〔益生曰祥〕纵欲贪生就是不祥之兆。益生：纵欲贪生。祥：妖异，不祥之兆。

③〔心使气曰强〕欲望支配精气就是逞强。强：逞强，强暴。

④〔物壮则老〕万物过于强壮就会趋于衰老。壮：强壮。

【提要】

这段话讲知和守常的处世哲学。老子认为，懂得自然和顺才符合常道，把握了常道才称得上明智；如果不遵常道，纵欲贪生，使气逞强，必会遭殃。他指出，万物过于强壮就会趋于衰老，这就是不合常道，而不合常道就会过早地衰亡。

◎第62条 《老子·第五十六章》

知者不言，言者不知①。塞其兑，闭其门②；挫其锐，解其纷；和其光，同其尘③；是谓玄同④。故不可得而亲，不可得而疏；不可得而利，不可得而害；不可得而贵，不可得而贱⑤。故为天下贵。

【注释】

①〔知（zhì 志）者不言，言者不知〕明智的人不多说话，到处说长论短的人不明智。知者：明智的人。知，通“智”。

②〔塞其兑，闭其门〕参见第58条注④。

③〔挫其锐，解其纷；和其光，同其尘〕挫去其锋芒，解除其纷扰；调和其光华，混同其尘俗。

④〔玄同〕玄妙齐同。此处指"道"的境界。

⑤〔不可得而亲……不可得而贱〕这几句是说"玄同"的境界已经超出了亲疏、利害、贵贱等世俗的范畴。

【提要】

这段话论述如何保持常态的和谐，达到"和"的最高道德境界。老子主张，人应该加强自身修养，清静寡言，控制私欲，挫去锋芒，解脱纷争，调和光华，混同尘俗，不分亲疏、利害、贵贱，以开阔的胸襟与宽容的心态对待一切人和事物。这样自然就会受到天下的尊崇。

◎第63条 《老子·第五十七章》

以正①治国，以奇②用兵，以无事取天下③。吾何以知其然哉？以此④：天下多忌讳⑤，而民弥贫；民多利器⑥，国家滋昏⑦；人多伎巧⑧，奇物⑨滋起；法令滋彰，盗贼多有。故圣人云："我无为，而民自化⑩；我好静，而民自正；我无事，而民自富；我无欲，而民自朴。"

【注释】

①〔正〕正道，指堂堂正正的治国之道。

②〔奇〕奇谋，诡秘。

③〔取天下〕征服天下。

④〔以此〕以下面这段话为依据。此：指下面一段文字。

⑤〔忌讳〕禁忌，指烦琐的限制。

⑥〔民多利器〕民众拥有太多的锋利的武器。民：民众，世人。利器：锋利的武器，泛指暴力手段。

⑦〔国家滋昏〕国家就会更加混乱。滋：更加。昏：黑暗，混乱。

⑧〔人多伎巧〕人们的智巧越多。伎巧：技巧，智巧。

⑨〔奇物〕奇邪的事物。

⑩〔我无为，而民自化〕我清净无为，而人民就会自然顺化。自化：自我化育。

【提要】

老子生活的时代，社会动荡不安，统治者倚仗权势和武力恣意横行、为所欲为，造成了"民弥贫""国家滋昏""奇物滋起""盗贼多有"的混乱局面。基于此，老子提出了"以正治国，以奇用兵，以无事取天下"的政治主张。他认为，统治者"无为""好静""无事""无欲"，百姓会"自化""自正""自富""自朴"，这样才能实现天下大治。这是他对"无为"的社会政治观点的高度概括，明显带有脱离实际的幻想成分，但对于头脑清醒的领导者或管理者来说，依然有着不可忽视的借鉴意义。

◎第64条 《老子·第五十八章》

其政闷闷①，其民淳淳②；其政察察③，其民缺缺④。祸兮，福之所倚；福兮，祸之所伏。孰知其极？其无正也⑤。正复为奇，善复为妖⑥。人之迷，其日固久⑦。是以圣人方而不割⑧，廉而不刿⑨，直而不肆⑩，光而不耀⑪。

【注释】

①〔闷闷〕昏昏昧昧，有宽厚的意思。

②〔淳淳〕淳朴厚道。

③〔察察〕严厉，苛刻。

④〔缺缺〕抱怨，不满。

⑤〔其无正也〕它们并没有确定的准则。其：指福、祸的转化和变换。正：标准，确定的准则。

⑥〔正复为奇，善复为妖〕正直的会变为偏邪的，善良的会变成邪恶的。奇：反常的，偏邪的。妖：邪恶的。

⑦〔人之迷，其日固久〕人们的迷惑，时日必定已经很久了。

⑧〔方而不割〕方正而不割伤人。

⑨〔廉而不刿（guì 贵）〕锐利而不刺伤人。廉：锐利。刿：刺伤。

⑩〔直而不肆〕直率而不放肆。

⑪〔光而不耀〕明亮而不刺眼。

【提要】

本章讲的是政治、社会、人生方面的辩证法。这段话里提到的"祸兮，福之所倚；福兮，祸之所伏"的论断，自古及今都是极为著名的哲学命题。老子的辩证法，初步揭示了对立统一规律，他不仅认为相反的东西可以相成，同时又指出相反的东西可以互相转化。这种观察事物、认识事物的辩证方法，是老子哲学上的最大贡献。基于对立统一规律，老子提出了宽松为政的政治主张，并指出做人应该"方而不割""廉而不刿""直而不肆""光而不耀"。这对今天的人们来说，仍有启迪意义。

◎第65条 《老子·第五十九章》

治人事天①莫若啬②。夫唯啬，是谓早服③；早服，谓之重积德④。重积德则无不克，无不克则莫知其极；莫知其极，可以有国。有国之母⑤，可以长久。是谓深根固柢^⑥、长生久视^⑦之道。

【注释】

①〔治人事天〕治理百姓，敬奉天道。治人：治理百姓。事天：奉行天道，一说保养天赋。

②〔啬〕爱惜精力。

③〔早服（bèi 贝）〕早做准备。服：通"备"，准备。

④〔重（zhòng 众）积德〕不断地积德。重：多，厚，含有不断增加的意思。

⑤〔有国之母〕掌握了治国的大道。母：治国的大道。

⑥〔深根固柢（dǐ 底）〕使根基深固，不易动摇。深、固：皆用为使动，即"使……深""使……固"。柢：树根。

⑦〔长生久视〕长期生存，永久不衰。久视：耳目长久不衰，形容国家长治久安。

【提要】

这段话讲的是治国的原则、方法。从文字上看，老子表达了一个与众不同的观点，即把"啬"当作人修身养性、治国理政的重要美德加以颂扬。老子在这里所讲的"啬"，并不专指爱惜财物，更多的是指爱惜人的精力。他认为，应该在精神上注意培养道德，积蓄力量；真正做到精神上的"啬"，积累了雄厚的德，也就接近了道。这样，就可以为治国安邦做出更大的贡献，确保国家根深蒂固、长治久安。

◎第66条 《老子·第六十章》

治大国，若烹小鲜①。以道莅②天下，其鬼不神③。非④其鬼不神，其神⑤不伤人。非其神不伤人，圣人亦不伤人。夫两不相伤⑥，故德交归焉⑦。

【注释】

①〔烹小鲜〕炖小鱼。烹：煮，炖。小鲜：小鱼。

②〔莅〕临，对待，治理。

③〔其鬼不神〕那些鬼怪就不灵验了。神：灵验。

④〔非〕不惟，不仅。

⑤〔其神〕那些神灵。此处的"神"，指神灵。

⑥〔两不相伤〕鬼神和圣人都不侵害人。

⑦〔故德交归焉〕所以"德"就都归于天下百姓了。交：一齐，都。

【提要】

这段话讲的是治国安邦的道理。"治大国，若烹小鲜"是老子所说的一句传诵很广的名言。这是一个形象的比喻。小鱼很鲜嫩，炖的时候频频翻搅，肉就碎了。老子认为，统治者治理国家，应该像炖小鱼那样小心谨慎，不要随意折腾。此外，应该说明的是，老子是无神论者，他并不相信鬼神，但这一章一再讲到鬼神，其实是说，以"道"治天下，鬼神都不伤害人，治理国家的统治者就更不能伤害、烦扰民众了。老子指出，假如鬼神和统治者都不伤害民众，德政就会实现了。

◎第67条 《老子·第六十一章》

大邦者下流①。天下之牝，天下之交也②。牝常以静胜牡③，以静为下。故大邦以下小邦，则取小邦；小邦以下大邦，则取大邦。故或下以取，或下而取④。大邦不过欲兼畜人⑤，小邦不过欲入事人。夫两者各得所欲，大者宜为下。

【注释】

①〔大邦者下流〕大国应该像江海一样居于下游。

②〔天下之牝（pìn 聘），天下之交也〕天下阴柔的位置，恰恰是天下各种势力交汇归附之地。牝：雌性的动物，这里泛指阴性的事物。

③〔牝常以静胜牡〕雌性常常以其安静温和胜过雄性。牡：雄性的动物，与"牝"相对。

④〔或下以取，或下而取〕有时大国谦下就可以会聚小国，有时小国谦下就可以见容于大国。

⑤〔兼畜人〕把人聚在一起加以养护。畜：养育，养护。

【提要】

本段针对当时兼并战争给社会带来的动荡局面，论述应当如何处理好大国与小国之间的关系，表达了老子关于如何治国和处理好国际关系的政治主张。在老子看来，国与国之间能否和平相处，关键在于大国，所以他一再强调：大国应该像江海一样谦居下流，这样天下各方势力才能交相归附；应该像娴静的雌性一样，静处下位而最终战胜雄性。他提醒人们：无论大国小国，只有甘于谦下，才能各得所欲；归根结底，大者更应该甘居下位。这段论述，仍含有明显的辩证法思想。

◎第68条 《老子·第六十二章》

道者，万物之奥①，善人之宝，不善人之所保②。美言可以市尊③，美行可以加人④。人之不善，何弃之有⑤？故立天子，置三公⑥，虽有拱璧以先驷马⑦，不如坐进此道⑧。古之所以贵此道者何？不曰求以得⑨、有罪以免⑩邪？故为天下贵。

【注释】

①〔奥〕深藏，荫庇。

②〔不善人之所保〕不善之人赖以保全的依靠。

③〔美言可以市尊〕美好的言辞可以博得别人的尊敬。市：换取，博取。

④〔美行可以加人〕美好的行为可以见重于人。加：重，见重。

⑤〔人之不善，何弃之有〕人即使不善，"道"又怎能放弃他呢？

⑥〔三公〕这里指周代的太师、太傅、太保，为当时朝廷最尊显的官职。

⑦〔虽有拱璧以先驷马〕即便有拱璧先于驷马奉上。拱璧：古代的一种大型玉璧，因须双手拱执，故名。驷马：四匹马驾的车。

⑧〔坐进此道〕坐着进献这清净无为的"道"。

⑨〔求以得〕有求就得到。

⑩〔有罪以免〕有罪的人得到"道"，可以免去罪责。

【提要】

这段话再一次宣扬"道"的玄妙和作用。老子认为：清净无为的"道"，不但是善良之人的法宝，就是不善的人也会依靠它得到保护。"道"保护善人，但也不抛弃不善之人。它有求必应，有过必除，这正是其最可贵之处。因此，从古到今，人们都尊崇它；送给当政者再贵重的礼品，也不如将"道"进献给他。

◎第69条 《老子·第六十三章》

图难于其易，为大于其细①。天下难事必作于易，天下大事必作于细。是以圣人终不为大②，故能成其大。夫轻诺必寡信③，多易必多难。是以圣人犹难之④，故终无难矣。

【注释】

①〔细〕小。这里指细微之处。

②〔终不为大〕有道的人始终不自以为大。

③〔轻诺必寡信〕轻易许诺的人必定很少守信用。

④〔圣人犹难之〕有道的人遇见事情还总是把它看得很艰难。犹：仍，还。

【提要】

老子指出，解决难题要从容易之处入手，成就大业要从细微之处做起。有道的人从不妄自尊大，最后反倒能够成就大业。轻率许诺者必定缺乏诚信，贪图轻松容易最后反会遇到更多的困难。因此，有道的人做事从不掉以轻心，最后却会使所有的困难一一得到化解。这段话充满了辩证法的灵光，其中许多简明精辟的论断，成为后世广为流传的格言警句，值得我们反复玩味、思考借鉴。

◎第70条 《老子·第六十四章》

其安易持①，其未兆易谋②；其脆易泮③，其微易散④。为之于未有，治之于未乱。

【注释】

①〔其安易持〕局势稳定时容易维持。

②〔其未兆易谋〕事件未出现征兆时容易图谋。谋：谋划，图谋。

③〔其脆易泮（pàn 盼）〕事物脆弱则容易化解消融。泮：冰雪融解，这里引申为化解、消融之意。

④〔其微易散〕事物微小时则容易消散。

【提要】

老子指出：局势稳定时容易维持，事件未出现征兆时容易图谋；事物脆弱则容易化解，微小时则容易消散。因此，高明的政治家应在事件未露出端倪时就提前做好防范准备，在祸乱尚未发生时就通过治理予以有效化解。可以说，老子对社会矛盾的分析切中肯綮，提出的解决办法一语中的，其精辟的观点至今仍有启迪意义。

◎第71条 《老子·第六十四章》

合抱之木①，生于毫末②；九层之台，起于累土③；千里之行，始于足下。

【注释】

①〔合抱之木〕合抱粗的大树。

②〔毫末〕像毫毛尖梢一样细小的嫩芽。

③〔累（léi 雷）土〕一筐筐泥土。累：通"虆（léi 雷）"，土筐。

【提要】

这是《道德经》中最为后人津津乐道的一段名言。老子用一连串的排比句，形象生动地阐释了"天下难事必作于易，天下大事必作于细"的道理，提醒人们只要勇立大志、甘做小事，坚定信念、持之以恒，最后必将取得成功。这段名言，对于我们励志修身、干事创业，都具有非常积极的启迪意义。

◎第72条 《老子·第六十四章》

为者败之，执者失之①。是以圣人无为，故无败；无执，故无失。民之从事②，常于几成③而败之。慎终如始④，则无败事。是以圣人欲不欲⑤，不贵难得之货；学不学⑥，复众人之所过⑦。以辅万物之自然而不敢为。

【注释】

①〔为者败之，执者失之〕肆意妄为就会失败，刻意把持就会丧失。

②〔民之从事〕平常人做事。

③〔几（jī机）成〕即将成功。几：将近，接近。

④〔慎终如始〕当事情快要完成的时候，也像开始时那样慎重。

⑤〔欲不欲〕求常人所不想求的。

⑥〔学不学〕学常人所不学的。

⑦〔复众人之所过〕改正众人所做错的事情。复：修复，改正。

【提要】

这段话，进一步强调了"无为而治"的政治观点。老子认为，恣意妄为就会失败，刻意把持就会丧失，得道之人从不胡作非为、贪财弄权，所以才能不败无失。他同时指出：常人做事，往往有始无终，功败垂成，要避免出现这种遗憾，就必须慎终如始。因此，得道之人总是求常人之所不求，学常人之所不学，不贪奇珍异宝，避免常人之过，顺应自然规律，不敢肆意妄为。老子上述观点，至今依然值得我们深思。

◎第73条 《老子·第六十五章》

古之善为道者，非以明民①，将以愚之②。民之难治，以其智多③。故以智治国，国之贼④；不以智治国，国之福。知此两者⑤，亦稽式⑥。常知稽式，是谓玄德。玄德深矣、远矣，与物反矣⑦，然后乃至大顺⑧。

【注释】

①〔明民〕让人民知晓巧诈。明：知晓巧诈。

②〔将以愚之〕要让老百姓敦厚朴实、无巧诈之心。愚：敦厚朴实，没有巧诈之心。

③〔智多〕机心太多。智：机心，指巧诈之谋，而非为智慧、知识。

④〔贼〕伤害，祸害。

⑤〔两者〕指上文所言"以智治国，国之贼；不以智治国，国之福"。

⑥〔稽式〕法式，法则。

⑦〔与物反矣〕与万物一起返璞归真。反：通"返"。

⑧〔大顺〕顺应自然。

【提要】

老子认为，政治的好坏，常系于统治者的观念和做法。统治者真诚质朴，才能营造良好的政风和民风；有了良好的政风和民风，社会才能保持安定。如果统治者喜欢斗智弄权、投机取巧，人们就会钩心斗角、彼此伤害，而社会就将永无宁日。基于这一观点，老子提出统治者应该导民以"愚"，而不应"以智治国"。老子此说，看似偏颇，实际却有着不可忽视的合理成分，值得我们认真琢磨、细心体会；如能去其糟粕、取其精华，可使我们拓展思维空间，学会从多角度观察和思考问题。

◎第74条 《老子·第六十六章》

江海之所以能为百谷王^①者，以其善下之，故能为百谷王。是以圣人欲上民^②，必以言下之；欲先民，必以身后之。是以圣人处上而民不重^③，处前而民不害^④。是以天下乐推而不厌^⑤。以其不争，故天下莫能与之争。

【注释】

①〔百谷王〕百川溪谷归附汇聚之地。

②〔欲上民〕想要统治人民。上民：居于万民之上，统治民众。

③〔民不重〕民众不感觉负担沉重。

④〔民不害〕民众不感觉受到伤害。

⑤〔乐推而不厌〕乐于推崇而不厌弃。

【提要】

这段话讲的是"不争"的政治哲学。老子认为：江海居于下游，方可容纳百川之水，成为百谷之王；统治者对民众宽厚、谦下，将自身利益置于百姓之后，方可减轻人民负担，受到万民拥戴。正因为他能够做到不争，所以天下才没有人能够与其争胜。这一论述，可以说是老子辩证法思想在政治理论方面的具体体现，充满了智慧的灵光。

◎第75条 《老子·第六十七章》

我有三宝①，持而保之：一曰慈，二曰俭②，三曰不敢为天下先。慈，故能勇；俭，故能广③；不敢为天下先，故能成器长④。今舍慈且勇⑤，舍俭且广，舍后且先，死矣!

【注释】

①〔三宝〕三件法宝，三条宝贵经验。

②〔俭〕俭约。这里指爱惜物力，有而不尽用。

③〔广〕多，富裕。这里指广聚财富。

④〔器长〕万物的首长。器：指万物。

⑤〔今舍慈且勇〕假如舍弃仁慈还妄逞勇武。今：假如，如果。且：并且，还。

【提要】

这段话讲的是"道"的原则在政治、军事、生活方面的具体运用。老子说，自己有三条法宝，这就是："慈"，即爱心加上同情；"俭"，即爱惜物力，不奢侈浪费；"不敢为天下先"，即谦逊退让、不与天下人争雄。老子指出，运用好这三条法宝，就能取得良好的效果，否则便会自取灭亡。

◎第76条 《老子·第六十八章》

善为士者不武①，善战者不怒，善胜敌者不与②，善用人者为之下。是谓不争之德，是谓用人之力，是谓配天③，古之极也④。

【注释】

①〔善为士者不武〕善作将帅的人不逞勇武。士：武士，这里作将帅讲。武：逞勇武，炫耀武力。

②〔不与〕不与之争。指不与敌人正面冲突。

③〔配天〕符合自然天道。

④〔古之极也〕自古以来的最高准则。

【提要】

这段话从用兵的意义上讲战略战术的原则，其中依然贯穿了老子以静胜躁、以弱克强的辩证法思想。老子指出，善战者应不逞勇武，不轻易动怒，要避免与敌正面冲突，充分发挥人的才智能力，善于利用别人的力量，以不争达到争的目的。老子认为，这是符合于天道的，是古往今来的最高准则。

◎第77条 《老子·第六十九章》

用兵有言："吾不敢为主①，而为客②；不敢进寸，而退尺。"是谓行无行③；攘无臂④；扔无敌⑤；执无兵⑥。祸莫大于轻敌，轻敌几丧吾宝。故抗兵相若⑦，哀者胜矣⑧。

【注释】

①〔为主〕主动进攻，采取攻势。

②〔为客〕被迫迎敌，采取守势。

③〔行（háng 杭）无行〕摆开阵势，却像没有阵势一样。行：行列，阵势。第一个"行"用为动词，意为摆开阵势；第二个"行"用为名词，指阵势。

④〔攘无臂〕举起手臂，却像没有手臂可举一样。攘：举起手臂。

⑤〔扔无敌〕虽然面对敌人，却像没有敌人可以对抗一样。扔：对抗。

⑥〔执无兵〕虽然拿着兵器，却像未持兵器一样。兵：兵器。

⑦〔抗兵相若〕两军实力相当。

⑧〔哀者胜矣〕慈悲的一方会取得胜利呀。一说，悲伤的一方会获得胜利，指受压抑而奋起反抗的军队，必然能打胜仗。哀：仁慈，慈悲；一说指哀伤、悲伤。

【提要】

这段话仍是从军事学的角度，谈以退为进的处世哲学。老子认为，战争应以守为主、以退为进，以守胜攻、以弱胜强。这突出反映了老子的反战思想，同时也体现了其处世哲学中的"退守、居下"原则。这里讲到的"哀兵必胜，轻敌必败"的观点，历来为兵家所推重。

◎第78条 《老子·第七十章》

吾言甚易知，甚易行；天下莫能知，莫能行。

言有宗①，事有君②。夫唯无知③，是以不我知。知我者希，则我者贵④。是以圣人被褐怀玉⑤。

【注释】

①〔言有宗〕言论有一定的主旨。

②〔事有君〕办事有一定的根据。有君：指有所本。

③〔无知〕众人不理解这个道理。

④〔则我者贵〕效法我的就更难得了。则：法则，此处用作动词，意为效法。贵：珍贵，难得。

⑤〔被（pī 批）褐怀玉〕外面穿着粗布衣服，怀里却揣着美玉。被褐：穿着粗布衣服。被，通"披"，穿着；褐，粗布。怀玉：怀揣美玉，此处引申为胸怀知识和才能。

【提要】

这段话流露出老子对当时统治者极度失望的情绪。他提出的一系列政治主张，很容易理解、很容易实行，却没有任何人理解和实行。看来，他那一套治理天下的政治理想，只有他幻想中的"圣人"才能实现。他不了解，任何治国方案都必须适应统治阶级的利益，否则他们是不会采纳、不会去实行的。正因其政治思想理解者甚少、不被统治者接受，老子才有了"被褐怀玉"的感慨之论。

◎第79条 《老子·第七十一章》

知不知①，尚矣②；不知知③，病也。圣人不病，以其病病④。夫唯病病，是以不病。

【注释】

①〔知不知〕知道自己有所不知。

②〔尚矣〕高明啊。尚：通"上"。

③〔不知知〕不知道却自以为知道。

④〔病病〕把毛病当作毛病。第一个"病"用为动词，第二个"病"用为名词。

【提要】

在社会生活中，有些人自以为是，不懂装懂，刚刚了解了事物的一些皮毛，就以为掌握了宇宙变化与发展的规律；还有些人没有什么知识，而是凭借权力地位招摇过市，经常摆出一副智者的架势，用大话、假话欺人、蒙人。对于这些人，老子大不以为然，并且提出了尖锐的批评。他指出，只有懂得把毛病当毛病，才不会犯错误。老子之言，发人深省，值得我们铭记于心。

◎第80条 《老子·第七十二章》

民不畏威①，则大威至②。无狎其所居③，无厌其所生④。夫唯不厌，是以不厌⑤。是以圣人自知不自见，自爱不自贵⑥。故去彼取此⑦。

【注释】

①〔民不畏威〕百姓们不畏惧统治者的高压政策。威：指统治者的镇压和威慑。

②〔大威至〕大的动乱就要发生了。大威：大的威胁，大的动乱。这里指的是民众的反抗斗争。

③〔无狎（xiá 侠）其所居〕不要使他们的居所变得狭小。狎：通"狭"，这里用为使动，即"使……狭小"。

④〔无厌（yā 押）其所生〕不要阻塞（sè 色）他们的生路。厌：通"压"，指压迫、阻塞。

⑤〔夫唯不厌（yā 押），是以不厌（yàn 艳）〕只有不压榨百姓，民众才不会厌恶统治者。

⑥〔自爱不自贵〕爱惜自己而不自显高贵。

⑦〔去彼取此〕指舍去"自见""自贵"，而取"自知""自爱"。

【提要】

这段话着重讲统治者要有自知之明，不要采取高压政策，肆无忌惮地压榨百姓。老子认为，老百姓一旦不畏惧统治者的残暴统治，那么可怕的反抗斗争就要发生了。他指出，统治者应自知、自爱，而不自居高贵，这样才不会遭到民众的反抗。这里讲的"自贵"，与第十三章讲的"贵身"内涵不同。"贵身"讲的是爱惜生命、自重自爱，不因荣辱忧患和其他身外之物损害自身；而这里讲的"自贵"，是指自视尊贵、妄自尊大。"贵身"是老子所提倡的，而"自贵"是老子明确反对的。

◎第81条 《老子·第七十三章》

天之道①，不争而善胜，不言而善应②，不召而自来，绰然③而善谋。天网恢恢，疏而不失④。

【注释】

①〔天之道〕指自然规律。

②〔不言而善应〕不言语却善于回应。不言：不应声，不说话。善应：善于回应。

③〔绰（chǎn 产）然〕安然，坦然。绰：宽松的丝带，引申为舒缓、坦然之意。

④〔天网恢恢，疏而不失〕自然之网宽广无边，虽然网眼宽疏，但并不会有所遗漏。天网：指自然的范围。恢恢：广大，宽广无边。

老子认为,自然的法则是柔弱胜刚强,"不争而天下莫能与之争"。在这段话里,他明确指出,自然世界有其客观发展规律,遵循这一规律,就会不争而胜,不言而应,不召自来,轻松坦然却多谋善断。他提醒人们,自然之网宽广无边,虽然网眼宽疏,但并不会有所遗漏,任何人都不能心存侥幸、恣意妄为。

◎第82条 《老子·第七十四章》

民不畏死,奈何以死惧之?若使民常畏死,而为奇者①,吾得执而杀之②,孰敢?常有司杀者③杀。夫代司杀者杀,是谓代大匠斲④,希有⑤不伤其手者矣。

【注释】

①〔为奇者〕指捣乱作恶的人。奇:奇诡,邪恶。

②〔吾得执而杀之〕我们可以将他抓起来杀掉。得:可以。执:拘押。

③〔司杀者〕专管杀人的,这里指天道。司:主管,掌管。

④〔代大匠斲（zhuó 浊）〕代替高明的木匠砍削。斲："斫"的异体字，用斧头砍削。大匠：高明的木匠。

⑤〔希有〕少有。希：同"稀"。

【提要】

老子指出，民众已经被残暴的统治者压迫得连死都不怕了，那么何必还用死来恐吓他们呢？如果民众安居乐业，就会畏惧死亡。在这种情况下，对于为非作歹之人，可以把他抓起来杀掉，那么谁还再敢做坏事呢？他认为，人的生死应由天道自然掌管，统治者应该减少严刑峻法，不可随意杀人；假如统治者不遵天道、滥杀无辜，无异于代替高明的木匠乱砍，这样就会造成官逼民反，少有不伤了自己的。从这段话来看，老子对于统治者残暴无道、滥施酷刑的做法，不仅十分反感，而且非常愤慨。

◎第83条 《老子·第七十五章》

民之饥，以其上食税①之多，是以饥。民之难治，以其上之有为②，是以难治。民之轻死，以其上求生之厚③，是以轻死。夫唯无以生为者④，是贤于贵生⑤。

①〔食税〕吞吃的赋税。

②〔有为〕强作妄为。这里指乱施苛政。

③〔以其上求生之厚〕由于统治者求生之欲太强、奉养过于丰厚。

④〔无以生为者〕不以养生保命为重的人。

⑤〔是贤于贵生〕这才胜过厚养生命的人。是:这。贤于:胜过,好过。贵生:厚养生命。

【提要】

前面老子曾对严苛的政治压迫给予猛烈抨击,提出统治者应不施酷刑、善待民众;在这段话里,老子又对统治者繁重的经济剥削予以严厉谴责。他认为,繁重的赋税与严苛的法令,是社会动乱的主要根源。如果统治者滥施苛政、横征暴敛,只顾自己享乐,不管人民死活,社会矛盾一定会日益加剧;一旦百姓不惧死亡而奋起反抗,那么统治者的末日也就到了。因此,不以养生保命为重的人,远比那些刻意求生、奢侈无度的人高明。老子对民众与统治者生存矛盾的揭示,至今依然发人深思。

◎第84条 《老子·第七十六章》

人之生也柔弱①，其死也坚强②。草木之生也柔脆③，其死也枯槁④。故坚强者死之徒⑤，柔弱者生之徒⑥。是以兵强则灭⑦，木强则折⑧；强大处下，柔弱处上。

【注释】

①〔柔弱〕指人活着的时候身体是柔软的。

②〔坚强〕指人死了以后身体就变成僵硬的了。

③〔柔脆〕指草木初生时柔软脆弱。

④〔枯槁〕形容草木干枯。

⑤〔死之徒〕属于死亡的一类。徒：类的意思。

⑥〔生之徒〕属于生存的一类。

⑦〔兵强则灭〕用兵逞强就会遭到灭亡。兵：兵力，军队。

⑧〔木强则折〕树木长高成材就会因遭受砍伐而摧折，或者因变脆而被风吹折。

【提要】

这段话以生活中常见的现象，反复说明这样一种观点：柔弱胜刚强。老子首先从感性认识的角度，列举了一系列直观的现象：人活着的时候，身体是柔弱的，死了以后就变得僵硬了；草木初生之时也是柔弱的，死亡以后就变得枯槁。这种直观的、经验性的认识，可以说是老子处弱、贵柔思想的认识论根源。以此为基础，老子进一步推出了"兵强则灭，木强则折"和"强大处下，柔弱处上"的结论。这一结论，符合对立统一规律，具有明显的辩证法色彩。在现实生活中，许多人习惯于争强好胜、使气斗狠，往往忽略了柔可克刚、弱能胜强的道理；假如他们读一读老子这段精辟的论述，当能引起更多的反思。

◎第85条 《老子·第七十七章》

天之道，损有余而补不足。人之道则不然①，损不足以奉有余②。孰能有余以奉天下？唯有道者。是以圣人为而不恃，功成而不处，其不欲见贤③。

【注释】

①〔人之道则不然〕人类社会的规则却不是这样。人之道：指人类社会的一般法则、律例。然：这样。

②〔损不足以奉有余〕剥夺不足的来供奉已经有余的。奉：奉送，送给，供奉。

③〔其不欲见（xiàn 现）贤〕他不想显示自己的聪明

才智。见：同"现"，表现，显示。贤：聪明才智。

【提要】

这段话中透露出一种明显的平等、均衡思想。老子以"天之道"来与"人之道"作对比，主张"人之道"应该效法"天之道"。他把自然界保持生态平衡的现象归之于"损有余而补不足"，认为人类社会也应当改变"损不足以奉有余"的不合理、不平等现象，遵循自然平衡法则，"损有余以奉天下"；而实现这一点，需要"有道者""为而不恃，功成而不处"。这一观点体现了老子希望社会财富平均化和人类平等的观念，具有非常积极的意义。

◎第86条 《老子·第七十八章》

天下莫柔弱于水①，而攻坚强者莫之能胜②，以其无以易之③。弱之胜强，柔之胜刚，天下莫不知，莫能行④。

【注释】

①〔天下莫柔弱于水〕天下没有什么比水更为柔弱。

②〔攻坚强者莫之能胜〕但攻坚克强的力量没有什么能胜过它。莫之能胜：即"莫能胜之"。之，它，指水。

③〔以其无以易之〕因为没有任何东西可以改变它的特性。易：改变。

④〔莫不知，莫能行〕没有人不知道，但也没有人能够实行。

【提要】

这段话以水为例，说明弱可以胜强、柔可以克刚的道理。水最为柔弱，但柔弱的水可以穿透坚硬的岩石。水表面上软弱无力，却有任何力量都不能抵挡的一往无前的力量。从这段话可以看出，老子所讲的弱与柔，并不是通常人们所说的软弱无力的意思。弱可胜强、柔能克刚的道理，天下无人不知，却很少有人在实践中身体力行、加以运用。这一点，不仅令老子感到非常失望，而且更值得我们深加反思。

◎第87条 《老子·第七十八章》

圣人云："受国之垢①，是谓社稷主②；受国不祥③，是为天下王。"正言若反④。

【注释】

①〔受国之垢〕承受全国的屈辱。垢：屈辱。

318

②〔社稷主〕国家的君主。社稷：指国家。"社"本指土地神，"稷"本指谷神，古代君主都祭社稷，后来就用"社稷"代表国家。

③〔受国不祥〕承受全国的灾患。不祥：灾难，祸害。

④〔正言若反〕正面的话听起来好像反话一样。

【提要】

这段话是老子"相反相成"理念在政治思想领域的重要体现。他指出，能够承受国家屈辱的人，才有资格成为国家的君主；能够担当国家灾祸的人，才有资格成为天下之王。反过来讲也一样，身居高位的领导者或管理者，首先应该想到的是肩负的责任，而不是安逸享乐和荣华富贵。这一点，至今仍有着很强的现实指导意义，值得我们各级领导者和管理者引以为鉴。

◎第88条 《老子·第七十九章》

和大怨，必有余怨，安可以为善①？是以圣人执左契②，而不责③于人。有德司契④，无德司彻⑤。天道无亲，常与善人⑥。

【注释】

①〔和大怨，必有余怨，安可以为善〕调节深重的仇怨，必然会有余留的怨恨，这哪能算是妥善的解决办法呢？和：调和，调解。善：妥善。

②〔执左契〕持有债权契约的存根。左契：契约存根。

③〔责〕索取（欠账）。

④〔有德司契〕有德者就像持有借据存根的人那样宽容。司契：掌管契据的人。

⑤〔无德司彻〕无德者就像主管收税的人那样追索。司彻：掌管税收的人。彻，古代税法。

⑥〔天道无亲，常与善人〕自然法则不偏爱任何人，但会经常帮助行善的人。无亲：没有亲疏，不偏爱。与：帮助。

【提要】

这段话进一步探讨社会矛盾处理问题。老子警告为政者，不要激化与百姓之间的矛盾，不可蓄怨于民；因为积怨太深，再去调解也不会彻底解决问题。他认为，有道的社会管理者，应该像持有借据存根而不去追讨的人那样宽大为怀，而不应像收税的官员那样天天去暴敛和榨取百姓的财富，直至造成官逼民反。老子指出，天道虽然无所偏爱，却会经常帮助行善的人。其言外之意，就是提醒为政者应该宽政爱民、积德行善，而不应苛责百姓、积怨招祸。

◎第89条 《老子·第八十章》

小国寡民①。使②有什伯之器③而不用，使民重死④而不远徙⑤。虽有舟舆⑥，无所乘之；虽有甲兵⑦，无所陈之⑧。使人复结绳而用之⑨。甘其食，美其服，安其居，乐其俗⑩。邻国相望，鸡犬之声相闻，民至老死不相往来。

【注释】

①〔小国寡民〕使国家变小，使人民稀少。即国家宜小、人民宜少。小：使……变小。寡：使……变少。

②〔使〕即使。

③〔什伯（bǎi 百）之器〕各种各样的器具。什伯：十倍、百倍，意为极多、多种多样。

④〔重死〕看重死亡，即不轻易冒着生命危险去做事。

⑤〔远徙（xǐ 喜）〕远迁，远走。

⑥〔舟舆〕船和车。

⑦〔甲兵〕铠甲和兵器，指武器装备。

⑧〔无所陈之〕没有陈列施展它们的机会。指没有机会布阵打仗。

⑨〔复结绳而用之〕再用结绳的办法来记事。文字产生以前，人们曾结绳记事。

⑩〔甘其食，美其服，安其居，乐其俗〕使人民吃得香甜，穿得漂亮，住得安适，过得习惯。

【提要】

这是老子为理想中的国家描绘的一幅乌托邦式的美好蓝图。在此，老子用生动的笔墨，着力描绘了"小国寡民"的农耕社会生活情景，充分表达了他的社会政治理想。这个"国家"很小，与邻国相望，鸡犬之声相闻却老死不相往来。这里不用发达器具，无须舟车甲兵，人们结绳记事，不愿迁徙远游，民风淳朴敦厚，百姓安居乐业。老子的这种国家设计，固然带有明显的幻想色彩，但其描绘的社会生活图景，依然令人十分向往。

◎第90条 《老子·第八十一章》

信言不美①，美言不信。善者不辩②，辩者不善。知者不博③，博者不知。圣人不积④，既以为人己愈有⑤，既以与人己愈多⑥。天之道，利而不害⑦；圣人之道⑧，为而不争。

【注释】

①〔信言不美〕真实可信的言辞并不华美。信言：真

实可信的话。

②〔善者不辩〕善良的人不巧辩。善者：言语行为善良的人。辩：巧辩，能说会道。

③〔知者不博〕获得真知的人，不夸耀学识渊博。

④〔圣人不积〕有道的人不会私自积藏。

⑤〔既以为（wèi 卫）人己愈有〕尽全力来帮助别人，自己反而更充实。既：完，尽，尽力。为人：助人。

⑥〔既以与人己愈多〕尽量把东西都送给别人，自己得到的反而会更多。与：给予。

⑦〔利而不害〕使万物得到好处而不伤害它们。

⑧〔圣人之道〕圣人的行为准则。

【提要】

这段话是《老子》最后一章的全文，应该是《老子》全书正式的结束语。在这一章里，老子用格言警句的形式，对自己的思想做了归纳和总结。前面三句，讲人生的主旨；后两句，讲治世的要义。本段文字，含有丰富的辩证法思想，简明扼要，通俗易懂，取精用宏，寓意深长，不仅可以作为人类行为的最高准则，亦可作为各级领导者和管理者经世致用的座右铭。

「庄子」语录

110条

《庄子》简介

　　《庄子》又名《南华经》，是战国时期著名思想家庄子及其后学所著又一部道家学派经典著作。

　　庄子（约前369—前286），名周，字子休（一说字子沐），宋国蒙（今河南省商丘市东北）人。战国时期著名的哲学家、文学家，老子哲学思想的继承者和发展者，先秦庄子学派的创始人，是道家学派的主要代表人物之一。

　　庄子曾做过蒙地的漆园吏。他生活贫穷困顿，曾向监河侯借粟，却鄙弃荣华富贵、权势名利，拒绝楚威王的重金礼聘，力图保持独立的人格，追求精神的自由。其思想精华集中体现于《庄子》一书之中。

　　庄子曾隐于曹州南华山，梁代梁旷曾著《南华论》。天宝元年（742）二月，唐玄宗正式封庄子为"南华真人"(《旧唐书·玄宗纪下》），因此，《庄子》一书也被称为《南华真经》。

庄子的学说广涉自然万物和社会生活的方方面面，其根本精神与老子哲学一脉相承，并有了进一步的发展。因此，后世将他与老子并称为"老庄"，称他们的哲学思想为"老庄哲学"。

在宇宙观方面，庄子继承和发展了老子的思想，认为"道"是宇宙万物的本源，"自本自根，未有天地，自古以固存……在太极之先而不为高，在六极之下而不为深，先天地生而不为久，长于上古而不为老"(《大宗师》）。强调事物的自生自化，否认有神的主宰。在他看来，世间万物都处于发展变化之中，"无动而不变，无时而不移"(《秋水》），矛盾双方既互相对立，又相互依存、相互转化，因此应"知东西之相反而不可以相无"(《秋水》）。在承认事物之间的差异性和相对性的前提下，庄子更强调万物"齐一"的绝对性，认为"自其异者视之，肝胆楚越也；自其同者视之，万物皆一也"(《德充符》），"凡物无成与毁，复通为一"(《齐物论》）。受这种观念影响，《庄子》通篇充满了浓厚的辩证色彩。

基于上述认识，庄子在人生观方面强调齐物我、齐是非、齐生死、齐贵贱，追求一种"天地与我并生，万物与我为一"（《齐物论》）的主观精神境界，主张安时处顺、"虚己以游世"，进而获得超然物外、逍遥自得的人生自由。这对老子的哲学思想来说，无疑有了进一步的发展。

在价值观方面，庄子鄙弃世俗名利，视相位如腐鼠，讥谄附为舐（shì士）痔，提倡淡泊自处，崇尚精神自由。针对"人皆知有用之用，而莫知无用之用"（《人间世》）的社会现象，庄子反复强调，"无所可用"方可成其"大用"。为了避免世俗伤害，庄子主张"处乎材与不材之间""物物而不物于物"（《山木》）。这些充满哲思的观点，对我们提高人格修养颇富启迪意义。

在认识论方面，庄子认为："吾生也有涯，而知也无涯，以有涯随无涯，殆已！"（《养生主》）为了解决人类认知能力不足与认识对象无穷无尽的矛盾，庄子主张对世间万物"以道观之"，"堕（huī灰）肢体，黜聪明，离形去知（zhì智），同于大通"（《大宗师》），即放弃理性思维、消除是非偏见，通过"心斋"和"坐忘"的直觉，实现对"道"的大彻大悟。

在政治上，庄子进一步继承和发展了老子的观点，反对一切社会制度，摒弃一切文化知识，主张放弃一切妄为。他认为："绝圣弃知，大盗乃止；擿（zhì 掷）玉毁珠，小盗不起；焚符破玺，而民朴鄙；掊斗折衡，而民不争；殚残天下之圣法，而民始可与论议。"〔《胠箧（qū qiè 屈窃）》〕基于这种认识，他主张"不尚贤，不使能"（《天地》），废弃君臣之分，消灭欲望机心，实现"无为而治"，回归素朴的理想社会。这种思想主张，虽然天真而又不切实际，但对抑制"兵革不休，诈伪并起"的社会动荡局面，无疑有其积极意义。

在美学方面，庄子提出了"天地有大美而不言"（《知北游》）、"美者自美"（《山木》）、"朴素而天下莫能与之争美"（《天道》）等一系列独特观点，主张"法天贵真，不拘于俗"（《渔父》），"独与天地精神往来"（《天下》）。这种美学观念，对后世文艺创作产生了积极而又深远的影响。

《庄子》一书，著者自称"寓言十九，重（zhòng 众）言十七，卮（zhī 支）言日出，和以天倪"（《庄子·寓言》）。"三言"并用，使其文章"意出尘外，怪生笔端"（刘熙载《艺概·文概》），洋溢着浓厚的浪漫主义色彩。鲁迅称："其文则汪洋辟阖，仪态万方，晚周诸子之作，莫能

先也。"(《汉文学史纲要》)

可以说，无论从思想体系的完备性来看，还是从艺术风格的独特性来看，《庄子》在先秦诸子著述中都达到一种前所未有的高度，形成一座令人仰视的高峰。所以，研究中国哲学，不能不读《庄子》；研究中国文学，也不能不读《庄子》。

《汉书·艺文志》著录《庄子》五十二篇，但后世流传下来的只有三十三篇。其中，内篇七篇，一般认为当为庄子亲手所著；而外篇、杂篇，则可能掺有其门人和后世道家学者的作品。

在本书编纂过程中，我们以最为通行的郭象注本为底本，同时参考陆德明《经典释文·庄子音义》、成玄英《南华真经注疏》等重要版本，以及王夫之《庄子解》、宣颖《南华经解》、郭庆藩《庄子集释》、王先谦《庄子集解》、刘文典《庄子补正》、钱穆《庄子纂笺》、王叔岷《庄子校诠》、陈鼓应《庄子今注今译》、曹础基《庄子浅注》等大量《庄子》研究著作，对原文予以精选勘校，对注释予以反复推敲，同时以"提要"的方式对语录内容分条加以简明提示。着眼于《庄子》的文本特点，为充分反映庄子的思想精华，编选时我们不仅录其"卮言",而且对内容精彩、影响较大的"寓言"和"重言"也做了适当节录,在此特加说明。希望我们的工作能为广大读者了解庄子思想的精髓提供有效的帮助。

《庄子》110 条

◎第 91 条 《庄子·内篇·逍遥游》

北冥①有鱼，其名为鲲②。鲲之大，不知其几千里也。化而为鸟，其名为鹏③。鹏之背，不知其几千里也；怒④而飞，其翼若垂天⑤之云。是鸟也，海运⑥则将徙于南冥。南冥者，天池⑦也。《齐谐》⑧者，志怪⑨者也。《谐》之言曰："鹏之徙于南冥也，水击⑩三千里，抟⑪扶摇⑫而上者九万里，去以六月息者也⑬。"野马⑭也，尘埃⑮也，生物⑯之以息相吹⑰也。天之苍苍⑱，其正色邪⑲？其远而无所至极邪？其视下也，亦若是则已矣⑳。

【注释】

①〔北冥〕北海。冥：通"溟"，指深黑色的海。

②〔鲲（kūn 昆）〕本义为“小鱼”，这里借指“大鱼”。

③〔鹏〕本为古“凤”字，这里指传说中的大鸟。

④〔怒〕奋起的样子，这里指鼓起翅膀。

⑤〔垂天〕遮蔽天空。垂：悬垂，遮蔽。一说“垂”同“陲”，垂天，指天边。

⑥〔海运〕海动。古有“六月海动”之说。海运之时必有大风，因此，大鹏可以乘风南行。

⑦〔天池〕天然形成的大池。

⑧〔《齐谐》〕书名。出于齐国，多载诙谐怪异之事，故名“齐谐”。

⑨〔志怪〕记载怪异的事物。志：记载。

⑩〔水击〕指鹏鸟的翅膀拍击水面。击：拍打。

⑪〔抟（tuán 团）〕回旋，环绕。

⑫〔扶摇〕一种旋风，又名飙（biāo 标），由地面急剧盘旋而上的暴风。

⑬〔去以六月息者也〕大鹏离开北海飞行六个月才止息于南冥。去：离开。以：用，凭借。息：止息。一说息为大风，此句义为“大鹏乘着六月间的大风飞往南冥”。

⑭〔野马〕指游动的雾气。古人认为，春天万物生机萌发，大地之上游气奔涌如野马一般。

⑮〔尘埃〕飞扬的尘土。扬在空中的土叫“尘”，细

碎的尘粒叫"埃"。

⑯〔生物〕指各种有生命的东西。

⑰〔以息相吹〕以气息互相吹拂。息：这里指有生命的东西呼吸所产生的气息。相：互相。吹：吹拂。

⑱〔苍苍〕深蓝色。

⑲〔其正色邪（yé 爷）〕或许是上天真正的颜色吧？其：抑，或许。正色：真正的颜色。邪：通"耶"，疑问语气词。

⑳〔亦若是则已矣〕也像这样罢了。是：这样。已：罢了。

【提要】

这是《逍遥游》的开篇之语。在这里，庄子并未开宗明义，阐明自己的思想观点，而是通过大胆的想象、夸张的笔触，为我们描绘了一幅鲲鹏展翅、徙于南冥的壮观景象，为后面论述"逍遥游"的思想主张做了独特的铺垫。当然，通过后面的论述可以看出，在庄子眼里，鲲鹏展翅而飞，虽然气势恢宏，远非蜩与学鸠所能理解，但仍属"有所待者"，并未达到真正"逍遥"的境界。因此，这段先声夺人的描写，仍属欲扬先抑之笔。

◎第92条 《庄子·内篇·逍遥游》

且夫水之积也不厚，则其负大舟也无力。覆①杯水于坳堂②之上，则芥③为之舟；置杯焉则胶④：水浅而舟大也。风之积也不厚，则其负大翼也无力。

【注释】

①〔覆〕倾倒。

②〔坳（ào 傲）堂〕指厅堂地面上的坑凹处。坳：坑凹处。

③〔芥〕小草。

④〔胶〕粘住。

【提要】

江河湖海里的水汇积不深，它浮载大船就没有力量。倒一杯水在庭堂的低洼处，那就只有小草可以放上去当船，放上个杯子就粘住不动了，这是因为水太浅而"船"太大了。风聚积的力量不雄厚，便难以托着巨大的翅膀。这段话提醒我们，目标远大，还需脚踏实地；只有底蕴深厚坚实，才能实现壮阔恢宏的伟业。

◎第93条 《庄子·内篇·逍遥游》

小知不及大知①，小年不及大年②。奚以知其然也？朝菌③不知晦朔④，蟪蛄⑤不知春秋，此小年也。楚之南有冥灵⑥者，以五百岁为春，五百岁为秋；上古有大椿者，以八千岁为春，八千岁为秋，此大年也。而彭祖⑦乃今以久特闻⑧，众人匹之⑨，不亦悲乎！

【注释】

①〔知（zhì 志）〕通"智"，智慧。

②〔小年不及大年〕短命的不如长寿的。小年：短命。大年：长寿。年，寿命。

③〔朝菌〕一种朝生暮死的菌类植物。

④〔晦（huì 会）朔〕夏历每月的最后一天叫晦，初一叫朔。

⑤〔蟪蛄（huì gū 惠姑）〕蝉的一种，即寒蝉。夏末从早到晚鸣叫声不停。

⑥〔冥灵〕树名。

⑦〔彭祖〕传说中的长寿人物，据说他活了八百多岁。

⑧〔以久特闻〕因为长寿而特别著名。以：因为。

⑨〔匹之〕和他相比。匹：比。

【提要】

庄子认为，小聪明赶不上大智慧，寿命短的比不上寿命长的。朝菌不会懂得什么是晦朔，寒蝉也不会懂得什么是春秋。境界决定眼界。同冥灵、大椿比起来，朝菌、寒蝉的寿命短得可笑；同长寿的彭祖比起来，常人又显得多么可悲！从这段话也可以看出，大和小、长与短都是相对的，坐井观天、妄自尊大是十分可笑的。

◎第94条 《庄子·内篇·逍遥游》

若夫乘天地之正①，而御六气之辩②，以游无穷③者，彼且恶乎待哉④！故曰：至人无己⑤，神人无功⑥，圣人无名⑦。

【注释】

①〔乘天地之正〕顺应自然的本性。正：法则，规律，指自然的本性。

②〔御六气之辩〕驾驭六气的变化。六气：指阴、阳、风、雨、晦、明。辩：通“变”，指变化。

③〔无穷〕指无限的时间与空间，即绝对自由的境界。

④〔彼且恶（wū乌）乎待哉〕那样的人还要依赖什么呢！且：尚，还。恶：何。待：依赖。

⑤〔至人无己〕道德修养达到最高境界的人，能够清除外物与自己的界限，达到忘我的境界。至人：这里指道德修养达到极致的人。

⑥〔神人无功〕精神世界完全能超脱于物外的人，不在意世俗的功业。神人：这里指精神世界完全能超脱于物外的人。

⑦〔圣人无名〕思想修养臻于完美的人，不追求名誉地位。圣人：这里指思想修养臻于完美的人。

【提要】

庄子认为，能够顺应自然的本性、驾驭六气的变化、在绝对自由的境界做逍遥游的人，是无须依赖什么的。基于这种认识，庄子把他认为的人格高尚的人，依完美程度的不同，从高到低分为至人、神人、圣人三个层次。"至人无己"是按道的本体说的。至人是与道为一、彻底忘我的，所以说至人无己。"神人无功"是按道的功用说的。神人是无为而无不为的，虽说功在万世，却又毫不在意、无功可见，所以说神人无功。"圣人无名"是按道的名相说的。圣人是常守"无名之朴"的，努力体行天道，而又不追逐名利，所以说圣人无名。这三种人的共同特点是能够忘掉自己的私心，抛却功名利禄的诱惑，顺应天道，一心为公。如果世人都能够效法他们，则河清海晏的开明盛世就会指日可待。

◎第95条 《庄子·内篇·逍遥游》

庖人^①虽不治庖，尸祝^②不越樽俎^③而代之矣！

【注释】

①〔庖（páo 袍）人〕厨师。

②〔尸祝〕主持祭祀的人。

③〔樽俎（zǔ 祖）〕代指各种厨事。樽：酒器。俎：古代祭祀时盛牛羊等祭品的器具。

【提要】

厨师即使不下厨，祭祀主持人也不会越俎代庖，去干厨师的事。这段话也是尧让天下于许由，许由表示拒绝时说的。庄子借此强调，一个顺应天道、追求自在的人，是不会在意世俗的功名利禄的；同时他也提醒我们，不管做什么事情，只有参与者各司其职、各敬其业，才能有条不紊、顺利运转。

◎第96条 《庄子·内篇·逍遥游》

惠子①谓庄子曰："吾有大树，人谓之樗②。其大本拥肿而不中绳墨③，其小枝卷曲而不中规矩④，立之涂⑤，匠者不顾。今子之言，大而无用，众所同去也⑥。"庄子曰："子独不见狸狌⑦乎？卑身而伏，以候敖者⑧；东西跳梁⑨，不避高下；中于机辟⑩，死于罔罟⑪。今夫斄牛⑫，其大若垂天之云。此能为大矣，而不能执鼠。今子有大树，患其无用，何不树之于无何有之乡⑬、广莫之野⑭，彷徨乎无为其侧⑮，逍遥乎寝卧其下；不夭斤斧⑯，物无害者，无所可用，安所困苦哉！"

【注释】

①〔惠子〕姓惠名施，战国时期宋国人，哲学家，名家的代表人物。曾为梁惠王相，是庄子的好友。

②〔樗（chū 出）〕臭椿，一种木质粗劣的大树。

③〔大本拥肿而不中（zhòng 众）绳墨〕主干臃肿而不符合绳墨取直的要求。大本：主干。拥肿：臃肿，指肥短而不端正。拥，通"臃"。绳墨：木匠用于取直的墨线。

④〔卷（quán 全）曲而不中规矩（jǔ 举）〕弯弯曲

341

曲而不合乎用圆规和角尺取材的标准。卷曲：拳曲，弯弯曲曲。卷，通"拳"。规矩：圆规和角尺。

⑤〔涂〕同"途"，道路。

⑥〔众所同去也〕大家都鄙弃的。去：离弃，鄙弃。

⑦〔狸狌（shēng 生）〕野猫和黄鼠狼。狸：野猫。狌：黄鼠狼。

⑧〔敖（áo 熬）者〕游荡过来的动物。敖：同"遨"，遨游。

⑨〔跳梁〕蹦蹦跳跳。梁：同"踉（liáng 凉）"，跳跃。

⑩〔中（zhòng 众）于机辟（bì 必）〕触到捕捉禽兽的机具。中：踩中（zhòng 众），碰到。机辟：装有机关的捕兽工具。辟，同"繴（bì 必）"，一种捕捉鸟兽的工具，俗称"翻车"。

⑪〔罔罟（gǔ 古）〕捕捉鸟兽和鱼类的网具。罔：同"网（繁体为'網'）"。罟：网类的统称。

⑫〔斄（lí 离）牛〕牦牛。

⑬〔无何有之乡〕什么也没有的虚无之地。

⑭〔广莫之野〕辽阔的旷野。广：广阔。莫：同"漠"，空旷。

⑮〔彷徨乎无为其侧〕在它旁边徘徊游荡，无所事事。彷徨：徘徊，游荡。无为：无所事事。

⑯〔不夭斤斧〕不会遭受斧子的砍伐而夭折。夭：折。斤：大斧。

【提要】

惠子是庄子的好友，也是经常与庄子争辩的论敌。这一次，惠子以不中绳墨规矩的臭椿为喻，讥讽庄子的言论"大而无用"，必为众人所鄙弃。庄子则以自恃聪明、上蹿下跳、最后"中于机辟，死于罔罟"的狸狌同虽然不能捕鼠却可以长得"大若垂天之云"的牦牛作比，说明小聪明远不及大智慧。而后指出：如将"匠人不顾"的大树移植于空旷辽阔的荒野，则不仅可以供人悠然徘徊其侧、逍遥寝卧其下，而且可以免遭斧斤砍伐、摆脱各种困苦。通过论辩的方式，庄子阐明了聪明机巧往往招致灾祸、大智若愚才能逍遥自在、无所可用方可成其大用的观点。

◎第97条 《庄子·内篇·齐物论》

物无非彼，物无非是。自彼则不见，自是①则知之。故曰：彼出于是，是亦因②彼。

【注释】

①〔自是〕自此。与上句的"自彼"互文。是：此，通行本原作"知"，当误，今据严灵峰《庄子章句新编》校改。

②〔因〕依赖。

【提要】

庄子认为，人类对于万物的指称，并非确定不变的，"物无非彼"，同时又"无非是"，只是因为观察角度的不同才产生了"彼、此"对立的概念。"彼"与"此"是既对立又统一的，从他方来看则看不到这一面，从此方来看就自然能了解。因此，"彼"与"此"又是相互依存、互相转化的。庄子提醒我们，矛盾双方都是对立统一的，看人看事都应注意换位思考，这样才能避免固执己见、顾此失彼。

◎第98条 《庄子·内篇·齐物论》

方①生方死，方死方生；方可方不可，方不可方可；因②是因非，因非因是。是以圣人不由③而照④之于天⑤，亦因⑥是也。是亦彼也，彼亦是也。彼亦一⑦是非，此亦一是非。

【注释】

①〔方〕始，随即。

②〔因〕遵循，依托。

③〔由〕自，经过。

④〔照〕观察。

⑤〔天〕自然界的本来面貌（规律）。

⑥〔因〕顺着。

⑦〔一〕同一，同样。

【提要】

庄子认为，生死、可否、是非都是相对的、互相转化的，自然界本来没有绝对的是与非的分别。事物的这一面也就是事物的那一面，事物的那一面也就是事物的这一面。事物的那一面同样存在是与非，事物的这一面也同样存在正与误。这是古人避免绝对化的精辟见解。因此，庄子指出，圣人并不经由是非之途判别正误，而是顺应事物自身的发展规律行事。

◎第99条 《庄子·内篇·齐物论》

彼是莫得其偶①，谓之道枢②。枢始得其环

中③，以应④无穷。是亦一无穷，非亦一无穷也。故曰：莫若以明⑤。

【注释】

①〔偶〕对，对立面。

②〔道枢〕大道的关键之处。枢：枢要。庄子认为，彼和此是事物对立的两个方面，在彼此之间，有一个非彼非此的枢纽。在这里，是非、彼此都有无尽转化的可能性。

③〔得其环中〕喻指抓住要害。环中：一个范围内的中心。

④〔应〕适应，顺应。

⑤〔明〕空明、澄澈的心态。

【提要】

庄子指出，彼此两个方面都失去其对立的一面，这就是大道的枢纽。抓住了大道的枢纽，也就抓住了事物的要害，这样就可以顺应事物无穷无尽的变化。"是"是无穷的，"非"也是无穷的。所以说，与其纠结于世俗的是是非非、恩恩怨怨，不如超然乎万物之上，用空明澄澈的心态观察世界，这样才能顺应天道、认识事物的本质与规律。

◎第100条 《庄子·内篇·齐物论》

其分①也，成②也；其成也，毁③也。凡物无成与毁，复通为一。

【注释】

①〔分〕分开，分解。

②〔成〕生成，形成。"成"和"分"是相对立的，一个事物被分解了，就意味着生成一个新的事物。

③〔毁〕毁灭，指失去原有的状态。"毁"与"成"也是相对立的，一个新事物通过分解而生成了，就意味着原事物的本来状态必定走向毁灭。

【提要】

庄子认为，旧事物的分解就意味着新事物的形成，新事物的形成也就意味着旧事物的毁灭。其实所有事物并无形成与毁灭的本质区别，最终都要回归于相通而混一的状态。这段话提醒我们，成与毁都是相对的、互相转化的，因此，大可不必计较一时的成败得失。

◎第101条 《庄子·内篇·齐物论》

天下莫大于秋豪之末①，而大山②为小；莫寿于殇子③，而彭祖为夭④。天地与我并生，而万物与我为一。

【注释】

①〔秋豪之末〕秋天动物换毛时新生细毛的尖。豪：通"毫"，细毛。末：末梢。

②〔大（tài 太）山〕泰山。大：通"太"。

③〔殇子〕未成年而死的人。

④〔夭〕夭折，短命。

【提要】

道家认为，事物的大小、高低、长短等概念都是相对而言的。从相对的角度来看，可以说天下没有什么比秋毫的末端更大，而泰山可视为最小的；世上没有什么人比夭折的孩子更长寿，而传说中年寿最长的彭祖却可视为短命的。从本质的角度来看，天地与我共同存在，而万物与我浑然一体，因此，根本不必在意什么大小、高低、寿夭。"天地与我并生，而万物与我为一"，这是"天人合一"理念的早期阐述，堪称庄子思想的精华。

◎第102条 《庄子·内篇·齐物论》

　　夫道未始有封①，言未始有常②，为是③而有畛④也。请言其畛：有左，有右，有伦，有义⑤，有分，有辩，有竞，有争，此之谓八德⑥。六合⑦之外，圣人存而不论⑧；六合之内，圣人论而不议⑨；春秋经世先王之志⑩，圣人议而不辩⑪。

【注释】

①〔封〕界限，分别。

②〔常〕定见，定论。

③〔为是〕为了争执谁是正确的。是：对的，正确的。

④〔畛（zhěn枕）〕田地里的界路，这里泛指事物、事理间的界限和区分。

⑤〔有伦，有义〕有次序等级，有道义遵循。伦：次序。义：仪，等级。一说当作"有论有议"。

⑥〔八德〕八种界限，这里指八类争论。

⑦〔六合〕指上、下和东、西、南、北四方，这里泛指天下。

⑧〔存而不论〕搁置而不谈论。

⑨〔论而不议〕谈论而不评议。

⑩〔春秋经世先王之志〕即"春秋先王经世之志"，

指史书上关于先王治理世事的记载。春秋：指史书。经世：治理世事。志：记载。

⑪〔议而不辩〕议论而不争辩。

【提要】

庄子指出，大道从不曾有过界限，言论也不曾有过定准，只因各自认为只有自己的观点和看法才是正确的，这才有了这样、那样的界限和区别。那些界限和区别，有左有右，有序列，有等级，有分析，有辩驳，有角逐，有争斗。这就是所谓八德。在庄子看来，这些争论都是没有意义的。因此，天地四方以外的事，圣人总是搁置不谈；天下四方以内的事，圣人谈论却不评议；对史书上关于先王治理世事的记载，圣人议论而不争辩。

◎第103条　《庄子·内篇·齐物论》

夫大道不称①，大辩不言，大仁不仁，大廉不嗛②，大勇不忮③。道昭④而不道，言辩而不及⑤，仁常而不周⑥，廉清而不信，勇忮而不成。

【注释】

①〔称（chēng 撑）〕称道，称扬。一作"偁"，宣扬

的意思。

②〔嗛（qiān 千）〕通"谦"，谦逊。

③〔忮（zhì 志）〕伤害。

④〔昭〕明白无误地完全表露出来。

⑤〔不及〕达不到，这里指言论表达不透彻。

⑥〔仁常而不周〕仁爱之举形成常规就难以普惠四方。常：指形成常规或固定模式。周：周遍，普惠。按："周"，通行本作"成"，今据奚侗（dòng 洞）和陈鼓应先生考证，依江南古藏本校改。

【提要】

庄子认为，至高无上的大道是不必称扬的，最了不起的辩论是不必言说的，真正的大仁是不会有意表示仁爱的，最廉洁方正的人是不必表示谦让的，最勇敢的人是从不随意伤害他人的。"道"一经出来就不再是真正的"道"，言辞过于善辩往往不能真正服人，仁爱之举形成常规就难以普惠四方，过于清廉反倒没人相信，使气斗狠、随意伤人算不上勇武。

这段精彩的论述，揭示了物极必反、过犹不及的人生哲理，充满了强烈的辩证色彩，值得我们反复体味、认真思考。

◎第104条 《庄子·内篇·齐物论》

昔者庄周梦为胡蝶①，栩栩然②胡蝶也。自喻适志与③！不知周也。俄然④觉，则蘧蘧然⑤周也。不知周之梦为胡蝶与，胡蝶之梦为周与！周与胡蝶则必有分⑥矣。此之谓物化⑦。

【注释】

①〔胡蝶〕即蝴蝶。

②〔栩（xǔ许）栩然〕生动活泼的样子。

③〔自喻适志与（yú余）〕自己觉得很得意呀。喻：晓得，觉得。适志：得意。与：通"欤"，句尾语气词。

④〔俄然〕突然。

⑤〔蘧（qú渠）蘧然〕惊疑的样子。

⑥〔必有分〕一定有区别。分：区别。

⑦〔物化〕物我浑然同化，融而为一，本质上没什么差别。

【提要】

庄周梦见自己变成了蝴蝶，轻快自如地飞来飞去，自己觉得非常快乐，竟然忘记了自己是庄周。可突然醒来，发现自己还是庄周。是庄周在梦中变成蝴蝶呢，还是蝴蝶在梦中化为庄周？庄子对此一时陷入了困惑。最后，庄子悟到：在世人眼里，庄周与蝴蝶必然是有区别的；但从本质上来看，物我浑然变化，最终都会融而为一，是没有什么差别的。

◎第105条 《庄子·内篇·养生主》

吾生也有涯①，而知②也无涯。以有涯随③无涯，殆④已！已⑤而为知者，殆而已矣！

【注释】

①〔涯〕边际，极限。

②〔知（zhì志）〕知识，才智。

③〔随〕追随，索求。

④〔殆（dài待）〕危险。这里指疲惫不堪，神伤体乏。

⑤〔已〕已经如此，既然如此。这里指上句所说的用有限的生命索求无尽的知识的情况。

【提要】

庄子认为，人们的生命是有限的，而知识却是无限的。以有限的生命去追求无限的知识，势必体乏神伤。既然如此，还在不停地追求知识，那就更危险了！这段话强调了人类认识的有限性，提醒人们应该顺乎自然、适可而止，虽然带有明显的消极色彩，但也不乏一定的警示意义。

◎第106条 《庄子·内篇·养生主》

庖丁为文惠君解牛①，手之所触，肩之所倚，足之所履，膝之所踦②，砉③然向然④，奏刀騞然⑤，莫不中音⑥，合于《桑林》之舞⑦，乃中《经首》之会⑧。文惠君曰："嘻，善哉！技盖⑨至此乎？"庖丁释刀对曰："臣之所好者道也，进乎技矣⑩。始臣之解牛之时，所见无非全牛者；三年之后，未尝见全牛也。方今之时，臣以神遇而不以目视，官知止而神欲行⑪，依乎天理⑫，批大郤⑬，导大窾⑭，因其固然⑮。技经肯綮之未尝⑯，而况大軱⑰乎！良庖岁更刀，割⑱也；族庖⑲月更刀，折⑳也；今臣之刀十九年矣，所解数千牛矣，而刀刃若新发于硎㉑。彼节者有间㉒，而刀刃者无厚，以无厚入有间，恢恢乎㉓其于游刃㉔必有余地矣，是以十九年而刀刃若新发于硎。虽然，每至于族㉕，吾见其难为，怵然为戒㉖，视为止，行为迟，动刀甚微，謋㉗然已解，如土委地㉘。提刀而立，为之四顾，为之踌躇满志，善㉙刀而藏之。"文惠君曰："善哉！吾闻庖丁之言，得养生㉚焉。"

【注释】

①〔庖（páo 袍）丁为文惠君解牛〕庖丁给梁惠王宰牛。庖丁：名字叫"丁"的厨工。文惠君：即梁惠王，也称魏惠王。解牛：宰牛，这里指把整个牛体剥开分解。

②〔踦（yǐ 以）〕用一条腿的膝盖顶住。

③〔砉（huā 花）〕拟声词，皮骨剥离的声音。

④〔向（xiǎng 想）然〕响应。向（繁体为嚮）：通"响（繁体为響）"。

⑤〔奏刀騞（huō 豁）然〕随着进刀，牛体被哗哗地卸开。奏刀：进刀，挥刀。騞：拟声词，牛体被解开时发出的声音。

⑥〔中（zhòng 众）音〕合乎音乐节奏。

⑦〔合于《桑林》之舞〕合乎《桑林》之舞的节奏。《桑林》之舞：指配着《桑林》乐曲的舞蹈。《桑林》，商汤王时流行的乐曲名。

⑧〔乃中《经首》之会〕切中《经首》乐曲的节拍。《经首》：传说中尧乐《咸池》中的一章。会：音节，节拍。

⑨〔盖（hé 河）〕同"盍（hé 河）"，何，怎么。

⑩〔进乎技矣〕超越了对宰牛技术的追求。进：超过，超越。

⑪〔官知止而神欲行〕视觉停止而全凭意念活动。官

355

知：感官的知觉，这里指视觉。神欲：意念，精神。

⑫〔天理〕指牛体的自然肌理结构。

⑬〔批大郤（xì 细）〕劈开大的缝隙。批：击，劈开。郤：同"隙"。

⑭〔导大窾（kuǎn 款）〕顺着骨节空隙进刀。导：顺着。窾：骨节间的空隙。

⑮〔因其固然〕顺应牛体本来的结构。因：依。固然：指牛体本来的结构。

⑯〔技经肯綮（qìng 庆）之未尝〕经脉交错之处、紧附在骨头上的肌肉和筋骨聚结的地方都从来没有碰过。技经：犹言经络。技，根据清代学者俞樾（yuè 月）的考证，应当为"枝"字之误，指支脉。经，经脉。肯：紧附在骨头上的肉。綮：筋骨聚结之处。未尝：未曾尝试，指未曾触碰。

⑰〔大軱（gū孤）〕股部的大骨头。

⑱〔割〕生割硬拉（lá 剌）。

⑲〔族庖〕一般的庖工。族：众，一般的。

⑳〔折〕用刀砍断。

㉑〔新发于硎（xíng刑）〕刚从磨刀石上磨出来。发：出。硎：磨刀石。

㉒〔彼节者有间（jiàn剑）〕那些骨节都有间隙。节：骨节。间：间隙。

㉓〔恢恢乎〕宽绰的样子。

㉔〔游刃〕游动刀锋。

㉕〔族〕筋骨交错聚结之处。

㉖〔怵（chù 触）然为（wèi 位）戒〕小心翼翼地为之高度戒备。怵然：小心谨慎的样子。为戒：为之戒备。

㉗〔谍（huò 或）〕拟声词，牛体骨肉分离时发出的声音。

㉘〔委地〕散落在地上。

㉙〔善〕通"缮"，擦拭。

㉚〔养生〕指养生之道。

【提要】

庖丁为文惠君宰牛，达到了神乎其神、令人惊叹的境界。通过这段寓言故事，庄子告诉我们：世间的各种事物看起来纷繁复杂，但都有一定的内在规律，只要反复实践，掌握其客观规律，循乎天理，顺其自然，处理起来就能得心应手，"游刃有余"。借助这个寓言，庄子进一步表明了自己对养生之道的看法：人生在世，应该顺应自然规律，避免肆意妄为；唯其如此，才能不为外物所伤，达到尽享天年的目的。

◎第107条 《庄子·内篇·养生主》

为善无近①名，为恶无近刑。缘督以为经②，可以保身，可以全生③，可以养亲④，可以尽年⑤。

【注释】

①〔无近〕不要追求。无：通"毋"，不要。近：接近，这里含有追求、贪图的意思。

②〔缘督以为经〕顺从中正虚静之道，把它作为常法。缘：顺着，遵循。督：督脉，沿背脊中央贯彻人体上下，为人体阳脉之总纲，这里代指中正虚静之道。经：纲纪，常法。

③〔全生（xìng 性）〕保全天性。生：通"性"。

④〔养亲〕养精神。亲：这里指"真君"，即精神。

⑤〔尽年〕终享天年，不使夭折。

【提要】

做世俗所谓的善事不要贪图名声，做世俗所谓的坏事不要触犯刑法。遵从中正虚静之道并把它作为常法，就可以护卫自身，就可以保全天性，就可以养精蓄锐，就可以终享天年。庄子这段话提醒我们，为人处世，往往难脱"博名"和"取辱"两个极端，只有遵从中正虚静之道，才能达到"养生"的最高境界。

◎第108条 《庄子·内篇·养生主》

泽雉①十步一啄，百步一饮，不蕲畜乎樊中②——神虽王③，不善也④。

【注释】

①〔雉（zhì 志）〕雉鸟，俗称野鸡。

②〔不蕲（qí 旗）畜乎樊中〕不会祈求被畜养在笼子里。蕲：祈求，希望。畜：养。乎：于，在。樊：笼。

③〔王（wàng 旺）〕通"旺"，指旺盛。

④〔不善〕不好。指雉被关在笼子里，虽然有人畜养，但因失去了自由，感觉并不会美好。

【提要】

沼泽边的野鸡走上十步才能啄到一口食物，走上百步才能喝到一口水，可是它不会祈求被畜养在笼子里——因为生活在笼子里虽然不必费力觅食，可以养尊处优，却难有自由自在的快乐。在这里，庄子以寓言的形式提醒世人，与其为满足口腹之欲而困于樊笼，不如回归自然活得自在逍遥。

◎第 109 条 《庄子·内篇·人间世》

山木，自寇^①也；膏火^②，自煎^③也。桂可食^④，故伐之；漆可用，故割之。人皆知有用之用，而莫知无用之用也。

【注释】

①〔自寇〕自讨砍伐。寇：砍伐。

②〔膏火〕灯火。膏：油脂。油脂可以用来点灯照明，故称膏火。

③〔自煎〕自讨煎熬。煎：煎熬，燃烧。

④〔桂可食〕桂树的枝、皮、花、果可以煎汤、熬药或作香料。

【提要】

山上的树木，因为可作木料，经常自招砍伐；蓄满油脂的灯火，因为可以照明，往往自讨煎熬。桂树的枝、皮、花、果可以食用，所以人们才会砍伐它；漆树可以取漆，所以人们才会用刀割它。人们都知道有用之物的用处，但没有谁真正懂得无用之用乃为大用。这段富有哲理的话告诉我们，世俗认为有用的东西，往往因为自讨伤害而难堪大用，而世俗认为无用的东西，却因常人漠视而免遭戕害，最终能够发挥更大的作用。

◎第110条 《庄子·内篇·德充符》

仲尼^①曰:"自其异者视之,肝胆楚越^②也;自其同者视之,万物皆一^③也。"

【注释】

①〔仲尼〕即孔子。姓孔,名丘,字仲尼。

②〔肝胆楚越〕肝和胆两种器官虽然紧密相连,却像楚国与越国一样相距甚远。

③〔一〕同一,一样的。

【提要】

这是庄子假托孔子讲的一段话,属于典型的"重言",即借重古人和时贤之口所讲的话,其实反映的还是作者自己的观点。庄子认为,世间万物"莫不相异",它们各有不同的内容和形式,各有不同的运动和变化方式,世界因此异彩纷呈;世间万物又"莫不相同",它们有相同的本原,相互一致,相互依存,构成统一的整体。从事物差异的一面去看,肝和胆两种器官虽然紧密相连,却像楚国与越国一样相距甚远;从事物相同的一面去看,万事万物又都是同一的。这段话,很好地揭示了事物共性与个性、同一性与差异性的对立统一关系,具有明显的辩证色彩。

◎第111条 《庄子·内篇·德充符》

仲尼曰:"人莫鉴①于流水而鉴于止水,唯止能止众止②。"

【注释】

①〔鉴〕本义指镜子,这里用作动词,指照见。

②〔唯止能止众止〕唯有自己静止下来,方能使其他寻求静止的人都停留下来。

【提要】

孔子说:"人不能在流动的水面上照见自己的身影,只有面向静止的水面才能照见自己的身影。因此,唯有自己静止下来,方能使其他寻求静止的人都停留下来。"这也是庄子假托孔子讲的一段话。庄子借此强调,清净无为方可使众人归心、天下安宁。

◎第112条 《庄子·内篇·德充符》

鉴明①则尘垢不止②,止则不明也。久与贤人处则无过。

【注释】

①〔鉴明〕镜子光洁明亮。

②〔不止〕不能黏附、停留。

【提要】

镜子光洁明亮，尘垢就不会停留在上面；尘垢能黏附在镜面上，就说明镜子不够光洁明亮。这个比喻说明：人心纯洁，就不会有龌龊（wò chuò 沃绰）的想法；有了龌龊的想法，就说明心地不够纯洁。那么，怎样才能做到心地纯洁、品格高尚呢？文中提出了解决的方法：长久地跟贤人相处，便会没有过错。

◎第113条 《庄子·内篇·德充符》

自状其过①以不当亡②者众，不状其过以不当存者寡。知不可奈何而安之若命③，唯有德者能之。

【注释】

①〔自状其过〕为自己的过失辩解。状：陈述，辩解。其过：自己的过失。

②〔以不当亡〕认为（自己）不应当（受刑而导致）形体残缺。以：认为。亡：丢失，失去，这里指使身体残

缺，与下句"存"字表示保全的含义相对应。

③〔安之若命〕安心面对现实，视若命中注定。

【提要】

为自己的过错辩解，认为自己不应当（受刑而导致）形残体缺的人多；不为自己的过错辩解，认为自己不应当形体完整的人少。懂得事物发展态势的不可改变，安于自己的境遇并视若命运的安排，只有有德的人才能做到这一点。这段话说明，世人面对错误，大多强词夺理，极少低头认错，但最终无济于事；面对无法改变的现实，"安之若命"、处之泰然，实属难能可贵。

◎第114条 《庄子·内篇·德充符》

仲尼曰："死生、存亡、穷达①、贫富、贤与不肖②、毁誉、饥渴、寒暑，是事之变、命之行③也；日夜相代④乎前，而知不能规⑤乎其始者也。故不足以滑和⑥，不可入于灵府⑦。使之和豫⑧，通而不失于兑⑨，使日夜无郤⑩而与物为春⑪，是接而生时于心⑫者也。是之谓才全⑬。"

【注释】

①〔穷达〕困窘与顺利。穷：困窘，走投无路。达：通畅，顺利。

②〔不肖（xiào 笑）〕不才，不贤。

③〔命之行〕自然的运行，指不以人的意志为转移的发展变化。

④〔相代〕相互更替。

⑤〔规（kuī 亏）〕通"窥"，看到，发现。

⑥〔滑（gǔ 鼓）和〕搅乱本性的谐和。滑：通"汨"，乱。和：谐和，均衡。

⑦〔灵府〕心灵。

⑧〔和豫〕和顺愉悦，安适自得。和：和顺。豫：快乐，愉悦。

⑨〔兑（yuè 岳）〕悦，欢乐。一说通"脱"。

⑩〔郤（xì 细）〕通"隙"，间隙。一说应作"卻"，即"却"。

⑪〔与物为春〕与万物同在，始终保持春天一样的和畅之气。春：指春和之气，即惠风和畅、欣欣向荣的气象。

⑫〔接而生时于心〕接触外物而从心里顺应四时的变化。接：接触外物。生时：顺应四时的变化。

⑬〔才全〕才智完备，才性完美。

【提要】

死与生、存与亡、困窘与顺畅、贫与富、贤与不贤、诋毁与称誉、饥与渴、寒与暑，这些都是社会生活中不可回避的客观现象，是日夜更替、不以人的意志为转移的。如何面对上述客观现象，实际上是一个人生观问题。在此，庄子假托孔子之口提出了自己的看法：不能被这些人力难以扭转的现象扰乱和顺的本性，不能让这些外物带来的干扰侵入纯真的心灵；只要使心灵平和安适，通畅而不失愉悦，使自身时刻与万物融为一体而如春天般充满生气，便会顺时应物，了无挂碍。这样才能称得上才智完备。

◎第115条 《庄子·内篇·德充符》

平者，水停之盛①也。其可以为法②也，内保之而外不荡③也。德者，成和之修④也。德不形⑤者，物不能离也。

【注释】

①〔盛〕极致。

②〔法〕仿效，借鉴。

③〔荡〕动荡，波动。

④〔成和之修〕完满纯和的修养。

⑤〔德不形〕德不显露。

【提要】

这段话也是作者假托孔子之口说的。作者认为：平，是水极端的静止状态。水的平静可以作为道德修养取法的准则，是因为其内部能够保持沉静而表面毫不动荡。德，是完满纯和的修养。德一旦外露就如同水面动荡一样，不能与物和顺；只有与万物混同为一，像平静的水面一样不露形迹，这样万物才不会背离它。

◎第116条 《庄子·内篇·德充符》

庄子曰："……吾所谓无情者，言人之不以好恶①内伤其身，常因②自然而不益生③也。"

【注释】

①〔好恶（hào wù 浩物）〕喜欢和厌恶。

②〔因〕因循，顺随。

③〔不益生〕不人为地去培养性情、刻意提高所谓生命价值。

【提要】

庄子指出，自己所讲的无情，是说人不要因为好恶而伤害自身的本性，而应顺任自然，不人为地去培养性情、刻意提高所谓生命价值。在他看来，追逐外物、患得患失，争长道短、劳心费神，不仅无益于养生，而且无益于济世。

◎第117条 《庄子·内篇·大宗师》

知天之所为，知人之所为者，至矣。知天之所为者，天而生也；知人之所为者，以其知①之所知以养其知之所不知，终其天年而不中道夭者，是知之盛②也。虽然③，有患④：夫知有所待而后当⑤，其所待者特未定也。庸讵⑥知吾所谓天之非人乎？所谓人之非天乎？

【注释】

①〔其知（zhì 志）〕他的智慧。知：通"智"。

②〔知（zhì 志）之盛〕智慧极高。盛：极高。

③〔虽然〕虽然如此。虽：虽然，即便。然：这样，如此。

④〔有患〕有弊端，有问题。

⑤〔知有所待而后当（dàng 荡）〕获取知识必须依赖一定的条件方能得到正确的结论。当：得当，正确。

⑥〔庸讵〕何以，怎么。

【提要】

庄子认为，懂得天道自然的运转规律，又懂得人类的能力和局限，这就达到了认识的最高境界。懂得天道自然运行规律的人，会顺应自然，自在无为地生活；懂得人类的能力和局限的人，会用自己的智慧所通晓的知识来顺承其智慧所不能理解的事物，直至自然死亡而不夭折，这也算是智慧高超的表现了。但在他看来，"知人之所为者"虽然智慧极高，依然有弊端：寻求知识必须依赖一定的条件方能获得正确的结论，但这条件却是变化不定的。这种人，怎么能知道所谓的天然就不是人为的，所谓的人为就不是天然的呢？庄子的质疑，实际是对"天人合一"理念的进一步强调。其言外之意在于，人与自然的关系是难以割裂的，割裂开来看问题，永远无法获得真知。

◎第118条 《庄子·内篇·大宗师》

且有真人而后有真知。何谓真人？古之真人，不逆寡①，不雄成②，不谟士③。若然者，过而弗悔，当而不自得也。若然者，登高不栗④，入水不濡⑤，入火不热。是知之能登假⑥于道者也若此。

【注释】

①〔逆寡〕因为少而拒绝。逆：拒绝。寡：少。

②〔雄成〕因为成功而夸耀。雄：夸耀。成：成功。

③〔谟（mó 膜）士〕指谋虑世事。谟：谋虑。士：通"事"。

④〔栗〕战栗，发抖。

⑤〔濡（rú 如）〕沾湿。

⑥〔登假（gé 格）〕登临，达到。假，通"格"，至，达到。

【提要】

庄子认为，只有有了真人，才能获得真知。那么，什么叫真人呢？庄子介绍说，古代的真人，不因为少而拒绝，不因为成功而夸耀，不忧心忡忡地去谋虑世事。

像这样的人，有了过失不会懊悔，处事得当也不会洋洋自得。这样的人，登高不会因恐惧而发抖，入水不觉得沾湿，入火不感到发烫。这是因为他的智慧达到了道的境界，所以才能如此忘却成败得失、冷暖安危。在这里，庄子通过生动的描述，说明真人应该是超然物外的。

◎第119条 《庄子·内篇·大宗师》

古之真人，其寝不梦，其觉①无忧，其食不甘②，其息③深深。真人之息以踵④，众人之息以喉。屈服者，其嗌言若哇⑤。其耆欲⑥深者，其天机⑦浅。

【注释】

①〔觉〕醒。

②〔不甘〕不求甘美。

③〔息〕呼吸。

④〔踵（zhǒng 肿）〕脚跟。

⑤〔嗌（ài 爱）言若哇〕滞塞在喉咙里的话像呕吐一样吞吞吐吐。嗌言：滞塞在喉咙里的话。哇：呕吐。

⑥〔耆（shì 是）欲〕嗜欲。耆：通"嗜"。

⑦〔天机〕天然的灵性。

【提要】

这段话，是关于真人的进一步论述。作者指出，古代的真人，睡觉不做梦，醒来不忧虑，饮食不求甘美，呼吸深沉舒缓。真人的呼吸能把气运到脚跟，常人的呼吸只能达到喉咙。那些在辩论中理屈词穷的人，说话像呕吐一样吞吞吐吐。那些嗜欲深重的人，天然的灵性必然浅薄。这段论述，通过正反对比，说明悟道的真人应该是清心寡欲的，争强好胜、贪得无厌只会消磨天性，有害无益。

◎第120条 《庄子·内篇·大宗师》

古之真人，不知说生①，不知恶死②；其出不䜣③，其入不距④；翛然⑤而往、翛然而来而已矣。不忘其所始，不求其所终；受而喜之，忘而复之⑥。是之谓不以心捐道⑦，不以人助天⑧。是之谓真人。

【注释】

①〔说（yuè 悦）生〕以生为可喜，即对生存感到欢

欣。说：通"悦"。

②〔恶死〕以死为可恶，对死亡感到厌恶。

③〔其出不䜣（xīn 新）〕面对生，没有特别的欣喜。䜣：通"欣"。

④〔其入不距〕他对死亡也不会抗拒。入：死。不距：不推拒，意即顺受。距，通"拒"，抗拒。

⑤〔儵（xiāo 消）然〕无拘无束、自由自在的样子。

⑥〔忘而复之〕亡失了就使其复归于天道。忘：依马叙伦说，当作"亡"，指亡失。

⑦〔以心捐道〕因主观意志而违反自然规律。捐：损害，违逆。道：天道，指自然规律。

⑧〔以人助天〕凭借人力干预天道。助：辅助，干预。

【提要】

这段论述，通过对古代真人的描述和评价，进一步阐明了庄子的人生观。庄子指出，古代的真人，不对生存感到欣喜，也不对死亡感到厌恶；自然出生不会感到高兴，面对死亡也不会抗拒；只是无拘无束而来、自由自在而去罢了。这样的人，不会忘记生命之源，也不会在意生命的终点；受命于天就欣然自喜，丧失生命就视为复归自然。这就叫作不因主观意志而违反自然规律，不凭借人力干预天道。在庄子看来，只有这样顺应天道、不计生死的人，才称得上得道的真人。

◎第121条 《庄子·内篇·大宗师》

古之真人，其状^①义而不朋^②，若不足而不承^③；与乎其觚而不坚也^④，张乎其虚而不华也^⑤；邴乎其似喜也^⑥，崔乎其不得已也^⑦；滀乎进我色也^⑧，与乎止我德也^⑨；广乎其似世也^⑩，謷乎其未可制也^⑪；连乎其似好闭也^⑫，悗乎其忘言也^⑬……故其好之也一，其弗好之也一。其一也一，其不一也一。其一与天为徒^⑭，其不一与人为徒。天与人不相胜^⑮也，是之谓真人。

【注释】

①〔其状〕他的行状。这二字统领下文，从"义而不朋"至"悗乎忘其言也"，都是说明这个"状"字。

②〔义而不朋〕与人合得来，但不与人结为朋党。义：宜，合。朋：朋比，与人结为朋党。一说"义（義）"通"峨（峩）"，"朋"通"崩"，义而不朋，指形象高大而不崩坏。

③〔若不足而不承〕好像有所不足却无须承受什么。

④〔与乎其觚（gū 孤）而不坚也〕悠闲自得呀，他特立独行却并不固执。与：容与，悠然自得。觚：棱角，这里指有棱角、特立独行。坚：固，固执。

374

⑤〔张乎其虚而不华也〕心胸旷达呀，他虚怀若谷而不显得浮华。张：舒张，旷达。

⑥〔邴（bǐng 丙）乎其似喜也〕神采奕奕呀，他似乎十分高兴。邴：通"炳"，形容神采奕奕、气韵和畅的样子；原作"邴邴"，与上下文句式不合，今依严灵峰说删去叠字。喜也：原作"喜乎"，与上下文句式不一致，今依陈景元《庄子阙误》引文如海、成玄英、张君房本校改。

⑦〔崔乎其不得已也〕有所行动啊，他也是出于不得已。崔乎：运动的样子。不得已也：原作"不得已乎"，今依陈景元《庄子阙误》校改。

⑧〔滀（chù 触）乎进我色也〕他像水汇聚起来一样啊，光彩照人。滀：水汇聚的样子。

⑨〔与乎止我德也〕他性情随和呀，令我心性归服。与：随和，性情宽和。止：使……停止，归服。德：指心性。

⑩〔广乎其似世也〕胸怀宽广啊，就像世界一样辽阔。广：原本作"厉"，今据崔譔本改。似世也：原作"似世乎"，今依陈景元《庄子阙误》校改。

⑪〔謷（áo 傲）乎其未可制也〕高迈豪放啊，他的行为不拘礼法、不可限制。謷：高迈豪放。制：限制。

⑫〔连乎其似好闭也〕缄默无语呀，他似乎喜欢封闭自己。连：收摄，检束，指合口不语。闭：封闭。一说"闭"当作"闲"，而"连"指"流连"，则全句意为：从

容流连哪，他似乎喜欢悠闲。

⑬〔悗（mèn 焖）乎其忘言也〕毫无心机呀，他好像忘了要说的话。悗：无心的样子。其忘言也：原本作"忘其言也"，与上文句式明显不合，今依高亨、陈鼓应先生考证校改。

⑭〔为徒〕为伍，引为同类。

⑮〔相胜〕互相侵犯，互相抵触。

【提要】

这段关于古代真人的论述，全面阐释了作者"天人合一"的理念。在庄子笔下，古代的真人具备一系列令人向往的特点：与人相宜却不结党营私，若有不足却不随意承受；悠然自得、特立独行却不固执己见，胸襟宽广、虚怀若谷却不显得浮华；神采奕奕，似乎十分高兴，一举一动却都顺乎自然；如水汇聚，光彩照人，性情随和令人归心；胸怀像世界一样辽阔，高迈豪放而不拘礼法；缄默不语，似乎喜欢自我封闭，毫无机心，时常忘了自己要说什么……正因为如此，庄子指出，在真人眼里，天人是合一的，万物是归一的。喜欢也归一，不喜欢也归一；相同的归一，不同的也归一。从同一的角度看问题，则与天道为伍；从差异的角度看问题，就与世人为伍。懂得天人合一，使天与人不相抵触、不相侵犯，这才算得上真人。

以上几段语录，从不同的侧面，分别阐述了"真人"的特征，集中表达了庄子的人生观，展示了庄子心目中最理想的人格境界：超然物外，清心寡欲，不计生死，天人合一。

◎第122条 《庄子·内篇·大宗师》

死生，命①也；其有夜旦之常②，天也。人之有所不得与③，皆物之情也。

【注释】

①〔命〕这里指不可避免的、非人为的作用。

②〔常〕恒常，指恒久不变的规律。

③〔与（yù玉）〕参与，干预。

【提要】

庄子指出，死和生，均非人力所能左右；黑夜和白天交替，完全出于自然。有些事，人是不可能参与或干预的，这都是事物发展变化的常情。这段话提醒我们，万事万物都有其自身发展的规律，所以必须顺应自然法则，不可任意妄为。

◎第123条 《庄子·内篇·大宗师》

　　泉涸①，鱼相与处于陆，相呴以湿②，相濡以沫③，不如相忘于江湖。与其誉尧而非桀也，不如两忘而化其道④。

【注释】

①〔涸（hé 河）〕水干。

②〔相呴（xǔ 许）以湿〕用湿气相互呼吸。呴：张口出气。

③〔相濡（rú 如）以沫〕用唾沫相互润湿。濡：沾湿。

④〔两忘而化其道〕将两者都忘却而同化于大道。意即不必赞美尧而否定桀。

【提要】

　　泉水干了，鱼儿困在陆地上相互依偎，用湿气相互呼吸，用唾沫相互润湿，这样相互关爱、艰难求生，显然不如在大江大湖里自在生活、彼此相忘。借助这个寓言，庄子推导出自己的论断：与其赞誉尧的美善而否定桀的暴虐，不如将两者的是非都忘却而使之同化于大道。在他看来，无论德政还是暴政，都属于弊端丛生的人治，都不能从根本上解决社会问题；只有顺应天道、无为而治，才能解民倒悬，使人返璞归真，活得自在逍遥。

◎第 124 条 《庄子·内篇·大宗师》

夫道，有情有信①，无为无形②；可传而不可受③，可得而不可见④；自本自根⑤，未有天地，自古以固存⑥；神鬼神帝⑦，生天生地；在太极之先⑧而不为高，在六极⑨之下而不为深，先天地生而不为久，长于上古⑩而不为老。

【注释】

①〔有情有信〕有情感，有信用。唐成玄英疏云："明鉴洞照，有情也；趣机若响，有信也。"

②〔无为无形〕无所作为，没有形迹。唐成玄英疏云："恬淡寂寞，无为也；视之不见，无形也。"

③〔可传而不可受〕可以心传却不可以口授。受：通"授"。

④〔可得而不可见〕可以心领神会却不能用眼看到。

⑤〔自本自根〕自己为本自己为根。

⑥〔自古以固存〕从远古时期就存在。固：本来。

⑦〔神鬼神帝〕使鬼和上帝变得神异。神：神异，这里用作动词，意为"使……神异"。

⑧〔在太极之先〕在太极之上。太极：指天地未形成之前的清虚混沌之气。先：上，前。

⑨〔六极〕天、地与四方的极限。

⑩〔长（zhǎng 掌）于上古〕比上古年长。

【提要】

这段话是《庄子》一书中关于"道"的最重要、最完整的论述，可视为庄子哲学思想的纲领。在庄子看来，"道"虽然无所作为，没有形迹，却有情感、有信义，是客观存在的；它可以心传而不可口授，可以意会却无法看见；它以自己为根本，在没有天地的时候，就已一直存在；它使鬼和上帝变得神异，并诞生了天、诞生了地；它处于太极之上而不以为高，居于六合之下而不以为深，生于天地之前而不以为久，比上古年长而不以为老。

这段关于"道"的论述，集中表达了庄子对宇宙起源、世界本质的看法，充分体现了庄子的宇宙观。在他看来，这个"道"是至高无上、无法逾越的，只有顺应它，才是唯一正确的选择。

◎第125条 《庄子·内篇·大宗师》

且夫得①者，时②也；失者，顺③也。安时而处顺，哀乐不能入也。此古之所谓县解^④也；而不能自解者，物有结之^⑤。

【注释】

①〔得〕得到。与下句"失"表示失去相对应。一说"得"指得到生命，与下句"失"表示死亡相对应。这后一种解释，失之偏狭，故不从其说。

②〔时〕应时，适时。

③〔顺〕指顺应自然规律。

④〔县（xuán 玄）解〕解脱倒悬之苦。县：通"悬"，倒悬。

⑤〔物有结之〕有外物困扰着他。结：束缚，困扰。

【提要】

这段话是借虚构人物子舆之口讲的，表达的也是庄子自己的观点。在庄子看来，得到是应于时运，失去是顺乎自然。安于时运而顺应自然，悲喜之情就不能侵扰内心。这就是古人所说的解脱了倒悬之苦；而不能自我解脱的人，则是有外物困扰着他。这段话提醒我们，安时处顺方能超脱豁达，患得患失只会自寻烦恼。

◎第126条 《庄子·内篇·大宗师》

　　仲尼蹴然^①曰:"何谓坐忘? "颜回曰:"堕肢体^②, 黜聪明^③, 离形去知^④, 同于大通^⑤, 此谓坐忘。"仲尼曰:"同则无好^⑥也, 化则无常^⑦也。而果其贤乎^⑧! 丘也请从而后也^⑨。"

【注释】

①〔蹴(cù 促)然〕神态突然变化的样子。

②〔堕(huī 灰)肢体〕把肢体视作不存在, 指忘其身。堕:通"隳(huī 灰)", 废弃, 这里指忽视、忘记。

③〔黜(chù 触)聪明〕把聪明才智抛弃掉, 指忘其智。黜:废除。

④〔离形去知〕忘记形体, 抛弃机心。离:脱离, 忘记。去:去除, 抛弃。知:智巧, 机心。

⑤〔大通〕大道。

⑥〔同则无好(hào 浩)〕同于大道就会没有偏私。好:偏好, 偏私。

⑦〔化则无常〕顺应自然变化就不会拘泥(nì 逆)于世俗常规。

⑧〔而果其贤乎〕你果然成了贤人哪! 而:你。其:语气助词。

⑨〔丘也请从而后也〕我也请求追随在你的身后了。
丘：孔丘，仲尼自称。从：跟从，追随。而：你。

【提要】

这段虚构的孔子与颜回的对话，着重阐释了庄子反复强调的一个重要概念——"坐忘"的含义及其作用。庄子认为，所谓坐忘，就是忘记自己的肢体，废除自己的聪明，形智皆弃，从而与大道同化为一；做到了这一点，就可以消除内心的偏好，逾越世俗常规，进入超然忘我、自在逍遥的境界。

◎第127条 《庄子·内篇·应帝王》

无为名尸①，无为谋府②，无为事任③，无为知主④。体尽无穷⑤而游无朕⑥，尽其所受乎天而无见得⑦，亦虚而已。至人之用心若镜，不将不迎⑧，应而不藏⑨，故能胜物而不伤⑩。

【注释】

①〔无为名尸〕不要做名誉的寄主。无：通"毋"，不要。为：做。名：名誉。尸：主，原指神主（即神像），

这里指寄托者，犹言寄主。

②〔谋府〕藏计谋的地方，即所谓的智囊。

③〔事任〕俗事的担当者。任：担当，这里用作名词，指担当者。

④〔知（zhì 智）主〕智巧的主导。知：智巧。主：主导。

⑤〔体尽无穷〕自身完全融入无边无际的大道，即与无穷无尽的大道完全混为一体。体：指自身。尽：完全融入。无穷：指无边无际的大道。

⑥〔游无朕（zhèn 振）〕自在遨游而没有任何形迹。朕：征兆，迹象。

⑦〔尽其所受乎天而无见得〕尽承自己从上天那里所接受的一切，而不必在意是否能够得到什么。无：通"毋"，不要。见：看见，盯着，指在意。得：得到。

⑧〔不将（jiāng 江）不迎〕不送往，不迎来。将：送。迎：迎接。

⑨〔应（yìng 硬）而不藏〕有所反应但在心里不留痕迹。藏：隐藏，指不留痕迹。

⑩〔胜（旧读 shēng 生）物而不伤〕能够承受外物而不受伤害。胜：能够承担或承受。

庄子告诫世人，不要做名誉的寄主，不要做所谓的智囊，不要做俗事的奴隶，也不要做智巧的主导。最好将自身完全融入无边无际的大道，自在遨游，了无形迹。尽承自己从上天那里所接受的一切，而不必在意是否能够得到什么，因为所谓的得失都是虚幻的。在他看来，达到最高境界的人用心有如镜子，任人来去而不加迎送，有所反应而无所隐藏，来则映照，去不留痕，这样就能承受任何外物而自己不受伤害。庄子此言，表面看来似乎略显消极，但仔细品味即可发现，其中饱含着人生的大智慧——假如真能不为名利所累，切实做到超然物外，自可避免劳心伤神，势必活得从容洒脱。

◎第128条 《庄子·内篇·应帝王》

南海之帝为儵①，北海之帝为忽②，中央之帝为浑沌③。儵与忽时相与遇于浑沌之地，浑沌待之甚善。儵与忽谋报④浑沌之德，曰："人皆有七窍⑤以视听食息⑥，此独无有，尝试凿之。"日凿一窍，七日而浑沌死。

【注释】

①〔儵（shū 书）〕虚构的帝王。其名寓有迅疾之意。

②〔忽〕虚构的帝王。其名亦寓迅疾之意。

③〔浑沌（dùn 顿）〕虚构的帝王。其名寓有天道浑全未亏之意。

④〔谋报〕筹谋报答。

⑤〔七窍〕指两眼、两耳、两鼻孔和口七孔。

⑥〔息〕呼吸。

【提要】

南海的帝王名叫儵，北海的帝王名叫忽，中央的帝王叫浑沌。儵与忽经常相约到浑沌那里聚会，浑沌招待他们十分热情。于是儵和忽商量如何报答浑沌的深厚情谊，说："人人都有七窍用来看、听、吃饭、呼吸，唯独浑沌没有，我们试着为他凿开。"他们每天给浑沌凿开一窍，凿了七天，浑沌死了。这个寓言，反映了庄子强调天道无为，反对把个人主观意愿强加于客观事物的哲学观点。

◎第129条 《庄子·外篇·骈拇》

凫①胫②虽短，续之则忧；鹤胫虽长，断之则悲。故性③长非所断，性短非所续，无所去④忧也。

【注释】

①〔凫（fú 扶）〕野鸭。

②〔胫（jìng 竟）〕小腿。

③〔性〕天性，原本。

④〔去〕摒（bìng 病）弃，排解。

【提要】

野鸭的小腿虽然很短，续长一截就有忧患；鹤的小腿虽然很长，截去一段就会悲痛。因此，原本该长的不可随意截短，原本该短的不可随意接长，这样也就没有什么忧患需要去排解了。在这里，作者通过类比推理的方法提醒世人：如果违背自然规律，自作聪明，肆意妄为，势必弄巧成拙、酿成悲剧；只有顺应自然，清净无为，才能减少世间苦难，避免悲剧发生。

◎第130条 《庄子·外篇·骈拇》

且夫待钩绳规矩而正者①，是削其性者也；待绳约②胶漆而固者，是侵其德③者也；屈折礼乐④，呴俞仁义⑤，以慰天下之心者，此失其常然⑥也。天下有常然。常然者，曲者不以钩，直者不以绳，

圆者不以规，方者不以矩，附离⑦不以胶漆，约束不以纆⑧索。

【注释】

①〔待钩绳规矩（jǔ举）而正〕依靠钩尺、墨线、圆规、角尺来矫正。待：依靠。钩：钩尺，画弧线用的工具。绳：准绳，墨线。规：圆规。矩：角尺。正：矫正。

②〔绳约（yào 药）〕捆缚东西用的绳索。

③〔侵其德〕伤害事物的天性。德：天性。

④〔屈折礼乐〕使人屈身折体以行礼乐。屈折：屈身折体。

⑤〔呴（xǔ许）俞仁义〕用仁义的手段来抚爱和教化人。呴俞：抚爱化育。

⑥〔常然〕正常状态，指人和事物的自然本性。

⑦〔附离（lì丽）〕使离析的事物相互附着（zhuó浊）。离：通"丽"，附着。

⑧〔纆（mò墨）〕绳索。

【提要】

依靠钩尺、墨线、圆规、角尺来矫正物体，是损伤事物本性的；依靠绳索胶漆而使物体牢牢地黏结在一起，是侵害事物天性的；使人屈身折体以行礼乐，运用仁义抚爱和教化人民，以此来抚慰天下民心，这些做法都违背了人类正常的本性。所谓正常状态，就是弯曲的不依靠钩尺来矫正，笔直的不依靠墨线来取直，圆形的不依靠圆规来规划，方正的不依靠角尺来衡量，使离析的东西附着在一起不依靠胶和漆来黏结，将单个的物体束缚在一起不依靠绳索来捆绑。依靠什么呢？在道家看来，这根本不成其为问题——他们根本就不想凭人力改造自然。他们认为，人类发明的钩绳规矩、礼乐仁义之类，都是违背自然规律、有害无益的，应该让世间万物都保持天然状态，自由发展，自生自灭，一切都应顺任自然。

◎第131条 《庄子·外篇·骈拇》

自三代①以下者，天下莫不以物易其性矣。小人②则以身殉③利，士④则以身殉名，大夫⑤则以身殉家⑥，圣人则以身殉天下。故此数子者，事业不同，名声异号，其于伤性以身为殉，一也。

【注释】

① 〔三代〕指夏、商、周三个朝代。

② 〔小人〕西周时称普通民众。

③ 〔殉（xùn 讯）〕为某一目的而献身。

④ 〔士〕古代四爵（国君、公卿、大夫、士）之一，

是古代统治机构选拔官吏的一个来源。后指读书人。

⑤〔大夫（fū肤）〕古代国君之下有公卿、大夫、士三个阶层。大夫为中等爵位，有官职，有封地。

⑥〔家〕古代指大夫的封地。

【提要】

作者指出，从夏、商、周三代以后，天下人没有不因追逐外物而改变本性的。平民百姓为了获得小利而献身，士人为了保全名声而献身，大夫为了保卫封地而献身，圣人则为了平定天下而献身。这几类人，虽然事业有所不同，名声称号各异，但从伤害本性、为了个人追求而不惜献身的角度来看，都是一样的，没有什么本质区别。作者认为，世人因追名逐利、齐家治国平天下而不惜伤性殉身，是违背自然规律的，应该予以全面否定。

◎第132条 《庄子·外篇·骈拇》

吾所谓臧①者，非仁义之谓也，臧于其德②而已矣；吾所谓臧者，非所谓仁义之谓也，任其性命之情而已矣；吾所谓聪者，非谓其闻彼也，自闻而已矣；吾所谓明者，非谓其见彼也，自见而已矣。夫不自见而见彼，不自得而得彼^③者，是得人之得^④而不自得其得者也，适人之适^⑤而不自适其适者也。

【注释】

①〔臧（zāng 脏）〕完善，美好。

②〔德〕指自然本性。

③〔不自得而得彼〕不自我满足而希望得到别人的东西。第一个"得"，意为满足、称心如意；第二个"得"，意为得到。

④〔得人之得〕羡慕别人所得。第一个"得"，意为称心、羡慕；第二个"得"，意为所得。

⑤〔适人之适〕把别人的安适当作自己期望的安适。适：安适。第一个"适"用为意动，"以……为安适"。

【提要】

作者指出，我所说的完善美好，不是指仁义，而是说自然本性完美罢了；我所说的完善美好，不是指所谓的弘扬仁义，而是说率性任情罢了；我所说的聪敏，不是说能够听到外界的各种声音，而是指能听到自己的心声罢了；我所说的明察，不是说能看清外界的各种东西，而是指能够正视自己罢了。不能正视自身而只会看到别人如何，不能安然自得而总想拥有别人之所得，这是羡慕别人之所得而不满足于自己之所得，把别人的安适当作自己的安适而不自安于最适合自己的安适境界。作者在此提醒我们，人生在世，顺应天性、自由自在最为可贵；沉迷外物、盲目攀比，只会徒增烦恼。

◎第133条 《庄子·外篇·马蹄》

夫至德之世①，同与禽兽居，族与万物并②，恶乎③知君子、小人哉！同乎无知④，其德不离⑤；同乎无欲，是谓素朴⑥。素朴而民性得矣。及至圣人，蹩躠⑦为仁，踶跂⑧为义，而天下始疑矣；澶漫为乐⑨，摘僻为礼⑩，而天下始分矣。

【注释】

①〔至德之世〕道德最高尚的时代。

②〔族与万物并〕聚在一起与万物共处。族：聚集，聚在一起。

③〔恶（wū乌）乎〕怎么，哪里。

④〔同乎无知〕指与无知的东西一样。同：相同，混同。

⑤〔其德不离〕人们的天性就不会离失。德：指天性。离：离失。

⑥〔素朴〕纯真朴实。

⑦〔蹩躠（bié xiè 别泄）〕行走困难的样子。引申为劳心费力的样子。

⑧〔踶跂（zhì qǐ 制企）〕用尽心力的样子。

⑨〔澶（dàn 但）漫为乐（yuè 月）〕纵情欢乐而制作音乐。澶漫：放纵逸乐。

⑩〔摘僻为礼〕不惮烦琐而讲求礼仪。摘僻：烦琐、拘泥（nì 逆）的样子。

【提要】

作者指出，道德最高尚的时代，人类与禽兽混杂而居，与万物和谐相处，哪里懂得君子与小人的区别呢！大家都没有心机，天性就不会丧失；人人都没有贪欲，所以都纯真朴实。纯真朴实，人的美好天性就得以保持了。等到圣人出现，劳神费力地倡导仁爱，挖空心思地推崇正义，天下之人就开始互相疑忌了；纵情欢乐而制作音乐，不惮烦琐而讲求礼仪，天下之人就开始离心离德了。

在作者看来，至德之世，民风淳朴，一切都显得那么美好；而圣人一出现，推行仁义，讲求礼乐，却恰恰导致人心涣散、世风日下。因此，所谓的圣人，无疑是社会动乱之源。

◎第134条 《庄子·外篇·胠箧》

　　将为胠箧、探囊、发匮之盗①而为守备②，则必摄缄縢③，固扃鐍④，此世俗之所谓知⑤也。然而巨盗至，则负匮、揭箧、担囊而趋⑥，唯恐缄縢、扃鐍之不固也。然则乡⑦之所谓知者，不乃⑧为大盗积者也？

【注释】

①〔胠箧（qū qiè 屈窃）、探囊、发匮（guì 贵）之盗〕撬箱子、掏袋子、开柜子的盗贼。胠：撬开。箧：箱子。探囊：掏袋子。发：开。匮：通"柜（繁体为'櫃'）"，柜子。

②〔为（wéi 围）守备〕进行防备。

③〔摄缄（jiān 坚）縢（téng 腾）〕绑紧绳索。摄：绑紧。缄、縢：都是指绑东西用的绳子。

④〔固扃（jiōng 炯阴平）鐍（jué 绝）〕加固锁钮。扃：门窗箱柜上的插关。鐍：箱柜上加锁的铰钮。

⑤〔知（zhì 智）〕通"智"，有智慧，聪明。

⑥〔负匮、揭箧、担囊而趋〕背上柜子、扛上箱子、挑上袋子逃跑。负：背着。揭：扛着。趋：快走，逃跑。

⑦〔乡，同"向（繁体为'嚮'）"，早先。

⑧〔不乃〕不正是。

【提要】

为了对付撬箱子、掏袋子、开柜子的小偷而做防备，就必定要绑紧绳索、加固锁钮，这是世俗之人所说的聪明做法。可是大盗一来，背起柜子、扛上箱子、挑上袋子逃跑，唯恐绳结、锁钮不够牢固呢。这样看来，那么先前所谓的聪明做法，不正是给大盗做好了积聚和储备吗？在这里，作者通过生动的事例说明，世俗所谓的聪明，其实是极其愚蠢的；许多人自恃聪明，结果却往往"聪明反被聪明误"。这一点，的确发人深省。

◎第135条　《庄子·外篇·胠箧》

唇竭则齿寒①，鲁酒薄而邯郸围②，圣人生而大盗起。掊击③圣人，纵舍④盗贼，而天下始治矣。夫川竭而谷虚⑤，丘夷而渊实⑥。圣人已死，则大盗不起，天下平而无故⑦矣。

【注释】

①〔唇竭则齿寒〕嘴唇没有了，牙齿就会受寒。竭：

亡，失去。一说"竭"同"揭"，指嘴唇向外翻开，此解比较牵强（qiǎng 抢）。

②〔鲁酒薄而邯郸围〕这一句历来有两种说法：一是指楚宣王大会诸侯，而鲁恭王到得晚，所献之酒味道淡薄，楚王怒。鲁王自恃是周公的后代，不告而别。楚王于是带兵攻打鲁国。魏国一直想攻打赵国，担心楚国发兵救赵，楚国和鲁国交兵，魏国于是趁机兵围赵国都城邯郸。二是指楚王大会诸侯，赵与鲁均献酒，鲁酒味薄而赵酒味浓。楚王酒吏向赵国索酒而赵不给，酒吏怀恨，私下调换赵、鲁之酒，于是楚王以酒薄的缘故兵围邯郸。这句是借历史故事来说明：事有关联，常常出乎预料。

③〔掊（pǒu 剖）击〕打倒。

④〔纵舍〕放走。

⑤〔川竭而谷虚〕流水干涸了，山谷就空虚了。川：两山间的流水。竭：干涸。谷：山谷，两山间的水道。虚：空虚。

⑥〔丘夷而渊实〕山丘如果削平了，深渊也就填满了。夷：平。实：填满。

⑦〔无故〕无事。故：意外的事故。

【提要】

作者认为，世间的万事万物都存在着普遍联系，每一种事物的出现，都有其产生的原因。嘴唇没了，牙齿就会受寒；鲁王奉献的酒味道淡薄，结果赵国都城邯郸就遭到了围困；圣人一出现，其"圣知之法"往往被人窃取利用，这样大盗也就兴起了。因此，只有打倒圣人，放走盗贼，天下才能太平。在他看来，流水干涸了，山谷就空虚了；山丘削平了，深渊也就填满了；圣人死了，那么大盗就不会再兴起，天下也就太平无事了。

◎第136条 《庄子·外篇·胠箧》

彼窃钩者诛①，窃国者为诸侯②。诸侯之门而仁义存焉，则是非窃仁义圣知邪③?

【注释】

①〔彼窃钩者诛〕那些偷了衣带钩之类不值钱东西的小贼会被杀掉。彼：那些。钩：衣带钩。一说"钩"指钩形的金银锭。诛：杀。

②〔窃国者为诸侯〕窃取了整个国家的大盗反倒成了诸侯。

③〔则是非窃仁义圣知（zhì 智）邪（yé 爷）〕那么这不是窃取仁义圣智了吗？则：那么。是：这。圣：圣明。知：通"智"，智慧。邪：通"耶"，语气助词。

【提要】

那些偷了衣带钩之类不值钱东西的小贼会被杀掉，窃取了整个国家的大盗反倒成了诸侯。而诸侯的门庭一直标榜着仁义，那么这不相当于窃取了仁义圣智吗？作者这段论述，通过严密的推理，深刻地批判了当时社会极端扭曲的不公平现象，无情地揭穿了统治者标榜仁义、实则窃国的大盗本质，同时也进一步论证了"仁义圣知"实乃社会动乱之源的观点。

◎第137条 《庄子·外篇·胠箧》

故绝圣弃知①，大盗乃止；擿玉毁珠②，小盗不起；焚符破玺③，而民朴鄙④；掊斗折衡⑤，而民不争；殚残⑥天下之圣法⑦，而民始可与论议。

【注释】

①〔绝圣弃知（zhì 智）〕杜绝圣明，抛弃智巧。绝：杜绝，摒除。圣：圣明。知：智巧。

②〔擿（zhì 至）玉毁珠〕抛弃美玉，毁掉珍珠。擿：掷，扔掉。

③〔焚符破玺（xǐ 喜）〕焚毁符节，砸烂印玺。符：

符节，古代派遣使者或调兵时用的凭证，双方各执一半，以验真假。玺：印章。

④〔朴鄙〕质朴粗俗。鄙：粗俗。

⑤〔掊斗折衡〕将斗打碎，把秤折断。掊：打碎。斗：量（liáng 凉）粮食的器具，容量（liàng 亮）是一斗，方形或鼓形，多用木头或竹子制成。衡：秤杆，泛指称重量的器具。

⑥〔殚（dān 丹）残〕彻底摧毁。殚：尽。残：毁坏。

⑦〔圣法〕圣人制定的法则。

【提要】

作者认为，"仁义圣知"是人心变坏、社会动荡的根源。因此，杜绝圣明，抛弃智巧，大盗才会止息；抛弃美玉，毁掉珍珠，小贼就不会兴起；焚毁符节，砸烂印玺，人民就可复归纯朴；将斗打碎，把秤折断，人民就不会再计较相争；彻底毁弃圣人制定的法则，才可以同民众谈论大道。这种看法，与老子"绝圣弃智"的思想主张一脉相承，集中表现了道家返璞归真、清净无为的社会理念。

◎第138条 《庄子·外篇·在宥》

闻在宥天下①，不闻治天下②也。在之也者，恐天下之淫其性③也；宥之也者，恐天下之迁其德④也。天下不淫其性，不迁其德，有治天下者哉！昔尧之治天下也，使天下欣欣焉人乐其性⑤，是不恬⑥也；桀之治天下也，使天下瘁瘁焉人苦其性⑦，是不愉⑧也。夫不恬不愉，非德也。非德也而可长久者，天下无之。

【注释】

①〔在宥（yòu 右）天下〕任天下自由自在地发展，不对其加以人为的约束和干扰。在：使……自在。宥：宽容，宽待。

②〔治天下〕统治天下。治：指用仁义、礼乐、刑罚等人为手段进行统治。

③〔淫其性〕惑乱他们的自然本性。淫：惑乱。

④〔迁其德〕改变上天赋予他们的德性。迁：改变。德：顺应天道的品性。

⑤〔欣欣焉人乐其性〕人人兴高采烈，感到身心快乐。欣欣焉：高兴的样子。性：心性，代指身心。

⑥〔不恬〕不安宁。恬：恬静，安宁。

⑦〔瘁瘁焉人苦其性〕人人劳累疲病，感到身心悲苦。瘁瘁焉：劳累疲病的样子。

⑧〔不愉〕不快乐。

作者指出，只听说任天下自由自在地发展，没听说可以人为地统治天下。所谓任其自由自在，是怕天下人惑乱他们的自然本性；所谓宽容天下，是怕天下人改变上天赋予他们的德性。天下人不惑乱自然本性，不改变上天赋予他们的德性，哪里还用得着治理天下呢！从前尧统治天下，使天下人兴高采烈，感到身心快乐，但这会使人不安宁；桀统治天下，使天下人劳累疲病，感到身心悲苦，而这会令人不愉快。不安静、不愉快，都是不符合人类自然本性的。违背人类自然本性而可以长治久安，天下从来没有这样的事。这段论述，充分体现了道家"无为"的理念。在他们看来，无论仁政还是暴政，都不符合人类社会发展规律；只有顺应天道、清净无为，任由社会自然发展，才是人间正道。

◎第139条 《庄子·外篇·在宥》

故君子不得已而临莅天下①，莫若无为。无为也，而后安其性命之情②。故贵以身于为天下③，则可以托天下；爱以身于为天下，则可以寄天下。

【注释】

①〔临莅（lì 立）天下〕就天子之位，管理天下。莅：到，临。

②〔性命之情〕生命的本真之情。

③〔贵以身于为（wéi 围）天下〕把自身看得比统驭天下更可贵。贵以身于，系"以身贵于"的倒装。贵：宝贵，珍贵，贵重。身：自身，自己。于：比。为：用作动词，这里是治理、统驭的意思。

【提要】

作者指出，君子出于不得已而管理天下，最好清净无为，一切顺其自然。清净无为，而后才能使天下人保持生命的本真之情。正因为如此，人若看重自身甚于看重统驭天下，便可以把天下托付给他；珍爱自身甚于珍爱统驭天下，便可以把天下寄托给他。

"故贵以身于为天下"两句，亦见于《老子·第十三章》。老庄学派认为，轻身以趋利，弃生以殉物，身且不能安，又怎能治理天下？因此，只有清净无为、贵身贱利的人，才可以受天下之重托，为万民所寄命。

◎第140条 《庄子·外篇·在宥》

故君子苟能无解其五藏^①，无擢^②其聪明，尸居^③而龙见^④，渊默^⑤而雷声^⑥，神动而天随^⑦，从容无为而万物炊累^⑧焉，吾又何暇^⑨治天下哉！

【注释】

①〔无解其五藏（zàng 葬）〕不散逸体内精气，指不放纵情欲。无解：不分散。五藏：五脏。这里代指人体内的精气。藏，通"脏（zàng 葬，繁体为'臟'）"。

②〔擢（zhuó 卓）〕拔，提升。引申为炫耀。

③〔尸居〕像受祭的活人那样一动不动地坐着。尸：受祭的活人。居：坐着。

④〔龙见（xiàn 现）〕像腾飞的龙一样活灵活现。形容精神健旺、神采奕奕。见：同"现"，显现。

⑤〔渊默〕像深渊那样深沉静默。

⑥〔雷声〕撼人之力就像打雷一样隆隆作响。这里指感人至深。声：用作动词，出声，发出声响。

⑦〔神动而天随〕心神一动则天意相随。指每种精神活动都合乎自然。

⑧〔炊累（lěi 垒）〕像炊烟一样积累升腾。形容万物的繁殖如炊烟一样不断累积、自然升腾。

⑨〔何暇〕哪有闲暇，何必。

【提要】

作者认为，君子如果能够不放纵自己的情欲，不炫耀自己的才智，安然自处而神采奕奕，静默深沉而感人至深，心神一动则天意相随，那么就会从容恬淡、清净无为，而世间万物就会像炊烟一样累积升腾、自由繁衍。这样的话，自己又何必去操心费力地治理天下呢！这段话用生动而又精辟的语言，进一步阐释了道家顺应天道、无为而治的政治主张。

◎第141条 《庄子·外篇·在宥》

至道①之精，窈窈冥冥②；至道之极，昏昏默默③。无视无听④，抱神以静⑤，形将自正⑥。必静必清，无劳女形⑦，无摇女精⑧，乃可以长生。

【注释】

①〔至道〕最高境界的"道"。

②〔窈窈冥冥〕深邃暗昧。形容深不可测的状态。

③〔昏昏默默〕幽暗静谧。形容既看不见也听不到的状态。

④〔无视无听〕不外视，不外听。无：通"毋"，不，不要。

⑤〔抱神以静〕护定心神，保持沉静。

⑥〔形将自正〕形体将会自然康健。正：正常，康健。

⑦〔无劳女（rǔ 辱）形〕不要劳累你的形体。女：通"汝"，你。

⑧〔无摇女（rǔ 辱）精〕不要耗费你的精神。摇：扰乱，耗费。

【提要】

这是作者虚构的得道高人广成子回答黄帝请教时所讲的一段话，是道家关于"至道"与"治身"的最精辟的论述之一。作者借广成子之口指出："至道"的精髓，深邃暗昧；"至道"的极致，幽暗静谧。不外视，不外听，护定心神，保持沉静，形体将会自然康健。内心一定要静，神志一定要清，不要劳累你的形体，不要耗费你的心神，这样才可以长生。这段话，集中描述了"至道"的特征，表达了道家清净无为的养生理念，对后世产生了深远的影响。

◎第142条 《庄子·外篇·在宥》

世俗之人，皆喜人之同乎己而恶人之异于己也。同于己而欲之^①，异于己而不欲者，以出乎众为心^②也。夫以出乎众为心者，曷常^③出乎众哉！因众以宁所闻^④，不如众技众^⑤矣。

【注释】

①〔欲之〕喜欢他。欲：喜爱。

②〔以出乎众为心〕把出人头地作为心愿。心：心愿，追求。

③〔曷常〕即"何尝""何曾"。曷：通"何"。常：通"尝"，曾经。

④〔因众以宁所闻〕凭借众人的赞同来确认自己的见闻。因：凭借。宁：确定，确认。

⑤〔不如众技众〕不如众人的才智多。第一个"众"，指众人；第二个"众"，指众多。

【提要】

世俗之人，都喜欢别人与自己相同而讨厌别人与自己不同。作者指出，跟自己相同就喜欢，跟自己不同就不喜欢，这是因为他们把出人头地当作自己的追求。而那些一心想出人头地的人，又何尝真正超出众人呢！需要凭借众人的赞同来确认自己的见闻，那就说明他远不如大众的才智多呀。在这里，作者对世俗之人党同伐异的现象做了深刻的分析，对那些一心想出人头地者提出了尖锐的批评。这段精辟的论述，时至今日，依然发人深省。

◎第143条 《庄子·外篇·在宥》

夫有土者，有大物①也。有大物者，不可以物②；物而不物③，故能物物④。明乎，物物者之非物也⑤，岂独治天下百姓而已哉！出入六合，游乎九州，独往独来，是谓独有⑥。独有之人，是谓至贵。

【注释】

①〔有大物〕拥有天下万物。大物：天下万物，指天下广大的土地与民众。

②〔不可以物〕不能受物欲支配。指应该超然天下万物之上。

③〔物而不物〕拥有万物而又不为外物所役使。两个"物"字，前一个表主动，后一个表被动。

④〔物物〕主宰天下万物。前一个"物"用如动词，指主宰；后一个"物"用如名词，指万物。

⑤〔明乎，物物者之非物也〕很明显哪，主宰万物的并非寻常之物，而是非物质的大道。明乎：很明显哪。

⑥〔独有〕独自拥有自由自在的人格境界。

【提要】

作者指出，拥有国土的人，自然拥有天下万物。而拥有天下万物的人，不可受物欲支配；拥有万物而又不为外物所役使，因此能主宰天下万物。作者进一步强调：很明显哪，主宰万物的并非寻常之物，而是非物质的大道，而这大道哪会仅仅适用于治理天下百姓而已呢！作者认为，能够出入天地四方，遨游九州大地，独往独来，这样就称得上独自拥有自由自在的人格境界。而独自拥有自由自在的人格境界的人，这才是最为尊贵的。这段论述，进一步体现了道家不为物役、清净无为的政治理念。

◎第144条 《庄子·外篇·在宥》

大人①之教，若形之于影，声之于响②。有问而应之，尽其所怀，为天下配③。处乎无响，行乎无方。

【注释】

①〔大人〕至人，道德高尚的人。

②〔响〕回声。

③〔为（wèi 未）天下配〕给天下人解疑释惑。为：给。配：对，对答，指对天下人提出的问题予以解答。

【提要】

作者指出，至人的教化润物无声，就像形体自有影子，声音自有回响。有人提问他就必有回应，穷尽自己所能，给天下人解疑释惑。自处则无声无响，行走也没有固定的方向。在作者看来，这种顺乎自然、不强加于人、不刻意引导的教化方式，才是最值得提倡的。这一观点，至今仍值得我们借鉴。

◎第145条 《庄子·外篇·在宥》

故圣人观于天而不助，成于德而不累①，出于道而不谋，会②于仁而不恃，薄③于义而不积，应于礼而不讳④，接于事而不辞，齐于法而不乱，恃于民而不轻，因于物而不去⑤。

【注释】

①〔累（lěi 垒）〕牵连，牵累。

②〔会〕符合。

③〔薄〕迫近，接近。

④〔讳〕忌讳，指顾忌礼节上的诸多讲究。一说"讳"通"违"。

⑤〔因于物而不去〕顺应事物的本性而从不背离。因：遵从，顺应。去：抛弃，背离。

【提要】

作者指出，圣人观察天道而不帮忙添乱，养成美德却不受其牵累，遵循大道却不刻意谋划，讲求仁爱却并不对其有所依赖，践行道义却不有意积累，顺应礼仪却无所顾忌，接触琐事却不抱怨推辞，合于法度而不肆行妄为，依靠民众而从不轻视，遵从事物的本性而绝不背离。这种观念，为人与自然、人与社会和谐相处提供了一种值得借鉴的思路，具有重要的参考价值。

◎第146条 《庄子·外篇·天地》

无为为之之谓天①，无为言之之谓德②，爱人利物之谓仁③，不同同之之谓大④，行不崖异之谓宽⑤，有万不同之谓富⑥。故执德之谓纪⑦，德成之谓立⑧，循于道之谓备⑨，不以物挫志之谓完⑩。

【注释】

①〔无为为之之谓天〕用无为的态度去做事，这叫顺应天道。无为为之：用无为的态度去做事，即不为而为。第一个"之"，指事情；第二个"之"，意为"这"。

②〔无为言之之谓德〕用无为的方式来表达，这叫符合天德。无为言之：用无为的方式来表达，即不言而言，指完全让客观事物本身去表明自己。

③〔爱人利物之谓仁〕爱护人的天性，为万物自由发展提供便利，这叫作仁。爱人：指尊重、爱护人的天性。利物：为万物自由发展提供便利，指顺应事物本性，任其自由发展。这里所说的"爱人利物"，与儒家所说的"仁者爱人"，墨家所说的"兼爱"，内涵有所不同。道家认为，"爱人利物"是指任由人与万物自然发展，而儒、墨之"爱"，皆属"有为"之举，对社会发展有害无益。

④〔不同同之之谓大〕使各不相同的事物回归同一的本性、融合为一，这叫作大。

⑤〔行不崖异之谓宽〕行为不排斥异己，这叫宽厚。崖异：指标新立异、排斥异己。崖，伟岸，兀傲。异，奇异、怪异，不同于众。宽：宽厚。

⑥〔有万不同之谓富〕能够包罗万象，这叫富有。有万不同：指包容千差万别的事物，即能够包罗万象。

⑦〔执德之谓纪〕保持自然本性，这是必须遵循的法则。执：保持，持守。德：指人的自然禀赋，即天性。纪：纲纪，指必须遵循的法则。

⑧〔德成之谓立〕养成美好的德行，这是真正的立身之本。立：立身，指立身之本。

⑨〔循于道之谓备〕遵循天道，这叫万善齐备。

⑩〔不以物挫志之谓完〕不因外物挫伤心志，这叫功德完满。完：完满，圆满。

【提要】

作者认为，用无为的态度去做事，这叫顺应天道；用无为的方式来表达，这叫符合天德；爱护人的天性、为万物自由发展提供便利，这叫作仁；使各不相同的事物融合为一，这叫作大；行为不排斥异己，这才称得上宽厚；能够包容万物，这才称得上富有。因此，作者进一步强调：保持天性，这是必须遵循的法则；养成美德，这是真正的立身之本；遵循天道，这才称得上万善齐备；不因外物而挫伤心志，这才称得上功德完满。这段论述，进一步阐明了道家顺应天道、宽仁无为的处世原则，集中体现了道家的世界观、人生观、价值观。其独特的思想内涵，对于我们修身立命富有重要的参考价值，值得深深体味、认真借鉴。

◎第147条 《庄子·外篇·天地》

大圣①之治天下也，摇荡②民心，使之成教易俗③，举灭其贼心④而皆进其独志⑤，若性之自为⑥，而民不知其所由然⑦。

【注释】

① 〔大圣〕伟大的圣人。

② 〔摇荡〕放任，鼓舞。

③ 〔成教易俗〕自然形成教化，改变世俗的陋习。

④ 〔举灭其贼心〕彻底灭绝他们的害人之心。举：尽，完全，彻底。贼心：害人之心。

⑤ 〔皆进其独志〕全面提高他们专心自由发展的意志。进：促进，提高。独志：专一的心志，指一心自由发展的意志。

⑥ 〔若性之自为〕顺由本性自然发展。若：顺，顺从。

⑦ 〔所由然〕这样做的缘由。然：这，这样。

【提要】

这是作者假托虚构人物季彻之口所讲的一段话，实际上表达的还是道家学派自己的观点。在这里，作者对自己心目中最理想的统治方式做了详细的阐述：伟大的圣人治理天下，放任民心而不加约束，使其自然形成教化、改变世俗的陋习，彻底灭绝他们的害人之心，全面提高他们自由发展的意志，让民众都顺由本性自然发展，却并不懂得自己为什么要这样做。这段论述，充分体现了道家的治世理想，虽然带有明显的空想色彩和一定的愚民倾向，但从抑制乱政、改善民风、崇尚民主、倡导自由的角度来看，依然具有很大的合理成分，值得我们参考借鉴。

◎第148条 《庄子·外篇·天地》

有机械者必有机事①，有机事者必有机心②。机心存于胸中则纯白不备③；纯白不备则神生不定④；神生不定者，道之所不载⑤也。

【注释】

①〔机事〕机巧、诡诈一类的事。

②〔机心〕机巧之心，指诡诈的心计。

③〔纯白不备〕纯洁清白的品质就不再具备。纯白：这里指未受世俗污染的纯洁清白的品质。备：具备。

④〔神生（xìng 性）不定〕精神不安定。生：同"性"，指性情、精神。

⑤〔不载（zài 在）〕不容。

【提要】

这是"子贡南游于楚"，"为圃者"教训子贡时所讲的一段话，其实表达的完全是作者自己的观点。"为圃者"认为，有了机械之类东西的人，必定做出机巧之事；做出机巧之事的人，必定生出诡诈的心计。因此，他进一步推断：诡诈之心存于胸中，那么纯洁清白的品质就不再具备；丧失了纯洁清白的品质，那么就会心神不定；而心神不定的人，就会为大道所不容。这段话从特定的角度，进一步阐释了道家"绝圣弃知""见素抱朴"的思想主张。从否定科技进步的角度来看，此言无疑带有明显的消极倾向；但从反对尔虞我诈、倡导民心纯朴的角度来看，此言仍有值得借鉴的合理成分。

◎第149条 《庄子·外篇·天地》

执道者①德全②，德全者形全③，形全者神全④。神全者，圣人⑤之道也。

【注释】

①〔执道者〕持守大道的人。执：持守。

②〔德全〕德行完美。德：指人的天赋本性。全：完备，完美。

③〔形全〕形体健全。

④〔神全〕精神饱满。

⑤〔圣人〕体悟大道的人。这里所说的"圣人"，与儒家所推崇的"圣人"内涵有所不同。

【提要】

这是作者假托子贡之口所讲的论道之言。作者认为，持守大道的人德行才会完备，德行完备的人形体才会健全，形体健全的人精神才会饱满。精神饱满，才合乎圣人之道。这段话很好地阐释了道、德、形、神之间的有机联系，进一步强调了持守自然大道、遵循天赋本性的重要意义，时至今日，对于我们立德、修身依然富有启迪作用。

◎第150条 《庄子·外篇·天地》

三人行而一人惑①，所适者②犹可致③也，惑者少也；二人惑则劳而不至，惑者胜④也。而今也以天下惑，予虽有祈向⑤，不可得⑥也。不亦悲乎！

【注释】

①〔惑〕迷惑，这里指迷路。

②〔所适者〕要去的地方，指目的地。适：往，去。

③〔致〕到达。

④〔胜〕胜出，占优。

⑤〔祈向〕祈求向往，指指点迷津的美好愿望。

⑥〔得〕完成，实现。

【提要】

三个人一起行走，有一个人迷了路，所要去的地方还是可以到达的，因为迷路的人少；三个人中有两个人迷了路，就会徒劳无功，不能抵达目的地，因为迷路的人占了优势。基于这种认识，作者发出一声长叹：如今整个天下都迷路了，我虽有指点迷津的美好愿望，却不可能实现哪。这种情况，不也十分可悲吗！作者的感叹，饱含着对世风日下、人性迷失的社会现实的强烈不满，愤激与无奈之情溢于言表。

◎第151条 《庄子·外篇·天地》

　　且夫失性有五：一曰五色①乱目，使目不明；二曰五声②乱耳，使耳不聪；三曰五臭薰鼻③，困惾中颡④；四曰五味浊口⑤，使口厉爽⑥；五曰趣舍滑心⑦，使性飞扬⑧。此五者，皆生之害也。

【注释】

　　①〔五色〕指青、黄、赤、白、黑五种颜色。泛指各种颜色。

　　②〔五声〕指宫、商、角（jué 决）、徵（zhǐ 纸）、羽五音。

　　③〔五臭（xiù 秀）薰鼻〕五种气味熏染鼻孔。五臭：指膻（shān 山）、薰、香、腥、腐五种气味。薰鼻：熏染鼻孔。薰，同"熏"。

　　④〔困惾（zōng 宗）中颡（zhòng sǎng 众嗓）〕困扰嗅觉、堵塞（sè 色）鼻腔，以至伤及额窦。惾：堵塞。中：中伤，伤害。颡：额窦，脑门儿。

　　⑤〔五味浊口〕五味污染口腔。五味：指酸、甜、苦、辣、咸。泛指各种美味食物。浊口：污染口腔。浊，使……浊。

　　⑥〔厉爽〕患病受伤，指丧失味觉。厉：指患病。爽：伤。

⑦〔趣（qǔ 取）舍滑（gǔ 鼓）心〕取舍之念扰乱心神。趣：通“取”。滑：扰乱。

⑧〔使性飞扬〕使人性情浮荡躁动。性：心性，性情。飞扬：浮荡躁动。

【提要】

作者指出，迷失本性有五种情况：一是五色迷乱视觉，使眼睛看不清楚；二是五音扰乱听力，使耳朵听不真切；三是五种气味熏染鼻孔，困扰嗅觉，堵塞鼻腔，以至伤及额窦；四是五味污染口腔，使口舌丧失味觉；五是取舍之念扰乱心神，使人性情浮荡躁动。作者强调，这五种情况，都是生命的祸害。这段论述，与老子“五色令人目盲，五音令人耳聋，五味令人口爽，驰骋畋（tián 田）猎令人心发狂，难得之货令人行妨”（《老子·第十二章》）的观点一脉相承，对沉迷声色、失性害生的不良风气提出了更为尖锐的批评，发人深思，令人警醒。

◎第152条 《庄子·外篇·天道》

天道运而无所积①，故万物成②；帝道运而无所积，故天下归；圣道运而无所积，故海内③服。

①〔积〕淤积不通，积滞，停滞。

②〔成〕生成。

③〔海内〕四海之内，国境之内。古人认为我国疆土四面临海，故称。

【提要】

作者认为，上天之道自然运行而从不积滞，所以万物得以生成；帝王之道自然运行而从不积滞，所以天下百姓归顺；圣人之道自然运行而从不积滞，所以海内之人倾心折服。这段论述，在强调"道"的重要作用的同时，进一步强调了尊重自然规律、确保"道"运行不息的必要性。

◎第153条 《庄子·外篇·天道》

水静则明烛须眉①，平中准②，大匠取法焉③。水静犹明，而况精神④！圣人之心静乎！天地之鉴⑤也，万物之镜也。

【注释】

①〔明烛须眉〕可以清楚地照见胡须和眉毛。烛：用

作动词，照。须眉：胡须和眉毛。

②〔平中（zhòng 仲）准〕水面之平合乎标准。中：符合。准：古代测量水平的仪器。

③〔大匠取法焉〕高明的工匠借此获取测量平面的准则。大匠：高明的工匠。取法：获取测量标准。法，准则。焉：于此，从这里。

④〔而况精神〕更何况精神呢。意为精神平静更可以明鉴万物。况：何况。

⑤〔天地之鉴〕可以作为映照天地的镜子。鉴：镜。

【提要】

水面宁静时便能清晰地照见人的胡须和眉毛，水面之平合乎标准，高明的工匠可以借此获取测量平面的准则。作者据此推论，水面平静尚且可以明鉴万物，更何况人的精神呢！作者赞叹：圣人的内心多么明净啊！可以作为映照天地的镜子，可以作为映照万物的镜子。

这段论述，准确分析了"静"与"明"的关系，并且提醒我们：只有保持内心的宁静，方可明察秋毫，明辨是非，正确认识世界。

◎第154条 《庄子·外篇·天运》

以敬孝易①，以爱孝难②；以爱孝易，以忘亲③难；忘亲易，使亲忘我④难；使亲忘我易，兼忘⑤天下难；兼忘天下易，使天下兼忘我难。

【注释】

①〔以敬孝易〕用恭敬的态度行孝容易。

②〔以爱孝难〕用爱的本心行孝比较困难。

③〔忘亲〕淡忘双亲。这里指用虚静淡泊的态度对待双亲。

④〔忘我〕忘记我，不挂念我。

⑤〔兼忘〕同时忘掉。指忘掉亲疏远近，无亲无疏。

【提要】

这段话是庄子回答宋国大（tài 太）宰荡问仁时讲的。庄子认为，至仁无亲。用恭敬的态度行孝容易，以爱的本心行孝比较困难；用爱的本心行孝容易，行孝时淡忘双亲比较困难；行孝时淡忘双亲容易，使双亲也淡忘我比较困难；使双亲淡忘我容易，同时也淡忘天下人比较困难；双亲同时淡忘我与天下人容易，使天下人都忘掉我更为困难。这段论述用层层递进的方式，说明由人情之爱到本性之爱，由"忘亲"到"亲忘"，从"兼忘天下"再到"天下忘我",一层比一层困难,境界也一层比一层高远。在庄子看来,只有放弃一家一国之小爱,做到物我兼忘、无亲无疏,才能达到"至仁"的境界。

◎第155条 《庄子·外篇·天运》

名,公器^①也,不可多取。仁义,先王之蘧庐^②也,止可以一宿^③,而不可久处,觏而多责^④。

【注释】

①〔公器〕天下人所共用的东西,指人人争夺的对象。

②〔蘧(qú 渠)庐〕旅舍。

③〔止可以一宿(sù 素)〕只可以偶尔住上一宿(xiǔ 朽)。止:只,仅。宿:住宿。

④〔觏(gòu 够)而多责〕为人关注就会招致众多责备。觏:见,关注。一说意为交积、滞留。

【提要】

这是作者假托老子之口所讲的一段话,很好地表明了道家对名声和仁义的看法。文中指出:名声,是天下人所共用的东西,不可过多猎取。仁义,犹如前代帝王留下的旅舍,可以偶尔住上一宿,却不可长期居留,张扬仁义、为人关注就会招致众多责备。这段话提醒我们，不可贪图虚名、标榜仁义，否则就会"劳而招怨"，反为不美。

◎第156条 《庄子·外篇·刻意》

夫恬惔[1]、寂漠[2]、虚无、无为，此天地之平[3]而道德之质也。故曰：圣人休休焉[4]则平易矣，平易则恬惔矣。平易、恬惔则忧患不能入，邪气不能袭[5]，故其德全而神不亏。

【注释】

①〔恬惔（dàn 旦）〕即恬淡。惔：通"淡"。

②〔寂漠〕即寂寞。漠：通"寞"。

③〔平〕准则。

④〔休休焉〕宽舒的样子。

⑤〔袭〕侵袭。

【提要】

作者认为，恬淡、寂寞、虚无、无为，这是天地的准则和道德的本质。所以说：圣人性情宽舒就会平静和蔼，平静和蔼就会安恬淡泊。平静和蔼、安恬淡泊，那

424

么忧患就不会滋扰内心，邪气就不能侵袭肌体，因此，他就能保全天性、精神饱满。这段话阐明了修身养性的要诀，值得我们细心参悟、认真借鉴。

◎第157条 《庄子·外篇·刻意》

纯素之道①，唯神是守②；守而勿失，与神为一；一之精通③，合于天伦④。野语有之曰："众人重利，廉士重名，贤士尚志⑤，圣人贵精⑥。"故素也者，谓其无所与杂也；纯也者，谓其不亏其神也。能体⑦纯素，谓之真人。

【注释】

①〔纯素之道〕纯粹朴素之道。

②〔唯神是守〕专心守持自己的精神。

③〔一之精通〕身心合一以至精气通畅。一：指形体与精神凝合为一，即身心合一。精：精气，精神。

④〔天伦〕天理，指自然规律。伦：条理，次序。

⑤〔尚志〕崇尚志气。

⑥〔贵精〕珍视精神。贵：以……为贵，珍视。

⑦〔体〕体悟。

【提要】

作者指出，纯粹朴素之道，在于专心守持精神；守持精神而不令丧失，就能使形体与精神凝合为一；身心合一以至精气通畅，就合乎自然规律。俗话说："普通人看重私利，清廉者看重名声，贤者崇尚志气，圣人珍视精神。"因此，所谓朴素，就是不含任何杂质；所谓纯粹，就是精神毫不亏损。能够体悟纯素的真谛，方可称为真人。在道家看来，名利、志气都是奴役身心的锁链，必须予以抛弃；只有返璞归真，才是无上大道。

◎第158条 《庄子·外篇·缮性》

古之存身①者，不以辩饰知②，不以知穷天下③，不以知穷德④，危然处其所⑤而反其性⑥，己又何为哉！道固不小行⑦，德固不小识⑧。小识伤德，小行伤道。故曰：正己而已矣。乐全之谓得志⑨。

【注释】

①〔存身〕保全自身。原本作"行身"，与上文不合，今据《续古逸丛书》本改。

②〔以辩饰知（zhì 智）〕用巧辩来粉饰智慧。知：智

谋。下面两个"知"用法与此相同。

③〔不以知穷天下〕不用智谋使天下人困窘。穷：使……困窘。

④〔不以知穷德〕不因心智使德行受到困扰。

⑤〔危然处其所〕独立生活于自在的环境。危然：卓然独立的样子。危，独立。

⑥〔反其性〕使自己的本性返璞归真。反：通"返"，这里用作使动。

⑦〔小行〕小举动，指与大道相违背的琐屑行为。

⑧〔小识〕小见识，指与天德相违背的浅陋见识。

⑨〔乐全之谓得志〕以保全自然本性为乐就可以称为志得意满。乐全：以保全自然本性为乐。得志：志愿得以实现。

【提要】

作者指出，古代善于保全自身的人，不用巧辩来粉饰智慧，不用智谋使天下人困窘，不因心智使德行受到困扰，独立生活于自由自在的环境而使本性返璞归真，自己又何须去做些什么呢！大道本来就不会致力于那些琐屑的小举动，大德本来就不在乎那些浅陋的小见识。小见识会伤害德行，小举动会伤害大道。所以说，只需端正自己就够了。以保全自然本性为乐，就可以称为志得意满。这段论述，进一步体现了道家学派的"无为"理念，为后人修身养性提供了值得借鉴的思路。

◎第159条 《庄子·外篇·缮性》

古之所谓得志者，非轩冕①之谓也，谓其无以益其乐而已矣。今之所谓得志者，轩冕之谓也。轩冕在身，非性命也，物之傥来②，寄③者也。寄之，其来不可圉④，其去不可止。故不为轩冕肆志⑤，不为穷约趋俗⑥，其乐彼与此同，故无忧而已矣。今寄去则不乐，由是观之，虽乐，未尝不荒⑦也。故曰：丧己于物⑧、失性于俗⑨者，谓之倒置之民⑩。

【注释】

①〔轩冕〕车子和官帽。这里代指高官厚禄。轩：古代一种有帷幕而前顶较高的车，泛指车。冕：大夫以上所戴的冠，官帽。

②〔物之傥（tǎng 躺）来〕外物偶然而来。傥：偶然，意外地。

③〔寄〕寄托。

④〔圉（yǔ 禹）〕通"御"，抵御，抵挡。

⑤〔肆志〕放纵心志，纵情。肆：放纵，不顾一切，任意妄为。志：心志，心愿。

⑥〔不为穷约趋俗〕不因穷困而趋附流俗。穷约：穷

困。趋俗：趋附流俗，趋炎附势。

⑦〔荒〕通"慌"，慌乱。

⑧〔丧己于物〕因沉迷外物而葬送自己。

⑨〔失性于俗〕因迎合流俗而丧失本性。

⑩〔倒置之民〕本末颠倒的人。民：人。

【提要】

作者认为：古代所说的志得意满，不是指拥有高官厚禄，而是说出自本性的快乐无以复加罢了。今天人们所说的志得意满，是指官高禄厚、地位显赫。其实，高官厚禄加于自身，并不属于自然性命所固有，只是外物偶然降临，暂时寄托于此罢了。外物寄托于此，它们到来不可抵挡，失去也无法阻止。所以，不可因拥有高官厚禄而放纵心志，也不必因陷于贫穷困苦而趋附流俗，面对高官厚禄与贫穷困苦同样快乐自适，才能真正做到无忧无虑。在此基础上，作者进一步指出：现在的人，寄托之物失去便觉得不高兴；由此看来，他们即使有过快乐，也未尝不因患得患失而心慌意乱。作者最后强调：因沉迷外物而葬送自己，因迎合流俗而丧失本性，这种人纯属本末颠倒。

◎第160条 《庄子·外篇·秋水》

秋水时①至，百川灌河②。泾流③之大，两涘④渚崖⑤之间，不辩⑥牛马。于是焉河伯⑦欣然自喜，以天下之美为尽在己。顺流而东行，至于北海，东面而视，不见水端。于是焉河伯始旋其面目⑧，望洋向若而叹⑨曰："野语⑩有之曰'闻道百，以为莫己若⑪者'，我之谓也……吾非至于子之门则殆矣，吾长见笑于大方之家⑫。"

【注释】

①〔时〕按时令。

②〔百川灌河〕很多河流一起注入黄河。百川：很多河流。灌：注入。河：指黄河。

③〔泾（jīng 经）流〕此处指干（gàn 赣）流。泾，通"巠（jīng 经）"，直流的水波。

④〔两涘（sì 四）〕两岸。涘：河岸。

⑤〔渚（zhǔ 主）崖〕水中小块陆地的边沿。渚：水中的小块陆地。崖：岸。

⑥〔不辩〕分辨不清。辩：通"辨"，分辨。

⑦〔河伯〕黄河水神。传说姓冯名夷。

⑧〔旋其面目〕改变了他欣然自喜的面容。旋：转，改变。

⑨〔望洋向若而叹〕面对海若仰首慨叹。望洋：连绵词，仰视的样子。若：海神名，即下一条中的北海若。

⑩〔野语〕俗话。

⑪〔莫己若〕即"莫若己"，没有谁比得上自己。与下文"我之谓也"结构相同，均属宾语前置。

⑫〔长见笑于大方之家〕永远被通晓大道的人耻笑。长：长期，永远。见：被。大方之家：见多识广、通晓大道的人。

【提要】

初秋时节，洪水应时而至，众多河流一起注入黄河，黄河水势突然变得非常浩大，以致两岸和水中沙洲之间望过去连牛马都分辨不清。于是河伯欣然自喜，以为天下美景全都聚到了自己这里。他顺水向东而行，到了北海，朝东一望，发现海水根本看不见尽头。面对这种场面，河伯一下改变了洋洋自得的神情，面向海神仰首慨叹："有句俗话讲：'听说了一些道理，就以为没有谁比得上自己'，说的就是我这样的人哪……假如我没来到您家门前，那就危险了，我将永远被见多识广、通晓大道的人耻笑。"这段生动的寓言故事，提醒世人：人的知识都是有限的，略有所知便沾沾自喜、妄自尊大，最后只能贻人笑柄、遭人耻笑。

◎第161条 《庄子·外篇·秋水》

北海若曰："井蛙不可以语①于海者，拘于虚②也；夏虫不可以语于冰者，笃③于时也；曲士④不可以语于道者，束于教⑤也……"

【注释】

①〔语〕谈论。

②〔虚〕通"墟"，指住所。

③〔笃〕限制，局限。

④〔曲（qū 屈）士〕曲僻之士，指囿于一隅、见识不广的人。

⑤〔束于教〕受制于所受的教育。束：束缚，约束。

【提要】

北海若说："井底的青蛙，不能跟它谈论大海，是因为它受到生存空间的限制；夏天的虫子，不能跟它谈论寒冰，是因为它受到生存时间的局限；孤陋寡闻的人，不能跟他谈论大道，是因为他受到的教育有限……"这段话提醒我们：实践决定认识。只有勇于探索实践，不断拓宽视野，才能切实提高认识水平，逐步把握客观规律。

◎第162条 《庄子·外篇·秋水》

计①人之所知，不若其所不知；其生之时，不若未生之时。以其至小，求穷其至大之域②，是故迷乱而不能自得③也。由此观之，又何以知毫末之足以定至细之倪④？又何以知天地之足以穷至大之域！

【注释】

①〔计〕计算。

②〔求穷其至大之域〕力求彻底了解那最为广大的未知领域。求：力求。穷：穷尽，指彻底了解。其：那。

③〔不能自得〕自己不能得到。

④〔至细之倪（ní 泥）〕最小的限度。细：小。倪：尺度，标准。

【提要】

作者指出：算起来，一个人所懂得的知识，远远不如他所不知道的东西多；他生存的时间，远远不如不在人世的时间长。人们用极为有限的智慧，力求彻底了解那最为广大的未知领域，因此，往往意乱心迷而自己终无所得。由此看来，又凭什么认为毫毛的末端就足以确定为最小的限度呢？又凭什么认为天与地就可以看作最大的境域呢!

这段论述,明确指出了人类认识的有限性和宇宙时空的无限性,时至今日,对我们正确认识世界、探索宇宙奥秘,仍然具有重要的启迪意义。

◎第163条 《庄子·外篇·秋水》

夫自细视大①者不尽②,自大视细者不明③。

【注释】

①〔自细视大〕从微小的角度看宏大的事物。

②〔不尽〕不全面,看不到全貌。

③〔不明〕不分明,看不真切。

【提要】

从微小的角度看宏大的事物,难以看到全貌;从宏大的角度看微小的事物,往往看不真切。这一著名论断,很好地揭示了宏观与微观的辩证关系,阐明了两种截然不同的观察角度在认识过程中各自存在的局限,从而提醒我们:在观察事物时,应该善于从不同角度全面深入地看问题,既不可只见树木不见森林、一叶障目不见泰山,又不能只重共性而忽略个性、只求概貌而忽略细节。

◎第164条 《庄子·外篇·秋水》

梁丽①可以冲城②，而不可以窒穴③，言殊器④也。骐骥、骅骝⑤一日而驰千里，捕鼠不如狸狌⑥，言殊技⑦也。鸱鸺⑧夜撮蚤⑨，察豪⑩末，昼出瞋目⑪而不见丘山，言殊性也。故曰：盖师是而无非⑫，师治而无乱乎？是未明天地之理、万物之情者也。是犹师天而无地，师阴而无阳，其不可行明矣。

【注释】

①〔梁丽〕栋梁，代指大木头。梁：房梁。丽：通"栭（lì 立）"，栋，脊檩。

②〔冲城〕撞击城门。冲：冲撞，撞击。

③〔窒穴（zhì xué 至学）〕堵塞（sè 色）小孔。窒：堵塞。穴：孔穴。

④〔言殊器〕说明器具的用处有所不同。言：说明。殊：不同。器：器具。

⑤〔骐骥、骅骝（huá liú 滑流）〕皆骏马名。

⑥〔狸狌〕见第96条注⑦。

⑦〔技〕技能。

⑧〔鸱鸺（chī xiū 吃休）〕猫头鹰。

⑨〔撮（cuō 搓）蚤〕抓跳蚤。

⑩〔豪〕同"毫"，毫毛。

⑪〔瞋（chēn 嗔）目〕瞪大眼睛。

⑫〔盖（hé 何）师是而无非〕怎能效法所谓正确的就认为不会再出现错误。盖：通"盍"，怎么，怎能。师：师从，效法。

【提要】

栋梁可以用来撞击敌人的城门，却不可以用来堵塞孔穴，说明器具的用处有所不同。骏马一天可以奔驰千里，捕捉老鼠却不如山猫与黄鼠狼，说明动物的技能各有短长。猫头鹰夜里能抓取小小的跳蚤，看清毫毛的末梢，可白天出来瞪大眼睛也看不见高大的山丘，说明动物的天性存在差异。基于上述分析，作者指出：怎能认为向正确的学习就不会再出现错误，向安定的学习就不会再产生动乱呢？这是不了解客观规律和万物实情的结果呀！这样做，就像效法天而无视地、效法阴而无视阳，那显然是不可行的。

这段论述表明，道家在强调"万物齐一"的同时，也高度重视事物之间的差异性，其观点初步揭示了对立统一规律，具有不可忽视的思想价值。

◎第165条 《庄子·外篇·秋水》

物之生也，若骤若驰①，无动而不变，无时而不移②。何为乎？何不为乎？夫固将自化③。

【注释】

①〔若骤若驰〕就像快马飞奔、车马疾行一样。骤：快马奔跑。驰：车马疾行。

②〔移〕移动，转变。

③〔固将自化〕万物本来就会自行变化。

【提要】

作者指出，万物生长，就像快马飞奔、车马疾行一样，一举一动都会出现变化，无时无刻不在发生转变。那么，我们应该做什么，又不该做什么呢？作者认为，不管做与不做，万物都会自行变化。

这段论述提醒我们，一定要用发展变化的眼光看问题，一切都应该顺应自然。

◎第166条 《庄子·外篇·秋水》

知道者必达于理①，达于理者必明于权②，明于权者不以物害己。

【注释】

①〔知道者必达于理〕明晓大道的人必定通达事理。知道：明晓大道。达于理：对事理通达，即通达事理。达，通达，明白。

②〔权〕权变，随机应变。

【提要】

明晓大道的人必定通达事理，通达事理的人必定懂得权变，懂得权变的人定然不会为了外物而伤害自己。这一精辟的论断，以层层递进的方式，强调了悟道明理、精于权变的重要意义，提醒我们不可因沉迷外物而招致伤害，堪称至理名言。

◎第167条 《庄子·外篇·秋水》

无以人灭天^①，无以故灭命^②，无以得殉名^③。谨守^④而勿失，是谓反其真^⑤。

【注释】

①〔无以人灭天〕不要因人欲而泯灭天理。无：通"毋"，不要。人：指人欲，即人的欲望。灭天：泯灭天理，指违背自然规律。

②〔无以故灭命〕不要因巧诈而毁灭性命。故：智巧，巧诈。命：性命。

③〔无以得殉名〕不要因贪得而不顾生命，追逐虚名。得：贪得。殉名：不顾生命以求名。

④〔守〕保守，坚守。

⑤〔反其真〕复归天真的本性。反：同"返"，返回，复归。

【提要】

道家认为，人类应该顺应自然、保持天性，如果不顾一切地追逐功名利禄，就会失去天真的本性，身心都会受到戕（qiāng 枪）害。因此，作者明确指出：不要因人欲而泯灭天理，不要因巧诈而毁灭性命，更不要因贪得而不顾生命、追逐虚名。坚守此道而不丧失，这才称得上复归本真。

◎第168条 《庄子·外篇·秋水》

公孙龙①问于魏牟②曰："龙少学先王之道，长而明仁义之行；合同异③，离坚白④；然不然⑤，可不可⑥；困百家之知⑦，穷众口之辩⑧：吾自以为至达已⑨。今吾闻庄子之言，汒然异之⑩。不知论之不及与？知之弗若与？今吾无所开吾喙⑪，敢问其方⑫。"公子牟隐机大息⑬，仰天而笑曰："子独不闻夫埳井⑭之蛙乎？谓东海之鳖曰：'吾乐与⑮！出跳梁⑯乎井干⑰之上，入休乎缺甃之崖⑱……且夫擅⑲一壑之水，而跨跱⑳埳井之乐，此亦至矣。夫子奚不时来入观乎？'东海之鳖左足未入，而右膝已絷㉑矣。于是逡巡而却㉒，告之海曰：'夫千里之远，不足以举其大；千仞之高，不足以极其深……夫不为顷久㉓推移，不以多少进退者，此亦东海之大乐也。'于是埳井之蛙闻之，适适然㉔惊，规规然自失㉕也。且夫知不知是非之竟㉖，而犹欲观于庄子之言，是犹使蚊负山、商蚷驰河㉗也，必不胜任矣。且夫知不知论极妙之言，而自适一时之利者，是非埳井之蛙与？……子往矣！且子独不闻夫寿陵馀子㉘之学行于邯郸与？未得国能㉙，又失其故行㉚矣，直匍匐而归耳。今子不去，将忘子之故㉛，失子之业。"

【注释】

①〔公孙龙〕战国时期赵国人，名家代表人物之一。

②〔魏牟〕魏国公子，故又称公子牟。

③〔合同异〕将相同的与不同的合而为一。

④〔离坚白〕把一个物体质地坚硬的特性与颜色洁白的特性分离开来。

⑤〔然不然〕把不对的说成是对的。然：对。

⑥〔可不可〕把不应认可的说成是可以的。

⑦〔困百家之知〕使百家的才智都陷入困境。

⑧〔穷众口之辩〕使众人的论辩都理屈词穷。

⑨〔至达已〕最为通达了。至：最，极。已：通"矣"，语气助词。

⑩〔汒（máng 忙）然异之〕内心迷茫，对其感到十分惊异。汒：同"茫"，迷茫，搞不清楚。异：对……感到惊异。之：它，指庄子之言。

⑪〔吾无所开吾喙（huì 会）〕我都没法张开我的嘴。喙：嘴。

⑫〔敢问其方〕请问有什么办法可以应对。方：术，办法。

⑬〔隐机大（tài 太）息〕靠在几案上长叹。隐：依靠。机：通"几"，几案，古人用来倚凭身体的小桌子。大息：太息，叹息。大：同"太"。

⑭〔坎（kǎn 砍）井〕浅井。坎：同"坎"，洼坑。

⑮〔吾乐与（yú 余）〕我很快乐呀。与：通"欤"。

⑯〔跳梁〕通"跳踉（liáng 良）"，跳跃。

⑰〔井幹（hán 含）〕井栏。幹：通"韩"，井上的围栏。

⑱〔缺甃（zhòu 咒）之崖〕砖头残缺的井壁。甃：砌井壁用的砖。崖：山石或高地陡立的侧面，这里指井壁。

⑲〔擅〕独占，独霸。

⑳〔跨跱（zhì 至）〕叉（chǎ 衩）腿而立，盘踞。跱：站立。

㉑〔絷（zhí 直）〕卡住，绊住。

㉒〔逡（qūn 群阴平）巡而却〕迟疑徘徊而退。逡巡：有所顾虑而徘徊。却：退却。

㉓〔顷久〕指时间短长。顷：时间短暂。久：时间长久。

㉔〔适适（tì 惕）然〕惊惧的样子。

㉕〔规规然自失〕局促不安，感到非常失落。规规然：局促不安的样子。

㉖〔知（zhì 智）不知（zhī 之）是非之竟〕才智不足以懂得是非的界限。知不知：前一个"知"，通"智"，指才智；后一个"知"，义为"懂得"。竟：通"境"，边界，界限。

㉗〔商蚷（jù 巨）驰河〕让马陆渡河。商蚷：虫名，即马蚿（xián 咸），又称马陆、千足虫，只能在陆地上爬，不能游水。

㉘〔寿陵馀子〕燕国寿陵的少年。寿陵：燕国地名。馀子：年幼未服役的男子。

㉙〔国能〕赵国人特有的行走技巧。

㉚〔故行〕原来走路的步法。

㉛〔故〕原来的本事。

【提要】

公孙龙自恃聪明、善于巧辩，但听了庄子的言论却感到茫然无措、难以应对，于是向魏牟请教对策。魏牟倚案长叹，仰天大笑，先给他讲了一个埳井之蛙的故事：住在浅井里的一只青蛙，得意洋洋地向东海之鳖炫耀自己悠然快乐的境遇，并且邀请巨鳖进去看看，结果巨鳖左脚还未进，右腿就卡住了。最后，青蛙听了巨鳖对东海的介绍，倍感惊讶、失落。借助埳井之蛙的故事，魏牟训导公孙龙说：才智不足以分清是非的界限，却想理解庄子的极妙之言，这就如同让蚊子背负高山，让马陆游过大河，必然难以胜任。而你们这种才智不足以通晓极妙之言，经常为逞一时的口舌之利而感到安然自得的人，不就像浅井里的青蛙吗？最后，他催促公孙龙说：快走吧，你没听说过邯郸学步的故事吗？寿陵少年跑到邯郸

443

学习行走的技巧，结果赵国人的行走技巧没学到，自己原来的步法也忘了，最后只好爬着回去。假如你不快点儿走开，必将像寿陵少年一样，不仅学不懂庄子讲述的大道，而且会忘了你原有的技能，失去自己的本业。

这段文字，借助魏牟教训公孙龙的妙语，辛辣地讽刺了名家学派以机智巧辩为荣却难以理解庄子之学的浅薄可笑。其中所引用的埳井之蛙和邯郸学步的寓言，至今广为流传。

◎第169条 《庄子·外篇·秋水》

庄子与惠子游于濠梁①之上。庄子曰："鲦鱼②出游从容，是鱼之乐也。"惠子曰："子非鱼，安知鱼之乐？"庄子曰："子非我，安知我不知鱼之乐？"惠子曰："我非子，固③不知子矣；子固非鱼也，子之不知鱼之乐，全④矣！"庄子曰："请循其本⑤。子曰'汝安知鱼乐'云者，既已知吾知之而问我。我知之濠上也。"

【注释】

①〔濠（háo 毫）梁〕濠水上的石堰。濠：濠水，河

名，在今安徽凤阳县北。梁：拦水的石坝。一说，"梁"
指桥梁。

②〔鲦（tiáo 条）鱼〕白条鱼。

③〔固〕本来。

④〔全〕完全可以肯定，即无可辩驳。

⑤〔循其本〕追溯一下你原本说过的话。

【提要】

　　惠子是善于巧辩的名家代表人物。庄子和他一起在
濠水的石坝上闲游。庄子说："白条鱼游得那么从容自
在，这就是鱼儿的快乐。"惠子说："你不是鱼，怎么知
道鱼的快乐？"庄子说："你不是我，怎么知道我不知道
鱼儿的快乐？"惠子说："我不是你，固然不知道你的想
法，你本来也不是鱼，你不知道鱼的快乐，也是完全可
以肯定的。"庄子说："请让我们追溯一下你原本说过的
话。你刚才说'你怎么知道鱼的快乐'，就是已经知道我
知道鱼儿的快乐而问我。我是在濠水的石坝上知道鱼儿
快乐的。"

　　这段有趣的故事，反映了庄子通过"反其真"而感
悟世事的超然境界，批评了名家喜欢诡辩而失其本真的
思维倾向。

◎第170条 《庄子·外篇·至乐》

果^①有乐无有哉？吾以无为诚乐矣^②，又俗之所大苦也。故曰："至乐无乐^③，至誉无誉^④。"

【注释】

①〔果〕果真。

②〔吾以无为诚乐矣〕我认为清净无为的确是快乐的。以：认为。诚：实在，的确。

③〔至乐无乐〕最大的快乐就是没有快乐。至乐：最大的快乐。

④〔至誉无誉〕最高的荣誉就是没有荣誉。至誉：至高无上的荣誉。

【提要】

世间果真有没有快乐呢？作者认为，清净无为的确是快乐的，但这又是世俗之人所感觉最苦恼的。所以，作者进一步指出："最大的快乐就是没有快乐，最高的荣誉就是没有荣誉。"

这段论述，反映了道家与世人截然不同的苦乐观，进一步体现了道家崇尚"无为"的思想倾向。"至乐无乐，至誉无誉"两句断语，与老子的观点一脉相承，不仅具有深刻的思想内涵，而且具有明显的辩证色彩，非常耐人寻味。

◎第171条 《庄子·外篇·至乐》

庄子妻死，惠子吊之，庄子则方箕踞鼓盆而歌①。惠子曰："与人居②，长子③、老身④，死不哭亦足矣⑤，又鼓盆而歌，不亦甚乎？"庄子曰："不然。是其始死也，我独何能无概⑥！然察其始而本无生；非徒⑦无生也，而本无形；非徒无形也，而本无气⑧。杂乎芒芴⑨之间，变而有气，气变而有形，形变而有生，今又变而之死⑩，是相与为春秋冬夏四时行也。人且偃然寝于巨室⑪，而我噭噭⑫然随而哭之，自以为不通乎命⑬，故止⑭也。"

【注释】

①〔方箕踞（jījù 积具）鼓盆而歌〕正分开双腿像簸箕一样席地而坐，敲着瓦盆唱歌。方：正在。箕踞：分开双腿像簸箕一样席地而坐。这是一种不拘礼法的坐法。鼓：敲击。

②〔与人居〕与人家一起共同生活。人：指庄子的妻子。居：居处，一起生活。

③〔长（zhǎng 掌）子〕生儿育女。长：使……成长。子：孩子，子女。

④〔老身〕使她的身体与自己一起慢慢变得衰老。老：使……衰老。

⑤〔死不哭亦足矣〕人家死了你不痛哭也就够了。足矣：够了，够不合情理了。

⑥〔无概（kǎi 慨）〕没有感慨，不伤心。概：通"慨"，感慨。

⑦〔非徒〕不只，不仅。徒：只，仅。

⑧〔气〕指一种生成形体的元素。

⑨〔芒芴（huǎng hū 谎忽）〕同"恍惚"，形容不可辨认、不可捉摸的状态。

⑩〔之死〕至死。之：至，到。

⑪〔人且偃（yàn 艳）然寝于巨室〕死去的那个人将安然卧眠于天地之间。人：指自己的妻子。且：将会。偃：通"宴"，安闲。寝：卧眠，睡。巨室：指天地之间。

⑫〔嗷嗷（jiào 叫）〕悲哭的声音。

⑬〔命〕天命。

⑭〔止〕指停止哭泣。

【提要】

庄子的妻子死了，惠子前往吊唁，庄子却正分开双腿像簸箕一样席地而坐，敲着瓦盆唱歌。惠子说："你跟人家生活了一辈子，两人一起生儿育女、白头到老，人家死了你不痛哭也就罢了，还敲着瓦盆唱歌，不也太过分了吗?"庄子说:"不像你说的那样。在她刚死的时候,我怎么能不感慨伤心呢!然而仔细体察就会明白,她开始原本就没有生命;不仅没有生命,而且本来就不曾具有形体;不仅不曾具有形体,而且原本就不曾具有元气。混杂于恍恍惚惚的状态之间,历经变化而有了元气,元气再变化才有了形体,形体继续变化而有了生命,如今又变化而归于死亡,这种生来死往的相互转化就跟春夏秋冬四季运行一样。人家将安逸地卧眠于天地之间,而我却呜呜地伴着她痛哭,自认为这是不通达天命的表现,所以就停止了哭泣。"庄子这番回答,阐明了生死变化的自然规律,表达了应该顺应自然法则、坦然面对生死的观点。

◎第172条 《庄子·外篇·至乐》

褚①小者不可以怀大②,绠③短者不可以汲深④。

【注释】

① 〔褚(zhǔ 主)〕囊,口袋。

② 〔怀大〕装大的东西。

③ 〔绠(gěng 梗)〕汲水用的绳子。

④ 〔汲深〕从深井里往上打水。

按原文表述，这两句名言出自管子之口，但今本《管子》不见此语。其意为：口袋小就不能装进大的物件，绳子短就不能汲取深井里的水。作者以此喻示我们：成大业者必须拥有开阔的胸襟，负重任者必须具备足够的能力。

◎第173条 《庄子·外篇·达生》

达生之情者①，不务②生之所无以为③；达命之情者，不务知④之所无奈何⑤。

【注释】

①〔达生之情者〕通晓生命真谛的人。达：通达，通晓。生：生命。情：实情，真谛。

②〔务〕追求。

③〔所无以为〕不可做的，无法做到的，指对于生命无益的东西。

④〔知（zhì 智）〕智力。

⑤〔所无奈何〕无能为力的。

【提要】

通晓生命真谛的人，不会去追求对于生命无益的东西；通晓命运真谛的人，不会去追求智力无法改变的事情。这段论述，反映了道家顺乎天理、清净无为的养生理念。

◎第174条 《庄子·外篇·达生》

以瓦注者巧①，以钩注者惮②，以黄金注者殙③。其巧一也，而有所矜④，则重外⑤也。凡外重者内拙。

【注释】

①〔以瓦注者巧〕用瓦器下注者心思灵巧。瓦：瓦器。注：赌注，这里用如动词，指投注。

②〔以钩注者惮〕用带钩下注者担心害怕。钩：衣带钩，多用青铜制成。一说银锞（kè 克）。惮：担心，害怕。

③〔殙（hūn 昏）〕同"惛"，迷乱，迷惑，指心绪紊乱。

④〔有所矜（jīn 今）〕有所顾惜，患得患失。矜：顾惜，牵挂。

⑤〔重外〕重视外物。

【提要】

用瓦器做赌注的人，心里轻松，会超水平发挥；用金属带钩做赌注的人，往往心存疑惧；而用黄金做赌注的人则会头脑发昏、内心迷乱。其实，赌博的技巧是一样的，但下赌注大的人往往患得患失，以致最后逐渐丧失理智，这是太看重身外之物的表现。通过上述例证，作者推导出一个富有哲理的结论：大凡对外物看得过重的人，其内心一定笨拙。

◎第175条 《庄子·外篇·达生》

忘足，屦之适也①；忘要②，带之适也；知忘是非③，心之适也；不内变，不外从，事会④之适也；始乎适⑤而未尝不适者，忘适之适也。

【注释】

①〔屦（jù 巨）之适也〕（说明）鞋子很合适。屦：鞋。适：合适，舒适。

②〔要（yāo 妖）〕同"腰"。

③〔知（zhì 智）忘是非〕在理智上忘却了是与非。知：理智。一说"知"为衍文，当删。

④〔事会〕遇事。

⑤〔始乎适〕从觉得合适开始。始：开始。乎：
于，从。

【提要】

忘记了脚，说明鞋子很合适；忘记了腰，说明腰带
很合适；忘却了是非，说明内心很安适；内心不生变，
对外不盲从，说明遇事处理得很合适；从感觉合适开始，
最后达到无往而不适的境界，这是忘记了合适之后真正
的合适。这段话告诉我们：没有感觉才是最好的感觉，
只有忘适才能无往而不适。

◎第176条 《庄子·外篇·山木》

君子之交淡若水，小人之交甘若醴①；君子
淡以亲②，小人甘以绝③。彼无故以合者④，则无
故以离。

【注释】

①〔醴（lǐ 里）〕甜酒，美酒。

②〔君子淡以亲〕君子相交虽然淡泊却十分亲切。
以：而，却。

③〔小人甘以绝〕小人相交虽然甜蜜却容易断绝。

④〔无故以合者〕无缘无故而结交的人。无故：无缘无故，指既无天性相属又无利益关联。合：结交，结合。

【提要】

君子的交情淡得像清水一样，小人的交情甜得像美酒一样。君子相交虽然淡泊却十分亲切，小人相交虽然甜蜜却容易断绝。那些无缘无故而结交的人，也会无缘无故地离散。这段论述表明：建立在利益基础之上的小人之交并不可靠，平淡如水、志同道合的君子之交才最值得珍视。

◎第177条 《庄子·外篇·田子方》

夫哀莫大于心死①，而人死②亦次之。

【注释】

①〔心死〕心情沮丧以至于绝望。

②〔人死〕指人形体死亡。

【提要】

这句后世流传甚广的名言，是假托孔子之口讲的，看似通俗浅显，实则耐人寻味。作者认为：最大的悲哀莫过于内心绝望，而身死尚在其次。既然心死比身死更为可悲，那么我们自应"死生不入于心"，时刻保持旷达的心态，避免陷入绝望的心境。

◎第178条 《庄子·外篇·知（zhì智）北游》

天地有大美①而不言，四时有明法②而不议，万物有成理③而不说。

【注释】

①〔大美〕恢宏浑厚之美。一说指覆载万物的大功德。

②〔明法〕鲜明的法则。

③〔成理〕固定的规律。

【提要】

自然世界气象万千，发展变化奥妙无穷。但正如作者描述的那样，天地有恢宏的大美却从不言说，四时运行有鲜明的法则却从不议论，万物生长有固定的规律却从不说明。透过这种淳朴清静的风范，我们可以品出道家反复强调的一些观念：道法自然，大圣不作，知（zhì智）者不言，辩不若默……

◎第179条 《庄子·外篇·知北游》

人生天地之间，若白驹①之过郤②，忽然而已③。

【注释】

①〔白驹〕白色的马驹。一说指阳光。

②〔郤（xì 细）〕同"隙"，缝隙。

③〔忽然而已〕忽地一下就结束了。忽然：忽地一下，表示情况发生得迅速而又出人意料。已：结束，完毕。

【提要】

作者借老聃之口指出：人生活在天地之间，时光非常短暂，就像白马驹在细小的缝隙前飞驰而过一样，忽地一下就结束了。对此，人们往往感到十分悲哀。但道家认为，生死转化，纯属自然规律，大可不必为此纠结。在他们看来，真正悟道的人会将生死置之度外，凡是妄议生死的人则一定距"道"尚远。

◎第180条 《庄子·杂篇·庚桑楚》

夫函①车之兽，介②而离山，则不免于罔罟③之患；吞舟之鱼，砀④而失水，则蚁能苦之。故

鸟兽不厌高，鱼鳖不厌深。夫全其形生⑤之人，藏其身也，不厌深眇⑥而已矣！

【注释】

①〔函〕通"含"，吞。

②〔介〕独自。

③〔罟（gǔ 鼓）〕捕鸟兽的网。

④〔砀（dàng 档）〕通"荡"，游荡。

⑤〔形生（xìng 性）〕形体和天性。生：通"性"，本性，天性。

⑥〔深眇（miǎo 秒）〕深远。眇：通"渺"，辽远，高远。

【提要】

腹可含车的巨兽，如果独自离开山野，就难免遭受罗网之祸；口能吞舟的大鱼，如果四处游荡而脱离水流，就连蚂蚁也会使它困苦不堪。正如俗话所说："龙游浅水遭虾戏，虎落平阳被犬欺。"所以鸟兽从来不嫌山高，鱼鳖从来不嫌水深。通过上述事例，作者推导出一个富有哲理的结论：能够保全形体和天性的人，其成功的秘诀，不过是注意掩藏自身，并且不嫌藏得深远罢了。

◎第 181 条 《庄子·杂篇·徐无鬼》

钱财不积则贪者忧，权势不尤①则夸者②悲。势物之徒③乐变④，遭时⑤有所用，不能无为也。此皆顺比于岁⑥，不物于易⑦者也。驰其形性⑧，潜之万物，终身不反⑨，悲夫！

【注释】

①〔尤〕突出。

②〔夸者〕喜欢夸耀、权势欲很盛的人。

③〔势物之徒〕追逐权势和利益的人。势：权势。物：利益。

④〔乐变〕喜欢变乱。变：变故，变乱。

⑤〔遭时〕遇到时机。遭：遇。

⑥〔顺比于岁〕投合一时。顺比：投合。岁：时。

⑦〔不物于易〕不能在变易中主宰外物，意即反被外物所牵制。

⑧〔驰其形性〕放纵他的身心。驰：奔驰，追逐。这里用为使动，意为"使……奔驰，追逐"，犹言放纵。形性：身体和性情，身心。

⑨〔反〕通"返"，指恢复本性。

【提要】

钱财积聚得不多，那么贪婪的人就会忧郁不乐；如果权势不大，那么权势欲旺盛的人便会悲伤哀叹。追逐权势和利益的人喜欢变故，唯恐天下不乱，一遇时机就想有所动作，不能做到清净无为。在作者看来，这都是投合一时，不能在变易中主宰外物反而被外物所牵累的人。针对这种情况，作者不禁慨叹：放纵身心，沉迷外物，终身不知悔改，多么可悲呀！

◎第182条 《庄子·杂篇·徐无鬼》

庄子送葬，过惠子之墓，顾①谓从者曰："郢人②垩慢其鼻端③，若蝇翼，使匠人斫④之。匠石运斤成风⑤，听而斫之⑥，尽垩⑦而鼻不伤，郢人立不失容⑧。宋元君⑨闻之，召匠石曰：'尝试为寡人为之⑩。'匠石曰：'臣则尝能斫之。虽然⑪，臣之质死久矣⑫。'自夫子⑬之死也，吾无以为质矣，吾无与言之矣！"

【注释】

①〔顾〕回头。

②〔郢（yǐng 影）人〕（一个）楚国人。郢：楚国国都，亦代指楚国。

③〔垩（è 饿）慢其鼻端〕将白灰涂在鼻尖上。垩：石灰。慢：通"漫"，涂抹。

④〔斫（zhuó 卓）〕砍，削。

⑤〔匠石运斤成风〕匠石挥动斧头，呼呼生风。匠石：一个叫"石"的木匠。斤：斧子。

⑥〔听而斫之〕（郢人）任凭匠石挥斧砍削鼻端的白灰。听：听凭，任凭。

⑦〔尽垩〕白灰被砍削净尽。尽：使……净尽。

⑧〔立不失容〕站在那里，面不改色。失容：失色，变色。

⑨〔宋元君〕即宋元公，名佐，宋平公之子。春秋时期宋国国君，公元前 531 年至公元前 517 年在位。

⑩〔为之〕表演一下这种技巧。

⑪〔虽然〕尽管如此。虽：尽管。然：这，这样，如此。

⑫〔臣之质死久矣〕我施展技能的对象死了很久了。意即现在没人可以配合我了。质：施展技能的对象，对手。

⑬〔夫子〕指惠子，是庄子的朋友和论敌。

【提要】

庄子为人送葬，途中路过惠子的坟墓，回头对随行的人说："有个楚国人，将白灰涂在鼻尖上，薄薄的好像苍蝇的翅膀，然后让匠石用斧子将其削掉。匠石挥动斧子，呼呼生风，白灰被砍削净尽而鼻子一点儿也没受伤，楚国人站在那里面不改色。宋元君听说了这件事，召见匠石说：'请你试着为我表演一下。'匠石说：'我确曾能够削掉鼻尖上的白灰。尽管如此，可我施展技能的对象已经死了很久了！'自从惠子去世，我没有可以匹敌的对手了，我没有可以与之论辩的人了！"这段故事不仅表达了庄子对故友的怀念之情，同时也说明，失去势均力敌的对手是一件令人十分遗憾的事情。

◎第183条 《庄子·杂篇·徐无鬼》

以德分人①谓之圣，以财分人②谓之贤。以贤临人③，未有得人者也；以贤下人④，未有不得人者也。

【注释】

①〔以德分人〕将美德施与别人，指用自己的美德影响民众。分：施与。

②〔以财分人〕将钱财施与别人。

③〔以贤临人〕标榜自己贤明，居高临下地对待别人。

④〔以贤下人〕自己虽然贤明，但能谦逊待人。下人：甘居人下，谦让于人。

【提要】

这是作者假托管子之口所讲的一段话，其大意为：能用自己的美德影响民众就可称作圣人，能将财物施与他人就可以称作贤人。总标榜自己贤明而盛气凌人，没法赢得别人的拥戴；自己虽然贤明，但能谦逊待人，则没有不被众人拥戴的。这段话告诉我们：重德轻财，堪称圣贤；谦恭待人，方受拥戴。

◎第184条 《庄子·杂篇·徐无鬼》

吴王浮于江，登乎狙之山①。众狙见之，恂然弃而走②，逃于深蓁③。有一狙焉，委蛇攫抓④，见巧乎王⑤。王射之，敏给搏捷矢⑥。王命相者⑦趋射之，狙执死⑧。王顾谓其友颜不疑⑨曰："之狙⑩也，伐其巧⑪、恃其便⑫以敖予⑬，以至此殛⑭也。戒之哉！嗟乎！无以汝色骄人哉⑮！"颜不疑归而师董梧⑯，以锄其色⑰，去乐辞显⑱，三年而国人称之⑲。

【注释】

①〔狙（jū 居）之山〕猕猴聚集的山岭。狙：猕猴。

②〔恂（xún 寻）然弃而走〕惊恐地四散奔窜。恂：恐惧。弃：放弃原来的领地。走：逃窜。

③〔深蓁（zhēn 真）〕榛莽茂密之处。蓁：通“榛”，落叶灌木或小乔木。

④〔委蛇（wēi yí 威移）攫搔（jué sāo 绝骚）〕闪展腾挪，攀援跳跃。委蛇：转来转去。攫：抓，抓住东西。搔：攀援腾跃。一说“搔”通“搔”，释为“抓”。

⑤〔见（xiàn 县）巧乎王〕向吴王炫耀自己的灵巧。见：通“现”，炫耀。乎：介词，于，向。

⑥〔敏给（jǐ 己）搏捷矢〕敏捷地抓住迅疾飞来的利箭。敏给：敏捷。搏：抓住，接住。捷矢：快速飞来的箭。

⑦〔相（xiàng 向）者〕协助吴王打猎的人。相：协助。

⑧〔执死〕抓着几支箭被射死。对此二字，古来解释多有不同。司马彪注云：见执（被抓）而死也。《太平御览》九百十引文无“执”字，七百四十五引文“执”作“既”。王叔岷据成玄英疏疑“执”下有“树”字。我们据上下文推断，认为当按“执”后省“矢”字理解为宜。吴王单射则狙可接箭，群臣齐射则难以尽接，故“执数箭而死”最接近本意。

⑨〔颜不疑〕姓颜，字不疑，吴王的朋友。

⑩〔之狙〕这猴子。之：这。

⑪〔伐其巧〕夸耀自己灵巧。伐：夸耀。

⑫〔恃其便〕依仗自己敏捷。便：灵便，敏捷。

⑬〔敖（ào 奥）予〕傲视我。敖：通"傲"。

⑭〔殪（jí 急）〕死。

⑮〔无以汝色骄人哉〕不要用你的脸色对人表示骄傲哇！色：脸色。骄人：对人骄傲。

⑯〔董梧〕姓董，名梧，吴国的贤者。

⑰〔锄其色〕铲除掉自己傲慢的气色。锄：铲除，除掉。

⑱〔去乐（yuè 月）辞显〕抛弃声乐，辞谢荣华。去：使……离开，抛弃。乐：声乐。辞：辞退，辞谢。

⑲〔国人称之〕全国的人都称赞他。

【提要】

吴王泛舟巡游长江，登上岸边猕猴聚居的山岭。猴子们看到吴王狩猎的队伍，惊恐地四散奔窜，逃进榛莽茂密之处。但有一只猴子不仅没跑，还闪展腾挪，攀缘跳跃，向吴王炫耀它的灵巧。吴王开弓射它，它就敏捷地将迅疾飞来的利箭接住。吴王命令随从一起上前追赶齐射，结果猴子躲避不及，抓着几支箭被射死了。吴王回身对他的朋友颜不疑说："这只猴子啊，夸耀自己灵巧，仗恃自己敏捷而傲视我，以致招来这场杀身之祸。一定要以此为戒呀！唉，不要用你的脸色对人表示骄傲哇!"颜不疑回来以后,就拜贤者董梧为师,用以消除自己的傲气,抛弃声乐,辞谢荣华,三年以后,全国的人都纷纷称赞他。这段寓言故事,深刻地揭示了聪明、机巧不可夸耀、仗恃的道理,告诫人们:锋芒太露往往会招来灾祸,为人处世应以谦虚谨慎为上。

◎第185条 《庄子·杂篇·则阳》

荣辱立①,然后睹所病②;货财聚,然后睹所争。

【注释】

①〔荣辱立〕荣辱观念得以确立。立:树立,确立。

②〔然后睹所病〕此后就会看到它所带来的种种忧患。然:此。睹:看到。病:忧患。

【提要】

作者认为,荣辱观念确立,实乃忧患之源;财货日渐聚积,便会引起各种争斗。这一观点进一步体现了道家反对追名逐利、主张"见素抱朴"的思想倾向。

◎第186条 《庄子·杂篇·外物》

去①小知②而大知明，去善③而自善矣。

【注释】

①〔去〕去除，摒弃。

②〔知（zhì 志）〕智慧。

③〔去善〕去除善念，指不去追求所谓善。

【提要】

这是作者假托孔子之口而讲的一句话，其大意为：摒弃了小聪明，方显出大智慧；去除了所谓的善念，便会自然形成真善。这句话提醒我们：欲求大智慧，勿要小聪明；无心而为善，方可得至善。

◎第187条 《庄子·杂篇·外物》

荃者所以在鱼①，得鱼而忘荃②；蹄③者所以在兔，得兔而忘蹄；言者所以在意，得意而忘言。吾安得夫忘言之人而与之言哉！

【注释】

①〔荃（quán 全）者所以在鱼〕鱼笱（gǒu 狗）是用来捕鱼的。荃：通"筌"，鱼笱，一种笼状捕鱼工具，口小，鱼进去后出不来。所以在鱼：是用来捕鱼的。以，用来。在，本意为"存在"，这里用为使动，意即"使……存在"，引申为"捕捉"。

②〔得鱼而忘荃〕得到鱼就会忘了鱼笱。比喻达到目的以后就忘了原来凭借的工具或手段。

③〔蹄〕兔套。一种用绳子做成的套状捕兔工具，旁设诱饵，兔子来食时，蹄子踏中就会被套住。

【提要】

鱼笱是用来捕鱼的，得到了鱼就会忘了鱼笱；兔套是用来捉兔的，得到了兔就会忘了兔套；言词是用来表达意思的，懂得了真意就会忘了具体言词。庄子借此说明，目的优于手段，达到了目的就不必还在乎凭借的工具或手段。但是，世人往往囿（yòu 又）于俗念，做不到"得意忘言"。所以庄子慨叹：我怎样才能遇见那"得意忘言"的人来与他谈谈大道呢！

◎第188条 《庄子·杂篇·寓言》

万物皆种也①，以不同形相禅②，始卒若环③，莫得其伦④，是谓天均⑤。天均者，天倪⑥也。

【注释】

①〔万物皆种也〕万物都是种子，意即都可以生长出新的事物。

②〔以不同形相禅（shàn 善）〕通过不同的形态交相传续。形：形式，形态。禅：传续，传承。

③〔始卒若环〕首尾相接，如同圆环。始：开头。卒：结尾。环：圆环。

④〔伦〕次序，头绪。

⑤〔天均〕自然循环。天：自然。均：通"钧"，本指陶轮，这里指循环运转。

⑥〔天倪〕自然法则，客观规律。倪：头绪，规律。

【提要】

作者认为，世间万物都是种子，全可以生长出新的事物，它们以不同的形态交相传续，首尾相接，如同圆环，没有人能够找到头绪，这就叫作自然循环。这种自然循环的本质，就是事物发展的客观规律。

这段关于事物发展规律的论述，既形象生动，又启人深思，虽然带有轮回说的色彩，存在一定的思想局限，但仍具有独特的哲学价值。

◎第189条 《庄子·杂篇·让王》

能尊生者，虽贵富不以养①伤身，虽贫贱不以利累形②。今世之人居高官尊爵者，皆重失之③。见利轻亡其身，岂不惑④哉！

【注释】

①〔养〕供养的东西。

②〔累（lèi 类）形〕劳身。

③〔皆重失之〕都把失去它们看得很重。之：它们，指"高官尊爵"。

④〔惑〕糊涂。

【提要】

作者指出，能尊重生命的人，即使富贵也不会因奉养过度而伤害身体，虽然贫贱也不会因追求利益而拖累形体。现在世上拥有高官显爵的人，都把失去它们看得很重要。见到利禄就不惜丧失自己的生命，岂不是太糊涂了吗！这段话告诫我们，生命是最为宝贵

的，而功名利禄均属身外之物，因追名逐利而不惜丧失生命是愚蠢的。

◎第190条 《庄子·杂篇·让王》

知足者，不以利自累也；审自得者①，失之而不惧；行修于内者②，无位③而不怍④。

【注释】

①〔审自得者〕看透自己所得的人。审：明察，看透。

②〔行修于内者〕从内心加强精神修养的人。

③〔无位〕没有官位。

④〔怍（zuò坐）〕惭愧。

【提要】

这是作者假托孔子之口所讲的一段话，其大意为：知道满足的人，不会因利禄而使自己受到牵累；看透自己所得的人，失去它们也不会感到忧惧；注重内心修养的人，没有官位也不会感到惭愧。这段论述，反映了道家轻视功名利禄、倡导清心寡欲的思想倾向。

◎ 第191条 《庄子·杂篇·盗跖（zhí
直）》

好①**面誉人**②**者，亦好背而毁之**③。

【注释】

①〔好（hào 浩）〕喜欢。

②〔面誉人〕当面称赞别人。面：当面。

③〔背而毁之〕背后诋毁别人。背：背后。毁：诋
毁，诽谤，说别人坏话。

【提要】

这是"盗跖"怒斥孔子时所引用的一句俗语，作者
对此不无欣赏之意。的确，喜欢当面称赞别人的人，往
往也喜欢在背后诋毁别人。时至今日，这种现象依然比
比皆是。因此，我们应该以此为鉴，对那些喜欢当面阿
谀奉承的人，时刻保持足够的警惕。

◎ 第192条 《庄子·杂篇·盗跖》

人上寿百岁，中寿八十，下寿六十，除病瘐①
死丧忧患，其中开口而笑者，一月之中不过四五日

而已矣。天与地无穷，人死者有时。操有时之具②，而托于无穷之间，忽然无异骐骥之驰过隙也。不能说其志意③，养其寿命者，皆非通道④者也。

【注释】

①〔痏（yǔ 雨）〕原本作"瘦"，据王念孙考证，当为"痏"字之误。痏：病。

②〔有时之具〕有生存期限的躯体。具：躯体。

③〔说（yuè 月）其志意〕使自己心情感到愉悦。说：通"悦"，愉悦，这里用为使动。志意：志愿，心情。

④〔通道〕通晓大道。

【提要】

这也是"盗跖"教训孔子时所说的一段话，其实表达的还是作者的思想。作者指出，人生在世，高寿活一百，中寿活八十，低寿活六十，除去染疾生病、吊死送丧、忧愁患难的岁月，其中开口欢笑的时光，一个月中不过四五天罢了。天与地是无穷无尽的，人的死亡却是有一定期限的。将有生存期限的躯体托付于无穷无尽的天地之间，倏忽而逝无异于良驹飞驰过隙。因此，作者强调：凡不能使自己心情愉悦进而颐养天年者，都不是通晓大道的人。这段论述，对儒家的人生哲学提出了尖锐的批评，比较鲜明地反映了道家顺天达命的思想主张。

◎第193条 《庄子·杂篇·说剑》

　　天子之剑，以燕谿石城为锋①，齐岱为锷②，晋卫为脊③，周宋为镡④，韩魏为夹⑤，包以四夷⑥，裹以四时，绕以渤海，带以恒山⑦，制以五行⑧，论以刑德⑨，开以阴阳，持以春夏，行以秋冬。此剑直之无前，举之无上，案⑩之无下，运之无旁，上决浮云，下绝地纪⑪。此剑一用，匡⑫诸侯，天下服矣。

【注释】

　　①〔以燕（yān 烟）谿（xī 溪）石城为锋〕将燕谿的石城山作为剑锋。燕谿：地名，在春秋战国时期的燕国。石城：塞外山名。锋：刀剑之类兵器的尖端。

　　②〔齐岱（dài 代）为锷（è 饿）〕把齐国的泰山作为剑刃。岱：岱宗，即泰山。锷：刃。

　　③〔晋卫为脊〕把晋国和卫国作为剑脊。卫：原本作"魏"，不仅与下文重复，而且魏国乃三家分晋之后所建，晋魏并称不合逻辑，故依高山寺本和刘文典、马叙伦、王叔岷等先生考证校改。脊：剑背，即剑身中间凸起的部分。

　　④〔镡（tán 谈）〕剑环。

⑤〔夹（jiá颊）〕通"铗"，剑柄。

⑥〔四夷〕四方边远少数民族地区。

⑦〔恒山〕指古恒山，又称大茂山。位于今河北省曲阳县西北阜平、唐县、涞源三县交界处。《尚书》所记北岳恒山及西汉至明所祀北岳恒山均指此山。汉、宋因避帝讳曾改称"常山"，故《庄子》俗本此处多作"常山"，今依南宋罗勉道《南华真经循本》和王叔岷、陈鼓应等先生考证校改。

⑧〔五行〕指金、木、水、火、土五种物质。古人把这五种物质作为构成万物的元素，借以说明世间万物的起源和事物间相互作用、相生相克的辩证关系。

⑨〔论以刑德〕凭刑法和道德来论断，指恩威并重。刑：刑罚。德：品德，道德。

⑩〔案〕通"按"，向下刺去。

⑪〔地纪〕神话中维系大地的绳子。

⑫〔匡〕纠正。

【提要】

《说剑》篇以庄子说服赵文王停止斗剑取乐的故事，宣扬国君应以天下为重的思想，显系后人所作；但从其反对恃勇斗狠，主张开以阴阳、顺天应时的观点来看，依然带有明显的道家色彩。文中庄子论剑，提出三种境界：天子之剑、诸侯之剑、庶人之剑。这里摘录的一段，就是论述天子之剑这一最高境界的。其大意为：天子之剑，以燕豀的石城山为剑锋，以齐国的泰山为剑刃，以晋国和卫国为剑脊，以东周和宋国为剑环，以韩国和魏国为剑柄，用四方边地来包裹，以四时节气来封装，用渤海来缠绕，以恒山为穗带，靠五行生克来制衡，凭刑法、道德来论断，依阴阳变化纵横开阖，循春夏和风温婉静持，挟秋冬寒气凌厉进击。这种剑直刺一往无前，扬起无可抵挡，按下不能阻遏，挥舞起来旁若无物，向上刺击可以割裂浮云，向下挥动可以斩断地纪。这种剑一旦使用，可以匡正诸侯，使天下人全部归服。这段论述，想象奇特，语言生动，汪洋恣肆，气若悬河，颇有战国纵横家风格，初读直觉酣畅淋漓，再读令人茅塞大开。

◎第194条 《庄子·杂篇·渔父（fù 府）》

同类相从①，同声相应②，固③天之理也。

【注释】

①〔同类相从〕同类的人或事物会相互依从。从：依从，追随。

②〔同声相应（yìng 硬）〕同样的声音会相互应和（hè 贺）。应：应和，呼应。

③〔固〕本来。

【提要】

这是渔父回答孔子时所讲的一句话。其意略云：同类的事物会相互依从，同样的声音会相互应和，这本是自然的常理。这句话，与《易·乾·文言》所讲的"同声相应，同气相求"如出一辙，非常富有哲理，值得认真领会，加以借鉴。

◎第195条 《庄子·杂篇·渔父》

真者，精诚之至①也。不精不诚，不能动人。故强②哭者虽悲不哀，强怒者虽严不威，强亲者虽笑不和。真悲无声而哀，真怒未发而威，真亲未笑而和。真在内者，神动于外，是所以贵真③也。

【注释】

①〔至〕极，极致，最高境界。

②〔强（qiǎng 抢）〕勉强。

③〔贵真〕以真为贵，看重本真。

【提要】

这段话是孔子向渔父请教"何谓真"时，渔父所作的解释。他认为，所谓真，就是精诚的最高境界。不纯真不诚恳，不能感动人。所以，勉强啼哭的人，虽然外表悲痛却并不真正哀伤；勉强发怒的人，虽然表面严厉却并无真正的威势；勉强亲热的人，虽然满面笑容却并不真正和善。真正悲痛，虽无哭声却会十分哀伤；真有怒气，虽未发作也会令人敬畏；真正亲热，未露笑容也会显得非常和蔼。正因为如此，渔父明确指出，真诚切实存于内心，神情自然流露在外，这就是人们看重本真的原因。渔父的观点，充分体现了道家反对礼教、法天贵真的思想，十分耐人寻味。

◎第196条 《庄子·杂篇·渔父》

道者，万物之所由①也。庶物②失之者死，得之者生；为事逆之则败，顺之则成。

【注释】

①〔由〕遵循。

②〔庶物〕众物，指各种生物。庶：众多。

【提要】

这是孔子批评子路对渔父不敬时所讲的一段话，充分表达了对"道"的重视与肯定。孔子认为，大道，是世间万物都必须遵循的法则。各种生物背离它者必然灭亡，遵守它者方可生存；做事违逆它就会失败，顺应它便会成功。这段话告诫我们，只有遵循客观规律，才能求得生存与发展，否则必然招致灭亡和失败。

◎第197条 《庄子·杂篇·列御寇》

巧者劳而知者①忧，无能者②无所求；饱食而敖游③，泛若不系之舟④，虚⑤而敖游者也。

【注释】

①〔知（zhì志）者〕聪慧的人。知：聪明。

②〔无能者〕没有智巧技能的人，这里指悟道而无为的人。能：指世俗崇尚的智巧技能。

③〔敖游〕遨游，漫游。敖：通"遨"，游玩。

④〔泛若不系之舟〕自由漂浮宛若不加拴缚的小船。泛：漂浮游荡。系：拴缚。

⑤〔虚〕心境空明。

【提要】

作者指出，灵巧的人大多辛劳，而聪慧的人经常忧虑，没有智巧技能的人也就没有什么追求；吃饱之后自在漫游，漂浮游荡宛若不加拴缚的小舟，这才是心境空明而能自在闲游的人。从这段话里，我们可以看出，道家对机巧、智慧十分反感，而对逍遥自在的生活充满了向往。

◎第198条 《庄子·杂篇·列御寇》

庄子曰："知道易①，勿言难。知而不言，所以之天②也；知而言之，所以之人③也。古之至人④，天而不人⑤。"

【注释】

①〔知道易〕了解大道比较容易。知：了解，知晓。道：大道，天道。

②〔所以之天〕这是通达自然天道的境界。之天：通达天道。之，通达，走向。

③〔所以之人〕这是走向人为之道的做法。之人：走向人为之道。

④〔古之至人〕原作"古之人"，今依刘文典、陈鼓应等先生考证，据张君房本补正。至人：达到最高境界的人。

⑤〔天而不人〕顺应天道而不崇尚人为。

【提要】

庄子说："了解大道容易，不去谈论却很难。了解之后却不加谈论，这是通达自然天道的境界；了解之后就妄加议论，这是走向人为之道的做法。古代达到最高境界的人，顺应天道而不崇尚人为。"庄子此语，进一步强调了"不言"的重要意义，彰显了道家顺应天道、崇尚无为的思想主张，值得认真品味，加以借鉴。

◎第 199 条 《庄子·杂篇·天下》

不离于宗①，谓之天人；不离于精②，谓之神人；不离于真③，谓之至人。以天为宗，以德为本，以道为门，兆于变化④，谓之圣人；以仁为恩，以义为理，以礼为行，以乐为和，薰然⑤慈仁，谓之君子；以法为分⑥，以名为表⑦，以参为验⑧，以稽为决⑨，其数一二三四是也⑩，百官以此相齿⑪；以事为常，以衣食为主，蕃息畜藏⑫，老弱孤寡为意，皆有以养，民之理也。

【注释】

①〔不离于宗〕从不背离"道"的宗旨。宗：宗旨。

②〔精〕这里指"道"的精髓。

③〔真〕这里指"道"的本质。

④〔兆于变化〕预见事物变化的征兆。兆：征兆。这里用作动词，指发现征兆。

⑤〔薰（xūn 熏）然〕温和慈爱的样子。

⑥〔以法为分（fèn 奋）〕根据法度规定应该遵守的本分。分：本分。

⑦〔以名为表〕用名号作为标志。表：标志。

⑧〔以参为验〕凭借比较获得验证。参：参照，比较。验：验证。

⑨〔以稽（jī 击）为决〕依据考核情况做出决断。稽：考查，考核。决：决断。

⑩〔其数一二三四是也〕他们的等级序列就像一二三四那样分明。数：序数，指等级序列。

⑪〔相齿〕互相排位。齿：序列，这里用为动词，指排序。

⑫〔蕃（fán 繁）息畜藏〕繁衍生息，蓄积贮藏。蕃：繁衍。息：滋生，繁殖。畜：通"蓄"，蓄积。藏：贮藏。

【提要】

在这段论述中，作者对世间各色人等的基本特征做了分析评判，并依据道德修养的高低对其进行了降序排列：从不背离"道"的宗旨者，称为天人；从不背离"道"的精髓者，称为神人；从不背离"道"的本质者，称为至人。以天为主宰，以德为根本，以"道"为门径，能够预测事物发展变化者，称为圣人；以仁爱作为恩泽，以正义作为公理，以礼仪规范行为，以音乐调和性情，温和慈爱者，称为君子；依法律定本分，以名号为标志，借比较来验证，据考核来决断，其等级就像一二三四那样分明，文武百官据此排列位次；以辛勤劳作为日常要务，以丰衣足食为主要目标，繁衍生息，蓄积贮藏，关心老弱孤寡，使其皆有所养，这是普通民众奉行的常理。显而易见，在天人、神人、至人、圣人、君子、百官、民众等七种人中，作者最为推崇的是"不离于宗"的"天人"。

◎第200条 《庄子·杂篇·天下》

一尺之捶^①，日取^②其半，万世不竭^③。

【注释】

①〔捶（chuí 垂）〕通"棰"，短木棒。

②〔取〕截取，拿掉。

③〔万世不竭〕万世都截取不尽。万世：很多世代，年代非常久远。世，古代称三十年为一世。竭：尽。

【提要】

这是战国辩士与惠施论战时提出的著名哲学命题：一尺长的木棒，今天取其一半，明天取其一半的一半，后天取其一半的一半的一半……如此"日取其半"，总有一半留下，所以千秋万代都截取不尽。这一命题，揭示了物质的无限可分性和对立统一规律，不仅闪烁着辩证法的思想灵光，而且对物理学的发展一直产生着重要影响。直至现代，随着原子、质子、夸克乃至更小微粒子的相继发现，这一命题仍不断得到科学的印证。《庄子》思想的无穷魅力，于此可见一斑。

禅语录

「禅」语录

---

200 条

前言

禅，是中国佛教文化的典型代表，也是佛教中国化的杰出成果。

正如近代佛教思想家太虚大师（1889—1947）所言——中华佛学之特质在禅。"顿悟禅为中国佛学之骨髓，又为佛学之核心。唯中国佛学握得此佛学之核心，故释迦如来真正之佛学，现今唯在中国。"又说："晚唐以来禅、讲、律、净中华佛法，实以禅宗为骨子。……但中华佛教如能复兴也，必不在于真言密咒与法相唯识，而仍在乎禅。"①

就中国古代社会文化来说，影响最大的外来文明是传自印度的佛教文化。从佛教传入的汉魏晋南北朝以至

---

① 《太虚大师全书》（精装本）第25册，《第十六编 书评》，《评宝明君中国佛教之现势》，第103页。

隋唐宋时期，随着禅宗的兴起，佛教与中华文化相互吸收融合，逐步彻底中国化，成为中国文化的一部分。可以说，禅宗是佛教中国化的一个典型代表。如今是一个世界文明多元融合的时代，西方文明大规模传入中国已经一百多年，而佛教中国化的历史经验，对于今天中华文明与西方文明的交流互鉴和消化吸收有着重要的参考意义。

佛教自东汉初年传入中国以来，以佛经翻译和佛法传播为主的大规模佛教文化输入过程一直延续到宋代，前后达千年之久。佛教从传入中国之初，就深受中国固有的儒家、道家文化影响，历经魏晋南北朝时期的碰撞、交流和吸收，隋唐时期的创造性转化，至宋代形成了以禅宗为主流的格局，与中国儒道文化进行了深度的交流、互鉴和融合，完成了佛教中国化的进程。在教理上、禅法上和制度上形成了具有鲜明中华文化特质的汉传佛教。自宋代以来，中华文化形成了儒释道三元共轭的文化格局，"儒以治世，佛以治心，道以修身"是宋代以来整个社会的一种共识。因此，佛教文化从宋代以后，成为中华文化不可分割的一个重要组成部分。

佛教中国化，是中华文明与印度文明交流互鉴的典范。佛教与中国固有的儒道文化相互影响、交融互鉴，经创造性转化而形成了独具特质的中国佛教文化，一方面完成了印度佛教的中国化，另一方面又反过来对中国思想文化的发展产生了重大影响和作用。佛教传入中国两千多年，给古代中华文化注入了新活力，对古代中华文化产生了十分广泛和深刻的影响，在哲学、历史、文学、艺术、伦理等社会学领域，以及建筑、医药、天文、历法、生物等自然科学领域，都产生过重大影响，留下了丰富多彩的文化遗产。以禅为代表的佛教文化深刻影响了中国思想文化和社会生活的方方面面。自魏晋以来，中国的诗歌、绘画、书法、雕塑、石刻、印刷、建筑等无不受到佛教文化的影响；佛教文化对医药和历算的发展也起了很大的作用；音乐、戏剧、小说、语言、音韵等的发展同样受到佛教文化的深刻影响，如通行语言中常用的成语约有一千余条都源于佛教。而在民俗和民众生活方面，佛教文化的影响也极为深广，民众的因果观念、慈善、吃素、放生、劝善以及节庆活动等都深受佛教文化的影响；甚至佛教与禅的思想还深深融入到中国茶文化、香文化的发展之中，并形成了禅茶文化、香道文化。佛教文化对中国古代思想文化的影响如此之大，要进行中国古代文、史、哲、艺术等的研究，不搞清它们与佛教文化的关系及所受的影响，就不能得出令人信服的结论。正如历史学家范文澜（1893—1969）先生所说，"在中国历史上，佛教和文化关系如此之深，不懂佛学，就不能懂得中国文化"。

那么，禅是什么？禅宗是什么？

"禅"是音译词，是从印度佛教关于四禅八定的专有名词"Dhyana"音译而来，最初的本义是指"静虑"，"静"指止、定，"虑"指观、慧，故其内容为"止观""定慧"。"禅"又称"禅定"，内容指向由戒生定，由定生慧，故在大乘佛教中"禅"的含义最终指向了般若智慧。禅宗所用的"禅"一词，是在印度佛教"禅定"概念的基础上，直以大乘般若智慧来指称"禅"，进一步指称禅宗的顿悟般若智慧，并以十分文学艺术化的词语来表达，比如禅是一朵花，禅是高山流水，等等。这意味着自禅宗创立后，"禅"成为了禅宗顿悟智慧的代名词，成为了中国文化的一个专有名词，具有十分丰富而深刻的含义。

"禅宗"自南北朝梁武帝时期由达摩祖师传入中土，到六祖慧能之后，由印度佛教的如来禅转为彻底中国化的祖师禅，禅宗从内容到形式都已经转为与中国文化高度融合的一种中国化佛教的存在形态。晚唐五代宋之时，禅宗法云遍布，千华竞秀，祖师禅法兴盛灿烂，成为自隋唐以来中国佛教各宗派之最大革新者，自宋代以来成为中国汉传佛教的主干，并远传日本、朝鲜半岛和越南等地区，深刻影响了东亚文化圈，与儒家文化一起进一步强化了中华文化在东亚地区的影响力。禅宗之所以风行天下，大行于世，与其对印度佛教禅法进行了极大革新，能够与中国古代社会文化相适应有莫大关系。可以说，禅宗是在中国传统社会历史文化的土壤上开出的瑰丽花朵。

就禅宗发展的历史分期而言，自达摩祖师至四祖道信、五祖弘忍、六祖慧能，此为禅宗的创立时期；慧能以下至马祖道一、石头希迁为祖师禅建立时期，发展为极度中国化的新禅风；马祖、石头以下，又开出了沩仰宗、临济宗、曹洞宗、云门宗、法眼宗以及杨歧派、黄龙派等禅宗门派，还有德山棒、临济喝、赵州茶、云门饼等，此为五宗七派分灯禅时期；南宋之后，禅宗极度兴盛，盛极而变，五宗七派又发展为文字禅（公案禅）、看话禅、默照禅等新的禅法禅风，一直延续至明末。清代以来，禅堂制度兴起，禅风又为之一变，变为丛林熏修和集众坐禅兼举的以参话头为核心的新禅风，并由晚清民国延续至今，宗风不辍。

　　近代以来，中国社会文化发生了三千年未有的巨大变化，西方文明以前所未有的深度和广度传入中国，并迅速成为现代中国社会的主流文化，而儒、释、道等传统文化一度被动地淡出社会文化之显学，只是潜在地发挥其文化影响。随着人类文明又进入一个新的大变革期，科学发展给人类社会带来了前所未有的物质文明，但同时也带来了巨大的危机与挑战，突出地表现于人类的社会文化、道德伦理及世界和平等领域。科学界、文化界的有识之士尖锐地指出了现代科学文明所蕴含的巨大危机，呼吁人类文化转向包括佛教文化在内的东方文明求智慧。禅与佛教文化理论广博、实践深厚，蕴含着深刻的生命智慧和圆融理念，在化解宗教与科学的深层矛盾、化解文明冲突和发展所遇到的根源性危机，以及促进人类文明与持久和平、构建人类命运共同体等方面，有资格展现大乘佛教的甚深智慧，发扬东方文明的优势，为人类文明的发展进步贡献力量。

以禅与中国大乘佛教的眼光看，现代文明是基于第六意识分别智的差别世俗道理，对无分别智的超越世俗知识以及沟通分别智与无分别智的甚深智慧，并非现代科学所长。科学文明本身没有能力确立作为人类文化最根本基础的总持智慧，也缺乏把身与心、人与人、人与社会、人与自然、宗教文明体系融会、和谐、共生的圆融智慧。因此，现代科学文明遇到的危机，本质上属于缺乏总持智慧（中道）和圆融智慧（圆融）带来的根源性危机，而这恰恰是以禅和中国大乘佛教为代表的东方文明的优势所在。

随着中国社会经济的发展，自 1980 年代以来，儒释道等传统文化又重新复兴，并一步步成为中国社会文化自信的根基。而禅文化也在欧美和中国一再流行，在禅与生命觉醒、认知心理学、美学，以及禅与哲学，禅与诗歌，禅与艺术，禅与建筑园林，禅与书画，禅与音乐，禅与茶道，禅与花道，禅与美食，禅与设计，禅与商业，禅与管理，等等诸多方面，发挥着越来越大的影响，经常成为时尚潮流的灵感源泉。显然，在西方科学理性文明为显学的现代社会，东方禅文化却依然展现出其深厚的文化底蕴和生命活力，在化解现代文明的深层矛盾、建设和谐的人类文化等方面，禅文化蕴含着深厚的生命智慧和圆融的总持智慧，对于未来人类文明的发展依然有着根源性的启发意义。

然而禅宗文化高唱"直指人心，见性成佛，不立文字，教外别传"十六字心传，直指而隐，棒喝而默，评唱而参，堂奥深邃，论之不易。如一句禅门语说，"不思而知，落第二头"。禅悟之事，超言绝象，不落言筌，识者惧其陷入语句知解葛藤之中，不得禅宗真意；加之号称"不立文字"的禅宗却有着汗牛充栋般的语录文献，然除开史实文献外，关于禅法的论述多是一种启发式的指授语，而非分析式的论辩语，故要从中选出一些语录并希望作出一个现代人能读懂的解释，殊非易事。

本书选取了200条禅语录作为中国佛教文化的代表。选目原则是以禅宗思想为主体，但同时也考虑了禅与教、禅悟与菩萨行的平衡，同时选取了其他经论内容综合而成，包括以下七个部分：一禅源，二禅理，三禅机，四禅行，五禅派，六禅参，七禅愿。这七个部分同时兼顾了禅悟和禅宗史等方面。

第一《禅源》 选录了从佛教创始人释迦牟尼佛，到达摩祖师，再到二祖慧可、三祖僧璨、四祖道信、五祖弘忍，再到六祖慧能等禅宗创立时期的祖师语录，以及前禅宗时期，包括傅大士、布袋和尚、寒山子等祖师的禅悟语录。

第二《禅理》 选取了大小乘经论，包括《阿含经》《四十二章经》《大毗婆沙论》，以及《中论》《大智度论》《金刚经》《心经》《法华经》《维摩诘经》《华严经》《楞严经》《楞伽经》《圆觉经》《涅槃经》等经论中有关禅理的内容。

第三《禅机》 从六祖慧能到马祖道一这段时期是禅机发展的一个高峰期，印度佛教的如来禅彻底转为了中国佛教的祖师禅风格。本书选取六祖门下弟子，如永嘉玄觉、神会、南岳怀让、青原行思，其后马祖道一、石头希迁以及门下诸多弟子，如南泉普愿、百丈怀海、黄檗希运、大珠慧海、药山惟俨、赵州从谂、德山宣鉴、雪峰义存、郁山主、庞居士等语录。

第四《禅行》 禅宗参禅悟道，同时也需要很多修行的内容。即在参禅悟道过程中，需要佛教普遍的为善弃恶，积善成德以及闻思修，关于修身、修心的种种内容，这一部分内容统一称为"禅行"，表示禅宗的行持，对每个参禅悟道的人，在行为细节上有很多要求。

第五《禅派》 马祖道一之后，禅宗进入了一个开宗立派的时期，由祖师禅无迹可寻的禅悟方法，发展为分灯禅有纲宗可寻的禅悟方法。本书选取了沩仰宗、临济宗、曹洞宗、云门宗、法眼宗，以及杨岐方会、黄龙慧南两派等创宗祖师的语录，以见五宗七派禅法纲要之一斑。

第六《禅参》 南宋之后，禅宗发展非常普及，以公案禅为内容的文字禅普遍盛行，而五宗七派的禅法风格也发展出了新形式，最为突出的是从南宋末到元代兴起的看话禅和默照禅两大类。其中，临济宗的大慧宗杲提倡看话禅，曹洞宗的宏智正觉提倡默照禅。看话禅又称话头禅，经过元代高峰原妙、中峰明本的持续发扬，逐步成为元明清禅宗参禅悟道的主流禅法，影响深远。这段时间内，出现了把唐、五代、宋时期的著名参禅公案汇集在一起并加以评唱的文字禅，如南宋圆悟克勤著《碧岩录》，南宋无门慧开著《无门关》，元代万松行秀著《从容录》《请益录》等文字极为优美的讲述公案禅的著作，使得公案禅在宋代之后普遍流行，成为元明清时期禅宗参悟的一个重要内容。此外，宋代禅宗一统天下，成为中国佛教主流，并与中国文化高度融合。随着文字禅的流行，文人学士普遍对参禅产生了浓厚兴趣，涌现出诸多著名的参禅悟道居士，如苏东坡、王安石、黄庭坚、张商英等。宋代之后，儒释道三教融合成为中国文化的主流思想。元明清直至民国时期，参话头始终是禅宗的主流禅法，故本书选取了憨山德清、玉林通琇、清世宗雍正，以及近代虚云、来果等禅师关于话头禅的一些语录。

第七《禅愿》 禅宗作为大乘宗派，参禅悟道与行菩萨道都是必然要求，参禅并不仅是一个"自了汉"的行为。在没有开悟之前，禅宗行人会用比较多的精力在明心见性方面；如果参禅已获决定见地，甚或已经开悟见道，那么行者应该转身度世，行菩萨道，利益社会，利益众生。故立最后一部分为"禅愿"，选取了与禅宗行菩萨道密切相关的经论，包括《华严经》《法华经》《大日经》等经论，以及明代紫柏真可，近代印光、太虚，当代赵朴初居士、净慧等大师的语录。

以上七个部分是《禅语录》的主要内容。限于笔者对禅宗悟解的浅陋水平，我们的选录难免挂一漏万、拣石遗珠，希望诸大德方家不吝赐教指正。

《禅源》29条

◎ 第1条 《五灯会元》卷一

吾有正法眼藏①，涅槃②妙心③，实相无相④，微妙法门，不立文字⑤，教外别传⑥，付嘱摩诃迦叶⑦。

【注释】

①〔正法眼藏〕指禅宗代代相传的心印。正法眼，又作清净法眼，指能彻见诸法实相的佛智慧眼。因为诸法的实相，是佛智慧眼所彻见的境界，也是佛心自证的真实的秘密法藏，所以称作正法眼藏。

②〔涅槃（niè pán 聂盘）〕旧译作"泥洹（huán 环）"，又作般涅槃、大般涅槃等，指出离并超越生死流转境界的佛果境界。

③〔妙心〕佛涅槃心不是思虑所能知的，也不是语言所能说的，故称妙心。

④〔实相无相〕实相指真实相，也称为真实性，是基于缘起性空的无性之空性。一切诸法所现的"相乃是梦

幻泡影的虚妄相，没有丝毫真实性，但又有其缘起因果作用"。一切万物的所依体性为实相，但实相之相却不是任何具体物之相，也不能用语言所表达，故称为无相。

⑤〔不立文字〕在禅宗看来，文字只涉及诸法的形相，而触及不到诸法的实义。比如有人使用"火"这一名言文字时，他只能通过它联想起真火的一系列外形，而感受不到真火本身。反之，他可以直接去感受真火本身，而完全不需要"火"这一文字。禅宗所追求的悟境，恰如真火本身，它是语言文字以外的东西，需要人们亲自去体验，而不需要语言文字去描摹。

⑥〔教外别传〕教指三藏十二部经教，属于名言层面的东西；传即传授、传承义。因为禅属于经教名言以外的东西，所以禅宗以"教外别传"为宗旨。

⑦〔摩诃（hē 喝）迦叶（shè 射）〕摩诃，梵（fàn 范）文音译，意译为"大"。大迦叶为佛陀座下"十大弟子"之一，常行苦行，号"头陀第一"（头陀是梵语音译，指行持苦行生活的僧人），为禅宗西天初祖。

【提要】

这是禅宗史上普遍流传的一则故事，收录于著名的禅宗史书《五灯会元》（宋代普济编集，共20卷）。相传禅宗源出于世尊拈花、迦叶微笑的公案。佛陀在灵山会上，手拈一朵金色婆罗花示众。这时与会大众皆茫然，唯有大迦叶尊者心领神会，破颜微笑。世尊即说："吾有正法眼藏，涅槃妙心，实相无相，微妙法门，不立文字，教外别传，付嘱摩诃迦叶。"事载《大梵天王问佛决疑经》。禅宗所言教外别传、以心传心法门，源始于此，遂称大迦叶尊者为禅宗西天第一祖。二十八传后至菩提达摩（？—536？）航海而来，传佛心印，中土始有禅宗，乃称达摩祖师为禅宗东土第一祖。这段文字所说的无相法门、无言宗旨，比较准确地表达了禅宗教外别传的悟心特色。所谓"禅是佛心"，点明了禅为全部佛法的心髓、眼目，禅宗因此又被称为"佛心宗"。佛心，即"涅槃妙心"，指释迦牟尼佛在菩提树下所证悟的宇宙人生之真理实相，是佛教三藏十二部无量教法的根源。禅宗以"涅槃妙心"而直截根源，指示学人于当下一念证悟自心佛性，悟入如来知见，开创了一个最为简易圆顿的方便法门。

◎ 第2条 《从容录》第一则

世尊①一日升座②，文殊③白槌④云："谛观⑤法王法⑥，法王法如是⑦。"世尊便下座。

【注释】

①〔世尊〕佛陀的十大名号之一，世间最尊贵者之意。"十号"一般指如来、应供、正遍知、明行足、善逝、世间解、无上士调御丈夫、天人师、佛、世尊。

②〔升座〕登上高座说法。"世尊升座"是禅宗中的一个重要公案，世尊登上高座，却没有演说一句法便下座，显示"正法眼藏，不立文字"的宗旨。

③〔文殊〕文殊菩萨，又称文殊师利菩萨、妙吉祥菩萨等，是佛教中大智慧的象征。

④〔白槌（chuí垂）〕又作白椎（chuí垂）。槌是一种法器，白即禀白。禅师准备上堂说法时，白槌师鸣槌息声，以告白大众，称为白槌。

⑤〔谛观〕如实观照，通过真理来观察。

⑥〔法王法〕法王是佛的尊称，法王的法即佛法。

⑦〔如是〕是其所是。佛经的开头一般写作"如是我闻"，表示这部佛经是结集者亲自从佛那里听来的，以使人信受。

【提要】

禅宗通过在法堂内升座说法的形式来讲授佛法。在这则公案中，世尊升座将要说法，文殊菩萨敲槌后说了一个如同开场白的赞偈（jì记）："谛观法王法，法王法如是。""如是"之时，世尊一言未说，即下座。最高的真理是无法用语言表达的，无量法义，归于默然！《金刚经》有句话："说法者，无法可说，是名说法。"就是表达这个道理。这场升座说法，佛陀一句话也没说，但与文殊菩萨一显一隐，一张一弛，无言中显示了至高真理的无尽内涵，生动地展现了禅宗"不立文字，教外别传"的宗风，故被《从容录》选为百则公案中的第一则。

《从容录》是一部著名的禅宗公案评唱集，又作《万松老人评唱天童觉和尚颂古从容庵录》等。宋代天童寺宏智正觉（1091—1157）颂古，元代万松行秀（1166—1246）评唱，与《碧岩录》并称为"禅门公案评唱集之双璧"。

◎第3条 《五灯会元》卷一

直指人心①，见性成佛②。

【注释】

①〔直指人心〕此处人心指人之本心，又称为本性或佛性或觉悟心。直接指点觉悟人的本心、佛性，反观内心而明悟生命真理。

②〔见性成佛〕能够反观自己的本心，如实亲见自心的佛性，而超越人心的思维分别，就可以顿悟成佛。

【提要】

禅是见性的方法，最直接的指示人心的本来面目，明见自心本性，直截人心根源而顿悟成佛。为何能够直指呢？《华严经·如来出现品》中说："如来以无障碍清净智眼，普观法界一切众生而作是言：奇哉！奇哉！此诸众生云何具有如来智慧，愚痴迷惑，不知不见！我当教以圣道，令其永离妄想执着，自于身中得见如来广大智慧与佛无异。"禅宗认为，人的觉悟心，也就是人心本性，是吾人本来具有的，人人本具，不假外求，人人皆可于当下歇下妄想分别之狂心，而顿见本有自性，所谓"见性成佛"。禅宗特别发挥了一种非常活泼的、生活化的直指见性方法，因人、因时、因地而随时指授，解黏释缚。禅宗一千七百则公案，都是直指人心的生动案例。宋代以来将之与"不立文字，教外别传"合在一起，"不立文字，教外别传，直指人心，见性成佛"，称为禅宗的十六字宗旨。

◎第 4 条 《菩提达摩大师略辨大乘入道四行观》

夫入道①多途，要而言之，不出二种：一是理入，二是行入。理入者，谓藉教悟宗②，深信含生③同一真性④，但为客尘妄想⑤所覆⑥，不能显了⑦。若也舍妄归真，凝住壁观⑧，无自无他⑨，凡圣等一⑩，坚住不移，更不随文教⑪，此即与理冥符⑫，无有分别⑬，寂然无为，名之理入。行入谓四行，其余诸行，悉入此中。何等四耶？一报冤行⑭，二随缘行⑮，三无所求行⑯，四称法行⑰。

【注释】

①〔入道〕进入悟道的境界，指超越凡夫生灭无常的有漏道而进入圣者的无漏道。

②〔藉（jiè借）教悟宗〕藉，假借。借助经教文字，悟入禅宗。这里经教的语言明理与禅宗的无言悟道构成一种相对关系。

③〔含生〕又作含灵、含识，指一切有情众生。

④〔真性〕一切有情众生本来具足的真实性体，其性清净圆明，其体至纯至善。佛教中的中观派和唯识派二者对于真性的解释不尽相同。按照中观派的观点，真性即是空性、无我性、无自性性；而唯识派则将真性解释为圆成实性，禅宗则直接指为真如佛性。

⑤〔客尘妄想〕客尘即色、声、香、味、触、法等外境，称为六尘，与六根（眼、耳、鼻、舌、身、意）相对。当六根与六尘一一相对之时，发起攀缘作用，生

起六识（眼识、耳识、鼻识、舌识、身识、意识）等心理活动，同时伴随各种烦恼心所生起现行，各种妄想也随之生了起来。这是有情众生最基本的身心活动机制，也是最基本的妄想烦恼产生机制。

⑥〔覆〕烦恼心生起以后，能妨碍其他善心的生起，使心长时间系缚在染污境上，而很难再转移到其他善法境上，这便是真心为妄想所覆。

⑦〔显了〕显现明了。

⑧〔凝住壁观〕凝住指凝心住境，使心专注一境而不散乱。壁观指面壁静观，心不散乱，坚固如壁，不会被客尘妄想牵着走。

⑨〔无自无他〕没有自我与他者的分别对待。

⑩〔凡圣等一〕凡指有漏凡夫，圣指无漏圣人。见道（亲证空性）以前的众生都是凡夫，见道以后则称为圣人。从次第教的层面来说，凡夫与圣人有严格的阶位区分；而从禅宗的角度来看，凡圣之间是没有阶级之隔的，心迷便是凡夫，心悟便是圣人，凡与圣只是一心的两面，所以称为凡圣等一。另外，何谓有漏、无漏？所谓有漏，从生理的角度来说，指身体有漏泄、不洁净等状态；从心理的角度来说，"漏"就是"烦恼"的异名，"有漏"也就是"有烦恼"的意思，指心被各种烦恼所系缚的状态。相应地，远离一切漏泄，断除一切烦恼系缚，便叫作无漏。

⑪〔文教〕文字之教，亦即经教。

⑫〔冥（míng 明）符〕冥，幽晦。又作冥合，即与理体暗合。

⑬〔无有分别〕思虑心是有分别心，如理心是无分别心。

⑭〔报冤行〕对于修道的人来说，当他受苦的时候，应该思维：自己今天所遭受到的种种冤屈痛苦，不是上天也不是他人强加给自己的，而是自己过去所造恶业所产生的果报。明了这个道理，就会以接受的态度去积极面对和承受，不再有任何报怨。

⑮〔随缘行〕对于修道的人来说，当他在顺境的时候，应该思维：荣辱得失的善恶境界都是无常的，随缘而来，随缘而去。懂得了这一道理，得失从缘，心无增减，八风吹不动，随因缘而行于道，故说随缘行。

⑯〔无所求行〕对于修道的人来说，明白善恶因果的道理，应该思维：三界不安，犹如火宅，有求皆苦，无求乃乐，舍弃世间的种种欲望贪求，让自己的内心保持安稳无为的状态。

⑰〔称法行〕对于修道的人来说，应该依据佛法道理，明了无我，修行六度，使自己的言行符合佛法道理，广行利益众生之事，而又不执着于所修之行，称为称法行。

【提要】

菩提达摩（？—536？），南印度人，出家后倾心大乘佛法，师从般若多罗大师。南朝梁武帝普通年间（520—527，一说南朝宋末）航海南来，至广州上岸，梁武帝将其请至金陵；又渡江北上，至北魏少林寺，于少室山面壁九年，传法慧可，传衣钵，并以四卷《楞伽经》印心；北魏时，曾在洛阳、嵩山等地传授禅法，后至熊耳山下定林寺传法五年。梁武帝大同二年（536）圆寂，或曰终年一百五十多岁。通常认为达摩的著作有《少室六门集》二卷，即《心经颂》《破相论》（一名《观心论》）《二种入》《安心法门》《悟性论》《血脉论》六种；还有敦煌出土的《达摩和尚绝观论》《释菩提达摩无心论》《南天竺菩提达摩禅师观门》（一名《大乘法论》）等。

菩提达摩是中国禅宗的奠定者，他教授的禅法主要是"二入四行"和"四如是"。"二入"即理入和行入，"四行"即报冤行、随缘行、无所求行和称法行。"四如是"即如是安心，如是发行，如是顺物，如是方便。"如是安心"指壁观，即"外息诸缘，内心无喘，心如墙壁，可以入道"；"如是发行"指四行；"如是顺物"指防护讥嫌；"如是方便"指遣其不著。

◎ 第5条 《碧岩录》卷一

如何是圣谛第一义①?

【注释】

①〔圣谛第一义〕"圣谛"即"第一义谛",故名"圣谛第一义",指佛智所证见的真谛。

【提要】

这是梁武帝(464—549)遣使迎请菩提达摩祖师到金陵晤谈请问佛法的一则公案,《碧岩录》将其列入百则公案的第一则,可见其意味深长。《景德传灯录》卷三记载:

(梁武帝)问:"朕即位以来,造寺写经,度僧不可胜纪,有何功德?"

祖(菩提达摩)曰:"并无功德。"

帝曰:"何以无功德?"

祖曰:"此但人天小果,有漏之因,如影随形,虽有非实。"

帝曰:"如何是真功德?"

祖曰:"净智妙圆,体自空寂,如是功德,不以世求。"

帝又问:"如何是圣谛第一义?"

祖曰:"廓然无圣。"

帝曰:"对朕者谁?"

祖曰："不识。"

帝不领悟。祖知机不契，是月十九日，潜回江北。

梁武帝迎请达摩大师在金陵见面，问他："朕登位以来，造佛寺，写佛经，度人出家为僧不可胜数，请问我这样做有多少功德？"达摩大师说："并无功德。"梁武帝诧异，又问："为什么没有功德？"达摩说："这些事只是人们想求积善升天的人天小果报，终归是有漏的因果，如影随形，虽有却不是实事。"梁武帝又问："那怎样才是真功德呢？"达摩说："真正的功德，是证悟到清净智慧，妙明圆满，其体本来空寂，实相无相。这种妙智真实功德，不是以世俗的有漏心求得。"梁武帝又问："如何才是圣道真谛第一义呢？"达摩说："空寂廓然，连圣道的观念也没有。"梁武帝更加茫然："那与我面对的是谁呢？"达摩说："不知道。"结果，梁武帝始终没有领会达摩大师的佛法深义，达摩大师也知道与梁武帝因缘不契，于是渡江北上少林寺，在附近的少室山面壁隐修。

《碧岩录》为禅宗偏重临济宗的公案评唱集，北宋末、南宋初圆悟克勤禅师（1063—1135，五祖法演禅师之法嗣）根据雪窦重显（980—1052）《颂古百则》编成，是禅宗最早的公案评唱集，开宋代文字禅之先河。

◎第 6 条 《少室六门》卷一

外息诸缘[①]**，内心无喘**[②]**，心如墙壁**[③]**，可以入道。**

【注释】

①〔外息诸缘〕缘指所缘境。这里是不攀缘外境的意思。

②〔内心无喘〕喘指呼吸的粗重状态。这里是调顺身心使之凝住不乱的意思。

③〔心如墙壁〕心如果能专注一境，就会坚如墙壁，不为外物所扰。

【提要】

这是达摩祖师传授的禅法要领。"外息诸缘，内心无喘"是指简别外缘，静修禅定，喜乐轻安，进入定境；"心如墙壁"，进修空相慧观，即可以入道。

◎第 7 条 《五灯会元》卷一

慧可求安心。可曰："诸佛法印[①]**，可得闻乎？"祖（达摩）曰："诸佛法印，匪从人得。"**

可曰："我心未宁，乞师与安。"祖曰："将心来，与汝安。"可良久曰："觅心了不可得。"祖曰："我与汝安心竟。

【注释】

① 〔法印〕佛法心印。

【提要】

达摩祖师传授慧可，是为禅宗二祖。慧可（487—577，一说为593），俗姓姬，号神光，洛阳人。史传记载他"外览坟索，内通藏典"，通达老庄及周易，精研三藏内典；四十多岁时遇达摩，即礼为师，从学六年，精究一乘宗旨，留下了著名的安心公案。慧可请求达摩祖师给予安心之道。问："诸佛的法印，可以听您讲讲吗？"达摩答："诸佛的法印，不从人的妄想分别可得。"慧可又问："我心未得安宁，请求师父给予安心。"达摩回答："把心拿来，给你安心。"慧可沉吟了好久说："觅心了不可得。"达摩祖师即说道："我与你安心竟。"一句"觅心了不可得"，道出了禅宗观心空相无性的安心之道。

慧可悟道后，达摩大师便传法予他，这就是禅宗二祖得法悟道的经历。《景德传灯录》卷三记载，达摩大师传法后嘱咐慧可说："昔如来以正法眼付迦叶大士，展转嘱累而至于我。我今付汝，汝当护持，并授汝袈裟以为法信。……内传法印以契证心，外付袈裟以定宗旨。……至吾灭后二百年，衣止不传，法周沙界，明道者多，行道者少，说理者多，通理者少。潜符密证，千万有余，汝当阐扬，勿轻未悟，一念回机，便同本得。听吾偈曰：吾本来兹土，传法救迷情。一华开五叶，结果自然成。"

师又曰："吾有《楞伽经》四卷，亦用付汝，即是如来心地要门，令诸众生开示悟入。"

二祖慧可得法后隐居今安徽司空山，后传法给三祖僧璨，晚年游化邺都，于北周武帝灭法之后不久（约577）入灭，世寿约九十二岁（一说593年入灭，寿一百零七岁）。

◎第8条 《信心铭》

信心不二，不二信心。言语道断^①，非去来今^②。

【注释】

①〔言语道断〕言语之道断除。佛法的真实义不是语言所能表达的，语言甚至还会成为体悟佛法真实义的障碍，因此应该断除言语之道，离开心意识，直入佛法真实义。

②〔非去来今〕去、来、今即过去、未来、现在三世，指有为法迁流生灭的状态。有为法指因缘和合而生的有生有灭的现象事物。因缘条件具足了，有为法便生起；因缘条件不存在了，有为法也会随之而谢灭。与之相对的则是不生不灭、不增不减的无为法，这是佛法的证果境界。

【提要】

出自禅宗三祖僧璨大师所著名篇《信心铭》。《信心铭》很短，仅五百八十余字，却是禅宗悟道法门的心要之语，是修行工夫深厚的过来人所传授的诸多观行工夫要诀，故深为参禅用功者所喜爱。全文要旨在指授证悟"言语道断，非去来今"的真如妙道，禅宗称之为吾人本有之离言自性，本觉妙慧，寻之不见，弃之不离，非有非空，非境非心，非动非止，非二非一。烦恼与菩提、轮回与涅槃、一心与万法的二分都是假名分别，对待显现；明了其不二之理，则信此本心清净，方可入道。所以《信心铭》开篇讲"至道无难，唯嫌拣择，但莫憎爱，洞然明白"，指出了禅宗顿悟之道的基本认识：无上之道并不难，只要放下种种分别妄见、憎爱情见，则大道洞然明白！将心用心，以心寻心，则头上安头，岂非大错！"二见不住……一亦莫守"，见修不二，信心不二，如是知见，如是修行，则妙道可证。

禅宗三祖僧璨（约510—606），生年、籍贯不详，或谓徐州人。最初以居士身份参谒二祖慧可，二祖识器，收受为徒，遂随侍慧可二年，得受衣法。北周武帝（543—578）灭法时，三祖隐居于今安徽皖公山十余年。隋开皇十年（590）正式驻锡山下的山谷寺，出世行化，公开传授禅法。隋开皇十二年（592），沙弥道信来投，年仅十四岁，从学九年后，三祖僧璨就把衣法传给了道信，自己则去了罗浮山，优游二载，复归皖公山。大业二年（606）十月十五日，三祖僧璨为四众广宣心要后，合掌立化于树下。唐玄宗（685—762）赐谥鉴智禅师。

灯录记载，僧璨身染恶病，上山拜见二祖，期望能祛除恶疾，便请问："弟子身染恶病，请师父帮我忏悔赎罪。"二祖说："请拿罪来，给你忏悔。"僧璨回答："若寻觅，了不可得。"二祖说："既然了不可得，那就已给你全部忏悔干净了，今后你可依佛法僧而生活。"僧璨又问："我已见到了僧，还未明白佛和法是什么意思。"二祖说："是心即佛，是心即法，佛与法一体不二，心外无法，心外无佛，佛法僧皆依一心而立，通体而异名，非内非外。"僧璨后来撰写了著名的《信心铭》，广为流传。

信心铭

至道无难，唯嫌拣择，但莫憎爱，洞然明白。

毫厘有差，天地悬隔，欲得现前，莫存顺逆。

违顺相争，是为心病，不识玄旨，徒劳念静。

圆同太虚，无欠无余，良由取舍，所以不如。

莫逐有缘，勿住空忍，一种平怀，泯然自尽。

止动归止，止更弥动，唯滞两边，宁知一种。

一种不通，两处失功，遣有没有，从空背空。

多言多虑，转不相应，绝言绝虑，无处不通。

归根得旨，随照失宗，须臾返照，胜却前空。

前空转变，皆由妄见，不用求真，唯须息见。

二见不住，慎勿追寻，才有是非，纷然失心。

二由一有，一亦莫守，一心不生，万法无咎。

无咎无法，不生不心，能随境灭，境逐能沉。

境由能境，能由境能，欲知两段，元是一空。

一空同两，齐含万像，不见精粗，宁有偏党。

大道体宽，无易无难，小见狐疑，转急转迟。

执之失度，心入邪路，放之自然，体无去住。

任性合道，逍遥绝恼，系念乖真，沉惛（hūn 昏）不好。

不好劳神，何用疏亲，欲趣一乘，勿恶（wù 勿）六尘。

六尘不恶，还同正觉，智者无为，愚人自缚。

法无异法，妄自爱着，将心用心，岂非大错？

迷生寂乱，悟无好恶，一切二边，妄自斟酌。

梦幻空华，何劳把捉，得失是非，一时放却。

眼若不眠，诸梦自除，心若不异，万法一如。

一如体玄，兀尔忘缘，万法齐观，归复自然。
泯其所以，不可方比，止动无动，动止无止。
两既不成，一何有尔，究竟穷极，不存轨则。
启心平等，所作俱息，狐疑尽净，正信调直。
一切不留，无可记忆，虚明自然，不劳心力。
非思量处，识情难测，真如法界，无他无自。
要急相应，唯言不二，不二皆同，无不包容。
十方智者，皆入此宗，宗非促延，一念万年。
无在不在，十方目前，极小同大，妄绝境界，
极大同小，不见边表。有即是无，无即是有，
若不如是，必不须守。一即一切，一切即一，
但能如是，何虑不毕。信心不二，不二信心，
言语道断，非去来今。

◎ 第9条 《传法正宗记》卷六

无人缚[①]汝，即是解脱[②]。

【注释】

①〔缚（fù 付）〕系缚。烦恼心所攀缘境界，并将境界系缚在心上，使心不自在，只能随境而转。

②〔解脱〕自心离于少分烦恼的系缚，便得少分自

在，这叫作少分解脱；若离于一切烦恼的系缚，便可超出三界（欲界、色界、无色界），证果解脱，这叫作大解脱。

【提要】

这是四祖道信大师的悟道因缘。《五灯会元》记载：四祖道信十四岁时，还是个沙弥，来皖公山亲近三祖僧璨大师，请求僧璨大师讲授解脱法门。僧璨大师问道："是谁束缚你，让你不得解脱？"四祖回答说："没有人束缚我。"僧璨大师追问："既然没人束缚你，那么还求什么解脱呢？"四祖道信于此顿察自心，言下大悟。究实而言，吾人所有束缚的根源不在外面，而在于内心。内心的颠倒妄想，种种分别、计度、执着，是一切束缚的根源。若能观察这些妄想分别，来无所来，去无所去，当体即空，则可当下解脱。故解脱在心，不在外；若内心不能解脱，而求之于外，则永无了期。

四祖道信（580—651），俗姓司马，永宁人（今湖北武穴）。七岁出家，隋开皇十二年（592）十四岁时入舒州皖公山参谒僧璨，言下大悟，奉侍九年，得其衣钵。二十七岁受法为四祖，二十九岁收七岁的弘忍（602—675）为徒。说法于吉州、黄梅一带，后驻锡黄梅双峰山建寺传禅（今黄梅县四祖正觉禅寺），禅法大振，法音远布，门徒达五百多人，建立了最早的禅宗僧团。六十四岁，四拒唐太宗诏请，朝廷赐紫衣。六十五岁（贞观十八年，644年）传法于弘忍为五祖。永徽二年（651）坐塔中示寂，世寿七十二岁。临终垂诚门人说："一切诸法，悉皆解脱。汝等各自护念，流化未来。"留传开示有《入道安心要方便法门》，载于《楞伽（léng qié 棱茄）师资记》卷一。

◎ 第 10 条 《楞伽师资记》卷一

当知佛即是心，心外更无别佛也。略而言之，凡有五种：一者知心体①，体性②清净，体与佛同；二者知心用，用生法宝③，起作恒寂④，万惑皆如⑤；三者常觉不停，觉心在前⑥，觉法无相⑦；四者常观身空寂⑧，内外通同⑨，入身于法界⑩之中，未曾有碍；五者守一不移，动静常住，能令学者明见佛性，早入定门。

【注释】

①〔心体〕心之体，指心的体性。佛学中的体性基于缘起性空思想，是破除了实体性的无自性性，亦称为空性、实相、真如等。

②〔体性〕心体的性质，或真实性。

③〔法宝〕佛、法、僧三宝之一，指佛所说的教法。

④〔起作恒寂〕自心随顺因缘而有无量作用生起，虽是作为，但实质上属于自性因缘等流，没有任何主体性，其体性仍是无性之自性，所以是始终寂静的。

⑤〔万惑皆如〕惑是烦恼的别名，如指如如、真如，即是真实性的意思。一切烦恼本非心外实有的存在，而与心体不一不异。因为不一，所以有万惑的种种差别名相；因为不异，所以万惑都依于共同的真如性。

⑥〔觉心在前〕心性本觉，所以称心为觉心。本觉之心常现在前，能照见诸法实相。

⑦〔觉法无相〕以本觉心观照诸法，照见诸法实相，则知一切有为法相如梦幻泡影。

⑧〔观身空寂〕身就是身体，以觉心来观照自己的身体，能照见自身本来空寂，而不再有执着。

⑨〔内外通同〕照见自身本来空寂之后，就会发现自己的身体无非是五蕴（色、受、想、行、识）和合之物，一切外在的事物也无非是因缘和合而有的诸法，内外都是一样的，没有什么差别。

⑩〔法界〕这里指一切诸法的总和，总该万有，谓之法界。

【提要】

这是《楞伽师资记》卷一所载四祖道信《入道安心要方便法门》中的一段。即心即佛，这是禅宗的基本见地，道信大师又把这个由心证佛的学修次第，分为五个步骤讲解：首先了知心体是什么，这是一个见地问题。心之体性，清净觉明，与佛之体性相同，成佛由此。第二要知心用。由心体起用，随顺因缘起一切法，作用起时，而心体又恒常寂然不动。一切恶业法相即是真如体性，一切烦恼即是菩提智慧，不一不异。第三要时常觉照不停，觉照心常现在前，了知一切法性空无相。第四要常观身心空寂，身内身外皆是空寂，人空同于法空，身心世界与法界一切法同一空寂，无有障碍。第五要守一不移，心恒持一境，动静常住不移，逐渐达于一相三昧，使学人明见佛性，早入定慧之门。

◎ 第 11 条 《景德传灯录》卷四

夫百千法门，同归方寸①，河沙②妙德，总在心源。一切戒门③、定门④、慧门⑤，神通⑥变化，悉自具足，不离汝心。一切烦恼业障⑦，本来空寂⑧；一切因果，皆如梦幻。无三界⑨可出，无菩

提^⑩可求。人与非人 ^⑪，性相平等 ^⑫。大道虚旷，
绝思绝虑。如是之法，汝今已得，更无阙少，与
佛何殊，更无别法。

【注释】

①〔方寸〕指心。

②〔河沙〕"恒河沙数"的略写，指数量极多，就像
印度恒河中的沙粒那般多。

③〔戒门〕即戒学，戒律能遮防身、语、意的三恶业，
是获得一切善法功德的根本准则，也是成就禅定的资粮。

④〔定门〕定学，使心不散乱，专注一境，成就禅
定，为入慧观作准备。

⑤〔慧门〕慧学，在戒、定的基础上，获得般若智
慧，断除烦恼，证得果位。

⑥〔神通〕通过修习禅定而成就的不可思议的心自
在作用。经典记载有六神通，包括神足通、天眼通、天耳
通、他心通、宿命通、漏尽通。

⑦〔业障〕三障（业障、报障、烦恼障）之一。身语
意所造的恶业能够障碍正道，业本身就是障，所以称业为
业障。

⑧〔空寂〕"空"不是一无所有的意思，而是指一切
事物的产生都需要特定条件（称为"缘"），条件具足了，

事物便存在；条件不具足了，事物便消亡。也就是说，脱离条件而自生自在的事物是根本不存在的，所以说诸法的体性本来就是"空"。既然一切诸法的自性是空，就"空"的意义上说，一切诸法也是本然寂静的。

⑨〔三界〕指一切众生生存居住的三种界域，包括欲界、色界、无色界。

⑩〔菩提〕断绝世间烦恼而成就的智慧。

⑪〔人与非人〕人指人趣众生。非人指人趣之外的众生，如天龙八部众等。

⑫〔性相平等〕"性"指诸法的空性，"相"指诸法存在的种种差别有相。

【提要】

四祖道信的弟子除了五祖弘忍以外，还有一位著名弟子是牛头法融（金陵牛首山法融禅师），这是四祖法脉旁出的一支，并传承六代。道信大师对牛头法融禅师有一段非常精彩的开示，直白揭示了禅宗直指人心的见地。"百千法门，同归方寸。河沙妙德，总在心源。一切戒门、定门、慧门，神通变化，悉自具足，不离汝心。"就法之体性层面而言，菩提本有，不须用守，一切法不离自心，离心无佛。心之体性本自具足一切妙德，与佛无异；心之大用，神通变化也本然与佛无异。就法之缘起层面而言，烦恼本无，不须用除；众生的一切烦恼业障，因果流转，皆是缘起如幻，本来性空，无有实性。就法之修证层面而言，修即无修，不用证空，自然明彻。一切妙德本无欠缺，只因妄想分别遮蔽而不能显现；若能歇下狂心，则水清月现，顿见菩提。

牛头法融（594—657），唐代禅僧，为四祖道信法系旁出牛头宗之开祖，润州延陵（江苏镇江）人，俗姓韦。十九岁依炅（jiǒng 囧）法师出家，二十年中，博精经论，凝心宴坐，入大妙门。贞观（guàn 惯）十七年（643），于牛头山幽栖寺北岩下别立禅室，研究七藏，潜修禅观，净侣四至，有百余人。四祖道信听闻后，前往指授禅宗顿教法门，法融大悟，因立法系称为牛头宗，盛极一时，六传后至宋代渐衰。显庆元年（656）司功萧元善再三请法融禅师住持金陵建初寺，次年（657）圆寂于该寺，时年六十四。

◎ 第 12 条 《心铭》

心性不生①，何须知见②？本无一法，谁论熏炼③？

往返无端④，追寻不见。一切莫作，明寂自现。

【注释】

①〔不生〕没有生起、造作，本自不生，亦即不灭。心性之体是无为法，不生不灭。

②〔知见〕依思虑分别而起的见解。

③〔熏炼〕指修炼。

④〔无端〕端即开端，既无始，也无终。

【提要】

牛头法融的传世作品主要是《心铭》。其文简短精要，于教、于观、于修皆剖出心要，并与中国固有的儒家、道家文化深度相通融。《心铭》突出了中国文化以心性为中心的修持和用功的特点。"心性不生，何须知见"，讲众生的心性本然而有，并同于法性之体，如同儒家说"浑然与万物为一体"；但也不是有一物，而是本来空寂，缘生如幻。心性本自不生，也不曾坏灭，故不须另觅知见来让其明了。心性无相，无始无终。所谓熏炼，从心性本有来看，并无能熏与所熏，但"一切莫作"，即不造作，歇下妄心，则寂然明静的心性自然显现。《心铭》其文如下：

心铭

心性不生，何须知见？本无一法，谁论熏炼？

往返无端，追寻不见。一切莫作，明寂自现。

前际如空，知处迷宗。分明照境，随照冥蒙。

一心有滞，诸法不通。去来自尔，胡假推穷。

生无生相，生照一同。欲得心净，无心用功。

纵横无照，最为微妙。知法无知，无知知要。

将心守静，犹未离病。生死忘怀，即是本性。

至理无诠，非解非缠。灵通应物，常在目前。

目前无物，无物宛然。不劳智鉴，体自虚玄。

念起念灭，前后无别。后念不生，前念自绝。

三世无物，无心无佛。众生无心，依无心出。

分别凡圣，烦恼转盛。计校（jiào 较）乖常，求真背正。

双泯对治，湛然明净。不须功巧，守婴儿行。

惺惺了知，见网转弥。寂寂无见，暗室不移。

惺惺无妄，寂寂明亮。万象常真，森罗一相。

去来坐立，一切莫执。决定无方，谁为出入？

无合无散，不迟不疾。明寂自然，不可言及。

灵知自照，万法归如。无归无受，绝观忘守。

四德不生，三身本有。六根对境，分别非识。

一心无妄，万缘调直。心性本齐，同居不携。

无心顺物，随处幽栖。觉由不觉，即觉无觉。

得失两边，谁论好恶？一切有为，本无造作。

知心不心，无病无药。迷时舍事，悟罢非异。

本无可取，今何用弃？谓有魔兴，言空象备。

心无异心，不断贪淫。性空自离，任运浮沉。

非清非浊，非浅非深。本来非古，见（xiàn 现）在非今。

见在无住，见在本心。本来不存，本来即今。

菩提本有，不须用守。烦恼本无，不须用除。

莫灭凡情，唯教息意。意无心灭，心无行绝。

不用证空，自然明彻。灭尽生死，冥心入理。

开目见相，心随境起。心外无境，境外无心。

将心灭境，彼此由侵。心寂境如，不遣不拘。

境随心灭，心随境无。两处不生，寂静虚明。

菩提影现，心水常清。德性如愚，不立亲疏。

宠辱不变，不择所居。诸缘顿息，一切不忆。

◎ 第 13 条 《最上乘论》卷一

夫修道之本体^①，须识当身心本来清净，不生不灭，无有分别。自性圆满清净之心，此是本师^②，乃胜念十方诸佛^③。

【注释】

① 〔本体〕这里修道之本体，即指道体，即是自性圆满清净之心。

② 〔本师〕即释迦牟尼佛。

③ 〔十方诸佛〕十方是四方、四维与上、下的总称。

大乘佛教认为十方有无数世界，世界有无量诸佛，故说十方诸佛。

【提要】

《最上乘论》，又名《修心要论》，是禅宗五祖弘忍大师的著作。全文以问答的形式讲述了修行禅道、顿悟实相的修行要诀，揭示佛法修持以"守心"为要，代表了五祖东山法门的禅法纲要。文中指出修道必须先识得自心本来清净之本体。如何识得呢？五祖举《十地经》论述："众生身中有金刚佛性，犹如日轮，体明圆满，广大无边，只为五阴黑云之所覆，如瓶内灯光不能照辉。"一切众生本有的清净心也是如此，只为攀缘妄念烦恼等种种知见黑云所覆，而不能显现其光明；但能凝然守心，妄念不生，则涅槃法自然显现。五祖弘忍还引《维摩经》说明本来自性清净心即是真如佛性，本无有生，也无有灭，故称本来不生不灭。此本有真心不从外来，守之则到彼岸，迷之则堕三涂，所以三世诸佛以自心为本师，胜过口念外在的十方诸佛。

五祖弘忍（602—675），浔阳（今江西九江，或谓蕲州黄梅）人，俗姓周。七岁时从四祖道信出家于蕲州黄梅双峰山，穷研顿渐之旨，遂得心传。四十三岁时接法四祖，后于四祖寺东冯茂山新建东山寺，俗称东山法门。唐永徽二年（651），五十岁，道信入寂，乃继承师席，世称"五祖黄梅"。咸亨二年（671），传法于六祖慧能，自此禅宗大兴。又有弟子神秀，被武则天迎入两京供养，被尊为"两京法主，三帝（武则天、唐中宗、唐睿宗）国师"，传禅宗北宗法脉。古来传有著作《最上乘论》（一称《修心要论》），语录散见《楞伽师资记》《宗镜录》等。

◎ 第14条 《六祖坛经》

菩提本无树^①，明镜^②亦非台。
本来无一物，何处惹尘埃？

【注释】
①〔树〕菩提树。相传佛陀在菩提树下成道。
②〔明镜〕真心照物，就像明镜一般，胡来胡现，汉来汉现，而心体不动，所以譬真心为明镜，也称心镜。

【提要】
这是禅宗六祖慧能接法之际所写的一首法偈，是为了回应当时的首座神秀（605—706）禅师写的另一首法偈：

身似菩提树，心如明镜台。
时时勤拂拭，勿使惹尘埃。

慧能看后认为见地还不到位，落入渐修，于是写下了这首著名的悟道偈：

菩提本无树，明镜亦非台。

本来无一物，何处惹尘埃？

这首偈语鲜明地表现了慧能的顿悟般若思想，也与《金刚经》和《中论》等般若中观思想完全一致。及至几天后五祖夜半传法，以袈裟遮围窗户，不令人见，为慧能讲说《金刚经》至"应无所住而生其心"之时，慧能言下大悟，明了一切万法不离自性，并又说偈：

何期自性，本自清净；

何期自性，本不生灭；

何期自性，本自具足；

何期自性，本无动摇；

何期自性，能生万法。

五祖认可了慧能的悟境，对慧能说："不识本心，学法无益；若识自本心，见自本性，即名丈夫、天人师、佛。"至此，慧能彻底悟得了"自性本具"的如来藏思想。就禅宗的根本义来说，其实神秀与慧能并无根本性差别。《景德传灯录》记载神秀示众："一切佛法，自心本有；将心外求，舍父逃走。"这也是明显的如来藏思想。然而在如何修行用功的方法上，神秀秉承的还是具有明显印度佛学次第教内容的修行理念，故他常指示弟子"住心观净，常坐不卧",而"时时勤拂拭,勿使惹尘埃"正是这种次第修行理念的表达。而慧能"本来无一物,何处惹尘埃"所表达的自心本然清净,含蕴众德,这是中国化佛教的圆顿修行理念,是顿悟思想的鲜明表达。

六祖慧能是中国佛教史上使印度佛教中国化最为成功的禅修大师,彻底改变了中国人对于"禅"的理解,使得印度佛教的次第禅彻底转为了中国佛教的圆顿禅,并形成了以慧悟为本的中国禅,大大促进了"禅"在中国文化中的普及和发扬,并真正建立了中国化佛教的典型宗派——禅宗。

六祖慧能的法语被弟子们编辑成《六祖坛经》,成为佛教史上唯一被称为"经"的祖师著作,也成为唐代之后对于中国文化产生巨大而深刻影响的一部著作,成为与儒家《四书》、道家《老庄》齐名的代表中国佛家文化的名著。

六祖慧能(638—713),广东新州人,祖籍河北范阳(涿州),俗姓卢,其父因贬官而至岭南。慧能三岁而孤,母子相依为命,砍柴为生,后因听人诵《金刚经》而去黄梅五祖寺,二十四岁得五祖弘忍传法为六祖。随即南归隐遁,遭追杀,隐于猎人队中。乾封二年(667),于广州法性寺(今光孝寺)遇印宗法师讲《涅槃经》,因论风幡语,始与大众讲说无上道,即由印宗法师剃度出家并受戒。次年朝廷下诏住持曹溪宝林寺（今韶关南华寺），传授顿教法门。韶州刺史韦据请六祖慧能到韶州大梵寺集众讲法，弟子记录法语，此即《六祖坛经》的最初内容。当时神秀大师在朝廷，倍受尊崇，推举六祖慧能，然屡诏不赴，仅说法语由使者带回。唐德宗贞元十二年（796），朝廷钦定慧能为禅宗六祖。先天二年（713）七月八日，慧能与大众话别，在出生地新州国恩寺（慧能出生旧宅，朝廷下令建为国恩寺）圆寂，世寿七十六。肉身塔于曹溪宝林寺，朝廷谥号大鉴禅师。

◎ 第15条 《六祖坛经》

不是风动，不是旛动^①，仁者心动。

【注释】

①〔旛〕同"幡"，寺院前悬挂的长幅下垂旗帜。

【提要】

这是中国佛教史上一则著名公案。《坛经》记载，慧能到广州法性寺听印宗法师（627—713）讲《涅槃经》时，"时有风吹旛动，一僧曰'风动'，一僧曰'旛动'，议论不已。慧能进曰：'不是风动，不是幡动，仁者心动。'一众骇然。"常情所见不外风动或幡动，慧能直说"心动"，以其禅悟境界之深入，能于万法唯识、缘起性空处观照万法。若以唯心唯物解释此意，则还是落入俗情俗见，明眼人前休说梦，不见其中真实意。故后世有禅师评论说：

> 非风非幡无处着，是幡是风无着处。
>
> 辽天俊鹘悉迷踪，踞地金毛还失措。
>
> 阿呵呵，悟不悟，
>
> 令人转忆谢三郎，一丝独钓寒江雨。

◎第16条 《六祖坛经》

惟论见性，不论禅定①解脱。

【注释】

①〔禅定〕从大小乘次第教的层面来说，禅特指色界定，定通指色界、无色界定。就大乘六度而言，禅定泛指一切能引生智慧的定。

【提要】

《坛经》记载，慧能在广州法性寺因"风动幡动"公案而出世后，印宗法师问："黄梅付嘱，如何指授？"慧能答："指授即无。惟论见性，不论禅定解脱。"印宗法师又问："为何不论禅定解脱？"慧能答："为是二法，不是佛法。佛法是不二之法。""见性"即是直指超越常与无常、凡与圣、烦恼与涅槃的不二佛性，亦即是吾心本有自性。

　　"见性"之法属于参悟大乘实相的慧学，禅定解脱则属于以定学为中心的教法。在印度佛教戒、定、慧三学中，其次第为：由戒生定，由定生慧，其中定学是中心。概略说，印度佛教禅学以次第禅为主要特点，大小乘皆如此。中国佛教以大乘实相为本，自天台宗创立之后，其禅学思想开始中国化，转为以止观圆融的圆顿禅法为本，故于禅学实以般若慧学为中心，而以圆顿禅为鲜明特点。虽然如此，天台宗还是保留了不少印度佛学次第禅内容作为前行和辅助，如《六妙门》《释禅波罗蜜次第法门》等。

　　达摩来中土，所传禅法符合圆顿禅法特点，故到了六祖慧能之时，已经转为直接以圆顿禅法为主，而不再以印度禅学之次第禅为前行和辅助，使得印度佛学形态发生了更深度的中国化，佛教史称为"六祖革命"。此后，随着以马祖道一（709—788）和石头希迁（700—790）为代表的祖师禅的兴起，禅宗以其革命性的新禅法彻底改变了中国佛教的形态，最终完成了印度佛教中国化的历史使命，使得佛教自宋代之后变成了中国文化的一个有机组成部分，并反过来对中国固有的儒家文化、道家文化及哲学、文化、艺术和生活方式等各方面都产生了巨大而深刻的影响，直接促成了宋代新儒学（宋明理学）和新道学（内丹学）的形成。

◎ 第17条 《六祖坛经》

外离相①即禅，内不乱②即定。外禅内定，是为禅定。

【注释】

① 〔外离相〕自心离于外相，不执着外境。

② 〔内不乱〕内心不散乱，能安住一处。

【提要】

"禅"一词，是梵语音译"禅那"的略称，是一个外来词。梵语 Dhyana，巴利语 Jhana，音译作禅那等，意译作静虑（止他想，系念专注一境，正审思虑）、思惟修习、弃恶（舍欲界五盖——贪欲盖、嗔恚盖、惛眠盖、掉举恶作盖、疑盖——等一切诸恶）、功德丛林（以禅为因，能生智慧、神通、四无量等功德），也译作"定"。"禅"之得名，由四禅而来，即初禅、二禅、三禅、四禅，谓之根本禅，也称根本定，此外还有未至定、近分定、中间定、四空定等种种定。狭义讲，"禅"以其止观均等的殊胜功用而特指色界四禅之定境，"定"则通指三界一切定境。故"定"名广，"禅"名狭。其核心内容有十一个禅定境界（称为禅地）：欲界地、未到地、初禅地、中间禅地、二禅地、三禅地、四禅地、空处地、识处地、无所有处地、非有想非无想处地。如下图：

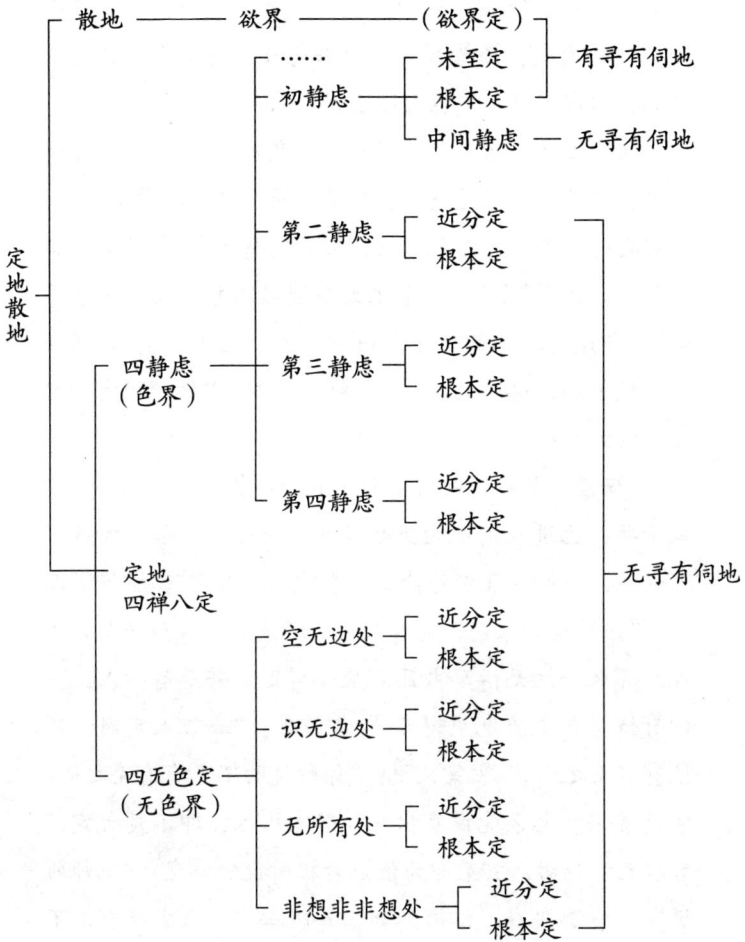

而《坛经》中关于禅定的定义却是以定慧等持的圆融义来解说的。《坐禅品》中说："外离相即禅，内不乱即定。外禅内定，是为禅定。外若着相，内心即乱；外若离相，心即不乱。本性自净自定，只为见境，思境即乱。若见诸境心不乱者，是真定也。"《定慧品》中说："定慧一体，不是二。定是慧体，慧是定用。即慧之时定在慧，即定之时慧在定。若识此义，即是定慧等学。"这里"禅定"和"定慧"的定义全依大乘圆教思想，而"定慧等学"，即是《瑜伽师地论》所言"奢摩他（止）、毗婆舍那（观）和合俱转"，而与印度佛学中通常的"禅定"定义有较大差异。

《坛经》记载，河北智隍（huáng 皇）禅师修习禅定二十年，已进入定境的正受境界。一日六祖弟子玄策禅师到访，问智隍住庵作什么，智隍答"入定"。玄策进而问："你所说的入定，为有心入，还是无心入？若是无心入，那么一切无情草木瓦石应合得定；若是有心入，一切有情含识之流也应得定。"智隍答："我正入定时，不见有有无之心。"玄策又说："你所说的不见有有无之心，即是常定。怎么能说有出入？若有出入，即不是大定。"智隍无法应对，玄策即为他讲六祖所说的禅定："我师所说定，妙湛圆寂，体用如如。五阴本空，六尘非有，不出不入，不定不乱。禅性无住，离住禅寂；禅性无生，离生禅想。心如虚空，亦无虚空之量。"此后智隍随玄策前往曹溪拜见六祖，终于大悟。

◎ 第18条 《六祖坛经》

禅非坐卧，道由心悟。

【提要】

六祖慧能在五祖弘忍处得法后，弘法南方，而原来五祖门下首座神秀和尚也被迎请到宫中供养，神秀向唐中宗推荐慧能大师："南方有能禅师，密授忍大师衣法，传佛心印，可请彼问。"唐中宗下诏派遣内侍薛简到南方去迎请六祖慧能大师。六祖称疾以辞，薛简就六祖大师请教佛学问题。薛简问："京城的禅师大德说，要得道，必须坐禅习定，否则不能解脱。大师您有何看法？"六祖回答："道由心悟，岂在坐也？"

印度佛学戒、定、慧三学中，定学以静坐为基础，没有修禅定而不静坐者，但六祖却强调禅不在坐卧，以悟心为本。《坛经》中说："何名坐禅？此法门中，无障无碍，外于一切善恶境界，心念不起，名为坐；内见自性不动，名为禅。"直把外相的静坐功夫归于内心的心性功夫。当时神秀禅师提倡"住心观静，长坐不卧"。六祖评论说:"住心观静,是病非禅;长坐拘身,于理何益?"并说偈:"生来坐不卧,死去卧不坐,一具臭骨头,何为立功课?"六祖慧能关于禅坐的观点,开启了禅宗以悟心为本而不是以坐禅为本的禅法风格,对把禅悟智慧与当下生活打成一片产生了深远影响,引导中国佛教向着圆融世间与出世间的方向发展,改变了印度佛教偏向于出世的风格。

◎ 第19条 《六祖坛经》

三世诸佛①,十二部经②,在人性③中,本自具有。不能自悟,须求善知识④指示方见。若自悟者,不假⑤外求。

【注释】

①〔三世诸佛〕过去佛、现在佛与未来佛。

②〔十二部经〕佛陀所说之法依照形式与内容的不同而被分为十二个部类,又称作十二分教等,包括契经、应颂、记别、讽颂、自说、因缘、譬喻、本事、本生、方广、希法、论议。

③〔人性〕这里指人的本然自性,禅宗解释中同于真如法性。

④〔善知识〕自身有智有德而又能导人入正道的人。

⑤〔假〕借助。

【提要】

这里的"三世诸佛、十二部经",喻指一切佛和法等智慧功德尽在人心之中。《坛经·般若品》中说:"菩提般若之智,世人本自有之;只缘心迷,不能自悟,须假大善知识,示导见性。当知愚人智人,佛性本无差别,只缘迷悟不同,所以有愚有智。万法尽在自心,何不从自心中,顿见真如本性?"《菩萨戒经》云:"我本元自性清净,若识自心见性,皆成佛道。"各自观心,自见本性。若自不悟,还须寻觅了解最上乘法的大善知识,指授化导,令得见性。六祖说他于五祖弘忍和尚处,一闻言下便悟,顿见真如本性,因此才将此教法传授世人,令学道者顿悟菩提。

◎ 第20条 《六祖坛经》

自性若悟,众生①**是佛;自性若迷,佛是众生。**

【注释】

①〔众生〕指有情生命,数量繁多,种类繁多,故称为众生。

自性自度是六祖禅法的重要原则。《坛经》中说：
"吾所说法，不离自性。离体说法，名为相说，自性常
迷。须知一切万法，皆从自性起用，是真戒定慧法。"识
自心众生，见自心佛性。欲求见佛，但识众生。只为众
生迷佛，非是佛迷众生。自性若悟，众生是佛；自性若
迷，佛是众生。自性平等，众生是佛；自性邪险，佛是
众生。心若险曲，即佛在众生中；一念平直，即是众生
成佛。我心自有佛，自佛是真佛。自若无佛心，何处求
真佛？汝等自心是佛，更莫狐疑。外无一物而能建立，
皆是本心生万种法。故说，心生种种法生，心灭种种法
灭。六祖因此说偈：

> 真如自性是真佛，邪见三毒是魔王，
>
> 邪迷之时魔在舍，正见之时佛在堂。
>
> 性中邪见三毒生，即是魔王来住舍，
>
> 正见自除三毒心，魔变成佛真无假。
>
> 法身报身及化身，三身本来是一身，
>
> 若向性中能自见，即是成佛菩提因。

◎ 第21条 《六祖坛经》

无念为宗①，无相为体②，无住为本③。

【注释】

① 〔宗〕宗旨。

② 〔体〕本体。

③ 〔本〕根本。

【提要】

"无念为宗，无相为体，无住为本"是六祖所提倡的修行原则和方法，可谓六祖禅法的三句口诀。这三句是六祖讲般若行的要诀，即在日常生活、修持中时时以般若智慧调心，其调心要诀为无念、无相、无住。《坛经》说："我此法门，从上以来，先立无念为宗，无相为体，无住为本。"无相、无念、无住，是《阿含经》及大乘般若等经中常说的修行法要，六祖大师依一乘顿教的见地，对此做了独特的解释。

所谓"无念为宗"，很容易被误解为没有念头，摒绝诸念，但实际上并不是不起念头，停止一切心识活动，而是"于念而无念"，即"于诸境上心不染曰无念。于自念上，常离诸境，不于境上生心。若只百物不思，念尽除却，一念绝即死，别处受生，是为大错。无者无何事？念者念何物？无者无二相，无诸尘劳之心；念者念真如本性。……所以立无念为宗"。这是依一乘顿教"念与真如不二"的见地来解释"无念"。六祖的无念，是六根对境，虽有见闻觉知，而不起烦恼、妄想、邪见，所"无"之"念"，指不符合真实的邪妄之念，而非不起符合真实的正念，亦即不起遍计所执及于此执上所生诸烦恼。这即是《维摩经》所言"能善分别诸法相，于第一义而不动"的境界。常人的心识活动如瀑流，缘起相续，念念不停，而其中并无真实性；禅之无念则是以真如自性为体，而又有遍一切法之大用，故能于念而离念不染。

所谓"无相为体"，外离一切相，名为无相。于相而能离于相，即法体清净，此是以无相为体。"相"指事物的相状、性质等，大而宇宙万有，小而具体细物，凡此种种相类，皆是唯心所现，唯识所变。只有破除这种种相类，才能认识到宇宙万相的真实性——真如实相。本有自性之体，清净寂然，离一切相。但识本心，见自本性，无生无灭，无去无来，实相无相。

所谓"无住为本"，《坛经》解释说："无住者，人之本性，于世间善恶好丑，乃至怨之与亲，言语触刺欺争之时，并将为空，不思酬害。念念之中，不思前境。若前念今念后念，念念相续不断，名为系缚。于诸法上，念念不住，即无缚也。此是以无住为本。"六祖曾因听闻《金刚经》"应无所住生其心"而大悟，故提倡"无住为本"。

◎ 第22条 《六祖坛经》

迷人修福①不修道，只言修福便是道。
布施②供养③福无边，心中三恶④元来⑤造。

【注释】

①〔福〕这里指通常意义的福德、福报，虽是善业，但依然属于有漏法，佛学中称为人天福报。

②〔布施〕六度（布施、持戒、忍辱、精进、禅定、般若）是大乘菩萨行的主要内容，而布施是六度的首要修行法门，目的是去除悭贪，培养无我精神，其内容有财布施、法布施和无畏布施等。

③〔供养〕以饮食、衣服等供给佛法僧三宝以及父母、师长、亡者，根据供养物、供养对象及供养方法的不同而有种种差别。

④〔三恶〕身、语、意三种恶行。

⑤〔元来〕同"原来"。指虽然外在的行为是做布施等善事，但内心的贪、嗔、痴原来并没有去除，还在造恶业。

【提要】

出自《六祖坛经》中的无相颂。福，包括功德、福德，指能够获得世间、出世间幸福的善行，主要有布施、持戒等。大乘将六度之行分为福、智二业，而将求无漏智慧以外的一切善行，称为福业，作为成佛的资粮。六祖区分了福德和功德，把求世间有为善业称为福德，而把求无漏智慧法身的无为善业称为功德。《坛经》中说："造寺度僧、布施设斋，名为求福，不可将福便为功德。功德在法身中，不在修福。"又说："见性是功，平等是德。念念无滞，常见本性，真实妙用，名为功德。……不离自性是功，应用无染是德。若觅功德法身，但依此作，是真功德。若修功德之人，心即不轻，常行普敬。心常轻人，吾我不断，即自无功；自性虚妄不实，即自无德。为吾我自大，常轻一切故。善知识！念念无间是功，心行平直是德。自修性是功，自修身是德。善知识！功德须自性内见，不是布施供养之所求也。是以福德与功德别。"

禅宗之道是超越的，也是解脱的。一般世人所修的福多是有相的，是有为法，并不能获得出世间的成就，也不能从根本上转化烦恼。即使做了很多布施利益他人，但心中的贪、嗔、痴等烦恼未断，仍能造恶，也能伤害其他众生，所以并不究竟。《坛经》认为："但向心中除罪缘，名自性中真忏悔。"从自性中清净恶业，才能获得真正的功德。所以禅宗提倡的明心见性，常见本性，则是真修福、真布施。

◎ 第23条 《六祖坛经》

凡夫①即佛，烦恼即菩提。

【注释】

①〔凡夫〕又作异生，尚未见道的人都是凡夫，不论贤愚。

【提要】

凡夫的思维方式主要是二分对待，对立相成。儒家讲"一阴一阳之谓道"（《易传》），老子讲"有无相生，难易相成，长短相形，高下相倾，音声相和，前后相随"（《老子》）等，可见二分对待是一个普遍的自然法则。而大乘圆教则从二而不二的超越角度看问题，超越凡夫二分对待的思想方式，故说"凡夫即佛，烦恼即菩提"，这是大乘圆教的特别思想。吉藏（549—623）在《三论玄义》总结大乘见地为"不二正观"，可谓准确。"不二"同样是《坛经》的核心思想，也是见性修行的诀窍。不二或无二，一般称"中道"，是用否定二元对立、二边偏见的方式描述真如、实相，或证得真如实相的诀窍为不二。六祖慧能特别发挥了这一思想。

《坛经》中说："烦恼即是菩提，无二无别。若以智慧照破烦恼者，此是二乘见解，羊鹿等机；上智大根，悉不如是。"《法华经》以羊、鹿、牛代表声闻、缘觉、菩萨三乘根机，而以智慧照破烦恼，这是声闻、缘觉的二乘见解。那么什么是大乘见解呢？六祖答："明与无明，凡夫见二；智者了达，其性无二。无二之性，即是实性。实性者，处凡愚而不减，在贤圣而不增，住烦恼而不乱，居禅定而不寂。不断不常，不来不去，不在中间及其内外，不生不灭，性相如如，常住不迁，名之曰道。"不二的最根本义，是明与无明不二，即真妄不二。何以不二？皆唯一自性故。依据大乘见解，则凡夫即佛，无二无别；烦恼即菩提，无二无别。性相如如不二，法界圆融无碍。

《坛经》中还讲到诸多不二。佛法与世间不二，亦即世间与出世间不二。"佛法在世间，不离世间觉，离世觅菩提，恰如求兔角。"真妄不二：真心、菩提不在妄心之外，即是妄心之体，故心与性不二、妄念与真心不二。定慧不二："定慧一体，不是二。定是慧体，慧是定用。"此外，还有动与静不二、常与无常不二、涅槃与世间不二，等等。

《坛经》以不二、无二为佛性、自性、实性，进而在修行上，更发挥了顿教思想。《坛经》中说："前念迷即凡夫，后念悟即佛。前念着境即烦恼，后念离境即菩提。""学道之人，一切善念恶念应当尽除。无名可名，名于自性，无二之性，是名实性。于实性上建立一切教门，言下便须自见。"这些圆顿的修行见解和方法，使得六祖提倡的禅悟方法迥异诸家，逐步成为中国佛教禅学的主流。

◎ 第24条 《六祖坛经》

不思善①，不思恶②，正与么时③，那个④是明上座⑤本来面目⑥？

【注释】

①〔善〕"三性"之一。"三性"即善、不善与无记，指心的三种品性。善与不善又合称"有记"。"无记"是非善非不善的意思，有"有覆无记"与"无覆无记"两种。心有三种品性的划分，主要基于此心将来能否感得异熟果报以及感得什么样的果报。能感得果报之心的品性便是"有记性"，亦即能够记别自身之果的意思；不能感得果报之心的品性便是"无记性"，亦即不能记别自身之果的意

思。就有记心而言，能够感得可爱果的心，它的品性便是善的；反之，能够感得不可爱果的心，它的品性便是不善的。就无记心而言，它虽没有感果的能力，但却有"有覆""无覆"的分别。前者是说此心性染，能遮蔽善法、圣道的生起；后者是说此心性净，不会遮蔽善法、圣道的生起。

②〔恶〕"三性"之一，即不善。

③〔正与么时〕唐代口语，此时。

④〔那个〕哪个。

⑤〔明上座〕明，即道明禅师。原名惠明，初依五祖弘忍，后得慧能指授大悟，更名道明。上座，指出家受戒时间较长的长老。

⑥〔本来面目〕指人之本性，或本具之心性，或真实性、无我性、本觉性。

【提要】

这是六祖慧能接法后首次传法的一段公案。据《坛经》记载，六祖接法后，五祖嘱咐他尽快回岭南隐居，恐怕有人害他，于是慧能便带着传法信物衣钵连夜赶回岭南。果然，五祖的一些弟子们对于传法给一位行者慧能不理解，便相约去追赶，追回衣钵。慧能走到大庾岭的时候，有一位四品将军出家的惠明和尚，脚力敏健，追上了六祖。六祖便将衣钵掷置石上说："此衣只表示征信而已，岂可以力争吗？"惠明尽力举衣钵而拿不动，便喊道："我为法来，不为衣来！"六祖便从藏身处出来说："你既为法来，可屏息诸缘，勿生一念，我为你说。"惠明静息良久，六祖指授说："不思善，不思恶，正在么时，那个是明上座本来面目？"惠明言下豁然大悟，又问："上来密语密意外，还更有密意吗？"六祖说："我给你说的，即不是密意了。你若返照，密在你那边。"因为这个因缘，惠明成了六祖慧能的第一个悟道弟子。这段公案，是禅宗指授悟道教学的标范，也开启了后来祖师禅的教学风范。

所谓"本来面目"，正是吾人当下反观觉照之自性，也是禅宗的活般若。《坛经》中说："一切般若智，皆从自性而生，不从外入。本性自有般若之智，自用智慧，常观照故，不假文字。"吾人本有般若之智，与大智慧人更无差别，为何却闻法不能自己开悟呢？这是因为众生攀缘邪见，业障重，烦恼深，遮蔽了本有自性光明，犹如大云覆盖了日，不得风吹，日光不现。……若开悟顿教，但于自心常起正见，烦恼尘劳常不能染，顿见真如本性，即是见性。所以，慧能指授惠明反观自心之时，刹那间顿见清净本性，见性悟道，找到了自己的本来面目。

◎ 第25条 《心王铭》

观心空王[①]，玄妙难测，无形无相，有大神力[②]。能灭千灾，成就万德，体性虽空，能施法则。观之无形，呼之有声，为大法将[③]，心戒[④]传经。水中盐味，色里胶青[⑤]，决定是有，不见其形。心王亦尔，身内居停[⑥]，面门出入，应物随情，自在无碍，所作皆成。

【注释】

①〔心空王〕心能统摄所有的心所法，就像世间王能统摄群臣一样，故称心为心王。又，心王的体性周遍，就像太虚空一样，故又称它为心空王。

②〔大神力〕神是不测、不思议的意思，力是力用、作用的意思。真心的力用，广大无边，不可思议，所以称为大神力。

③〔大法将〕佛为法王，僧为法将。此处将心譬喻为大法将，能护佛法。

④〔心戒〕一心之中含摄一切戒法，故称心为"心戒"。

⑤〔色里胶青〕胶青，也作"胶清"，一种纯净而有黏性的胶原剂。古代制作有色颜料或染料时，先加无色纯净的胶青作溶剂，以更好地配色。色里胶青，虽然决定是

有，却又不见其形。

⑥〔居停〕停是住的意思，居停就是心安居在一处而不散乱的意思。

【提要】

出自傅大士《心王铭》。傅大士（497—569），本名傅翕（xī西），浙江金华义乌人。梁武帝时期与宝志公（418—514）并称两大士，与达摩祖师是同时代人。《景德传灯录》卷二十七记载：他十六岁便结了婚，生有二子。二十四岁时，与人同到河中漉鱼，却向水中祝愿说："去者就去，止者留下。"乡邻都笑他愚。后有天竺高僧嵩头陀来找他，跟他说怎么忘记了往昔共同发菩提愿之事，今兜率天衣钵还在，并让他在水边照影，傅翕恍然省悟，于是与家人一起居山修行，白天耕作，夜里行道，并自号"双林树下当来解脱善慧大士"，时称善慧大士、傅大士。曾作偈曰："空手把锄头，步行骑水牛，人从桥上过，桥流水不流。"人多不识其意。

傅大士曾于中大通六年（534）、大同元年（535）和大同六年（540）三次到金陵，与梁武帝共论佛法。有一次梁武帝请傅大士给文武百官讲《金刚经》。傅大士上法座，拍镇木一下，便下座。旁边的宝志公问梁武帝："陛下还会吗？"梁武帝说："不会。"宝志公说："傅大士讲完了。"又一次，傅大士以道冠、僧服、儒履来见，梁武帝问："你是僧人吗？"傅大士以手指冠。"是道士吗？"傅大士以手指履。"是俗人吗？"傅大士以手指袖衣。昭明太子问："大士为何不讲论经义？"傅大士说："菩萨所说，非长非短，非广非狭，非有边非无边，如如正理，复有何言！"

《心王铭》是傅大士留存的少数作品之一，论说心之空性不可思议，并倡说"是心是佛""即心即佛"，与后来禅宗所说完全相同。本段重在指示心空王的特点，无相体，性空寂，却有无穷之妙用，众生日常活动，举手投足，应物随情，无不依赖其作用。然百姓日用而不知，故用"水中盐味，色里胶青"来比喻。水中盐味是有，但在盐水中却找不到盐的具体相状；"色里胶青"也是相同意思。对于成佛，《心王铭》指出心明识佛，离心非佛，即心即佛，与后世禅宗指授明心见性，意趣完全相同。

心王铭

观心空王，玄妙难测，无形无相，有大神力，
能灭千灾，成就万德。体性虽空，能施法则。
观之无形，呼之有声，为大法将，心戒传经。
水中盐味，色里胶青，决定是有，不见其形。
心王亦尔，身内居停，面门出入，应物随情，
自在无碍，所作皆成。了本识心，识心见佛，
是心是佛，是佛是心，念念佛心，佛心念佛。
欲得早成，戒心自律，净律净心，心即是佛。

除此心王，更无别佛。欲求成佛，莫染一物，
心性虽空，贪嗔体实。入此法门，端坐成佛，
到彼岸已，得波罗蜜。慕道真士，自观自心，
知佛在内，不向外寻。即心即佛，即佛即心，
心明识佛，晓了识心。离心非佛，离佛非心，
非佛莫测，无所堪任。执空滞寂，于此漂沉，
诸佛菩萨，非此安心。明心大士，悟此玄音，
身心性妙，用无更改，是故智者，放心自在。
莫言心王，空无体性，能使色身，作邪作正。
非有非无，隐显不定，心性虽空，能凡能圣。
是故相劝，好自防慎，刹那造作，还复漂沉。
清净心智，如世万金，般若法藏，并在身心。
无为法宝，非浅非深，诸佛菩萨，了此本心。
有缘遇者，非去来今。

◎ 第26条 《善慧大士语录》卷三

夜夜抱佛眠，朝朝还共起。起坐镇相随，语
默同居止。

纤毫不相离，如身影相似。欲识佛去处，只
这语声是。

【提要】

这是傅大士的一个著名偈颂，收入《善慧大士录》。本段意在解说众生本具佛性，虽然寻之不见，然如身影子一样弃之不离，而体现于众生日常的行住坐卧、睡眠饮食、语默动静之中，有论者称为"作用即佛性"。只是，莫把此佛性错解为昭昭灵灵，有一个东西似的。若能当下返观觉照，只这即是，如是如是，则可明心见性。禅宗所说成佛并非向外祈求，而要返观自心，"佛在灵山莫远求，灵山常在尔心头"。参禅就是在日常用功，于起心动念处时时观照，瓜熟蒂落，见得真性。

◎ 第27条 《景德传灯录》卷二十七

顿悟心源开宝藏①，隐显②灵通现真相。
独行独坐常巍巍，百亿化身③无数量。
纵令偪塞④满虚空，看时不见微尘⑤相。
可笑物兮无比况⑥，口吐明珠光晃晃。
寻常见说不思议，一语标名言下当。

【注释】

①〔宝藏〕自心本来具足的真如佛性，就像自家宝藏一样。

②〔隐显〕就体而言谓之隐，就用而言谓之显。

③〔化身〕佛"三身"（即法身、报身、化身）之一。佛为了利益众生而变现出种种形相，便是佛的化身。

④〔偪（bī逼）塞〕偪，逼的异体字。逼塞，指各种境界、烦恼等事。

⑤〔微尘〕物质的极小单位。

⑥〔比况〕比拟，比较。

【提要】

这是南北朝时期高僧慧思禅师晚年的明道诗句，收录于《景德传灯录》卷二十七。

慧思（515—577），天台宗二祖，武津（河南上蔡）人，俗姓李，世称南岳尊者、思禅师，是中国佛教史上于禅修造诣最深的大禅师之一。法嗣智顗（yǐ乙）（538—597）是天台宗实际创始人，著有《摩诃止观》（又名《圆顿止观》）等，是佛教中国化的先驱。慧思禅师十五岁出家，勤修小乘禅定，后参谒河南慧文禅师，得授大乘观心之法，证得法华三昧，奠定了天台宗禅法的核心内容。慧思禅师常讲《摩诃般若波罗蜜经》和《法华经》，声名远播，学徒日盛，而嫉妒其德望或谤难是非者也甚多。他还具有深切的末法思想，因此造金字《般若经》和《法华经》，藏之名山，以待弥勒，并撰《立誓愿文》昭明其菩萨愿。陈朝光大二年（568）入南岳（湖南衡山），居止十年，讲筵益盛，遂有"南岳尊者"之称。太建九年（577），晏然而化，世寿六十三。著作有《法华经安乐行义》一卷、《诸法无诤三昧法门》二卷、《大乘止观法门》四卷等。慧思禅师圆寂前谦称因领众过早，未能证到圆教初住位，只到圆教十信位，即六根清净位，但其实际道行难以测度。

　　本段诗句是慧思对顿悟妙心境界的精要解说。众生的心源即是如来藏，具足诸佛的种种功德，隐显圆融自在。在此高妙境界中，虚空不碍须弥山，纤尘能含大千界，乃是不可思议的境界。慧思禅师以讲般若思想著名，但本段所述禅修心要则转向如来藏思想，与禅宗见地相同。另有一则故事，可见慧思大师的禅派风格。慧思常年住山修行，宝志公曾请人传话，问大师为什么不下山教化众生。慧思大师却答：三世诸佛已被一口吞尽，并没有众生可教化。此即为祖师禅的见地和行持风格。

◎ 第28条 《景德传灯录》卷二十七

只个心心心是佛，十方世界最灵物。
纵横妙用可怜生，一切不如心真实。

腾腾自在无所为，闲闲究竟出家儿，
若睹目前真大道，不见纤毫也大奇。
万法何殊心何异，何劳更用寻经义，
心王本自绝多知，智者只明无学地。
非圣非凡复若乎，不彊①分别圣情孤，
无价心珠本圆净，凡是异相妄空呼。
人能弘道道分明，无量清高称道情，
携锡②若登故国路，莫愁诸处不闻声。

【注释】

① 〔彊〕通"强"。

② 〔锡〕即锡杖，佛教的杖形法器，头部装有锡环。

【提要】

这是五代梁时布袋和尚的一首诗偈，收录于《景德传灯录》卷二十七。

布袋和尚，明州（浙江）奉化人，姓氏、生卒年均不详。自称契此，又号长汀子，世传为弥勒菩萨之应化身，今寺院天王殿所塑大肚弥勒像的原型。布袋和尚身材肥胖，眉皱而腹大，随处寝卧，出语无定，颇能预知时雨。时常以杖担一布袋，见物则乞要，故人称布袋和尚。有偈曰："一钵千家饭，孤身万里游，青目睹人少，问路白云头。"

可为其一生之写照。后梁贞明二年（916）三月，布袋和尚于奉化岳林寺东廊下端坐磐石，安然入寂。留偈曰："弥勒真弥勒，分身千百亿。时时示时人，时人自不识。"

布袋和尚以其背负一布袋闻名，而此布袋亦是一大公案。曾有白鹿和尚问布袋和尚："什么是布袋？（指佛法大意）"布袋和尚就站立，放下布袋。白鹿和尚再问："布袋下事如何？"布袋和尚背起布袋而去。"布袋"成为布袋和尚的道具，既比喻众生心，也比喻佛心，所以布袋和尚时时示现的即是心地法门。这首诗偈说明众生心与佛无别，能纳大千于须弥，妙用不可思议，若能放下妄想分别，则本来圆净的心珠自见。

◎ 第29条 《寒山子诗集》

人问寒山道，寒山路不通。
夏天冰未释，日出雾朦胧。
似我何由届①，与君心不同。
君心若似我，还得到其中。

【注释】

①〔届〕极，至，到。

寒山（生卒年不详），又称寒山子，字、号均不详，唐代隐士、诗僧。寒山子以其常居天台山寒岩得名。其本官宦人家，饱读诗书，后出家归隐于天台山国清寺，常与国清寺拾得相交往，俗称和合二仙。寒山子的诗非常著名，在中国诗歌史上也有一席之地。寒山写诗实不为文采，主要还是遣恶护净，劝人悟道，见自本性。诗集中有诗道："凡读我诗者，心中须护净，悭贪继日廉，谄曲登时正。驱遣除恶业，归依受真性，今日得佛身，急急如律令。"

这首诗描写了寒山子的心境与常人不同，也以比喻指出了常人为何不能悟道的原因。寒山道，比喻修道之路，夏天冰未融化，以及日出雾气未退去，此比喻常人受外在的尘垢所染，无明障碍，不识内在的佛性。如能修道，就如夏天终将融化寒冰，日出终将驱散雾霭一样，内在的佛性就会显现。寒山子的心又如何与常人相似呢？凡圣之心本同，只因迷悟有别。心中的障碍，犹如冰山；内心的无明，恰似晨雾。移除一切执着，破除所有罣（guà 挂）碍，君心就能与寒山子心相似，由迷转悟，直入寒山道中。而寒山的修行方法就是恢复自心本性。寒山子另有一首诗表达了他的心性悟境："吾心似秋月，碧潭清皎洁。无物堪比伦，教我如何说！"

《禅理》41 条

◎ 第30条 《大智度论》卷十一

诸法^①因缘^②生，是法说因缘，是法因缘尽，大师^③如是言。

【注释】

①〔诸法〕一切有为法。

②〔因缘〕亲因、内因、种因是"因"，疏因、外因、助因是"缘"。通俗说，就是条件。万事万物的生起都需要各种条件会合，条件具备了，因缘具备，就有一事产生；条件变化，事物也变化；条件消失了，事物也随之灭除了。因缘论是针对印度外道的常见论、断灭论、邪因论、无因论等观点而提出的。

③〔大师〕这里指佛陀。

【提要】

这是《大智度论》中所引的早期佛典偈语，也有版本作"诸法从缘生,亦从因缘灭,我佛大沙门,常作如是说"(《四分律行事钞资持记》卷三),代表了小乘佛教的缘起观。这首偈子讲述的是佛学的最根本思想——缘起论。所谓缘起论,是说世间的一切现象都是各种因缘条件和合的产物,因缘条件具足则诸法生起,随之又有诸法消亡。缘起论既是佛陀所证悟的佛法真谛,也是一切世间法所遵循的基本法则。缘起论是在反对婆罗门教一神信仰的基础上发展起来的,因为它讲一切法是因缘和合而生,故而不承认有独立实体的存在,也不承认有一大梵实体创造宇宙万物世界,而认为一切宇宙万物都是缘生而有。

《大智度论》一百卷,印度龙树菩萨造,鸠摩罗什(344—413)译,系《摩诃般若波罗蜜经》的注释书。

◎第31条 《中论》

众因缘生法,我说即是无①,亦为是假名②,亦是中道③义。

【注释】

①〔无〕无自性,无实体性。

②〔假名〕诸法都是因缘和合所生，是没有自性的，所以称它们为假法。假法的生起，在缘起意义上不能说它们不存在，所以又施设安立了名言概念，称作假名。

③〔中道〕对因缘所生法，既从无自性空一面认识其不有，又从缘起假名的一面认识其不无，超越有无二边，则称中道。

【提要】

这是《中论》著名的"三是偈"，讲述大乘佛法的缘起法则，代表了大乘佛教的缘起观。"我说即是无"，亦作"我说即是空"。《中论》凡四卷，龙树菩萨造，青目注释，鸠摩罗什译，是龙树菩萨为了破斥说一切有部等部派佛教及其他学派，而建立大乘一切法无自性空根本义的著名论典。《中论》对大乘佛学的发展有巨大影响，奠定了大乘佛学关于缘起性空及般若解释的根本思想体系，并形成了早期大乘的中观学派。鸠摩罗什翻译大乘般若类经典及《中论》《百论》《十二门论》等中观派论典，奠定了汉传佛教的大乘基础，并形成了传述汉传佛教中观学说的三论宗。

"三是偈"意为，一切法都是众缘和合而生起，其原因则是诸法无自性，因为无自性，故说诸法自性是空，亦说是无，以此破除了"有"执。然而从缘起一边说，诸法又皆是假名（名言）施设，在此意义上则说不是恶取空，不是绝对无，以此破除了"空"（无）执。有无二边既破，远离二边即入中道。故对于一切缘起法，既要看到无自性（空），又要看到假名（有），假名与空性俱不执着，即是无所得中道。

◎ 第32条 《中论》

不生亦不灭，不常亦不断，不一亦不异，不来亦不出①。

【注释】
①〔不出〕不去。

【提要】
出自《中论·观因缘品第一》，即著名的"八不中道"偈，旨在抉择一切法之缘起性空（无自性）纲领。通过辨析世俗谛与胜义谛，抉择超越一切二元对立的无自性深义，具体则是对"生与灭"、"常（恒常有）与断（断灭）"、"一与异"和"来与去（出）"等四对概念的论证辨析。"八不"中最重要的是"不生不灭"，而"不生"又是论证的重中之重，由此依据同样的逻辑解释后面七个概念。所谓"生",是关乎世间一切现象起源的问题。在古印度哲学中,关于这一问题的回答有很多,有说万物由"他"(如大自在天、天神等)而生,有说万物由"自体"(如神我、极微物质等)而生,有说万物无因(如说自然)而生,等等。为了破除这些错误观念,《中论》辨析缘起无自性(空性)的道理,故说"不生"。诸法既本来无有"生",亦无所谓有"灭",故说"不生不灭"。没有生灭,自然也就没有常断、一异、来去等事。"八不偈"说明了执着生灭、常断、一异、来出等,皆是不正确的戏论,认识诸法无自性空的缘起性空道理,才能超越戏论,达于诸法实相。

◎ 第33条 《解深密经》卷三

我说识①所缘②,唯识所现③故。

【注释】

① 〔识〕八识,包括前五识(眼识、耳识、鼻识、舌识、身识)、第六意识、第七末那识及第八阿赖耶识。前五识与意识的区别在于,前五识只是将所缘境纳入到自己的感观当中,对于所缘境的认识尚属感觉或感性认识层面,而意识则将已经感受到的认知材料进行分析辨别,属

于理性层面的认识活动。阿赖耶识，又被称作本识、根本识等，它是一切生命现象的根本，也是一切认识活动发生的最后依据。比如就眼识感知色境、意识辨别色境这一系列的认知活动而言，还原到阿赖耶识的层面便是，阿赖耶识的自体变现出见分与相分，然后见分再去攀缘相分，于是人们便有了感知色境、辨别色境等的认知体验。而末那识的意义在于，它是一切我执的根本，具体来说就是，末那识恒常地缘取阿赖耶识的见分为对象，并以之为常一之"我"，于是人们便有了"我"的自我体验与认知。

②〔所缘〕所缘，可理解为认识之对象，与能缘相对。

③〔唯识所现〕唯第八识所变现。由第八识的自体变现出见分与相分，复由见分去攀缘相分，这是唯识学的认识发生理论。

【提要】

出自《解深密经》卷三。《成唯识论》卷二转引为"诸识所缘，唯识所现"，以证成唯识学的"万法唯识"理论。《解深密经》凡五卷，唐代三藏大师玄奘（602或600—664）所译，是唯识学的根本经典。《成唯识论》凡十卷，玄奘翻译印度诸论师对于《唯识三十颂》的注释书，以护法的观点为主，又糅译了十大论师的学说而集成此论。

唯识学通过"八识"理论，对一切法的缘生因果进行了大乘法义的重新构建，理论深广，逻辑缜密，是最为精密而深奥的佛学理论。简要来说，人的内心及所知外境诸现象，乃是阿赖耶识自体变现出见分（主观）与相分（客观），进而复由见分去缘取所变现的相分（实为内心所现之影像），并执着为实境实法，形成种种宇宙万象及丰富的认识世界。而作为认识对象之所缘境，其自体是从阿赖耶识中的识种子变现而生，故唯识以外，实无其他实在的外境自体，称为唯识无境。例如，眼前一块石头，在唯识学看来，进入人们意识里的"石头"，实际上是阿赖耶识的相分所呈现出来的一个虚妄影像，而石头自体其实只是一个缘起现象，并无真实性。也就是说，唯识学认为，人们所能看到的东西都是镜中的影像，至于事物自体（本来面目），则不属于"识"的范畴，而是"智"的范畴。因此，若要认识诸法的实相，需要"转识成智"，成就菩提。

◎ 第34条 《阿含经》

诸行无常①，诸法无我②，涅槃寂静③。

【注释】

①〔诸行无常〕行，迁流的意思。指一切有为法，念

念生灭，迁流不息，没有常体。

②〔诸法无我〕指一切法因缘假合而生，并无真实的"我"。

③〔涅槃寂静〕涅槃，梵文音译，本义为息灭、寂灭，小乘指一切烦恼断尽，一切贪嗔痴永灭的解脱境界。涅槃境界超越了生灭无常，无为无生，故称寂静。

【提要】

此三句即通常所说的小乘佛法"三法印"，见诸《阿含经》。《佛说发菩提心破诸魔经》卷下总结四部《阿含经》的根本义理为"诸行无常，诸法无我，涅槃寂静"。"以要言之，此经（指四部《阿含经》）总说：诸行无常，诸法无我，涅槃寂静。以是义故，若声闻乘、若缘觉乘、若大乘法，随其所应，是中广说。"所谓"法印"，是楷定、印证之义。诸小乘经，以三法印印定其说，即是佛所说法，否则就不是佛所说。"三法印"所明道理是早期佛教的根本法义。

◎ 第35条 《大智度论》卷十八

问曰："云何是诸法实相①？"答曰："众人

各各说诸法实相，自以为是。此中实相者，不可破坏②，常住不异③，无能作者④。如后品⑤中佛语须菩提⑥：'若菩萨观一切法⑦，非常非无常，非苦非乐，非我非无我，非有非无等，亦不作是观，是名菩萨行般若波罗蜜⑧。'……从本已来⑨，不生不灭，如涅槃相⑩。一切诸法，相亦如是，是名诸法实相。"

【注释】

①〔诸法实相〕一切现象的真实体相。

②〔不可破坏〕因缘所生法随缘聚散而有生灭，所以是可破坏的；诸法实相不是因缘所生，所以不可破坏。

③〔异〕变化、坏变。

④〔无能作者〕不存在能够主宰造作的东西。

⑤〔后品〕后面章节。

⑥〔须菩提〕佛陀十大弟子之一，号"解空第一"。

⑦〔一切法〕一切有为法与无为法。

⑧〔般若波罗蜜〕又作"般若波罗蜜多"，"六度"之一，即智慧度，明度，智慧到彼岸。"波罗蜜多"，度，到彼岸的意思。

⑨〔从本已来〕从无始以来，非从一个元初时间而来。佛学的时间观念是"无始有终"，也就是不存在一个

时间上的"本初"。

⑩〔涅槃相〕涅槃，又译作泥洹、灭度、寂灭、无为、安乐、解脱等义。小乘中指生死大患永灭，无为空寂安稳。大乘中译为圆寂，德无不备称圆，障无不尽名寂。

【提要】

出自《大智度论》卷十八，论说大乘诸法实相，即一实相印的道理。大乘佛学兴起之后，提出了大乘佛教的根本法印，称为"一实相印"。"凡诸大乘总指一实相印为体。"(《仁王护国般若波罗蜜经疏》卷一)《法华玄义》卷八中说："大乘经但有一法印，谓诸法实相，名了义经，能得大道，若无实相印，即是魔说。"大乘经以"一实相印"印定其说，证其为大乘之了义教。所谓实相印，是说诸法的真实性相，即大乘经中说"诸法不生不灭，一相无相"(《大智度论》卷二十二)。

◎第36条 《正法念处经》卷二十六

无明①缘②行③，行缘识④，识缘名色⑤，名色缘六入⑥，六入缘触⑦，触缘受⑧，受缘爱⑨，爱缘取⑩，取缘有⑪，有缘生⑫，生缘老死⑬忧悲苦恼⑭，如是唯有大苦聚集⑮。无明灭则行灭⑯，行灭则识灭，识灭则名色灭，名色灭则六入灭，六入灭则触灭，触灭则受灭，受灭则爱灭，爱灭则取灭，取灭则有灭，有灭则生灭，生灭则老死忧悲苦恼灭，如是大苦聚灭。

【注释】

①〔无明〕十二因缘支的第一支，指不如实知见，即无智愚昧，不能明了真理。

②〔缘〕缘起，缘生。

③〔行〕以"无明"为缘而生起迁流变化。

④〔识〕由过去善恶等行，而结识（俗称神识）入胎。

⑤〔名色〕名色即身心，名是心，色是物质。入胎之后，身心逐渐生长发育，最初只是一肉团，还未长成形状。

⑥〔六入〕胞胎逐渐生长，眼、耳、鼻、舌、身、意六根具备，称为六入。

⑦〔触〕婴儿出胎之后，与外境触对，尚未有苦乐好恶。

⑧〔受〕因触对而感受外境的好坏善恶，并生起苦乐感受的好恶识别。

⑨〔爱〕因觉受而生起种种爱欲、好恶等。

⑩〔取〕因爱欲而追逐各种欲求，造业不已。

⑪〔有〕有即是业，从果立名。由爱取烦恼而造作种种业行，由彼业行定有当来之果，故名为有。

⑫〔生〕依现在业，而有当来结生。

⑬〔老死〕由生而有未来老死。

⑭〔忧悲苦恼〕人的生命从生到死，都处于忧悲苦恼之中，这是生命的现实状态。

⑮〔大苦聚集〕又作"大苦蕴"，指人的身形无非是各种苦的集合体。

⑯〔灭〕断除，熄灭。

【提要】

"十二因缘"是佛教的根本教义，广见于四部《阿含经》。本段选自《正法念处经》卷二十六，此经凡七十卷，北魏般若流支译。

佛陀成正觉后首次讲的法是"四谛（苦、集、灭、道）"和"十二因缘"。根据巴利语律藏《大品》和《小尼迦耶》的《自说经》记载，佛陀在尼连禅河边菩提树下成道后，在第一个七日坐禅的结束之夜又重新思维十二缘起说，一切缘起，一切缘灭，一切缘起缘灭。在对十二因缘法的思维中，最突出的内容是细致分析了生命之流转与还灭的全过程，突出显示了佛陀对解脱生命流转忧苦的本怀。这一理论是佛陀在逆观生命的全部过程时而证悟的真谛。他有感于人生所遭遇的老病死等各种痛苦，而逆观人因有生故而有苦，又逆观人因过去的业行而有了现在的生报，又因为有欲取而有造作，有贪爱而有欲取，有感受而有贪爱，有触对而有感受，有六入而有触对，有名色而有六入，有识而有名色，有行而有识，有无明而有行。于是，佛陀将人生痛苦的最终根源归结为无明，因为无明生起，所以人生才会经历各种忧苦。反之，一旦无明熄灭，则一切诸有的流转忧苦都将获得解脱。

部派佛教的学者们多以三世二重因果来解释十二因缘。

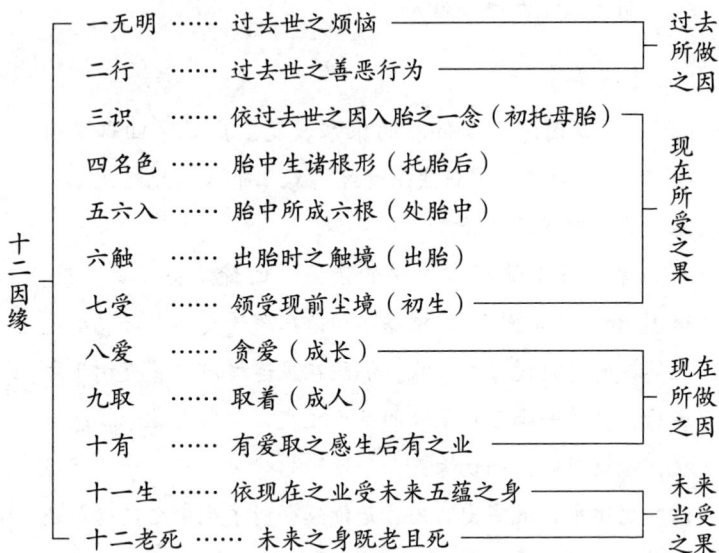

十二因缘			
一无明 …… 过去世之烦恼	过去所做之因
二行 …… 过去世之善恶行为	
三识 …… 依过去世之因入胎之一念（初托母胎）	现在所受之果
四名色 …… 胎中生诸根形（托胎后）	
五六入 …… 胎中所成六根（处胎中）	
六触 …… 出胎时之触境（出胎）	
七受 …… 领受现前尘境（初生）	
八爱 …… 贪爱（成长）	现在所做之因
九取 …… 取着（成人）	
十有 …… 有爱取之感生后有之业	
十一生 …… 依现在之业受未来五蕴之身	未来当受之果
十二老死 …… 未来之身既老且死	

其中，无明与行二者，属过去世之因，识、名色、六入、触、受五者属缘于过去惑业之因而受的现在果，

是过去、现在一重之因果。又爱、取二者为现在之惑，有则为现在之业，缘于此惑业现在之因而感未来的生与老死之果，是现在、未来一重之因果。依此三世两重因果，则有无尽的生死流转和悲欢离合。

此十二支中，前者各为后者生起之因，前者若灭，后者亦灭，皆由因缘所成立，故由此论说无常、苦、无我。此十二因缘法亦被概括为简明偈语：

此有故彼有，此生故彼生。

此无故彼无，此灭故彼灭。

◎ 第37条 《杂阿含经》卷十五

此苦圣谛^①，本所未曾闻法^②，当正思惟^③时，生眼、智、明、觉^④。此苦集^⑤、此苦灭^⑥、此苦灭道迹圣谛^⑦，本所未曾闻法，当正思惟时，生眼、智、明、觉。

【注释】

①〔苦圣谛〕又作苦谛，"四圣谛"之一。"苦"指"有漏皆苦"，"圣"指证道圣者所知见，"谛"指真理。"苦圣谛"说的就是，有漏皆苦是证道圣者所

知见的真理。

②〔未曾闻法〕从来没有听闻过的希有胜妙之法。

③〔正思惟〕如实观察四谛道理，复又依之观察一切。

④〔眼、智、明、觉〕见道位中的四种智慧，其中法忍曰眼，法智曰智，类忍曰明，类智曰觉。

⑤〔苦集〕即集谛，又作集圣谛。集是因义，是苦之因，故名苦集。集以招聚为义。烦恼惑业集聚，于未来招感三界生死流转苦果，故名集谛。

⑥〔苦灭〕即灭谛，又作灭圣谛。灭即寂灭，诸苦等烦恼结使灭除，三界业烦恼亦灭除，可证得涅槃果。

⑦〔苦灭道迹圣谛〕即道谛，又作道圣谛。修行八正道等乃至三十七道品能灭除诸苦，通至涅槃，故名苦灭道谛。

【提要】

出自《杂阿含经》第 379 经。此经系四部阿含之一，凡五十卷，刘宋时期求那跋陀罗（394—468）译，由 1362 部小经汇编而成。本段讲"四谛"思想。四谛，又称四圣谛，即苦谛、集谛、灭谛及道谛，是佛教的根本教义之一，也是佛陀成道之后首次讲法的内容，在鹿野苑为五比丘宣讲四谛法三次，史称初转法轮。谛是真理的意思，即世间与出世间的四种真实道理。苦谛与集谛表示有漏世间生死流转之苦的果与因，而灭谛与道谛表示无漏出世间脱离流转之道的果与因。如下图：

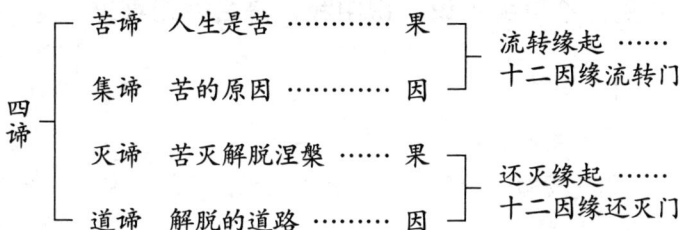

```
        ┌ 苦谛  人生是苦 …………… 果 ┐ 流转缘起 ……
        │ 集谛  苦的原因 …………… 因 ┘ 十二因缘流转门
四谛 ┤
        │ 灭谛  苦灭解脱涅槃 …… 果 ┐ 还灭缘起 ……
        └ 道谛  解脱的道路 ……… 因 ┘ 十二因缘还灭门
```

　　四圣谛揭示了有情生命的流转与还灭，突出地显示了佛陀对解脱生命痛苦的关怀，比较准确地反映了早期佛教中"法"的根本精神。

◎ 第38条 《杂阿含经》卷二十一

　　凡世间①所见，或言有我，或说众生，或说寿命②，或说世间吉凶，斯等诸见，一切皆以身见③为本，身见集、身见生、身见转。……愚痴无闻凡夫，见色是我④、色异我⑤、色中我⑥、我中色⑦；受⑧、想⑨、行⑩、识⑪，见是我、识异我、我中识、识中我。长者⑫！是名身见。……多闻圣弟子不见色是我，不见色异我，不见我中色、色中我，不见受、想、行、识是我，不见识异我，不见我中识、识中我，是名得无身见。

【注释】

① 〔世间〕与三界同义。

② 〔寿命〕依暖（即温度）及识，相续一期，叫作寿命。

③ 〔身见〕"五见"之一，又作有身见、萨迦耶见等。此见执着身心为实我，是我执的根源。又，"五见"包括萨迦耶见、边执见（执着一边的见解）、邪见（否定因果道理的见解）、见取见（将错误道理视为真理的见解）、戒禁取见（将错误戒律视为真戒律的见解）。

④ 〔色是我〕指色等五蕴即是我体，即认为五蕴和合之后成就了一个实我之体，这是典型的以五取蕴为我。

⑤ 〔色异我〕指色等五蕴与我体没有生成关系，而是共存关系，二者一同流转生死，又一同入般涅槃。此我乃系犊子部所立的"不可知蕴"，是五蕴法外的"第六蕴"，因其不可思议，故名不可知蕴。

⑥ 〔色中我〕指色等五蕴中伴随一个灵魂实体，蕴存则魂存，蕴灭则魂灭。

⑦ 〔我中色〕指色等五蕴存在于我体之中，此我犹大梵我，是五蕴法的创造者。

⑧〔受〕受蕴，即受心所，以感受为性。

⑨〔想〕想蕴，即想心所，以取相为性。

⑩〔行〕行蕴，包括受、想二心所以外的所有心所法及所有心不相应行法。

⑪〔识〕识蕴，指心王。

⑫〔长者〕指年高德劭的在家居士或者出家长老。

【提要】

出自《杂阿含经》第570经，讲述"无我"的思想。"诸法无我"是小乘佛教"三法印"之一，是佛教区别于其他宗教的独特思想之一。无我思想是佛教在反对包括婆罗门教之"神我"思想等在内的各种有我思想基础之上形成的，在佛教的教理体系中主要包括两大内容，即"身无我"与"法无我"。而这段文字所讲述的主要是身无我的内容。所谓身无我是说，我人的生命体都是五蕴和合的假体，而非实体存在。至于我人为什么会觉得自己是有自性的主体，这实际上是因为五蕴当中有一类烦恼法在起造作，也就是"有身见"。这是一种见烦恼，它存在的意义就是对"五蕴和合"这一客观现象进行执取，使本来各不相干的五蕴诸法在它的搅合下而变成了"五取蕴"，于是这个假我也就被变成了实我。这段文字当中列举出了四种有我的具体体现，包括色是我、色异我、色中我及我中色，亦即料简了实我与五蕴的四种关系。其中所谓"色是我"是说，五蕴和合之后成就了一个我体。这是最典型的"取蕴我"。所谓"色异我"是说，五蕴与实我是两回事，实我不是五蕴和合而有的，但也不离开五蕴而存在，而是二者共存于三界中，复又一道出离于三界。这个实我，人们不知道它究竟是谁，故而被唤作"不可知蕴"。所谓"色中我"是说，我体存在于五蕴之中，蕴有而我有，蕴灭而我亦不复存在，犹如灵魂精气一般。此说有拨无因果之嫌。所谓"我中色"是说，五蕴存在于我体之中，就像我的附属一般，这个我便犹如梵我或造物者等。这四种有我，在佛教看来，其实都是由身见妄想而来的。

◎ 第39条 《别译杂阿含经》卷五

一切世间，若天①，若人②，若天世界，若人世界，若魔世界③，若梵世界④，沙门⑤，婆罗门⑥，一切世间有生类⑦中，若有戒、定、慧、解脱、解脱知见⑧胜于我者，我当亲近，依止于彼，供养恭敬。遍观察已，都不见于世间人、天、魔、梵、沙门、婆罗门一切世间有胜于我戒、定、慧、解脱、解脱知见，为我依止。

【注释】

①〔天〕欲界有六天，包括四天王天、忉利天、夜摩天、兜率天、化乐天、他化自在天。色界有四禅十七天，无色界有四空天。

②〔人〕人趣众生名人，天趣众生名天人。

③〔魔世界〕魔有四魔，包括蕴魔、烦恼魔、死魔及天魔。这里的魔世界，具体来说如欲界第六天。

④〔梵世界〕指初禅天，是大梵天及其众辅的所居。

⑤〔沙门〕本义勤修息烦恼。古印度社会，原是出家者的通称。这里主要指非婆罗门的出家修行人。

⑥〔婆罗门〕古印度社会四种姓中的最高种姓，僧侣、学者阶层，承习梵天法者。

⑦〔有生类〕即有情众生，能结胎受生，故名有生。

⑧〔戒、定、慧、解脱、解脱知见〕指戒身、定身、慧身、解脱身、解脱知见身，合称"五分法身"，又作无漏五蕴，指阿罗汉无学圣果的五种功德身。《俱舍论》解释为：戒身，又作戒蕴，即无漏之身、语业；定身，又作定蕴，即无学之空、无愿、无相等三三昧；慧身，又作慧蕴，即无学之正见、正知；解脱身，又作解脱蕴，即与正见相应之胜解；解脱知见身，又作解脱知见蕴，即无学之尽智、无生智。

【提要】

出自《别译杂阿含经》卷五第 101 经，讲述早期佛教的"法依"传统。《杂阿含经》1188 经中记载，初成正觉的佛陀在思考以什么为归依，希望有一权威作为所有众生的恭敬、依怙之处。显然，佛陀最初也希望有一个外在的权威作为依靠而建立万有秩序；并且希望这个外在的权威应当是一个彻底的自在者（解脱证道者），"具足戒胜、三昧胜、智慧胜、解脱胜、解脱知见胜"（五胜者），有这样的恭敬处作为依怙，众生就会得安乐。但这样的依怙有没有呢？"天、魔、梵、沙门、婆罗门、天神、世人"代表了当时人们所恭敬、礼拜的对象，是当时人们心灵的依赖之处，他们之中有没有可以令佛陀"恭敬宗重"的呢？佛陀周遍观察思考后认为，上述天人中并没有"五胜"者，也就是说，他们没有彻底解脱，没有得到正觉。《杂阿含经》1188 经中说："无有诸天、魔、梵、沙门、婆罗门、天神、世人能于我所戒具足胜、三昧（即定）胜、智慧胜、解脱胜、解脱知见胜，令我恭敬宗重，奉事供养，依彼而住者。"佛陀的正觉并不是因为上述天人的启示。是什么让佛陀得到正觉呢？"唯有正法令我自觉，成三藐三佛陀者，我当于彼恭敬宗重，奉事供养，依彼而住。"（《杂阿含经》1188 经）在所有的宗教创始人中，佛陀是唯一不以非人自居的导师。他从不自称曾受任何神灵或外力的感应。他自称只是人，而且将他的觉悟、成就及造诣，完全归功于人的努力与智慧。佛陀确立了佛教的一个特别传统——"法依"，这意味着佛法不认为有绝对主宰者、创造者，不认为有可以完全祸福人间的神明，宇宙万有的法则是因缘法则。这在所有宗教的传统中特别突显了人的理性抉择和自我解脱。因此，佛教的传统不是崇拜的传统，而是自我觉悟、自我解脱的传统。正因为如此，佛教才建立了"依法不依人"的优良传统。"法"不是外在的主宰或权威，"法"就是宇宙之真理。

◎ 第40条 《根本说一切有部毗奈耶》卷一

积聚皆消散，崇高必堕落，合会终别离，有命咸归死①。

【注释】

①〔死〕死有，与生有、本有、中有合称"四有"。佛教认为，命终死有只是一期寿命的结束，死有之后会进入中有阶段，然后再进入下一期寿命。

【提要】

这是最早的佛教经典《法句经》之《无常品》中的一首偈子。《法句经》（尊者法救撰，吴天竺沙门维祇难等译，二卷）译文为：常者皆尽，高者亦堕，合会有离，生者有死。

唐代义净（635—713）所译律典《根本说一切有部毗奈耶》中重译为"积聚皆消散，崇高必堕落，合会终别离，有命咸归死"，并在经中引用了九次，各有九个故事引说此偈以感叹无常。聚集的事物最终必会消散，崇高的事物最终必会堕落，会合最终必会分离，生命最终必会死亡。一切盛事终必衰败，所以应当认识无常，追求觉悟。

◎第41条 《杂阿含经》卷十五

盲龟浮木①，虽复差违，或复相得。愚痴凡夫，漂流五趣②，暂复人身，甚难于彼。

【注释】

①〔盲龟浮木〕在大海中漂流的盲龟遇见一块漂浮的木头，木头中间有一孔，盲龟伸头恰好穿孔而出。譬喻遇见了极难遇见的事情。

②〔五趣〕指地狱趣、鬼趣、傍生趣、人趣及天趣。

【提要】

出自《杂阿含经》第406经。经中记载，一日佛问大众："海中有一盲龟，寿无量劫，每隔一百年浮出水面露一次头。而海上有一浮木，上有一孔，随浪漂流。试问，当盲龟一百年从水面露出一次头的时候，能碰到这个浮木上的孔吗？"佛陀随后说："盲龟在海面上露出头碰见木孔的可能性极小，而愚痴凡夫在生命流转的生死海中，哪怕暂时重新获得人身的可能性，比盲龟遇到浮木孔更难哪。"凡夫流转于生死海中，想要获得人身果报，这比大海中一只盲龟遇见一块浮木还要困难。譬喻人身之极难得，更以此来劝诫人们要珍惜人身，勤修十善，觉悟佛法。《止观辅行传弘决》卷五中有偈说："生世为人难，值佛生信难，犹如大海中，盲龟遇浮木。"

◎ 第42条 《杂阿含经》卷四十六

此有三法，一切世间所不爱念。何等为三？谓老、病、死①。如是三法，一切世间所不爱念。若无此三法世间所不爱者，诸佛世尊不出于世，世间亦不知有诸佛如来^②所觉知法为人广说。以有此三法，世间所不爱念，谓老、病、死故，诸佛如来出兴于世，世间知有诸佛如来所觉知法广宣说者。

【注释】

①〔老、病、死〕老相、病相、死相，与生相合为一期寿命之"四相"。

②〔如来〕佛陀十大名号之一。无所从来，亦无所去，称为如来。

【提要】

出自《杂阿含经》第 1240 经。据经载，这段话本是波斯匿王独自静思惟时的心中所想，后来告诉佛陀，佛陀则肯定了他的说法。这段话的意思是说，如果世间没有老、病、死这些一切世人不爱乐的痛苦的话，那么佛陀也就不会出于世间说法，而人们也就不会知道世间还会有佛法。恰恰是人世间充满了各种老、病、死的痛苦，为了拯救世人摆脱此痛苦，佛陀才出世说法。从这里我们可以看出，佛陀的本怀乃是追寻生命解脱的真谛，使生命远离生命的根本性痛苦。超越在世人看来是自然规律的老、病、死，这是早期佛教的核心主题，也是佛陀从太子出家的核心问题。正确理解老、病、死对于生命本质的意义，才能正确把握佛教关于生命问题的超越精神。

◎ 第43条 《四十二章经》

人命在几间①？对曰：呼吸之间。

【注释】

① 〔几间〕多少之间。

【提要】

出自《四十二章经》第三十七章。此经是中土最早翻译的佛教经典，由后汉迦叶摩腾与竺法兰共译，由四十二章短小精悍的经文组成，故称《四十二章经》。经中简要阐明了早期佛教的基本教义，如人命无常、远离诸欲、避恶行善、证沙门果等义，可说是一本佛教入门书。经中记载，佛问诸沙门说："人命在几间？"有回答说："在数日间。"佛说："你未能为道。"佛又问一沙门说："人命在几间？"他回答说："在饭食间。"佛说："你也未能为道。"佛再问一沙门说："人命在几间？"他回答说："在呼吸之间。"佛称赞说："善哉！你可以说是为道者了。"孔子曾说："朝闻道，夕死可矣！"这段经文，以无常、珍惜生命和把握当下等含义，显示了闻道、修道之宝贵。

◎ 第44条 《阿毗达摩大毗婆沙论》卷一

多闻能知法，多闻离不善，多闻舍无义[①]，多闻得涅槃。

【注释】

①〔无义〕没有实义，指虚假之事。

【提要】

出自《阿毗达摩大毗婆沙论》卷一。此论凡五百卷，唐玄奘译，系部派佛教教理的集大成之作。这首偈是在赞说"多闻"对于学习佛法的重要性。《大毗婆沙论》中说，"多闻"对于认识佛法的重要性，就好比有眼者需要因灯才能看见众色。"人不学，不知义。"广学多闻不仅是儒家文化的理念，也是佛教文化的理念。在佛学中非常重视多闻，进而由闻思修，入戒定慧，达于觉悟大道。

◎ 第45条 《金刚经》

若菩萨有我相^①、人相^②、众生相^③、寿者相^④，即非菩萨。

【注释】

①〔我相〕执着我与我所，认为它们都是实有的，叫作有我相。与人相、众生相、寿者相，合为"我人四相"。

②〔人相〕对我而言，执着我人，为有人相。

③〔众生相〕凡有生者皆是众生，为有众生相。

④〔寿者相〕执着寿量长短，名寿者相。

【提要】

出自《金刚经》(全称《金刚般若波罗蜜经》)，凡一卷，鸠摩罗什译，另有多种译本。《金刚经》系大乘般若的重要经典，是中国佛教影响最大、流传最广的佛经之一，对禅宗也有重要影响。"无我"是佛教大小乘的根本义理，故《金刚经》提出菩萨的根本修养在于"无我相，无人相，无众生相，无寿者相"，彻底破除"我相"以及由此而来的种种微细执着。我的、你的、他的，这是凡夫最为坚固的生活观念，也是世间一切冲突、斗争和战争的根源。《金刚经》则是要揭示出，这是一种完全错误的虚妄执着，"无我相，无人相，无众生相，无寿者相"

才是生命的真实相。《金刚经》提出的"无四相"，文字上通俗易懂，道理上直接明了，极大地普及了佛学的基本道理，以及菩萨修行的基本原理。

◎ 第46条 《金刚经》

若以色见我^①，以音声求我^②，是人行邪道，不能见如来。

【注释】

①〔以色见我〕以外在形态来认识佛。色指外在形相等。我，指佛。

②〔求我〕求佛，寻求佛。本句指不能以音声等外相寻求佛。

【提要】

《金刚经》特别发挥无相的道理。佛之真实相，不是一切有为相，佛之法身乃是实相无相，故不能以任何外在色相来认识佛，也不能通过音声等外相寻求佛，否则，此人则是走上邪道，不能真正见到佛。所以，经中又说："凡所有相，皆是虚妄。若见诸相非相，则见如来。"一切有为相皆是虚妄，非但凡夫相是虚妄，三乘圣人相也是虚妄。若有菩萨离一切相，是见诸相非相，则见如来。

◎ 第47条 《金刚经》

应无所住①**而生其心。**

【注释】

①〔无所住〕指心不住着，不执着于任何境界。

【提要】

据《坛经》记载，六祖慧能年轻时以打柴为生，因送柴到旅店，偶然听到有人读诵《金刚经》，至"应无所住而生其心"，心中深有所悟，因此去黄梅拜见五祖弘忍。五祖决定传法给六祖慧能后，夜里在房间单独给他讲《金刚经》，又是讲到"不应住色生心，不应住声香味触法生心，应无所住而生其心"之时，慧能豁然大悟，闻语而悟道。可见《金刚经》这一句"应无所住而生其心"，包含着见性悟道的内在道理，是学修菩萨者生起清净心的窍诀。

◎ 第48条 《金刚经》

过去心不可得^①，现在心不可得，未来心不可得。

【注释】

①〔得〕心不相应法的一种，与"非得"相对，有"获"与"成就"这两层意思。

【提要】

凡夫的心，过去已灭，未来未至，现在不住，故凡夫心都不可得。如来说此诸心非心，是名菩萨心。《孟子·尽心》云："往者不追，来者不拒。苟以是心至，斯受之而已矣。"这几句话，大有《金刚经》"过去心不可得，现在心不可得，未来心不可得"的味道。"往者不追"，过去的已经过去了；"来者不拒"，未来的还没有来；现在的心呢，"斯受之而已矣"，当下即是这个心。君子之大道，就是随时注意自己现在的心。当下这一念，很难把持，既要无所住，又能生其心，这中间的道理即在"无我相""不可得"的般若智慧上。

◎ 第49条 《金刚经》

一切有为法^①，如梦幻泡影，如露亦如电^②，应作如是观。

【注释】

①〔有为法〕与无为法相对，指一切有作为、有造作、有生灭的因缘所生法。

②〔如梦幻泡影，如露亦如电〕梦、幻、泡、影、露、电，合为般若法"六喻"，譬喻一切有为法的虚假无常。

【提要】

这首偈子是著名的《金刚经》"四句偈"，以"梦、幻、泡、影、露、电"等六事来譬喻一切有为法的虚假无常，然其意不仅在破除一切有为法相，还要破除对于一切无为法相的执着；进而，更衬托出"不取于相，如如不动"之法性。故在玄奘大师译《能断金刚般若波罗蜜多经》中，接着还有一偈："应观佛法性，即导师法身。法性非所识，故彼不能了。"这首偈侧重讲"佛法性"即是"佛法身"。两首偈，一首讲法相之如幻，一首讲法性即法身，二者合讲则显出般若思想之非空非有、亦空亦有。

◎ 第50条 《般若波罗蜜多心经》

观自在菩萨[1]，行深般若波罗蜜多[2]时，照见五蕴皆空[3]，度一切苦厄[4]。舍利子[5]！色不异空，空不异色，色即是空，空即是色[6]。受、想、行、识，亦复如是。舍利子！是诸法空相[7]，不生不灭，不垢不净，不增不减[8]。是故空中无色，无受、想、行、识[9]，无眼、耳、鼻、舌、身、意，无色、声、香、味、触、法[10]，无眼界乃至无意识界[11]，无无明，亦无无明尽，乃至无老死，亦无老死尽[12]，无苦、集、灭、道[13]，无智亦无得[14]。以无所得故[15]，菩提萨埵，依般若波罗蜜多故，心无挂碍[16]。无挂碍故，无有恐怖，远离颠倒梦想[17]，究竟涅槃。三世诸佛，依般若波罗蜜多故，得阿耨多罗三藐三菩提[18]。故知般若波罗蜜多，是大神咒，是大明咒，是无上咒，是无等等咒[19]，能除一切苦，真实不虚。故说般若波罗蜜多咒，即说咒曰：揭谛揭谛，波罗揭谛，波罗僧揭谛，菩提娑婆诃[20]。

【注释】

①〔观自在菩萨〕即观世音菩萨。观世音，玄奘译

为观自在。于理事无碍，观达自在，称为"观自在"。"菩萨"，即菩提萨埵（duǒ 朵），觉有情之义。"菩"谓菩提，是觉义；"萨"谓萨埵，是有情众生义。以智上求菩提，以悲下救众生，名为菩萨。

②〔行深般若波罗蜜多〕行，指观行、观照。般若，智慧；波罗蜜多，到彼岸。深般若，定中的甚深智慧观照。

③〔照见五蕴皆空〕五蕴，色蕴、受蕴、想蕴、行蕴、识蕴。蕴意指积集。这里主要指五蕴身（我执）。观五蕴自性空破除我执，观见我空之理；进而破除法执，观见法空之理。

④〔度一切苦厄〕证得空性，烦恼断尽，远离生死之苦。

⑤〔舍利子〕即舍利弗，佛陀十大弟子之一，号"智慧第一"。

⑥〔色不异空，空不异色，色即是空，空即是色〕色即四大（地水火风）幻色，空即缘起自性空。

⑦〔诸法空相〕一切法自性空而无相，即真如实相。非五蕴灭而空相现，即蕴即空，不一不异。

⑧〔不生不灭，不垢不净，不增不减〕诸法无自性故本性空，本无有生，故亦无有灭；本无有垢，故亦无有净；本无有增，故亦无有减。

⑨〔是故空中无色，无受、想、行、识〕色、受、想、

行、识等五蕴是自性空，圣者所证的空性境界中无所执取。

⑩〔无眼、耳、鼻、舌、身、意，无色、声、香、味、触、法〕眼、耳、鼻、舌、身、意，色、声、香、味、触、法等十二处法也是自性空。

⑪〔无眼界乃至无意识界〕眼、耳、鼻、舌、身、意等六根，色、声、香、味、触、法等六境，以及六根缘六境所生的眼识、耳识、鼻识、舌识、身识、意识等六识，合为十八界，也是自性空。

⑫〔无无明，亦无无明尽，乃至无老死，亦无老死尽〕十二因缘之流转门和还灭门也都是自性空。

⑬〔无苦、集、灭、道〕四谛法也是自性空。

⑭〔无智亦无得〕所证诸法谛实理之智、所得之谛实理亦是自性空，圣境中无所执取。

⑮〔以无所得故〕谓前诸一切皆无所得，证得空性。

⑯〔心无挂碍〕金刚喻定之后，断除烦恼障和所知障，惑不挂于心，境不碍于智。

⑰〔无有恐怖，远离颠倒梦想〕外无诸魔恐怖其心，即息恶缘；内无惑业颠倒其心，即息恶业；由此超越了对于生死流转及入涅槃的恐怖。

⑱〔阿耨多罗三藐三菩提〕无上正等正觉。阿耨多罗，意译为无上；三藐，意译为正等；三菩提，意译为正觉。

⑲〔是大神咒，是大明咒，是无上咒，是无等等咒〕咒，指咒陀罗尼，以咒来总持全经之义。或谓四咒对应大乘修道之五位。大神咒对应资粮位、加行位，大明咒对应见道位，无上咒对应修道位，无等等咒对应究竟位（佛果）。

⑳〔揭谛揭谛，波罗揭谛，波罗僧揭谛，菩提娑婆诃（hē喝）〕揭谛是度义。波罗，彼岸义，度人到彼岸谓波罗揭谛。波罗僧，正确到彼岸。僧，正确义、总义，谓断除分别我执、俱生我执后能正确地到达彼岸。菩提，即彼岸之大觉佛果。萨婆诃，速疾成就义。菩提萨婆诃，即速疾成就菩提佛果。或谓此咒还是对应大乘五位。揭谛、揭谛，对应资粮位、加行位；波罗揭谛，对应见道位；波罗僧揭谛，对应修道位；菩提，对应究竟位（佛果）。

【提要】

此段是《般若波罗蜜多心经》全文，简称《心经》，凡两百六十字，讲述般若性空及菩萨道修行的道理。玄奘大师翻译了六百卷《大般若经》，这是最长的佛经；又翻译了《心经》，把本经的序分和流通分都略去，只译正宗分为二百六十字，成为最短的佛经①。《心经》之"心"指心要。《心经》即是六百卷《大般若经》之心要，以其简短精要而成为汉传佛教中被持诵最多的佛经。

---

① 佛经通常都分为序分、正宗分和流通分等三个部分。其中，正宗分是主体。

◎ 第51条 《妙法莲华经》卷一

　　佛所成就第一希有难解之法，唯佛与佛乃能究尽诸法实相，所谓诸法，如是相①，如是性②，如是体③，如是力④，如是作⑤，如是因⑥，如是缘⑦，如是果⑧，如是报⑨，如是本末究竟等⑩。

【注释】

①〔如是相〕非相非不相，名如是相，指万善缘因。

②〔如是性〕非性非不性，名如是性，指智慧了因。

③〔如是体〕非体非不体，名如是体，指实相正因。

④〔如是力〕非力非不力，名如是力，指菩提道心慈善根力等。

⑤〔如是作〕非作非不作，名如是作，指任运无功用道。

⑥〔如是因〕非因非不因，名如是因，指四十一位（包括十住、十行、十回向、十地及等觉）。

⑦〔如是缘〕非缘非不缘，名如是缘，指一切助菩提道。

⑧〔如是果〕非果非不果，名如是果，指妙觉朗然，圆因所克。

⑨〔如是报〕非报非不报，名如是报，指大般涅槃。

⑩〔如是本末究竟等〕非本非末，非不本非不末，而

言本末，本即佛相，末即佛报。本末究竟等之中，"本"指开始之相，"末"指最末之报，"等"指平等；统论而言，从如是相乃至如是报，皆归趣于同一实相而究竟平等，故如是诸法实相本末究竟等。

【提要】

出自《法华经·方便品第二》，即所谓"十如是"。《法华经》是大乘佛教重要经典，是天台宗所依的根本经，现存三种汉译本，而以鸠摩罗什所译的七卷本译文最为流畅，流传最广。这里所谓"十如是"，指诸法实相本身所具有的如其所是的十种相状，也可以说是人们理解诸法实相时应把握的十个方面。"十如是"是天台宗智者大师建立其"一念三千"理论的重要一环。在他看来，人的一念心具足十界（六道、三圣及佛界），十界又互相具足而成百界，每界中又各具十如是而成千如，千如又各有三世间而成三千世间，这便是"一念三千"的由来。

◎ 第52条 《妙法莲华经》卷一

诸佛世尊唯以一大事因缘^①故出现于世。舍利弗！云何名诸佛世尊唯以一大事因缘故出现于世？诸佛世尊，欲令众生开佛知见②，使得清净故，出现于世；欲示众生佛之知见③故，出现于世；欲令众生悟佛知见④故，出现于世；欲令众生入佛知见⑤道故，出现于世。舍利弗！是为诸佛以一大事因缘故出现于世。

【注释】

①〔一大事因缘〕佛出现于世的唯一大目的，即佛出世的本怀。

②〔开佛知见〕开显佛的知见，即实相之理，破一切惑业烦恼。

③〔示众生佛之知见〕显示佛的知见。一切惑业既除，而实相分明显现。

④〔悟佛知见〕觉悟佛的知见。障除而体显之后，觉悟中道实相道理。

⑤〔入佛知见〕入即证入，既悟中道实相，而能证入佛涅槃境界。

【提要】

出自《法华经·方便品第二》，讲述诸佛世尊出世说法的"一大事因缘"，亦即唯一大目的，乃是为了令众生开显佛的知见，并由开佛知见而显示佛的知见，由示佛知见而觉悟佛的知见，由觉佛知见而证入佛的知见。所谓佛知见，即是佛平等法性、智慧之体。其中所谓开佛知见是说，如来能令众生本来圆具的如来智慧开显出来，犹如莲花开放而莲台显现一般。所谓示佛知见是说，如来智慧既已开显，众生能依此智慧观诸法相，则诸法实相可由之示现，而如来智慧之体亦自彰显。所谓悟佛知见是说，于理上开显，于事上示现，能悟理事不二的中道实相道理。所谓入佛知见是说，既悟中道实相之理，即可入于涅槃妙境。

◎ 第53条 《妙法莲华经》卷一

十方佛土①中，唯有一乘②法，无二③亦无三④，除佛方便⑤说。

【注释】

①〔佛土〕即佛界，佛所居住、所教化之处。

②〔一乘〕一佛乘。

③〔二〕指声闻、缘觉二乘。因听闻佛法而入佛道，称为声闻。声闻人以观修四谛十六行相为法门，能证得预流、一来、不还、阿罗汉之四果。不因听闻佛法而自入

道，称为缘觉，又作独觉。缘觉人以观察生灭无常，修习十二因缘为法门而证果。

④〔三〕指声闻、缘觉、菩萨三乘。

⑤〔方便〕权便、权巧的方法。通达真如之智为般若，通达权巧利他之智为方便。般若为体，方便为用。

【提要】

出自《法华经·方便品第二》，讲述《法华经》的"一乘"思想。所谓一乘即一佛乘。乘即运载之义，佛说一乘法，为令众生乘彼之载，直趣佛国彼岸。然而由于众生根器有所不同，能力大小各有差等，并不是所有人都能直接登上高大庄严的佛乘宝车，所以佛陀乃各各为之说方便法，故有二乘、三乘之说。《法华经》说："诸佛以方便力，于一佛乘，分别说三。"由于众生根机不同，诸佛以方便力，对于唯一的一乘佛法，分别开示说为声闻乘、缘觉乘、菩萨乘等三乘法。然而，三乘只是方便，一乘才是真实。

◎第54条 《妙法莲华经》卷一

若人散乱心，入于塔庙中，一称南无①佛，皆已成佛道②。

【注释】

①〔南无〕归依，归敬，归命。

②〔佛道〕指佛之道果。

【提要】

出自《法华经·方便品第二》。《法华经》的方便义，是基于大乘实相的圆满方便。《法华玄义》中说："开方便之权门，示真实之妙理；会众善之小行，归广大之一乘；上、中、下根，皆与记别。又发众圣之权巧，显本地之幽微，故增道损生，位邻大觉。一期化导，事理俱圆，莲华之譬，意在斯矣。"诸佛出世的本怀，就是开方便之权门，示一切众生本具佛性妙理。佛陀讲法四十九年意在为实施权，开权显实，废权立实，而今《法华经》所说举手、低头、一称南无佛等等众小善方便，无非成佛的圆方便。

◎ 第55条 《妙法莲华经》卷二

三界无安，犹如火宅①，众苦充满，甚可怖畏。

【注释】

①〔火宅〕众生居三界中，犹如小儿居住在一个着火

的宅院中，不知身陷火海，反而乐在其中。

【提要】

出自《法华经·譬喻品第三》，用譬喻的方式来说明众生因烦恼流转三界火宅，众苦逼迫，不得自在，当知于无安火宅中须生大怖畏。众生迷惑颠倒，如无知小儿一般，不识火宅被烧之患，反而乐在其中，于火宅内乐着嬉戏，不觉不知火来逼身，也未有希求出离之心。此等火宅过患，炽然不息，佛以三车引诱诸子得出三界火宅之难。而后长者给的不是三车，而是赐给诸子一辆大白牛车。长者，比喻如来；宅，比喻众生生存的三界之家；三车，比喻声闻、缘觉、菩萨等三乘；大白牛车比喻一乘教理。不与三车，等赐大白牛车，喻开三乘之权，显一乘之实。

◎第56条 《维摩诘所说经》卷一

若菩萨欲得净土^①，当净其心，随其心净，则佛土净。

【注释】

①〔净土〕全称清净土、清净国土、清净佛刹。指佛

所居住的清净国土、庄严刹土，也就是清净功德所庄严的处所。

【提要】

出自《维摩诘所说经·佛国品第一》。若菩萨想生净土、想成就诸佛一样的清净国土，则应当观己自心，修行自心之不净烦恼法为净法，从而达到心净无漏，从而所见、所居国土自然清净无染，如佛土无异，所谓"心净则佛土净"。凡夫心有高下，不依佛慧，故见此土丘陵坑坎，荆棘沙砾，土石诸山，秽恶充满；菩萨心无高下，于一切众生悉皆平等，依佛智慧而深心清净，故见此土庄严清净。破见思惑声闻、缘觉证一切智，得慧眼，居方便有余土；破见思、尘沙惑大乘菩萨证一切智、道种智，得慧眼与法眼，居方便变易土；破无明惑菩萨证一切种智，得法眼、少分佛眼，居实报无障碍土；无明尽究竟佛果证圆满一切种智，圆满佛眼，居常寂光土，这是究竟圆满的清净佛土。

◎ 第57条 《维摩诘所说经》卷一

直心①是道场②，无虚假故。发行③是道场，能办事④故。深心⑤是道场，增益功德故。菩提心⑥是道场，无错谬故。

【注释】

①〔直心〕正直无曲之心，这里指不即不离、不生不灭、不落二边的中道心。

②〔道场〕指修道的场所。

③〔发行〕发迹造行，指进行各种事业。

④〔办事〕承办事务。

⑤〔深心〕深信之心。

⑥〔菩提心〕求无上正等正觉之智慧心。

【提要】

出自《维摩诘所说经·菩萨品第四》。通常说的道场，指一个具体的作为修行场所的实体空间，而这里说的道场不仅仅是一个有形的实体空间。一切法都是道场。真直无虚妄的心，是真正的道场。发心造行，承办事务，也是道场。深心敬信，功德增益，也是道场。无错谬地发起求觉悟的菩提心，也是道场。乃至善用其心，三界一切法都是道场。

◎ 第58条 《维摩诘所说经》

依于义，不依语①。依于智，不依识②。依了义经，不依不了义经③。依于法，不依人④。

【注释】

①〔依于义，不依语〕义是实理的意思。语言只是能指相，而不关涉实理，所以要依实理而不依语。

②〔依于智，不依识〕智能入理断惑，识只能思维了别。依于智能离生死大海，依于识则陷生死淖（nào 闹，泥坑）中，所以要依于智而不依识。

③〔依了义经，不依不了义经〕了义与不了义有不同的解释。通俗地说，如实诠显全部佛法理趣的称为了义，反之，未能如实诠显理趣的方便说称为不了义，所以要依了义经，不依不了义经。

④〔依于法，不依人〕法即佛法真理，人虽能弘法，却未必能完全依于法，所以要依法不依于人。

【提要】

出自《维摩诘所说经·法供养品第十三》，讲述了何为真正的法依。有四层要义：首先是依于诸法实义，不依语言文字，因为语言文字只是借以通达实义的媒介，而不是实义本身。其次是依于真实的无漏智慧，不依虚妄的了别意识，如此可以摆脱思维知见的束缚，也可免除各种没有意义的是非诤讼，进以生起真正的智慧。第三是依于能够真实显了义法的经典，不依那些方便之语。第四是依于法而不依人，相信真理而不盲从权威。

◎ 第59条 《六十华严》卷三

于此莲华藏^①，世界海之内，一一微尘中，见一切法界^②。

【注释】

①〔莲华藏〕即莲华藏世界，又称华藏世界，是报身佛（即佛的果报身、受用身）的净土。《华严经》中描述此世界清静庄严，犹从莲花中生，广大重重，故称为莲华藏世界海。这是以莲花喻显大乘法界真如的性相理事。

②〔一切法界〕指真如及一切诸法。华严宗立四法界说，包括事法界、理法界、理事无碍法界及事事无碍法界。

【提要】

出自《华严经·卢舍那佛品》，讲述"一即一切，一切即一"的道理。一一微尘中，能见一切法界，这是"一即一切"；一切法界，皆能藏于一微尘中，这是"一切即一"。华严哲学最引人入胜的哲学智慧之一，就是它将一切存在都纳入到理事对待关系中来解释，即理即事，相涉相入，"一微尘"含摄"一切"，"一切"摄于"一微尘"，从而建立理事无碍、事事无碍的圆融哲学思想。《华严经》全称《大方广佛华严经》，是大乘佛教重要经典。汉译本主要有三个：一是东晋佛驮跋陀罗（359—

429）所译六十卷本，又称《六十华严》；二是唐代实叉难陀（652—710）所译八十卷本，又称《八十华严》。三是唐代般若（734—？）所译四十卷本，名为《大方广佛华严经入不思议解脱境界普贤行愿品》(略称《普贤行愿品》)，是前面两译《华严经·入法界品》的别译，又称《四十华严》。

◎ 第60条 《八十华严》卷十九

应观法界性①，一切唯心造。

【注释】

①〔法界性〕法界之性，即是法性。

【提要】

出自《华严经·夜摩宫中偈赞品》，讲述"法界唯心"的道理。然此处所说的"唯心"与通常哲学中所讲的唯物唯心之"唯心"意思不同，是指超越了心物二者的真如心。真如心与一切万有不一不二，又称为一真法界。外境与分别心的相互作业形成了一切万有的变化现象，属于心生灭法；万有都以真如心为体，属于心真如法。能了境即是心，则此心便是一法界心，便是佛心。

不了境即是心，而执境为有，则此心便是凡夫迷心。故注疏中说："三界无别法，唯是一心作。"

◎第61条 《八十华严》卷六十二

若欲成就一切智智①，应决定求真善知识。

【注释】

①〔一切智智〕也称一切种智、萨婆若智，即佛的究竟圆满智慧。

【提要】

出自《华严经·入法界品》，讲述求真善知识对于成就佛道的重要性。善知识，与恶知识相对，指具足德行而博有知识，能教导正道的正直师友。《华严经·入法界品》中说："一切菩萨成就佛法，皆由善知识力，以善知识而为根本，依善知识生，依善知识出，依善知识长，依善知识住，善知识为因缘，善知识能发起。"可见善知识乃是一切菩萨成就佛法的最重要的外在推动力。因此一切菩萨应做到，求善知识勿生疲懈，见善知识勿生餍足，于善知识所有教诲皆应随顺，于善知识善巧方便勿见过失。

◎ 第62条 《楞严经》卷二

汝犹未明一切浮尘①诸幻化相②，当处出生③，随处灭尽④，幻妄称相；其性真为，妙觉明体⑤。如是乃至五阴⑥、六入⑦，从十二处⑧，至十八界⑨，因缘和合，虚妄有生，因缘别离，虚妄名灭。殊不能知，生灭去来，本如来藏⑩常住妙明，不动周圆，妙真如性。性真常中，求于去来、迷悟、死生，了无所得。

【注释】

①〔浮尘〕指外境。虚假不实，污染真性，故称浮尘。

②〔幻化相〕虚幻无性，毕竟无体，皆为假相。

③〔当处出生〕一切法当下因缘和合之时处，而有缘生现象之出生。

④〔随处灭尽〕一切法当下缘生，随即当下又缘尽离散，随即缘灭，流迁无尽。

⑤〔其性真为，妙觉明体〕法相虚幻，但法性是妙觉圆明的真实体性。

⑥〔五阴〕"五蕴"旧译，摄一切有为法。与十二处、十八界合称"三科"，包括一切法。

⑦〔六入〕又作六处，眼等六根即内六入，色等六尘

即外六入。六根六尘互相涉入，故称六入；又六根六尘相对之处，乃六识所起现行之处，故又称为六处。

⑧〔十二处〕即内六处与外六处之和。

⑨〔十八界〕六根、六尘等十二处，再加六识，是为十八界。

⑩〔如来藏〕如来清净本性，被一切烦恼污垢所藏覆，而不损其清净本性；又如来清净本性，能含藏一切功德，所以称作如来藏。

【提要】

出自《楞严经》卷二。早期佛教讲"诸法因缘生，还从因缘灭"；《中论》讲"众因缘所生法，我说即是空"；《楞严经》则讲"当处出生，随处灭尽"，这是《楞严经》讲缘起的词句，也是了解《楞严经》讲法相与法性关系的关键词句。所谓"当处出生"是说，此诸幻相，本无所依，但是因缘聚合，忽然而起，故云"当处出生"；生即无生，本无实性，缘散又灭，故云"随处灭尽"；以妄见取，似有浮相，毕竟无体，犹如幻事，故云"幻妄称相"；无体之处，原是菩提妙觉明性，故云"其性真为，妙觉明体"。从"如是乃至"至"虚妄名灭"是说，五蕴、十二处、十八界三科所摄一切诸法，实无有体可生可灭，唯因缘幻合，假名为生，幻因缘离，假名为灭。"殊不能知"以下是说，一切诸法，本自不生，今则无灭，非三世法，故无去来。生灭去来既不可得，如来藏性，元自常住，本不曾动，周遍湛寂。"性真常中"以下是说，生佛真妄，去来生死，一切对待之相，因情执故有。一真如性，尚无此名，更不论有诸法对待之相。情忘而体现，故一切诸法之相，了无所得。

《楞严经》，全称《大佛顶如来密因修证了义诸菩萨万行首楞严经》，唐代中天竺沙门般刺蜜帝译，是一部对中国佛教影响十分广泛的大乘经典。《楞严经》自唐代译出后便开始流行，宋代之后更是盛行于僧俗之间，成为汉传大乘佛教的最核心经典之一，是一部对中国佛教之禅、净、教、律、密都有着广泛而深刻影响的大乘经典。《楞严经》以阿难受摩登伽女之幻术以致戒体将毁之际而文殊师利以神咒解救的故事作为发起因缘，以禅定修习之见、修、行、果为纲领，以首楞严大定为中心，系统讲述了见地抉择、禅修法门、菩萨阶位以及七趣因果和五十阴魔等佛法大义，其禅观体系组织得十分严密巧妙，见修齐备，因而被誉为佛教"教观之总纲"。明代憨山德清大师（1546—1623）曾说："不知《法华》，则不知如来救世之苦心；不知《楞严》，则不知修心迷悟之关键。"由于经中对于破妄显真、破魔显正以及禅定中出现的种种魔事境界做了非常细致的讲述，故本经历来被公认为是一部禅修宝典、破魔大全，故受到广泛持诵。

◎ 第63条 《楞严经》卷二

如人以手指月①示人，彼人因指，当应看月。若复观指，以为月体，此人岂唯，亡失月轮，亦亡其指。

【注释】

①〔以手指月〕"手"比喻言诠，"月"比喻真理。这个比喻有两层意思：一方面，手能指向月亮，这比喻言诠能够描摹理体的形相，人们可以通过言诠去了解理体的相貌；另一方面，手虽然可以指向月亮，但却触摸不到月亮本身，这就比喻言诠是触及不到理体实义的，人们想要谛见理体，就要超越言诠的束缚，去直面理体。

【提要】

出自《楞严经》卷二，讲述的是禅观中，有为的能观与无为的所观真性之间的关系问题，也可以说是言诠与真理的关系问题。言诠犹如手指，真理犹如明月，以手指月，可以见月，但非是明月本身。若观见手指便以为是明月，则双失矣。明代著名的禅宗灯录选集《指月录》，书名就出自本段经文。

◎ 第64条 《楞严经》卷五

知见^①立知，即无明本^②；知见无见^③，斯即涅槃。

【注释】

①〔知见〕依思虑分别心而建立的认知和见地。

②〔无明本〕本，根源。分别思维所建立的知见恰恰是无明的根本。

③〔无见〕没有见地。真正的知见恰恰是了知诸法无性，知见亦非实有性，故名知见无见；亦即见得诸法空性，此即是涅槃。

【提要】

出自《楞严经》卷五，讲述"知见无见"的道理。所谓知见即有分别见，依此建立知见，则是无明生死流转之本。若能明了知见无性、缘起性空之理，便证真常，是即涅槃。禅宗有一则著名的"安楞严"公案，即因此句而悟道。"安楞严"本名遇安禅师，温州瑞鹿寺僧人，出家后常读《楞严经》。一日，遇安禅师读《楞严经》至"知见立知，即无明本；知见无见，斯即涅槃"这句时，他未能正确断句，却把它破句，读成"知见立，知即无明本；知见无，见斯即涅槃"，一下子触动了他的悟道机缘，当即豁然大悟。后来有人告诉遇安禅师："破句了也（你断句断错了）！"遇安禅师却回答说："此是我悟处，毕生不易！"这则公案成为一则悟道佳话。当思维分别的有为知见建立的时候，这个知见即是无明的根源；当没有了思维分别知见的时候，见到这个真实谛理即是涅槃。

◎第65条 《楞严经》卷十

理则顿悟，乘悟并销①；事非顿除，因次第②尽。

【注释】

①〔销〕同"消"，消失。

②〔次第〕渐次修学才能断尽二障（烦恼障、所知障）。

【提要】

出自《楞严经》卷十，讲述修道中的"顿渐"问题。理体不可分，又为迷悟对立，故可以顿时悟入，一悟永得；事指烦恼等杂染法，不能顿时去除，需要渐次断尽，次第证得不同阶位的道果，这是大小乘佛法的通义。普照禅师《修心诀》中论说："顿悟者，凡夫迷时，四大（地、水、火、风）为身，妄想为心，不知自性是真法身，不知自己灵知是真佛也。心外觅佛，波波浪走，忽被善知识指尔入路，一念回光，见自本性。而此性地，元无烦恼，无漏智性，本自具足，即与诸佛分毫不殊，故云顿悟也。渐修者，顿悟本性，与佛无殊；无始习气，难卒顿除。故依悟而修，渐熏功成，长养圣胎，久久成圣，故云渐修也。比如孩子初生之日，诸根具足，与他无异，然其力未充，颇经岁月，方始成人。"然汉传佛教圆教思想则特别发挥了华严宗"一即一切"思想，有着更为彻底的圆顿理论。禅宗在六祖之后，南宗与北宗关于顿渐问题有争论，慧能南宗禅以顿悟行法取得优势，"直指人心，教外别传"的顿悟法门也成为禅宗的标志性法门。

◎ 第66条 《圆觉经》

知幻即离，不作方便①；离幻即觉，亦无渐次②。

【注释】

① 〔方便〕善巧权变的方法。

② 〔渐次〕阶级，次第。

【提要】

出自《圆觉经》，讲述的是顿悟圆觉的道理。所谓

"知幻即离，不作方便"，意为知缘起如幻，妄心即离，不用另作方便去舍离；所谓"离幻即觉，亦无渐次"，意为离去如梦幻之妄念，便是觉性全体，而不需要渐次觉悟。因此，圆觉之理，乃是顿悟而觉，不落阶级，不经次第。

《圆觉经》，全称《大方广圆觉修多罗了义经》，凡一卷，唐罽（jì季）宾沙门佛陀多罗译，是一部以圆满觉性为主旨的大乘重要经典，对汉传佛教天台、华严、禅宗都有十分重要的影响。本经阐发大乘圆顿之理及观行实践之法，主张一切众生具足圆觉妙心，本当成佛，然为妄念、情欲等所覆盖，才于六道中生死轮回；如能顿悟自心本来清净，此心即佛，无须向外四处寻求。

◎ 第67条 《圆觉经》

居一切时不起妄念，于诸妄心亦不息灭，住妄想境不加①了知，于无了知不辨真实。

【注释】

①〔加〕于知上更起认知，叫作"加"。

【提要】

出自《圆觉经》，讲述随顺觉性法门及其观心的四层心要。第一，"居一切时不起妄念"，于一切时候都不对外境生起妄想执着之念，妄念不起，真心自现。第二，"于诸妄心亦不息灭"，若诸妄心生起，也不用刻意去息灭它，如果藉灭妄心而存真心的话，就犹如为了躲避自己的影子而移动身体一般，这是没有意义的行为。第三，"住妄想境不加了知"，妄想境由心生，而真心本然自照，若再去分别境界，则是心上加心，知上起知，成了画蛇添足。第四，"于无了知不辨真实"，真心觉知现量境界时，勿再加个了知分别，此谓之"无了知"；虽不加了知分别，然觉性自在，勿再去辨别真心是否在觉知，又落入分别妄想之中。

◎ 第68条 《大般涅槃经》卷二十七

一切众生悉有佛性，乃至一阐提①等亦有佛性。一阐提等无有善法，佛性亦善，以未来有故，一阐提等悉有佛性。何以故？一阐提等定当得成阿耨多罗三藐三菩提故。

【注释】

① 〔一阐提〕断善根人。这一类人是罪恶极深者，他

们本来被认为是没有任何成佛可能性的，后来也逐渐被纳入到有佛性的行列中间。

【提要】

出自《大般涅槃经》卷二十七。《大般涅槃经》又作《大涅槃经》，凡四十卷，北凉昙无谶（385—433）译，称为北本《涅槃经》。南朝刘宋慧严（363—443）、慧观与谢灵运（385—433）等以昙无谶译本为主，并依法显等译《大般泥洹经》增加品目，重治为三十六卷《大涅槃经》，称为南本《涅槃经》。本经是大乘佛教重要经典，宣说如来常住、一切众生悉有佛性、阐提成佛等法义。

此段讲述的是一切众生悉有佛性及一阐提人皆得成佛的思想。在中国佛教思想史上，"一切众生悉有佛性"思想的成立与流传有一个曲折过程。据载，东晋著名佛教思想家竺道生（355—434）因阅读法显所译之六卷本《泥洹经》，而提出了"一阐提人皆得成佛"的思想。但事实上，六卷本《泥洹经》文句里面并没有这一说法，反而明确主张：一切众生皆有佛性，唯除一阐提人。竺道生"阐提亦可成佛"的观点，成为离经叛道的异端学说，以致遭到了当时僧众的群起攻难，并被逐出僧团。直到后来昙无谶所译《大般涅槃经》传至南方，其中果然有"一阐提人亦有佛性"之说，人们才开始赞叹他的观点，说他是"孤明先发"。此后，一切众生悉有佛性的学说便广泛流传开来，并逐渐成为中国佛性思想的主流。

◎ 第69条 《楞伽经》卷四

此如来藏、识藏①，一切声闻、缘觉心想所见，虽自性清净，客尘所覆故，犹见不净，非诸如来。

【注释】

①〔识藏〕如来藏别名。

【提要】

出自《楞伽经》卷四。《楞伽经》全称《楞伽阿跋多罗宝经》，刘宋时期求那跋陀罗（394—468）译，凡四卷。本经有两个异译本：一是北魏菩提流支译十卷本《入楞伽经》，二是唐代实叉难陀（652—710）译七卷本《大乘入楞伽经》。《楞伽经》是一部对禅宗、唯识宗有着重大影响的佛经，其思想有两个重要特点：一是融汇了空、有二宗，既注重"二无我"，又讲"八识""三自性"；二是把"如来藏"和"阿赖耶识"巧妙地统合起来。因此之故，《楞伽经》既是"法相唯识宗"借以立宗的"六经"之一，又被菩提达摩作为禅宗"印心"的依据。

此段讲述的是"如来藏"与"识藏"的构建问题。所谓如来藏，乃是自性清净心的异名，其自性清净心在缠位而为杂染所覆盖，犹如净莲花而在泥中，清净的自体被覆藏，故得名如来藏。虽然自体清净之如来藏被污垢覆藏，但不能损其清净本性，此自性清净圆明体与所覆的杂染法，一真一妄，一清净一染污，《楞伽经》以"如来藏、识藏"一名来统括此两面，将如来藏视同阿赖耶识、阿摩罗识，建立一种真妄和合的缘起思想，这是《楞伽经》理论阐释的特别之处。《楞伽经》融合的思想特点使之成为与印度佛学的中观、唯识相鼎立的一类理论形态，却与中国文化的圆融思想比较相应，故对汉传佛教华严宗、禅宗等的影响颇为深远。而所述的如来藏自性清净心，但为客尘所污，故名不净，这样的思想对禅宗禅观也产生了较大影响。

◎ 第70条 《解深密经》卷二

一切诸法，皆无自性，无生无灭，本来寂静，自性涅槃。

【提要】

　　出自《解深密经》卷二《无自性相品第五》。本经属大乘佛教瑜伽行派（唯识宗）的根本经典之一，讲述了唯识学的阿赖耶识、三性及禅修止观、菩萨行果等内容，多为《瑜伽师地论》《摄大乘论》《成唯识论》等唯识经典所引用。本经由唐玄奘译，凡五卷八品，另有南朝真谛（499—569）、北魏菩提流支翻译的两个异译本。

　　此段内容在《解深密经·无自性相品第五》被反复引用，作为大乘关于一切诸法皆无自性的通义，也是大乘无生无灭、自性涅槃的通义，以说明本经的三性三无性理论。对于一切法皆无自性的解释，中观派以二谛理论，唯识学则以三性理论，即遍计所执性、依他起性和圆成实性。本经进而依三性论说三无性，即遍计所执性之相无自性性、依他起性之生无自性性和圆成实性之胜义无自性性，以此解释一切法皆无自性。而对于中观派与唯识学的区别，本经提出中观派是第二时，"惟为发趣修大乘者，依一切法皆无自性、无生无灭、本来寂静、自性涅槃，以隐密相转正法轮"；而唯识学则是第三时，"普为发趣一切乘者，依一切法皆无自性、无生无灭、本来寂静、自性涅槃、无自性性，以显了相转正法轮"，并把唯识学判为了义理论。

◎ 第71条 《大乘起信论》

依一心①法，有二种门。云何为二？一者心真如门②，二者心生灭门③。是二种门，皆各总摄一切法。

【注释】

①〔一心〕指含摄一切法的心，包括一切众生心和真如心。

②〔心真如门〕即是法界大总相法门的体性，离言说相、名字相、心缘相，毕竟平等，无有变异，不可破坏，其性不生不灭。

③〔心生灭门〕不生不灭、毕竟平等的心真如体上，一切诸法唯依妄念而有种种的差别与生灭；所谓不生不灭与生灭和合，非一非异，名为阿赖耶识。

【提要】

出自《大乘起信论》。本论相传为印度马鸣菩萨所造，南朝真谛译，凡一卷；另有唐实叉难陀重译的二卷本。真谛译本流传更广，历代注疏颇多。本论的核心思想是"一心开二门"，讲述真如缘起的道理，历来为中国佛教各宗派所重视，影响深远。所谓一心，是指法界大总相法门的体性，这是一个众生心与真如心之真妄和合为一体的遍一切一味相的法界、实相、如来藏妙心等总持概念，类似于哲学上的绝对本体概念。所谓二门即心真如门和心生灭门，是把"一心"开出为"体"和"相"两方面。即心真如门是"一心"之"体"，是从真如、法性、实相的体性方面说明"一心"；心生灭门是"一心"之"相"，是从缘起生灭法的种种差别相的现象方面说明"一心"。在心真如门的清净法界，无染净之别，无真妄之别，无佛凡之别，无物心之别，是平等无差别的一味相。在心生灭门的现象界，法相具有染净、真妄、佛凡、物心的种种差别和生灭。此外，《起信论》进而论"三大"（即体大、相大、用大）、四信（信真如、佛、法、僧）、五行门（一施门、二戒门、三忍门、四进门、五止观门），是一个教理修行完备的大乘论典。汉传佛教中诸如华严宗、天台宗、禅宗、净土宗等皆深受其影响，是汉传佛教圆教理论的重要论著。

《禅机》27 条

◎ 第 72 条 《证道歌》

行亦禅，坐亦禅，语默动静①体②安然。

【注释】

①〔语默动静〕行、住、坐、卧四种威仪，再加语、默，称为"六作"。

②〔体〕身心整体。

【提要】

本段出自永嘉玄觉禅师（665—713）《证道歌》。禅的特点是不离日常生活，在行住坐卧中行持，但能于一切处而不住相，不生憎爱，亦无取舍，不念利益成坏等事，安闲恬静，虚融淡泊，即是禅。如同六祖慧能所讲的"一行三昧"："善知识！一行三昧者，于一切处行住坐卧，常行一直心是也。"（《六祖坛经》）禅者的悟心境界就表现于日常生活的行、住、坐、卧、语、默之中，于一切时都能保持安然清净的心。这样的境界既是一种禅悟境界，也是禅者悟后保养圣胎的行持境界。

永嘉玄觉禅师，六祖慧能座下五大弟子之一，浙江温州永嘉人，俗姓戴，字明道，号玄觉。玄觉禅师八岁出家，博探三藏，尤通天台止观。尝于温州龙兴寺侧岩下自构禅庵，独居研学，常修禅观。偶因左溪玄朗（673—754）激励，遂起游方之志，与东阳玄策一起游方寻道。至韶阳时，谒曹溪慧能，相与问答，得其印可，慧能留他住了一宿，翌日即返归龙兴寺，时人称他"一宿觉"。

◎ 第73条 《六祖坛经》

和尚①坐禅②，还见不见？

【注释】

①〔和尚〕又作"和上"等，原指德高望重的出家长老，禅宗丛林中只有住持可称为"和尚"。现代社会往往用来泛指出家僧人。

②〔坐禅〕结跏趺（jiā fū 加夫）坐，静心绝虑，专注一境。

本段出自《六祖坛经》中神会（668—760）与六祖慧能的一段对话。《六祖坛经》记载，神会当时还是个沙弥，从玉泉寺前来礼谒六祖。六祖问："知识远来大艰辛，还将得本来否？若有本，则合识主，试说看。"神会回答道："以无住为本，见即是主。"六祖呵斥他说："这沙弥争合（岂可）取次（随便）语（说话）！"说完便打。神会问六祖："和尚坐禅，是见还是不见？"六祖用拄杖打了神会三下，问道："吾打汝，是痛还是不痛？"神会答："亦痛亦不痛。"六祖道："吾亦见亦不见。"神会问："如何是'亦见亦不见'？"六祖道："吾之所见，常见自心过愆，不见他人是非好恶，是以亦见亦不见。汝言'亦痛亦不痛'如何？汝若不痛，同其木石；若痛，则同凡夫，即起恚（huì 会）恨。汝向前见不见是二边，痛不痛是生灭。汝自性且不见，敢尔弄人（敢这样糊弄人）？"神会听了，连忙礼拜，忏悔谢罪。六祖继续开示道："汝若心迷不见，问善知识觅路。汝若心悟，即自见性，依法修行。汝自迷不见自心，却来问吾见与不见。吾见自知，岂代汝迷。汝若自见，亦不代吾迷。何不自知自见，乃问吾见与不见！"神会再次谢罪，顶礼百余拜。从此殷勤执侍六祖，不离左右。

《楞严经》里有一名句："见见之时，见非是见。见犹离见，见不能及。"这与六祖给神会的指导很是相应。《楞严经》在这里提出所谓"见性"是要离开"能见"与"所见"的分别。而神会所问，因没见性，恰恰落入了"能见"与"所见"的分别中，所以六祖指示他要自悟本性。

　　神会禅师，六祖慧能座下五大弟子之一，荷泽宗之祖，湖北襄阳人，俗姓高。幼学五经、老庄，后出家学道。十三岁时，拜谒六祖慧能，后得其印可。六祖圆寂后，神会禅师离开曹溪，前往洛阳弘扬慧能禅法，与神秀一系的普寂禅师等人展开论战，并于天宝四年（745）著《显宗记》，提出"南顿北渐"，大阐慧能顿教，力排神秀渐门，由是南宗日盛，而北宗渐衰。

◎ 第74条 《六祖坛经》

修证①即不无，污染②即不得。

【注释】

①〔修证〕修行证悟。

②〔污染〕为六尘、烦恼等污垢所染。

【提要】

本段是怀让禅师（677—744）初见六祖慧能时的对

话。南岳怀让禅师是六祖慧能座下五大弟子之一，金州安康（今陕西安康汉阴）人，俗姓杜，十五岁出家，一度习律，后往曹溪参礼六祖。六祖问："甚么处来？"怀让道："嵩山来。"六祖道："什么物恁（nèn 嫩）么来？"怀让答："说似一物即不中。"六祖又问："还假修证否？"怀让道："修证即不无，污染即不得。"六祖说："只此不污染，诸佛之所护念。汝既如是，吾亦如是。西天般若多罗谶（chèn 趁，预言）汝足下出一马驹（指马祖道一），踏杀天下人，应在汝心，不须速说。"怀让言下豁然契会。六祖圆寂后，怀让遂往南岳，住南岳般若寺观音台，宣扬慧能禅法，开南岳一系法派，门下以马祖道一禅师最为著名，后世的沩（wéi 为）仰宗、临济宗均出其门下。禅宗讲众生自性本自清净，从未曾被染污，当然也不存在从染污转成清净的过程，故说"污染即不得"，这与一般教理宗派所讲是有差别的，是禅宗圆顿教的观点。而具体修行的过程则不能说没有次第，故说"修证即不无"。

◎ 第75条 《六祖坛经》

圣谛①亦不为，何阶级②之有？

【注释】

①〔圣谛〕圣人亲自证见的实理。

②〔阶级〕次第等。就次第来说，禅宗所立的顿悟成佛说是超越次第的，所以是没有阶级的。

【提要】

本段是青原行思禅师（？—740）初参六祖慧能的对话。青原行思禅师，六祖慧能座下五大弟子之一，吉州庐陵（今江西吉安）人，俗姓刘，自幼出家，渊默乐道。后闻曹溪法盛，遂往参礼，因"圣谛亦不为，何阶级之有"之语得慧能印可。后住吉州青原山静居寺，大振慧能禅风，开青原一系，曹洞宗、云门宗、法眼宗三宗皆其法流。

行思禅师最初参礼六祖时问："当何所务，即不落阶级？"六祖道："汝曾作甚么来？"行思禅师道："圣谛亦不为。"六祖道："落何阶级？"行思禅师道："圣谛尚不为，何阶级之有！"六祖由此对行思深为器重，让行思作参学之首众。后来六祖嘱咐行思："汝当分化一方，无令断绝。"行思禅师得法后，遂回吉州青原山，弘法绍化。

在本段回答中，"圣谛亦不为"突出了禅宗不落对待的圆顿境界；而"何阶级之有"则指出了不落次第阶位的意思。"阶级"指通常大乘佛学修行的次第阶位之义。

◎ 第76条 《天圣广灯录》卷八

磨砖既不成镜，坐禅岂得成佛？

【提要】

本段是南岳怀让禅师开示指授马祖道一（709—788）的著名公案，收入《天圣广灯录》卷八。唐开元年间（713—741），马祖道一禅师从四川到南岳衡山，千里参学怀让禅师，但他并没有直接去找怀让禅师，而是每天在距离怀让禅师不远处的一块巨石上静坐。怀让禅师知道他是个法器，于是前往他打坐的地方点化他。

怀让问："大德坐禅图甚么？"

道一道："图作佛。"

怀让禅师于是拿了一块砖，在庵前的一块石头上使劲地磨。

道一问道："磨作甚么？"

怀让道："磨作镜。"

道一非常好奇，说道："磨砖岂得成镜邪？"

怀让道："磨砖既不成镜，坐禅岂得成佛？"

道一于是问："如何即是（怎样做才能成佛）？"

怀让道："如牛驾车，车若不行，打车即是？打牛即是？"

道一无言以对。

怀让接着说："汝学坐禅，为学坐佛？若学坐禅，禅非坐卧。若学坐佛，佛非定相。于无住法，不应取舍。汝若坐佛，即是杀佛。若执坐相，非达其理。"

道一听了怀让的开示教诲，如饮醍醐，于是从禅座上下来，给怀让禅师顶礼，并问道："如何用心，即合无相三昧？"

怀让道："汝学心地法门，如下种子；我说法要，譬彼天泽。汝缘合故，当见其道。"

道一又问："道非色相，云何能见？"

怀让道："心地法眼能见乎道，无相三昧亦复然矣。"

道一道："有成坏否？"

怀让道："若以成坏聚散而见道者，非见道也。听吾偈曰：心地含诸种，遇泽悉皆萌。三昧华无相，何坏复何成！"

道一听了怀让和尚的开示，当下明心见性，见到了自己的本来面目。

禅宗单刀直入，直接抓住成佛的核心方法，即心地法门。六祖慧能也曾指出："住心观静，是病非禅。长坐拘身，于理何益？"并有偈颂："生来坐不卧，死去卧不坐。一具臭骨头，何为立功课？"这也是怀让禅师开示马祖道一所说"坐禅岂得成佛"的道理，并用了很形象的"磨砖成镜"的比喻，说明了没有见地的枯是修行的歧路。

马祖道一禅师，南岳怀让禅师法嗣，汉州会邡（今四川什邡）人，俗姓马，世称马大师、马祖。马祖容貌奇异，牛行虎视，引舌过鼻，足下有二轮文。先依资州唐和尚剃染，又就渝州圆律师受具足戒。唐开元年间，马祖因怀让禅师磨砖作镜的点化而悟道。受心印后，最初到了建阳佛迹岭，不久迁居临川之南康、龚公二山。唐大历四年（769），驻锡洪州开元寺，一时学者云集，化缘大盛，入室弟子有百丈怀海、南泉普愿等一百三十九人，世称其派为"洪州宗"。

◎ 第77条 《景德传灯录》卷十四

吾之法门，先佛传授。不论禅定、精进[①]，唯达佛之知见。即心即佛[②]，心、佛、众生，菩提、烦恼，名异体一。汝等当知，自己心灵[③]，体离断常，性非垢净，湛然圆满，凡圣齐同，应用无方[④]，离心意识[⑤]。三界六道[⑥]，唯自心现，水月镜像，岂有生灭？汝能知之，无所不备。

①〔精进〕精进波罗蜜，"六度"之一。

②〔即心即佛〕心即是佛，佛即是心。

③〔心灵〕"灵"这里指灵性、觉性的意思。

④〔无方〕方，指一具体的事物范围；无方则指无局碍，无界限。

⑤〔心意识〕集起曰心，指第八识；思量曰意，指第七识；了别曰识，指前六识。故心意识这里指唯识学的八识。

⑥〔六道〕地狱道、饿鬼道、畜生道、修罗道、人道、天道。

【提要】

本段是石头希迁禅师（700—790）的一段上堂法语，显示了他对禅宗禅法的透彻把握，《景德传灯录》有记载。石头希迁禅师，青原行思禅师之法嗣，出家后，希迁即前往曹溪亲近六祖。在六祖圆寂后，希迁禀六祖遗命，参礼行思禅师。有一次，行思禅师命希迁前往南岳，给怀让和尚送信，并吩咐道："汝达书了，速回。吾有个钝斧子与汝住山。"希迁于是持书来到南岳，礼拜南岳怀让和尚后，并没有把书信呈给他，却问道："不慕诸圣、不重己灵时如何？"怀让和尚道："子问太高生，何不向下问？"希迁道："宁可永劫受沉沦，不从诸圣求解脱。"

怀让和尚一听，知道希迁已彻，便不再答话，径直回方丈室去了。于是希迁返回青原山。行思和尚问："子返何速？书信达否？"希迁道："书亦不通，信亦不达。去日蒙和尚许个钝斧子，只今便请。"行思和尚坐在禅床上，当即垂下一足来。希迁一见，便叩头礼谢。希迁得法后，即离开青原前往南岳衡山南台寺。南台寺的东侧有一块巨石，状如莲台，希迁乃结庵其上，开法化众。时人皆称之为"石头和尚"。

希迁禅师的禅风高峻，接机干净利索，决不拖泥带水，为诸方尊宿所称叹。《宋高僧传》中讲："初，岳（南岳）中有固（南岳坚固）、瓒（南岳明瓒）、让（南岳怀让）三禅师，皆曹溪门下，金（qiān 迁，皆）谓其徒曰：'彼石头，真师子吼，必能使汝眼清凉。'由是门人归慕焉。"当时，禅林中盛传这样一种说法："江西主大寂（马祖道一），湖南主石头（希迁）。往来憧憧，不见二大士为无知矣。"由此可以想见希迁禅师的门庭之盛。石头希迁著述有《参同契》和《草庵歌》，为禅偈名篇，被后世禅林传扬。

参同契

竺土大仙心，东西密相付。人根有利钝，道无南北祖。

灵源明皎洁，枝派暗流注。执事元是迷，契理亦非悟。

　　门门一切境，回互不回互。回而更相涉，不尔依位住。

　　色本殊质象，声元异乐苦。暗合上中言，明明清浊句。

　　四大性自复，如子得其母。火热风动摇，水湿地坚固。

　　眼色耳音声，鼻香舌咸醋。然依一一法，依根叶分布。

　　本末须归宗，尊卑用其语。当明中有暗，勿以暗相遇。

　　当暗中有明，勿以明相睹。明暗各相对，比如前后步。

　　万物自有功，当言用及处。事存函盖合，理应箭锋拄。

　　承言须会宗，勿自立规矩。触目不会道，远足焉知路？

　　进步非近远，迷隔山河固。谨白参玄人，光阴莫虚度。

　　这篇诗偈体法语，文字简约，为禅悟心要之语，成为曹洞宗重要的纲宗文献。

　　石头希迁禅师，青原行思禅师法嗣，端州高要（今广东肇庆）人，俗姓陈。自幼聪慧，七八岁时就萌发了出家的念头。出家之后，前往曹溪参礼六祖，但未及受具，六祖便圆寂，遂秉六祖遗命，往江西青原山投行思禅师，其间往来于青原、南岳之间参学，后为行思所印可。得法之后，前往南岳衡山南台寺，寺东侧有一块巨石，状如莲台，禅师乃结庵其上，开法化众，时人称之为"石头和尚"。石头禅师圆寂于唐德宗贞元六年（790），春秋九十一岁，谥无际大师。

◎ 第78条 《江西马祖道一禅师语录》

即心即佛，非心非佛。

【提要】

本段是马祖道一禅师经常给学人的指示语，相关灯录中有记载。马祖说"即心即佛""非心非佛"都是应机说法，不离禅宗宗旨。特别著名的"梅子熟"公案，即大梅山法常禅师悟道公案，就是说的此事。

大梅山法常禅师（752—839），马祖道一禅师之法嗣，幼年出家，后参礼江西马祖大寂（道一）禅师。初礼马祖，法常禅师便单刀直入地问："如何是佛？"马祖道："即心是佛。"法常禅师言下大悟。开悟后，法常禅师离开了马祖，前往四明（今浙江宁波）大梅山结茅隐修。唐贞元年间（785—805），盐官齐安国师（？—842，马祖弟子）座下有位僧人，因在山上采集拄杖，迷路了，无意中来到法常禅师隐修的庵所。那位僧人问法常禅师："和尚在此多少时？"法常禅师回答道："只见四山青又黄。"那位僧人又问："出山路向甚么处去？"法常禅师道："随流去。"那位僧人回去后，把这件事情告诉了盐官齐安国师。盐官道："我在江西时曾见一僧，自后不知消息，莫是此僧否？"于是便命令那位僧人回去招请法常禅师下山。法常禅师以诗偈回答盐官禅师道：

摧残枯木倚寒林，几度逢春不变心。

樵客遇之犹不顾，郢人那得苦追寻？

一池荷叶衣无尽，数树松花食有余。

刚被世人知住处，又移茅舍入深居。

后来马祖听说法常禅师在大梅山隐修，便派手下的僧人前往勘验，看他是不是彻悟了。那僧问道："和尚见马大师得个甚么，便住此山？"法常禅师道："大师向我道'即心是佛'。我便向这里住。"那僧又说："大师近日佛法又别。"法常禅师问："作么生？"那僧道："又道'非心非佛'。"法常禅师道："这老汉惑乱人，未有了日。任他非心非佛，我只管即心即佛。"那僧回去后，把勘验法常的经过向马祖汇报，马祖赞叹说："梅子熟也！"

◎ 第79条 《景德传灯录》卷二十八

道不用修，但莫污染。何为污染？但有生死心①造作②趣向③，皆是污染。若欲直会④其道，平常心是道。谓平常心，无造作，无是非，无取舍，无断常，无凡无圣。

【注释】

① 〔生死心〕有漏的分别心、生灭心。

② 〔造作〕心识生起妄想分别。

③ 〔趣向〕于某一趣向的造作所为。

④ 〔直会〕直了，顿悟。

【提要】

本段是马祖道一禅师的一段著名开示，收入《景德传灯录》第二十八卷。禅宗的修道见地是圆顿见地——"自性本来具足"，自性体中本然清净，本自具足，若再论修道则是无为体上生起有为的生灭心，但能参悟识得本然清净的无为自性心体，即为入道，故说"道不用修"。"但莫污染"的"污染"指一切有为造作，一念妄想分别即污染了本然清净心体，包括"取善舍恶，观空入定"，都属造作，若更向外驰求，转疏转远，与道不相应。所以马祖又说："道不属修。若言修得，修成还坏，即同声闻；若言不修，即同凡夫。"但于善恶事上不滞，称为修道人。一念妄想即是三界生死根本，但无一念即除生死根本。

"平常心是道"常被禅门所畅谈。马祖讲平常心，与常人所说平常心不同。这里的"平常心"指意识不造作，不在对与错、得与失、断见与常见、凡夫与圣人等二元对待上起分别，与禅宗所讲的"本分事"同一意趣，体现了禅宗把修道融入平常生活的极为接地气的特质。

◎ 第80条 《洪州百丈山大智禅师语录》

灵光①独耀，迥脱根尘②。体露真常③，不拘文字。

心性无染，本自圆成。但离妄缘，即如如佛。

【注释】

① 〔灵光〕心性本觉称为灵，觉性明鉴谓之光。

② 〔根尘〕根即六根，尘即六尘。

③〔真常〕真常心，心性之真如性体，具有真实、恒常等性质，故称真常。

【提要】

本段是百丈怀海禅师的上堂法语，《洪州百丈山大智禅师语录》有记载。"灵光独耀，迥脱根尘"是禅宗修学过程中呈现的一个悟境。明心见性，即是超脱于六根与六尘的相待境界中，如此则性光耀明，超脱根尘对待。"体露真常，不拘文字"则讲如此不可思议的真常本然自性，超出了文字所能表达的境界。"心性无染，本自圆成"，禅宗认为众生自性本然清净，未曾被染污，自性本然圆满，成就具足一切功德。"但离妄缘，即如如佛"则是讲行持的方法，百丈禅师提出"离妄缘"，即远离一切的造作、是非、取舍、断常、凡圣等分别，妄心停息，菩提自性自然明了，故说"即如如佛"。

百丈怀海禅师（720—814），马祖道一禅师之法嗣，与西堂智藏（735—814）、南泉普愿（748—834）并为马祖的三大弟子。怀海禅师为福州长乐人，俗姓王，幼年从西山慧照和尚出家，后到衡山法朝律师处受具足戒。闻马祖道一在江西传法，遂往参学，因见野鸭子被马祖拧鼻而开悟。马祖圆寂后，怀海禅师一度在石门山马祖塔旁隐修，后住洪州百丈山，创设百丈清规，风行天下。得法弟子有黄檗希运、沩山灵祐等。

一日不作^①，一日不食。

【注释】

①〔作〕劳作。

【提要】

　　本段出自《五灯会元》记载的百丈怀海禅师劳动公案。禅宗有句话："马祖建丛林，百丈立清规。"意为：禅宗从马祖道一开始大量的新建丛林，而百丈怀海则建立了农禅并重的丛林清规制度。禅门道场都过着集体性的丛林生活，大众在丛林里劳作是常态，称作"出坡"。百丈禅师也如此，晚年高龄仍然每天随众出坡劳动，带头劳作。众弟子们实在不忍心让老人家这么辛苦，就悄悄把他的劳动工具收起来，想通过这种方式让老禅师能休息。百丈怀海却对大众说："我没有什么德行，只能为大家多做些劳动。"百丈怀海遍寻工具不见，无法劳动，就不去吃饭，故有"一日不作，一日不食"的佳话，体现了丛林制度下的集体出坡劳作的农禅特色。农禅并重的丛林制度对于中国禅宗的发展产生了极为深刻的影响，在中国重视农业劳动的传统中，禅僧们一改印度出家人的托钵行乞形式，走上了"一日不作，一日不食"的自力更生的丛林生活方式，使得禅宗极具生命力，并蓬勃发展，最终成为中国佛教的主流。

◎ 第82条 《景德传灯录》卷八

不与万法为侣者，是什么人？

【提要】

本段出自《景德传灯录》中庞蕴居士参马祖道一的公案。襄州居士庞蕴（？—808），年少时就有出尘志。唐贞元初年，庞蕴参学石头希迁禅师。庞居士问："不与万法为侣者，是什么人？"石头希迁马上用手掩其口，庞居士豁然有省。后来庞居士到江西再参马祖道一，问马祖："不与万法为侣者，是什么人？"马祖答："待你一口吸尽西江水即向汝道！"庞居士言下大悟，顿领玄旨，并作了一首著名偈子：

十方同聚会，个个学无为。

此是选佛场，心空及第归。

"不与万法为侣者，是什么人"，这是庞居士想叩开禅宗之门的一个设问，与问"灵光独耀、迥脱根尘"之本来面目是同一个意思。庞居士初见石头希迁问这个问题，石头用手掩他的口，这个突然举动让庞居士初步体悟到绝思量、无分别的境界。后来参马祖道一时，马祖大气魄，直以"吸尽西江水"堵庞居士之"口"，使得庞居士言下彻悟。对于"不与万法为侣者，是什么人"的公案，重要的不是寻找答案，给出一个道理解释，而是即时打掉、遮却他的意识思维分别之心，当下剿绝情识，顿彰觉性，呈现顿悟意境。

庞蕴居士，字道玄，湖南衡阳人，马祖道一禅师法嗣。其祖上世代以儒为业，然居士少时即慕内法。初谒石头希迁有省，后在马祖门下悟道。与丹霞天然（739—824）为挚友，又与药山、齐峰、百灵、松山、大梅、洛浦、仰山等相往来，是当时闻名丛林的著名居士。

◎ 第83条 《庞居士语录》

也不难，也不易，饥来吃饭困来眠。

【提要】

这是关于庞蕴居士一家人的禅机问答公案，见于《庞居士语录》《指月录》等。参禅悟道难吗？庞居士夫妻有一儿一女，一家四人都开悟了。有一天，庞居士感慨悟道之难说："难，难，难，十两麻油树上摊。"庞婆子接着说："易，易，易，百草头上祖师意。"而女儿灵照说："也不难，也不易，饥来吃饭困来眠。"反映了一个开悟者的洒落生活场景，极具禅意。庞居士一家所说的三句禅语应作一句看，一句具三句。这里说难、说易、说平常都有其妙用，忘言体意，足显生活中的活泼禅机。

◎ 第84条 《五灯会元》卷三

见①与师齐，减师半德；见过于师，方堪传授。

【注释】

① 〔见〕见解，见地。

【提要】

本段是百丈怀海禅师对其弟子黄檗（bò 檗）希运禅师的赞誉之词，收入《五灯会元》。洪州黄檗希运禅师（？—850），幼年出家，后参拜百丈怀海。一日，百丈禅师举自己昔日参马祖的公案，告诉黄檗希运说："佛法不是小事。老僧昔被马大师一喝，直得三日耳聋。"黄檗一听，不觉吐舌。百丈赞叹道："如是，如是！见与师齐，减师半德；见过于师，方堪传授。子甚有超师之见。"黄檗希运禅师于是便礼拜。"见与师齐，减师半德"，指做徒弟的人，在参悟见地上要超过师父，如果没有超过师父则只有一半的功德；"见过于师，方堪传授"，指如果见地超过了师父，就是可堪传授禅悟方法的上等根器。禅宗提倡参悟见性，强调智慧自觉的重要性，打破了教条迷信式的师道，故有"棒下无生忍，临机不让师"的宗风，展现了"吾爱吾师，吾更爱真理"的理性精神，体现了禅宗师徒之间理性而正大的真理精神。在禅宗里，师父的见地也是一种见，也需要超越，如此才能领会禅悟的彻底性，也呈现出了"临机不让师"的大机大用。这种禅宗的教育特色，使得禅宗在从悟心成佛禅、超佛祖师禅到越祖分灯禅的发展中，风格越来越峻烈，手段越来越"毒辣"，生命力也越来越强，特别有助于保持禅宗宗风传承不堕。

黄檗希运，百丈怀海法嗣，姓氏不详，福州人。幼年辞亲，于本州黄檗山出家。游京洛时，曾因一位老妇人的指点而往南昌参谒马祖，然而黄檗禅师到南昌时马祖已经去世，遂又师事百丈禅师。久参之后，一日百丈禅师问黄檗："甚么处去来？"黄檗道："大雄山下采菌子来。"百丈问："还见大虫么？"黄檗当即便作老虎吼，百丈禅师于是拈起斧头作砍斫老虎的样子，黄檗随即打了百丈禅师一巴掌。自此，百丈禅师便印可了黄檗。黄檗得法后，住洪州高安县黄檗山（原名灵鹫山）传禅，法席兴隆。其时相国裴休任洪州刺史，对黄檗禅师极为敬仰，又将黄檗生前的重要讲法整理成《黄檗山断际禅师传心法要》《黄檗断际禅师宛陵录》等。

◎ 第85条 《黄檗山断际禅师传心法要》

终日吃饭，未曾咬着一粒米；终日行，未曾踏着一片地。

【提要】

有学人问黄檗禅师："如何（修行）才能不落阶级？"黄檗说："终日吃饭，未曾咬着一粒米；终日行，未曾踏着一片地。"这里学人问的是禅门"无住"境界，黄檗则答以日常的衣食住行等平常境界。这并不是说吃饭真没吃到米，走路真未踏到地，而是指要"即相离相"，如《金刚经》说"应无所住而生其心"。黄檗又解释："无人我等相，终日不离一切事，不被诸境惑，方名自在人。"

◎ 第86条 《五灯会元》卷三

自家宝藏①不顾，抛家散走作么？

【注释】

①〔自家宝藏〕自心本性圆满具足一切功德，如同宝藏一样。

【提要】

这是马祖道一给大珠慧海的开示，收入《五灯会元》。大珠慧海禅师，马祖道一之法嗣，俗姓朱，建州（今福建建瓯）人。最初依止越州大云寺道智和尚受业，后到江西参马祖，发明心要。一日，慧海参马祖，马祖问："从何处来？"慧海道："越州大云寺来。"马祖道："来此拟须何事？"慧海道："来求佛法。"马祖道："我这里一物也无，求甚么佛法？自家宝藏不顾，抛家散走作么！"慧海道："阿那个是慧海宝藏？"马祖道："即今问我者，是汝宝藏。一切具足，更无欠少，使用自在，何假外求？"慧海一听，当即自识本心，不由得了悟此事，身心踊跃，礼谢马祖。慧海悟道后，又随侍马祖六年后返回越州大云寺，侍奉年事已高的道智长老。慧海撰《顿悟入道要门论》一卷，阐述了自己的修行见地和经验。该书后来传到马祖那里，马祖看了以后当众赞叹道："越州有大珠，圆明光透自在，无遮障处也。"时人因此称慧海禅师为"大珠和尚"。

此段接机公案，非常著名，经常被引用。马祖的开示，单刀直入，当下直指心性，使慧海也当下悟入自心。其要点有二：一是自性（佛性、真如本性）为每个人本自具足，无有欠缺，在凡不减，在圣不增。二是修行应直接从自性入手，返观自心，当下即是；如果抛却自家宝藏不顾，却向外驰求，转求转远，无有是处。一般人没有返观自心，未能觉悟自心，使得身心境界落在了生活中纷纷扰扰的见闻觉知之中。禅者的悟道，了悟自性，虽然不是见闻觉知，但也不离见闻觉知，也不可在见闻觉知之外去寻觅自性。谁在见闻觉知？谁在穿衣吃饭？谁在返观自心？若能当下息却妄想心、分别心、取舍心，回光返照，当下识得，直下承担，这即是用功的要点所在。

◎ 第87条 《景德传灯录》卷六

有源律师①来问："和尚修道，还用功否？"师（大珠慧海）曰："用功。"曰："如何用功？"师曰："饥来吃饭，困来即眠。"曰："一切人总如是，同师用功否？"师曰："不同。"曰："何故不同？"师曰："他吃饭时不肯吃饭，百种须索②，睡时不肯睡，千般计校③，所以不同也。"

【注释】

①〔律师〕专门传授戒律的法师称为律师。

②〔须索〕思索，求索。

③〔计校〕同"计较"。

【提要】

本段出自大珠慧海禅师对有源律师的一段开示。其中"饥来吃饭，困来即眠"后来成为禅宗名句。中国文化有在日常生活中修行悟道的传统，禅宗发挥了这个传统，提倡在日常生活中参禅悟道，在平实生活中直心了悟至理。大珠慧海禅师清楚地指出，常人的"饥来吃饭，困来即眠"带着很多的计较分别心，而道人的"饥来吃饭，困来即眠"则没有这些妄想葛藤，没有尘垢情染，直心即是，明明白白，平平淡淡。这是禅者日常生活与常人的不同之处。看似"饥来吃饭，困来即眠"，禅者却在心性上用功，随缘任运，保养圣胎，极高明而道中庸。

◎ 第88条 《五灯会元》卷五

云在青天水在瓶。

【提要】

本段是药山惟俨禅师（751—834）给李翱（772—841）刺史的开示句。唐代李翱任朗州刺史时，非常仰慕附近澧（lǐ礼）州药山的惟俨禅师，想讨论问道，但屡次请药山禅师，都托故未来。李翱于是亲自登山拜访。到了药山禅师住处，禅师正在松林下看经卷，虽然知道李翱刺史来访，却没看他。旁边侍者提醒药山禅师说："太守大人到了。"李翱性子急，就说："见面不如闻名。"拂袖就要回，这时药山禅师开口说："太守为什么贵耳贱目？"李翱被禅师问话触动，就回身开始谈论问道："如何是道？"药山用手指上指下说："会么？"李翱答："不会。"药山禅师即说："云在青天水在瓶！"李翱颇此感悟，欣然作礼并述偈：

炼得身形似鹤形，千株松下两函经。

我来问道无余说，云在青天水在瓶。

这段问答富有禅意，如同《论语》中孔子说"天何言哉！四时行焉，百物生焉"。道，无处不在，一切现成。宇宙间的一切事物，从天空之白云，到地之水瓶，无不是道，显露无遗，包容大千。药山给李翱指示的"云在青天水在瓶"，看似平常，但所透露的消息却不平常，是让学人直接体会万物不加造作的显示，如同镜现万象，于此反观自心，悟入心性。后来雪岩祖钦禅师对此评论说："故圣人曰：以我为隐乎，吾无隐乎尔。如来亦曰：法法不隐藏，古今常独露。但此义虽至近至易，而非世间聪明利智之所能达，是须脱去一切情尘解路，至胸中一寸之地廓若太虚之广，则此义洞然明矣。"所以，要理解此公案，要理解禅，应将所有的情染执着和道理分别都放下，始得此义。有学人向药山禅师问："己事未明，乞和尚指示。"药山说："我给你说一句话也不难，只是你应在此言下见道还好一些；如果给你说一句话未能使你见道，却增加了你的思量分别，却成了我的罪过。如此不如各自闭口比较好，免得相互拖累。"①禅本来是无言宗旨，不在开口处，禅宗的教授多是指点学人去掉种种的思量分别，而语言自身却易带来名言遍计，妄增思量，所以在禅宗中，有很多场合不是通过语言来指示学人。

药山惟俨禅师，石头希迁禅师法嗣，山西绛州人，俗姓韩。十七岁依潮阳西山慧照禅师出家。大历八年（773），就衡山希操律师受具足戒。药山博通经论，严持戒律，但他感到这些都不能解决生死大事，于是便往湖南衡岳，参礼石头希迁和尚，密领玄旨。次参谒马祖道一，言下契悟，奉侍三年。后复还石头，为其法嗣。不久至澧州药山，广开法筵，四众云集，大振宗风。

---

① 药山说："吾今为汝道一句亦不难，只宜汝于言下便见去，犹较些子。若更入思量，却成吾罪过。不如且各合口，免相累及。"（《景德传灯录》卷十四）

◎ 第89条 《景德传灯录》卷十

师（赵州）问南泉："如何是道？"泉云："平常心是道。"师云："还可趣向不？"泉云："拟即乖①。"师云："不拟，争知②是道？"泉云："道不属知不知⑤。知是妄觉，不知是无记③。若真达不疑之道，犹如太虚，廓然荡豁，岂可强是非也。"

【注释】

①〔拟即乖〕才有拟议，便即乖违。

②〔争知〕怎知。

③〔无记〕一切法可分为善、不善、无记等三性。无记即非善非不善者，因其不能记为善或恶，故称无记。又因不能招感异熟果（善恶之果报），也称无记。

【提要】

这是赵州从谂（shěn 沈）向南泉普愿问道的一段公案。什么是道？这是禅宗经常被问的问题，南泉普愿这里的回答非常平实："平常心是道。"那用功夫的方向又是什么呢？南泉说："如果有用功夫的方向就不对了。"道本身是绝言离思的，如果有用功夫的地方，则又是识心用事，还是头上安头，故南泉说"拟即乖"。如何知此是道，而彼非道，南泉普愿进一步从根本处解释：道既不属知，也不属于不知。如果说属知则有能知与所知，则是妄见；如果说属于不知，则是无智慧作用的无记。真正的道是超越常人之知与不知，从泯灭能所处悟入，悟得后自有妙智，能鉴万法，"犹如太虚，廓然荡豁"，超越一切是非对待。

南泉普愿禅师（748—834），马祖道一禅师法嗣，郑州新郑人，俗姓王。与百丈怀海、西堂智藏并为马祖座下三大弟子。十岁时，受业于大隈山大慧禅师；大历七年（772）二十四岁，从嵩山会善寺暠律师受具足戒，未久游诸讲肆，广学经论，后参马祖道一而悟道。

◎ 第 90 条 《五灯会元》卷四

僧问赵州："狗子还有佛性也无？"州云："无。"

【提要】

本段是著名的赵州禅师"狗子佛性"公案，也称"无"字公案，收入《五灯会元》。有学人问赵州："狗子有没有佛性？"赵州说："无。"学人疑惑，辩解道："上至诸佛，下至蝼蚁，皆有佛性，为什么狗子却无？"这个"无"字公案，妙用无穷，后世也称之为"无门关"。

后来临济宗下就出了一位禅师名无门慧开，他提炼出四十八则公案，加了评论，成为一本著名的参禅公案集，题名《无门关》。《无门关》第一则公案就是"赵州狗子"，无门慧开有几句非常精彩的评语："参禅需透祖师关，妙悟要穷心路绝。祖关不透，心路不绝，尽是依草附木精灵。且道如何是祖师关？只这一个'无'字，乃宗门第一关也。遂目之曰禅宗无门关也。"从元代开始，历代参"狗子佛性"、"无"字公案的人很多，依此悟入者大有人在。在日本禅宗中，更是作为最重要的公案来参究。

赵州从谂禅师（778—897），南泉普愿禅师法嗣，曹州郝乡人，俗姓郝。幼年于曹州扈通院出家，未受具戒，即往池阳参谒南泉普愿，南泉深器之。一日赵州入室请益，问南泉曰："如何是道？"南泉答："平常心是道。"赵州又问："还可趣向不？"南泉答："拟即乖。"赵州又说："不拟，争知是道？"南泉说："道不属知不知。知是妄觉，不知是无记。若真达不疑之道，犹如太虚，廓然荡豁，岂可强是非也。"赵州于言下大悟。依南泉住几年后，开始到处行脚参方，历练禅道，至八十岁时，依然到云居山参方，留下了"赵州八十犹行脚"的佳话。云居道膺禅师见后说，"老老大大也不找个地方住下来"，于是就在云居山门外搭了一个茅棚住下来，人称"赵州

关"。其后又行脚至河北赵州城东观音院，独居陋院，随方行化，不以为苦。晚年得赵王等的护持，八方禅和，辐辏问道，南雪峰，北赵州，往来济济，大扬禅风。唐昭宗乾宁四年（897），赵州禅师圆寂于赵州观音院，寿一百二十，昭宗敕谥"真际大师"。因赵州禅师年高德劭，证悟渊深，享誉南北禅林。

◎ 第91条 《五灯会元》卷四

师问新到①："曾到此间么？"曰："曾到。"师曰："吃茶去。"又问僧，僧曰："不曾到。"师曰："吃茶去。"后院主②问曰："为什么曾到也云吃茶去，不曾到也云吃茶去？"师召院主，主应诺，师曰："吃茶去。"

【注释】

① 〔新到〕新到某寺或新来参学的僧人。

② 〔院主〕寺院的监院、监寺。

【提要】

本段是著名的赵州"吃茶去"公案，后在禅门广为传颂。丛林规矩，新到参学的禅人要去拜见住持法主和尚，期间会有禅话问答。赵州禅师对新来的禅人问：
"曾到此间么？"禅人回答："曾到。"赵州禅师说："吃
茶去。"又有禅人来，赵州禅师问："曾到此间么？"禅
人回答："不曾到。"赵州禅师也说："吃茶去。"旁边的
院主有些不懂了，就问赵州禅师："和尚寻常问僧，曾
到与不曾到，总道吃茶去，意旨如何？"赵州禅师说：
"院主！"院主答应："在啊。"赵州禅师说："吃茶
去"。
这则"吃茶去"公案是一位参禅悟道百余年，功夫纯熟
至极的老禅师，又回归日常生活的平常心，平淡至味，
意味深长。后世禅门把"赵州茶"作为常参话头，在极
平实的日常对话中，隐含了禅门的深意。赵州"吃茶
去"，不仅是平常的待客之理，表达了禅宗当下即是、
处处皆真的深义。并且对一心希求高妙禅法的禅人来
说，如此简单平实的对话，能使其置于诧异的疑情中，
起到极深的启悟作用，乃至能破其法上的纠葛而悟得禅
意。所以，这则似简实深的赵州"吃茶去"公案，在禅
林中影响深远。

◎第92条 《五灯会元》卷七

道得也三十棒，道不得也三十棒。

【提要】

本段为德山宣鉴禅师（782—865）著名禅语，收入《五灯会元》。"德山棒"与"临济喝"是最能代表中国祖师禅风格的公案。德山曾示众说："道得也三十棒，道不得也三十棒！"临济义玄禅师（？—867）听了这段禅话后，对他弟子洛甫（834—898）说："你去问他，为什么道得也三十棒，道不得也三十棒？若他要打你时，你接住棒子送一送，看他还有什么话说。"洛甫依教而行，见了德山，如此一问，德山果然挥棒就打。洛甫依临济之教，接住棒头一送，德山便丢下棒子回方丈室。洛甫回去向临济报告经过，临济说："我从来疑着这汉！虽然如此，你还认得德山吗？"洛甫正准备回答时，临济也抓起棒子就打。"德山棒"举扬禅风，驰名禅林，这则公案描绘了德山与临济之间相互激荡禅风的生动景象。无论是"德山棒"，还是"临济喝"，都是祖师禅的一种激箭式的"逼拶（zǎn）"参悟方式，这是祖师禅的特别教学方法。学人在拟议思绪之时，忽然被棒打，或被大喝一声，所有思绪顿时无影无踪，刹那间乃至身心桶底脱落，悟得禅门宗旨。禅师面对那些满腹经纶或满脑子思绪的学人时，用"棒喝"这种霹雳手段，往往会顿时截断意识之流，当下呈现觉性之本来，具有"立竿见影"的效果。

德山宣鉴禅师，龙潭崇信禅师法嗣，四川剑南人，俗姓周。他年少出家，二十岁受具足戒，于大小乘诸经论颇有研究，因常讲《金刚经》，颇为自负，时人称之为"周金刚"。听说南方江西、湖南等地的禅师大讲明心见性、顿悟成佛之旨，宣鉴心里颇为不平，说道："出家儿千劫学佛威仪，万劫学佛细行，不得成佛。南方魔子敢言直指人心，见性成佛。我当搂其窟穴，灭其种类，以报佛恩。"于是担着他所著的《金刚经青龙疏钞》前往禅宗盛行的湖南，准备与禅林中人论战。走到澧州龙潭山下时，宣鉴遇到一位卖烧饼的老婆婆，准备向她买些点心充饥。老婆婆指着他的担子问："这个是甚么文字？"他回答：《金刚经青龙疏钞》。"老婆婆又问："讲何经？"他回答：《金刚经》。"老婆婆道："我有一问，你若答得，施与点心，若答不得，且别处去。"他说："请问。"老婆婆道："《金刚经》云'过去心不可得，现在心不可得，未来心不可得'，未审上座点哪个心？"宣鉴听罢竟无言以对，十分迷惑地上了龙潭山，参礼崇信禅师。一天晚上，宣鉴侍立在龙潭崇信禅师身边，龙潭说："夜已深，何不下去？"宣鉴说："外面黑。"龙潭便点了一支纸烛递给宣鉴，宣鉴正伸手接纸烛时，龙潭禅师忽然将纸烛吹灭。就在此刻，宣鉴禅师顿时豁然大悟。第二天，龙潭崇信禅师升座，对众僧说："你们中间有个黑汉，牙如剑树，口似血盆，一棒打不回头。日后他将到孤峰顶上，替我立道行法去！"而德山禅师悟道后，把《金刚经青龙疏钞》堆在法堂前面，举火对众僧说，"穷诸玄辩，若一毫置于太玄；竭世枢机，似一滴投于巨壑"，终于开出了一派手段最为果决的禅风。

◎ 第93条 《五灯会元》卷七

我宗无语句，实无一法与人。

【提要】

这是德山宣鉴禅师给雪峰义存禅师的一段开示。雪峰义存参学德山宣鉴，累遭棒喝呵责，久参不悟，不免心急，于是一日问德山："从上宗乘，学人还有分也无？"德山就打了他一棒说："道甚么！"雪峰说："不会。"第二天雪峰又向德山请益，德山斩钉截铁地对他说："我宗无语句，实无一法与人。"雪峰听后深有所悟。禅宗的意趣，言语道断，心行处灭，本来如是，无得自悟，既非向外寻求，更非师父给予什么，实在是没有一法可以拟议分别，更何况给人。德山如此开示雪峰宗门第一义，同时也是指授在禅观参悟之中要彻底打掉拟议妄想、识心分别。

雪峰义存禅师（822—908），德山宣鉴禅师法嗣，泉州南安人，俗姓曾。九岁请出家未准，十二岁从父游蒲田玉润寺，拜庆玄律师为师，留为童侍。十七岁落发，谒芙蓉山恒照大师。唐宣宗中兴佛教后，开始历游各地，于幽州宝刹寺受具足戒。后至湖南武陵德山参谒宣鉴禅师，时岩头全豁（huò 获）、钦山文邃二禅师也在德山座下，三人相与友善。德山禅师圆寂后，雪峰禅师返回闽中，于雪峰创院开法接众，一时徒众翕然，身边常随弟子达一千七百余人，成为与"北赵州"同时驰名的"南雪峰"，使得禅宗在闽中盛极一时。

◎ 第94条 《五灯会元》卷七

他后若欲播扬大教①，一一从自己胸襟流出②，将来与我盖天盖地③去。

【注释】

① 〔大教〕如来的教法。

② 〔流出〕由自性中开显而出。

③ 〔盖天盖地〕禅师开悟后自心周遍太虚的自在境界。

【提要】

本段是雪峰义存禅师"鳌山成道"公案。雪峰义存久参禅林，在德山门下颇有所悟，然还是未能彻悟。于是雪峰义存禅师又离开了德山，与师兄岩头全豁（huò获）禅师结伴继续外出参学。至澧（lǐ礼）州鳌山镇，被大雪所阻，住在一个小店里，进退不得。岩头全豁每天只管睡觉，而雪峰义存却一直坚持坐禅。有一天，雪峰实在看不过去，便喊岩头："师兄！师兄！且起来。"岩头问："作甚么？"雪峰说："今生不着便，共文邃（指此前同雪峰一起行脚的钦山文邃禅师）个汉行脚，到处被他带累。今日到此，（岩头全豁）又只管打睡！"岩头喝道："噇（chuáng床，胡诌）！眠去！每日床上坐，恰似七村里土地，他时后日魔魅人家男女去在。"雪峰指着自己胸口，解释说："我这里未稳在，不敢自谩。"岩头说："我将谓你他日向孤峰顶上盘结草庵，播扬大教，犹作这个语话！"雪峰又重复说："我实在未稳在。"岩头道："你若实如此，据你见处，一一道来，是处与你证明，不是处与你铲却！"雪峰说："我初到盐官（齐安国师），见上堂举色空义，得个入处。"岩头道："此去三十年，切忌举着！"雪峰接着说："又见洞山过水偈曰：切忌从他觅，迢迢与我疏。渠今正是我，我今不是渠。"岩头道："若与么，自救也未彻在。"雪峰又说："后问德山：从上宗乘中事，学人还有分也无？德山打一棒曰：'道甚么！'我当时如桶底脱相似。"岩头突然大声喝道："你不闻道：从门入者，不是家珍！"雪峰接着问道："他后如何即是？"

岩头道："他后若欲播扬大教，一一从自己胸襟流出，将来与我盖天盖地去！"雪峰一听，豁然大悟，便起座作礼，连声叫道："师兄，今日始是鳌山成道！"

"鳌山成道"公案，雪峰义存对于自己的参悟心路仔细剖析，而岩头全奯在旁给予评论指点，使得雪峰终于悟道。从雪峰执着"打坐"与"睡觉"，到岩头呵责雪峰的错误知见；从雪峰参悟"色空一如""渠今正是我"，到岩头指点"从门入者，不是家珍""一一从自己胸襟流出"，悟道历程，层层递进，非常清楚生动地说明了禅宗的本觉顿悟与参悟渐修的真实过程。禅悟的精髓在于悟得自己的本有觉性（本源自性天真佛），转向内在的本然自性，认识自己的本来面目，这才是真正的"家珍"；而不是向外驰求，钻营外务，乃至要放下向来的所闻所教，真正悟得自心本性，展发般若的度众利生大用。"一一从自己胸襟流出，将来与我盖天盖地去"，这正是禅人真正悟道后展发活般若的博大气象。

岩头全奯禅师（？—887），德山宣鉴禅师法嗣，俗姓柯，泉州人。初礼青原谊公落发，后往长安宝寿寺受戒，并学习经律诸部。学成后即行脚参学，游历诸方禅苑，与雪峰义存、钦山文邃禅师等为友。初欲参河北临济义玄禅师，但遗憾的是，未及亲见，临济禅师即圆寂，遂南下江西参仰山慧寂禅师，又往湖南参德山禅师而悟道。

◎ 第95条 《五灯会元》卷六

我有明珠^①一颗，久被尘劳关锁。

今朝尘尽光生，照破^②山河万朵。

【注释】

①〔明珠〕譬喻佛性心体。

②〔照破〕一作"照见"。

【提要】

本段是茶陵郁山主所作的悟道偈。茶陵郁山主，行脚虽不多，但经人推荐参"竿头进步"公案而大悟。这则公案是这样，"有僧问法灯：'百尺竿头，如何进步？'灯云：'恶。'"茶陵郁山主对这则公案很用功，参了三年，还未参悟。一日过桥，茶陵郁山主正参此事，突然所骑的驴失脚了，茶陵郁山主跌了下来。就在这跌下来之时，茶陵郁山主豁然大悟，并诵出这首著名的开悟偈："我有明珠一颗，久被尘劳关锁。今朝尘尽光生，照破山河万朵。"本偈含义比较清晰，"明珠"寓众生的佛性，本然圆具，不需向外寻觅，只不过被尘劳所迷而锁闭。一朝"尘尽光生"，忽然顿悟，明了自性，再不被尘劳外境所迷困，而明了所谓的山河大地均是清净自性的显现。这首偈颂是茶陵郁山主大悟后的自然流露之作，意境很美，在禅门广为流传。

茶陵郁山主的剃度弟子有著名的白云守端禅师（1025—1072），俗姓葛，衡阳人。守端幼事翰墨，及长依茶陵郁和尚出家，后往杨岐方会禅师座下参学，因杨岐"渠爱人笑，汝怕人笑"之语而悟道。守端禅师悟道后，又继续随侍杨岐禅师很长一段时间。之后游历庐山，经圆通居讷禅师的举荐，住江西承天禅院，后历住圆通崇胜禅院、安徽法华山证道禅院、龙门山乾明禅院、兴化禅院、白云山海会禅院等道场，皆学众如云。

◎ 第96条 《景德传灯录》卷十八

万象之中独露身，惟人自肯乃方亲。
昔时谬向途中觅，今日看来火里冰。

【提要】

本段是长庆慧稜（léng 棱）禅师的一首偈颂。福州长庆慧稜曾久参雪峰义存，坐破七个蒲团，仍不明此事。一日刚卷起门口的帘布，忽然大悟，乃有颂曰："也大差，也大差，卷起帘来见天下。有人问我是何宗，拈起拂子劈口打。"雪峰认为慧稜彻悟了，但玄沙师备疑其所悟乃是意识思量，不一定是正悟。于是雪峰在法堂上对慧稜说："如有真实悟得，请对大家说说。"慧稜就说出此颂："万象之中独露身，惟人自肯乃方亲。昔时谬向途中觅，今日看来火里冰。"雪峰就对玄沙说，这应不是意识思量所得，印证了慧稜的悟道。"万象之中独露身，惟人自肯乃方亲"，虽然众生的心性本来清净，但未能亲证总是不真（不亲），自己亲证之后才能真实肯认。"昔时谬向途中觅，今日看来火里冰"，从前的寻觅、把捉、驰求都不过是途中幻景，悟后方知虚妄分别幻境之中却有其真实的悟性。禅不是心外寻求，却要当下肯认，非思虑之事，更不是分析所得，参禅途中错路很多，惟有悟后方知其非。

　　长庆慧稜禅师（854—932），雪峰义存禅师法嗣，杭州盐官人，俗姓孙。十三岁，于苏州通玄寺出家，受具足戒后参学各方。初参灵云志勤禅师，尚未发明，因往雪峰义存禅师座下参学得悟，受雪峰印可，得嗣其法。随后就待在雪峰禅师身边，足不出山将近三十年。唐天祐三年（906），住泉州昭庆院，后住福州长庆院，其间清凉文益禅师（885—958）曾就其参学。慧稜禅师入寂之前，一直在闽粤两地往来传法二十七载，常随徒众有一千五百多人。后唐长兴三年（932）示寂，世寿七十九，僧腊六十。

◎ 第97条 《净土指归集》卷一

有禅无净土，十人九蹉路^①，阴境^②若现前，瞥尔^③随他去。

无禅有净土，万修万人去，但得见弥陀^④，何愁不开悟^⑤。

有禅有净土，犹如戴角虎^⑥，现世为人师，来生作佛祖。

无禅无净土，铁床并铜柱，万劫^⑦与千生，没个人依怙^⑧。

【注释】

①〔蹉路〕走错路。

②〔阴境〕五蕴境界。

③〔瞥尔〕瞥地一下，突然。

④〔弥陀〕阿弥陀佛。

⑤〔开悟〕亲证空性，禅宗俗称开悟。

⑥〔戴角虎〕头上戴角的老虎，如同说"如虎添翼"，譬喻能力极大。

⑦〔万劫〕劫，古印度社会婆罗门教的时间单位，佛教沿用之。一劫时间之长度，于人间社会当亿万年记。

⑧〔依怙（hù 户）〕依傍，依止。

【提要】

本段传为永明延寿禅师（904—975）所作，《净土指归集》有记载。永明禅师虽为禅宗法眼宗祖师，也专修净土，著百卷《宗镜录》，其怕学者执空，又曾作《万善同归集》提倡菩萨行。此禅净四料简则是融合禅宗与净土思想所作。在禅宗中对净土思想并不排斥，不过多从唯心净土来说，如六祖大师讲"凡愚不了自性，不识身中净土""使君心地但无不善，西方去此不遥""但心清净，即是自性西方"。永明禅师此偈本义是提倡禅净不二。有禅无净土，则执取观心，不信有极乐净土，未达即心即土，是偏空之见，非圆顿之禅，所以有"十人九蹉路，阴境若现前，瞥尔随他去"；无禅有净土，修净土得往生，现见弥陀说法悟道，亦如禅宗之开悟；有禅有净土，可以深达佛法，能为人天之师，又发愿往生净土则可速证不退成就佛果；无禅无净土，则没有依怙，既不明白佛理，又不愿往生净土，难以超出轮回。禅宗与净土宗是中国佛教宋代之后的主流宗派，永明禅师这个四句偈调和了禅与净，体现了禅净合流特点，多被后世净土行人所引用。

《禅行》28条

◎第98条 《法句经》卷二

诸恶莫作，诸善奉行，自净其意①，是诸佛教②。

【注释】

①〔意〕心意。

②〔佛教〕佛的教诲、教法。

【提要】

这首偈子广见于佛教经典，可视作佛教伦理的根本精神，也是社会道德伦理的根本原则。需指出的是，人们可能会说，佛陀关怀的似乎只是每一个个人的解脱，而对社会制度等世间治理的问题则极少论述。的确，佛陀对家庭、社会的关怀是立足于个人的，事实上，这给我们一个启示，也由此可以提出一个假设问题："假使社会制度已很完善，而人们却不以十善业来指导自己的身口意业，可以达到美善幸福的社会吗？"用更通俗的语言来说，"如果人心不好了，仅凭社会制度能达到幸福吗？"尤其是在今日社会迅速发展，面临各种危机，人类过分迷恋于外在力量的时候，认真思考一下佛陀对社会道德伦理根本原则的看法，可能会对人类是个新的启示。从缘起法的角度而言，一个觉悟者不影响社会是不可能的，而遵循道德律法和八正道是以一种根本的方式影响着社会。这同于孔子所言："一日克己复礼，天下归仁焉"（《论语·颜渊》）。也如《大学》更直白地劝诫："自天子以至于庶人，壹是皆以修身为本。其本乱而末治者，否矣！"从个人的善恶利害关系着眼，并紧密结合人们的终极关怀问题而施设伦理教化，这是佛学业力论的又一重要特质，这也与中国儒家道德伦理思想深为契合。

《法句经》是释迦牟尼佛在世时就开始流传的最早为佛弟子广泛持诵的佛经，后经法救比丘编集，三国时期吴国维祇难等翻译，凡二卷三十九品。此经系收集诸经中佛所说偈编集而成，故名"法句"。

◎ 第99条 《吉祥经》

勿近愚痴人，应与智者交，尊敬有德者，是为最吉祥。

居住适宜处，往昔有德行，置身于正道，是为最吉祥。

多闻工艺精，严持诸禁戒^①，言谈悦人心，是为最吉祥。

奉养父母亲，爱护妻与子，从业要无害，是为最吉祥。

布施好品德，帮助众亲眷，行为无暇疵，是为最吉祥。

邪行须禁止，克己不饮酒^②，美德坚不移，是为最吉祥。

恭敬与谦让，知足并感恩，及时闻教法，是为最吉祥。

忍耐与顺从，得见众沙门，适时论信仰，是为最吉祥。

自制^③净生活，领悟八正道^④，实证^⑤涅槃法，是为最吉祥。

八风^⑥不动心，无忧无污染，宁静无烦恼，是为最吉祥。

依此行持者，无往而不胜，一切处得福，是为最吉祥。

【注释】

①〔禁戒〕即戒律，包括五戒等。

②〔不饮酒〕不饮酒为五戒之一。佛教论罪业行为有两种：一是性罪，指行为本身即有罪过，如杀生、偷盗、邪淫、妄语等；二是遮罪，指行为本身虽无罪过，但容易导人入罪，如饮酒等。

③〔自制〕自我约束。

④〔八正道〕又作八圣道，即八种正道行为，能引发人走向解脱之道，分别是正见、正思惟、正语、正业、正命、正精进、正念、正定。

⑤〔实证〕真实证得。

⑥〔八风〕世间有八种法，能使人心躁动，就像被风所吹一般，分别是利、衰、毁、誉、称、讥、苦、乐。

【提要】

这是《吉祥经》的部分正文。如同《心经》在汉传佛教中被广泛持诵一样，同样简短精要的《吉祥经》在南传佛教中也被最广泛地持诵，广为民众所喜闻乐见。《吉祥经》以通俗易懂的语言，讲述了道德良善行为是最吉祥之道，对人们如何过合理幸福的生活有普遍的指导价值。

◎ 第100条 《杂尼迦耶》

依所种之种，获应得之果。
行善者积德，作恶者聚业。
善种种子者，必将享其果。

【提要】

这首偈子讲述的是佛教的业果思想，即《杂阿含经》的现代新译。业果问题是佛教因果理论体系中的一个重要内容，具体称作异熟因果。所谓异熟就是异时而熟，例如我们当下造作一个行为，这个行为在发生结束之后并不会消失，而是会留下它的势力，佛教称它为"业力"。这个业势力会以潜在的形式继续留存下去，就像种子一样默默地贮藏着它的能量，直到未来某个时机成熟，它便会生长出一个果实。比如说我们现在以人身成就现行，这说明在过去的无量世中，我们做过很多的善业，才成就了现在这样一个人身果报。如果我们不珍惜现在这个果报身，而造作很多恶业的话，那么必将堕入恶趣。这里有必要探讨一下佛教的业果理论与一般的宿命论的区别。业果理论告诉人们，人们现在所承受的命运，都是自己过去"所造善恶业力"作用的结果，明白这一点就可以不怨天，不尤人。而人们现在正在做的行为，是

决定自己将来受善果还是恶果的根本原因，明白这一点便可积极改造自己做事的善恶动机，改正自己当下的行为，以善行的积累达到自己所追求的善果。也就是说，业力论说明了人的命运实际上是由自己所造的善恶业力所决定的，完全是自作自受，显然，这与宿命论的观点完全不同。

◎ 第101条 《杂阿含经》卷三十七

何等自通①之法？谓圣弟子作如是学："我作是念：若有欲杀我者，我不喜，我若所不喜，他亦如是，云何杀彼？"作是觉已，受不杀生，不乐杀生。

【注释】

①〔自通〕不待人教而自通达。

【提要】

这里讲述的"自通之法"，与《论语》所讲"己所不欲，勿施于人"意趣完全相同，也是公认的道德伦理法则金律。如果有人想要杀我，这是我所不喜的；同样地，别人也是不会欢喜的，所以，我怎么能去杀人呢！同样道理，不偷盗、不邪淫、不妄语、不两舌、不恶口、不绮语也是如此。《孟子》讲"人同此心，心同此理"，人心是相通的，以己之心推度他人之心，自然就会通达道德伦理的法则。"自通之法"在《杂尼迦耶》中译为："居士们！我当为你们说推人及己之法门。"《小尼迦耶》之《自说经》中佛陀说："我看世间一切，没有爱人甚过爱己者，所以切勿利己害人。"因此，与儒家"己所不欲，勿施于人"法则相同的"自通之法"，正是一切道德伦理的基本法则，也是佛陀制戒的基本原则。如何区别善恶是伦理道德的首要问题，佛陀这里讲的"自通之法"正是区别善恶的基本原则。

◎ 第102条 《慈悲道场忏法》卷三

水滴虽微，渐盈大器。小善不积，无以成圣。

【提要】

这是梁代《慈悲道场忏法》中的一首偈语，源自《法句经》偈语：

莫轻小恶，以为无殃，水滴虽微，渐盈大器，凡罪充满，从小积成。

莫轻小善，以为无福，水滴虽微，渐盈大器，凡福充满，从纤纤积。

偈语含义为中国人所熟知，与中国传统文化中"勿以善小而不为，勿以恶小而为之"的善恶观念完全相合。生活中的小事情，乃至内心的起心动念，最是微小难知，却是积善成德的初心种子。一粒种子能长成参天大树，是善种子，还是恶种子，则初心最为关键。

◎ 第103条 《八十华严》卷十四

信①为道元②功德母，长养一切诸善法。

【注释】

①〔信〕善心所的一种，以净心为性，能洗濯心上的污垢。

②〔道元〕正道的根本。

【提要】

出自《华严经·贤首品》，讲述"信"的重要性。"信"是一种善心所，以净心为性，去除心上污垢，尤其能遮断疑惑，使人信乐佛法。《华严经》称信为"道元功德母"，认为信乃是一切善法功德的根源，正道的根本。

佛法大海，信为能入，智为能度，可见大乘菩萨的初心就是信心。

◎ 第104条 《瑜伽师地论》卷六十四

有四正行，一亲近善士①，二听闻正法，三如理作意②，四法随法行③。

【注释】

① 〔善士〕善知识。

② 〔如理作意〕合于正理地生起作意心。

③ 〔法随法行〕所行之道，能随顺于正法，称为随法。依正法而行，称为法行。

【提要】

"四正行"，又称"四法行"，小乘中作"四预流支"，即能够证入预流果位的四种善行。亲近善士，指亲近善知识，因为一切菩萨成就佛法，皆由善知识力，善知识能指导深入一切佛智。听闻正法，一方面是指要听闻正确的佛法而舍弃外道，另一方面也是告诫人们要多听闻正法。如理作意，指对于所闻的法义，审正思维，警觉自己的起心动意，使其合乎正理。法随法行，是指系念思维正法，正思正修行。

《瑜伽师地论》共一百卷，是唐代玄奘大师去印度取经后所翻译的最主要的论典，是大乘佛法百科全书式的著作，详细介绍了从凡夫到证入阿罗汉位、缘觉位、菩萨位及佛位所经历的十七地阶位境界，也是唯识学派所依的根本论典之一。

◎ 第105条 《沩山警策》

亲附善者，如雾露中行，虽不湿衣，时时有润。

【提要】

亲近善知识，就像在晨雾朝露中行走，虽然衣裳没湿，但是时时刻刻都感受到有一种滋润性，犹如沐浴在春风化雨之中。出自沩山灵佑禅师《沩山警策》，禅林一般将它作为初学者的必读之书。

◎ 第106条 《法句经》卷一

多闻能持固[①]，奉法为垣墙[②]，精进难踰[③]毁，从是戒慧成。

多闻令志明，已明智慧增，智则博解义^④，见义^⑤行法安。

多闻能除忧，能以定为欢，善说甘露法^⑥，自致得泥洹^⑦。

闻为知法律^⑧，解疑亦见正，从闻舍非法^⑨，行到不死处^⑩。

【注释】

①〔持固〕闻经教后，能长久持诵而坚固不变。

②〔垣墙〕围墙。

③〔踰〕"逾"的异体字，逾越。

④〔解义〕开解经义。

⑤〔见义〕亲见义理。

⑥〔甘露法〕如来之法，犹如甘露，能润一切，故称为甘露法。

⑦〔泥洹〕"涅槃"的早期译名。

⑧〔法律〕法即轨范；律即戒律威仪。

⑨〔非法〕不善法。

⑩〔不死处〕出离于生死流转之处，即涅槃境界。

【提要】

出自《法句经·多闻品》，讲述"多闻"的四种功德。首先，多闻有益于念诵。在原始佛教至部派佛教时期，佛法之所以能够流传下来，就是因为人们的广泛听闻与念诵，使得有法可奉行。其次，多闻能够生慧，谓闻所生慧，是三种智慧之一。第三，多闻能够暂伏烦恼，使无忧虑，进而锻炼定力。第四，多闻有利于持戒，能知所禁行，而舍弃不善法。在佛经中，多闻对于修行人的重要性，有一个譬喻十分形象：说一个眼根正常的人进入暗室之中，如果没有灯，就什么也没看见，而多闻就好比这个暗室中的明灯。

◎ 第107条 《大庄严论经》卷二

无病第一利，知足第一富，善友①第一亲，涅槃第一乐。

【注释】

①〔善友〕善知识。

【提要】

此偈广见于诸经论，只在译文上有所差别，讲述"知足之法"。千金在手，不如无病在身。真正的富裕并不在于有多少财富，人但知足，虽贫而富，人不知足，虽富而贫，若圣智圆满，便是大富大贵。《佛遗教经》中说，知足之法，即是富乐安稳之处。亲人不一定是最亲近的，但能帮助我们走向人生正道的善知识却是最亲近的。生命最大的快乐是熄灭一切的烦恼，熄灭一切的贪嗔痴，即是达到涅槃的永恒快乐之地。实际上，涅槃是超越了一般苦乐对立的无苦无乐的生命境界。

◎ 第 108 条 《杂阿含经》卷四

有四法，俗人^①在家得现法安、现法乐^②。何等为四？谓方便具足^③、守护具足^④、善知识具足^⑤、正命具足^⑥。

【注释】

①〔俗人〕在家人。

②〔现法安、现法乐〕"现法"指现前境界，"安乐"指身安意乐。

③〔方便具足〕指善男子能勤劳于种田、商贾、王事、书疏算画等工巧业事。

④〔守护具足〕指善男子能够很好地保护自己的合法财产，使之不受侵犯。

⑤〔善知识具足〕指善男子既能使自己做各种善行，也有能力引导他人去做。

⑥〔正命具足〕指善男子所拥有的钱财能够做到等入等出。如果自己没有多少钱财反而喜欢铺张乱用，或者自己虽有很多财物却藏起来不用，这都不是正命。

【提要】

出自《杂阿含经》，讲述"现法安乐"的道理。所谓现法安乐，就是指我们当下现实生活中的安乐。佛陀告诫人们，要想获得当下生活的安乐，或者实现幸福合理的生活，应该做到以下四点：首先要做到方便具足，也就是要合理地从事各种营生事业，这是获得现法安乐的基础。其次要做到守护具足，也就是要保护好自己合理合法的私有财产，使其不受人为及灾害的侵夺破坏。第三要做到善知识具足，也就是要努力使自己成为一个于他人有益的善知识。第四要做到正命具足，也就是要于经济财务上做到合理收支。佛陀指出合理过好人间幸福生活的四点，特别解释了合理地过好经济、伦理和社会生活，同时，又进一步强调了在此基础上发达人生，渐次趋向觉悟人生，超越人生，由人生的发达而直趋佛道。这是近代太虚大师提出"人生佛教""人间佛教"的要义，也正是佛陀思想中本有的精神。

◎ 第109条 《杂阿含经》卷四

若善男子①，从彼而生，所谓父母，故名根本。

【注释】

① 〔善男子〕对在家奉行五戒十善男子的美称。

【提要】

出自《杂阿含经》，讲述子女孝敬供养父母的道理。佛经中提倡在家人要孝敬父母。《四十二章经》中说："凡人事天地鬼神，不如孝其亲矣，二亲最神也。"《杂阿含经》第88经记载一个年少婆罗门常如法行乞，持用供养父母，令得乐离苦，问佛陀如此做是不是为"多福"？佛陀告诉他"实有大福"，并说一偈："如法于父母，恭敬修供养，现世名称流，命终生天上。"《杂阿含经》第96经记载了一则感人的关心老人的故事。一日上午，佛陀着衣持钵，到舍卫城乞食，路上遇见一个老婆罗门拿着木杖和钵盂挨家乞食。佛陀问他为什么这么大年纪还挨家乞食，老婆罗门说把家中所有财物悉付儿子，给他娶妻，然后舍家乞食。这其中的原委一看便知，所以佛陀给婆罗门说，我说一个偈子，你能不能受持回去给儿子说？老婆罗门说可以，佛陀即说了一首偈：

生子心欢喜，为子聚财物，

亦为娉其妻，而自舍出家。

边鄙田舍儿，违负于其父，

人形罗刹心，弃舍于尊老。

老马无复用，则夺其穬（kuàng 旷）麦，

儿少而父老，家家行乞食。

曲杖为最胜，非子为恩爱，

为我防恶牛，免险地得安。

能却凶暴狗，扶我暗处行，

避深坑空井，草木棘刺林，

凭杖威力故，峙立不堕落。

这首偈中，以非常文学化的手法描写了老人的倚靠"曲杖为最胜"，点出了老人、曲杖与儿子关系的微妙处，具有强烈的对比效果。结果，老人以这首偈子在邻里中说了后，儿子又惭愧又害怕，又把老父请回家中恭敬供养。

又经中所载，供养父母至少应做到以下两点：一是要以自己如法得来的财物来供养父母；二是还要随时恭敬，奉事供养，施以安乐。这里的财供养及恭敬供养的统一，与孔子所说的"今之孝者，是谓能养，至于犬马，皆能有养，不敬，何以别乎"，其精神是一致的。

◎ 第110条 《金刚经》

应无所住，行于布施。

【提要】

本句讲述无相布施的道理。布施是佛陀劝导在家居士的行法，是以衣、食等物施与修道人及贫穷者，以破除个人的吝啬与贪心，种下未来世免除贫困的因。施财之人，梵文音译称为檀越、檀那，意为施主。大乘佛法中，布施是六波罗蜜之一，进而以大慈悲心施福利与人，包括财施、法施和无畏施（难舍能舍，乃至舍身取义）等三种，以此结缘众生，积功累德，得度彼岸。《大乘理趣六波罗蜜多经》中说，布施能令众生安乐，是最容易修习的法门，犹如大地一样，一切万物都依之生长。所以菩萨行的六度、四摄，皆以布施为开端，可见布施在佛教中占有重要的地位。布施可分为两种：有相布施，指世人在布施时，心有希求执着，如此布施只能得到"有漏"的人天福报；无相布施，和有相布施刚好相反，指在布施时而无所执着，因此能种"无漏"的因，而获得超越世间、趋向解脱的无量福德。《金刚经》中重点讲了无相布施的道理。经中说："菩萨于法，应无所住，行于布施，所谓不住色布施，不住声、香、味、触、法布施。须菩提！菩萨应如是布施，不住于相。何以故？若

菩萨不住相布施，其福德不可思量。"这是讲不住（执着）于相（有所求）而行无相布施。要求在布施之时，以无我相、无人相、无众生相、无寿者相的心态来布施，并观察施者、受者和所施物三者本质为空，不存任何执着，称为三轮体空、三轮清净。这才是真正的无相布施，这样所获得的福德才不可思量。

◎ 第111条 《宋高僧传》卷二十

面上无瞋①供养具，口里无瞋吐妙香，
心中无瞋是珍宝，无染无垢是真常。

【注释】

①〔瞋〕又作"嗔"，与贪、痴并称三毒、三不善根等，是三大根本烦恼。

【提要】

这首偈子讲的是没有瞋心的功德。《宋高僧传》记载，这首偈语是杭州无著文喜禅师游五台山时，文殊菩萨的侍者均提童子对他所说的。在一切烦恼法中，瞋是三大根本烦恼之一，于人身心有极大的危害，不仅能障碍各种善法的生起，所谓"一切恶中，无过是瞋，起一瞋心，则受百千障碍法门"(《华严经》)，还能毁掉昔日以来成就的各种功德，所谓"瞋是心中火，能烧功德林，欲行菩萨道，忍辱护瞋心"(《寒山子诗集》)。我人过去所积累的各种福德福报如功德林一样多，不过这些功德就算积累得再多，一念瞋心就可以把它们燃烧殆尽。而要对治瞋心，就要学习忍辱之道。瞋烦恼不仅危害深，还极难断除。这首偈语就是劝诫人们从身、口、意三业上来断除瞋烦恼。首先是面容上无有瞋怒的表情，则一切供养具足。其次是言语上无有恶语伤人，常说软语美语，如此即是口出妙香，惠己及人。第三是心中无有瞋恨心，一点儿瞋恨的念头也没有，就是无价的珍宝。身、语、意能做到这三点无有嗔心，便可证得无染无垢的真常果境了。

◎第112条 《法句经》卷二

节身①慎言，守摄其心，舍恚②行道，忍辱③最强。

【注释】

① 〔节身〕节制身行。

② 〔恚（huì 会）〕即"嗔"。

③〔忍辱〕六度之一，能堪忍各种烦恼迫害的意思。

【提要】

本句讲述忍辱对治嗔怒的功德。嗔有极重危害，经论中已有广说，而对治嗔心的方法，莫过于忍辱最胜。所谓忍辱，即令心安稳，堪忍外在的侮辱、恼害等，亦即凡加诸身心的苦恼、苦痛，都能堪忍。能修忍辱，则可节制身行，谨慎言语，守摄自心，舍离一切嗔怨。《瑜伽师地论》卷五十七载，忍辱含有不愤怒、不结怨、心不怀恶意等三种行相。忍辱为大乘佛教六波罗蜜之一，是菩萨所必须修行的德目。

◎ 第113条 《杂阿含经》卷四十九

远离不爱言①，软语②不伤人，常说淳美言，是则升天路③。

【注释】

①〔不爱言〕又作不爱语，指粗语、恶语等不受人喜爱的语言。

②〔软语〕又作柔语，指能调适人情的柔顺语。

③〔升天路〕善业增长则后世增上，而升天道。

【提要】

出自《杂阿含经》,讲述清净口业的道理。在佛教的语言哲学中,语言不仅是一种符号,它还是一种力量。语言的自体即是业,语言不只是语业的发出者,它还是语业存续的承载者。人只要开口说话,便是在造业,语言的力量会随着声音所及,传至并作用于他人。因此应谨慎开口,凡出言语应说可爱语,不说粗恶语,为自己积累"口德"。《佛说给(jǐ 己)孤长者女得度因缘经》中描述了佛陀讲法时的语言情形:"佛说法时面目熙怡,远离颦蹙,常出柔软语、顺善语、甘美语、可爱语、巧妙语、安慰语,起诸方便,随应说法,悲愍利乐一切众生,使诸众生皆悉调伏。"由此可见,佛陀的语言都是让听者感到无比暖心舒服的淳美言。

◎ 第114条 《万善同归集》卷一

诸福中,忏悔为最,除大障碍,获大善故。

【提要】

本句讲述忏悔的意义。《万善同归集》凡三卷,北宋永明延寿撰述,系广举经论之理事性相以明禅家心要。

人非圣贤,孰能无过,犯了错误怎么办,所以在佛法中有系统的关于忏悔的理论和方法。通过忏悔以灭除罪业，重新获得清净心，这是佛法的一个特别殊胜法门。所谓"忏"，是发露先前所造的恶业，请求他人原谅忍罪；所谓"悔"，是追悔过去所犯的罪业，而于佛、菩萨、师长、大众面前自申罪状，告白道歉，改正错误，以后再不重犯，以期达到灭罪的目的。所以，"忏悔"是佛陀给予弟子改过自新的一种心灵净化。忏悔可以消除罪业及障碍，有让人重生的力量，使得陈年污垢于一朝洗涤清净，由此可见忏悔的重要意义。因此，佛法中非常重视通过忏悔使身心清净，由此纯净善业而成就福、慧二种功德。《金光明经·忏悔品》中说："千劫所作极重恶业，若能至心一忏悔者，如是众罪悉皆灭尽。"《普贤行愿品》把"忏悔"列为普贤菩萨十大行愿之一："我昔所造诸恶业，皆由无始贪瞋痴，从身、语、意之所生，一切我今皆忏悔。"所以，忏悔法门是使身心灭罪还净的重要行持，通过忏悔，使得内心清净，所作业清净，所获福报也清净，则善缘、福德、因缘自然就会成熟。

◎ 第115条 《楞伽师资记》卷一

一切业障海，皆从妄相①生，若欲忏悔者，端坐念实相，是名第一忏。

【注释】
①〔妄相〕一作"妄想"。

【提要】
出自《楞伽师资记》所引《普贤观经》(《佛说观普贤菩萨行法经》)中的偈颂，讲述实相忏悔法。佛教的忏悔法门有很多种，其中最主要分为两种：一是有相忏悔，通过有为事相做法忏悔，达到消除业障，如《梁皇宝忏》《三昧水忏》等皆是；二是无相忏悔，直接观一切法空，以明罪业本空，故又称实相忏悔。实相忏悔法，是大乘忏悔法的重要法门，从罪业根源处观照灭除，义理高深，法门殊胜，故称"第一忏"。如此则避免了无量罪业的一一对治，而直接从一切业障的总根源对治。宋代《大慧普觉禅师普说》卷二中说：

罪从心起将心忏，忏罪何如莫起心，
罪亡心灭两俱空，是即名为真忏悔。

若以空性实相观照，则罪业缘起如梦幻，罪性本空不可得。本来自性圆明清净心上，并无一毫垢净罪福，皆因妄想分别生起罪福的分别，而去除一念妄心的忏法，即是"实相忏""第一忏"。

《楞伽师资记》为初期禅宗史的重要文献，唐代净觉集，凡一卷。《普贤观经》，全称《观普贤菩萨行法经》，凡一卷，刘宋昙摩密多译，讲述普贤观门、忏悔六根罪法等内容。

◎ 第116条 《入不思议解脱境界普贤行愿品》

十方一切诸众生，二乘①有学及无学②，一切如来与菩萨，所有功德皆随喜。

【注释】

①〔二乘〕声闻乘、缘觉乘称为二乘，与菩萨乘相对。

②〔有学及无学〕已知佛教真理，但还未完全断除迷惑，尚有所学，称为有学。已达佛教真理的极致，无迷惑可断，亦无可学者，称为无学。声闻乘四果中的前三果（须陀洹果、斯陀含果、阿那含果）为有学位，第四果阿罗汉果为无学位。

【提要】

出自《大方广佛华严经·入不思议解脱境界普贤行愿品》。《普贤行愿品》列举普贤菩萨有十大行愿：一者敬礼诸佛，二者称赞如来，三者广修供养，四者忏悔业障，五者随喜功德，六者请转法轮，七者请佛住世，八者常随佛学，九者恒顺众生，十者普皆回向。"随喜"是其中之一。"随"是随顺、不违背，"喜"是欢喜、欣悦。随喜，即是见他人行善，身心顺从，随之心生欣悦；亦即随他修善，喜他得成。"随喜功德"，是随着所见所闻，凡是有人做了善事，不论或大或小，都能以欢喜的心随顺应和，称扬赞叹。《四十二章经》云："睹人施道，助之欢喜，得福甚大……譬如一炬之火，数百千人各以炬来分取，熟食除冥，此炬如故，福亦如之。"看见他人行善，自己能随顺他人的善行而心生欢喜，这样不仅能够助成别人的善业，对于自己来说也有甚深功德。就像有人点燃一把火炬，数千百人都过来分享他的火种，这样不仅他的火种得以延续下去，所有的人也都得到了火种。随喜的功德也是这样，你去随喜他人的善行，如同涓涓细流汇成大河，他人的一点儿小善也会变成大善，自己也能从中受到滋养。在现实生活当中，随喜心对于对治人的嫉妒心和傲慢心有很大的帮助。《华严经》中讲，菩萨不仅随喜于如来难行能行的因地善行，乃至于成佛的一切果德，也深心赞叹；随喜于十方世界所有众生的所有功德，乃至小如微尘之善，悉皆随喜。见人行善，若能尽己之力随喜助之，功德殊胜不可思议。

《大方广佛华严经·入不思议解脱境界普贤行愿品》是"四十华严"的最后一品，简称《普贤行愿品》，唐代般若法师翻译，常被别行持诵，流传甚广，是代表大乘菩萨行愿的著名经典。

◎ 第117条 《小品般若波罗蜜经》卷六

菩萨常修净命①，不占吉凶②，亦不相③人生男生女。

【注释】

①〔净命〕又作正命，"八正道"之一，即依正法、净法而活命。

②〔占（zhān 沾）吉凶〕即占卜之术，佛教以"占相吉凶"等营生手段为"五邪命"之一。

③〔相（xiàng 象）〕即相术。

【提要】

出自《小品般若波罗蜜经·阿惟越致相品》，旨在告诫修行人要常修净命，远离邪命。所谓净命，指依净法而活命；所谓邪命，是依邪门歪道而活命。佛经列举了五种邪命，修行人所不可为。其中，占相吉凶，即是攻学异术，卜命相形，讲谈吉凶，说人生男生女，等等，都是不正当的活命方法，为诸修行人所不许。

《小品般若波罗蜜经》即八千颂般若，姚秦鸠摩罗什所译，凡十卷。

◎ 第118条 《四十二章经》

财色之于人，譬如小儿贪刀刃之蜜，甜不足一食之美，然有截舌之患也。

【提要】

出自《四十二章经》第二十二章，讲述贪求财色的危害。孔子讲"食色性也"，儒家认为饮食和美色是人性的本能追求，佛学却认为也是一种坚固的习气而已。人们贪欲的对象多种多样，然其大要则莫过于贪财与贪色，危害最大。人们贪爱这两样东西，说明它们的确能给人们带来一些甜头，所以趋之若鹜。然求取财色的甜头就像小孩子在刀尖儿上舔蜜一样，虽然一时尝到了甜头，但却有被割掉舌头的隐患。这段话把世人贪求财色的后果描绘得十分形象，恰如其形。

◎第119条 《佛说观药王药上二菩萨经》卷一

常念大乘^①，心不忘失，勤修精进，如救头然^②。

【注释】

①〔大乘〕一般指菩萨乘，与小乘（声闻乘、缘觉乘）相对而言。菩萨乘以自利利他为宗旨，而小乘偏重于自我解脱。在修行上，大乘修习甚广，以六度四摄为主。

②〔头然〕又作"头燃"，指头发为火所燃，比喻修习佛法应勤奋精进而急不可待，就像去救头燃一样。

【提要】

出自《佛说观药王药上二菩萨经》，刘宋西域沙门畺（jiāng江）良耶舍所译，凡一卷。这里讲述的是修习大乘菩萨道应常行精进的道理。"精进"是大乘菩萨行六度之一，指菩萨精励身心，不断进取，克服懈怠，勤修一切功行，成就一切善法。大乘经典中非常重视勇猛精进，有许多不惜身命而精进修行的例子。如《般若经》中常啼菩萨精进修行的例子："空中声告常啼菩萨言：汝东行求般若，莫辞疲倦，莫念睡眠，莫思饮食，莫想昼夜，莫怖寒热。于内外法，心莫散乱。"儒家也提倡这样的精神，如孔子言"君子无终食之间违仁，造次必于是，颠沛必于是"（《论语·里仁》），一刻也不离于道，毫无懈怠心。正如自己的头发着火了，片刻也耽误不得。行菩萨道时，也是如此，"勤修清净波罗蜜，恒不忘失菩提心"，念念相续，无所间断。

◎第120条 《潭州沩山灵祐禅师语录》

实际理地①，不受②一尘；万行③门中，不舍一法。

【注释】

①〔实际理地〕真实究竟的涅槃境界。

②〔不受〕不沾染，不执取。

③〔万行〕一切修行法门，略则三学、六度，广则八万四千法门。

【提要】

本段是沩山灵祐禅师（771—853）的上堂法语，收入《潭州沩山灵祐禅师语录》。沩山上堂说法："夫道人之心，质直无伪，无背无面，无诈妄心，一切时中，视听寻常，更无委曲。"最后总结道："以要言之，则实际理地，不受一尘，万行门中，不舍一法。"大道不离日用，此是中国文化的特点，沩仰继承百丈，深得此意。百丈家风，理事如如，重视于日用生活中历练禅道，谓之"农禅"。此农禅家风，沩山继之，仰山承之，忠实传承了其师百丈的农禅精神，不离劳作惜福的本分行履，更加发挥禅宗理事无碍、与日常生活打成一片的本分事精神，却于劳作之间处处提撕禅机，唱和禅道，勘验保任，于农禅生活之中显露禅法的深机深用。如下面一段公案，沩山所谓"日中一食，夜后一寝"，道尽了禅家的本来面目。

师（仰山）夏末问讯沩山次。沩山曰："子一夏不见上来，在下面作何所务？"师曰："某甲在下面，锄得一片畲（shē 奢），下得一箩种。"沩山曰："子今夏不虚过。"师却问："未审和尚一夏之中，作何所务？"沩山曰："日中一食，夜后一寝。"师曰："和尚今夏亦不虚过。"道了乃吐舌。沩山曰："寂子何得自伤己命。"

这则公案，看似日用平常，却乃意味深长，大显农禅诗意，亦彰沩仰宗风。锄畲下种，一食一寝，事理不

二，风光无限。宗门下事，眼前即是，不别作奇妙想。一食一寝，正是禅家本分事，亦是学人本分事。依分遣时，不变随缘，日日是好日。

◎ 第121条

杨岐①灯盏明千古，宝寿②生姜辣万年。

【注释】

①〔杨岐〕即杨岐方会禅师（996—1049），临济宗杨岐派创立人，是石霜楚圆禅师（986—1039）的法嗣，临济下第七世。杨岐禅师俗姓冷，湖北宜春人，于潭州浏阳道吾山出家，参慈明楚圆禅师，顿悟祖意。后住持浙江丽水杨岐山普通禅院，大振临济宗风。

②〔宝寿〕即洞山自宝禅师（978—1054），别号宝寿，青原系云门宗僧，五祖师戒禅师法嗣，慧能下第十世。禅师俗姓吴，庐州合肥人，生平不详。

【提要】

这是丛林中常见的一副对联，常贴于寺院库房门上，讲述了两则如何正确对待公共财物的典故。第一则是杨岐方会禅师的故事。据载，方会禅师在石霜楚圆禅师会下做监院的时候，常使用两盏灯，一盏是给常住做事时所点的灯，一盏是自己私用时所点的灯，公私分明，从不混淆。第二则是洞山自宝禅师的故事。据载，自宝禅师在五祖师戒禅师会下做库房管理员的时候，一日师戒禅师生病，需要用生姜红糖煎成膏药服用，师戒禅师的侍者便去库房求取这两样东西，可是宝寿禅师却对侍者说："库房里都是常住的公物，不可私用，大和尚要用，就拿钱来买。"侍者将宝寿禅师的话回报给师戒禅师，他就自掏腰包，交给侍者前往购买，并对宝寿禅师的做法相当赞赏。后来洞山寺住持改选，众人请求师戒禅师举荐，他说"那个叫我买生姜的人可以胜任"，推荐宝寿禅师出任住持。这两则典故都发生在宋代丛林，可见早期丛林保持了中国文化公私分明的优良道德风尚，于今犹有十分深刻的现实意义。

◎ 第122条 《禅林宝训》卷一

圣贤之学，非造次①可成，须在积累。积累之要，惟专与勤，屏绝②嗜好，行之勿倦，然后扩而充之，可尽天下之妙。

【注释】

①〔造次〕形容时间短促。

②〔屏（bǐng 饼）绝〕摒（bǐng 病）弃，断绝。

【提要】

本段是黄龙慧南禅师（1002—1069）对隐士潘延之的一段开示。虽然讲的是圣贤之学，也是修道用功的方法。禅宗虽然提倡顿悟，但并非不需要积累。禅宗所说顿悟成佛，并不是常人理解的一悟即可，这一悟并非突发而来，也需要有积累。所以，在禅宗参悟修行中，顿与渐也是相对的。就禅悟性质而言是顿悟，但就修行次第而言则还须渐次积累。禅宗之要在见性悟道，但在悟道前也要多行参思，经历专一精勤的积累；在悟道后还要涵养保任，时时提撕，长养圣胎，渐渐扩充开大。禅宗祖师多在老师指点下大悟，而言下大悟之后还有什么事，语录中也较少透露其消息，但其实还是要时时提撕，时时保任，"扩而充之，可尽天下之妙"。

《禅林宝训》收录了宋代诸禅师的丛林警言训语，凡三百篇，原为妙喜、竹庵二禅师共集，经年散逸，至南宋淳熙年间（1174—1189），由净善法师加以重集。此书古来盛行于禅林，常被列为禅林初学之入门书。

◎ 第123条 《四十二章经》

夫为道者，譬如一人与万人战，挂铠①出门，意或怯弱，或半路而退，或格斗而死，或得胜而还。沙门学道，应当坚持其心，精进勇锐，不畏前境，破灭众魔，而得道果②。

【注释】

①〔挂铠〕披挂铠甲。

②〔道果〕即菩提道的果位。

【提要】

出自《四十二章经》中"三十三坚心得果章"，讲述修道之人应当勇猛精进，不畏艰险，直趣道果；与《中庸》论"智仁勇"中的"勇"义相当。《中庸》中说："君子遵道而行，半途而废，吾弗能已矣。"修道譬如一人与万人交战一样艰难，如同披挂铠甲上阵的勇士一样，或者心生怯懦半途而退，或者格斗战死，或者得胜凯旋，只管勇往直前。沙门学道，应当坚持其心，精进勇锐，一志向前，只要自己不虑退，不畏死，就能破灭众魔，成就道果。

◎ 第124条 《禅关策进》卷一

时不待人，转眼便是来生。何不趁身强力健，打教彻去，讨教明白去。

【提要】

出自《禅关策进》所引雪岩祖钦（1215—1287）禅师语，讲述"生死无常，及时行道"之理。在祖钦禅师语录中，还有这样一段话："此身不向今生度，更向何生度此身？莫待临渴掘井，莫待腊月三十日到来，眼光欲落未落，贪生怖死，手脚忙乱，一似落汤螃蟹。到那时，纵欲回光返照办此道，以破生死，迟了也！"祖钦禅师以过来人的口吻向众人劝诫，莫要等到临命终时才想到要去修行，而应早做准备，不然悔之晚矣。孔子讲："朝闻道，夕死可矣！"（《论语·里仁》）人生宝贵，当努力寻求生命的真谛，莫到临终，糊涂一生。庄子说："人生天地之间，若白驹过隙，忽然而已。"（《庄子·知北游》）人命在呼吸之间，百年光阴，不过如电光石火，转眼之间，生死一期，所以，应趁着身强力健之时，赶紧去参透明白生命的本来面目。

《禅关策进》系明代四大高僧之一的云栖袾（zhū 朱）宏（1532—1615）所辑，凡一卷，辑略经论及祖师法语，以策励参悟行道。

◎ 第 125 条 《华严经》卷十四

若诸菩萨善用其心，则获一切胜妙功德①。

【注释】

①〔功德〕指功能福德，行善所获的果报。胜妙功德则指佛果之智德、断德、恩德三德。救护众生，成于恩德；永断烦恼，成于断德；了知诸行，成于智德。

【提要】

出自《华严经·净行品》，讲述菩萨如何善用其心的道理，与《金刚经》"应无所住而生其心"有相辅相成之妙。《金刚经》讲菩萨生心要"应无所住"，而《华严经·净行品》所讲的则是菩萨用心要"住所应住"。所谓菩萨善用其心，其实就是"发菩提心"，于一切对境，于一切时节，善于转自心为道念，获得无过失的身、语、意业。例如："上升楼阁，当愿众生：升正法楼，彻见一切。若有所施，当愿众生：一切能舍，心无爱着。众会聚集，当愿众生：舍众聚法，成一切智。若在厄难，当愿众生：随意自在，所行无碍。"《净行品》中共有一百四十一个"当愿众生"，充分展示了菩萨善用其心的菩提善愿，觉悟心行，能成众德。

《禅派》27 条

◎ 第 126 条 《袁州仰山慧寂禅师语录》

以思无思之妙，返思灵焰^①之无穷。思尽还源，性相^②常住，事理不二^③，真佛如如^④。

【注释】

①〔灵焰〕指心体觉性。

②〔性相〕性指诸法的体性，相指诸法显现分别的形相。

③〔事理不二〕事即相，理即性。事有万殊，不碍理之常一；理虽常住，不碍事相宛然。

④〔如如〕诸法体同，故名为如。诸法皆如，故曰如如。

【提要】

本段是沩仰宗开山祖师沩山灵祐禅师给弟子仰山慧寂禅师的一段禅悟指示，后来也被视为是沩仰宗纲宗大要。《袁州仰山慧寂禅师语录》记载：

仰山问："如何是真佛住处？"

沩山云："以思无思之妙，返思灵焰之无穷。思尽还源，性相常住，事理不二，真佛如如。"

仰山问："如何才是真佛的安住之处？"意为参学人的真正安住之处是什么？"住"，如同《金刚经》须菩提问佛"应云何住"，乃是参学人的究竟住心之要，亦是佛祖传心密印。沩山的回答，看似平实，简直像一位法师的教言开示，却是把宗门功行极则事细致道出。沩山此段指授，实际是于不历次第的顿悟功行中又指授禅悟浅深次第关要。一是寻思功行的"思无思"，由"返思"而参悟"灵焰"（指本觉之性），达到"思尽还源"的开悟境界。二是悟道后发起大用，随用见体，体用不二，圆融性相和理事，故说"性相常住，事理不二，真佛如如"。整体上层层递进，把禅宗悟道的寻思功行次第细为开示，和盘托出。禅宗"上根上智，一闻千悟"，乃是不历次第的顿悟功行；这段里的开示是在顿悟功行之外，别为指授次第悟入的渐次功行，即以次第寻思功行达于无言宗旨，这是沩仰宗分灯禅的方便实质所在。

沩仰宗禅法宗旨，正是沩山指授"思无思之妙，返思灵焰之无穷，思尽还源"的次第寻思功行，这是沩仰禅法的关要。沩仰宗并不废寻思功行，而是把寻思功行推至极处，达于"思无思"之机而打破寻思，脱落身心。故沩山的禅法指授，悟道之前重点引导学人以"思无思"的寻思功行以达悟境，悟道之后则转向重点勘验学人的体用不二、理事如如功行。因此，"思无思"代表了沩山禅法以"寻思功行"达于悟道的要点。

沩山灵祐禅师（771—853），百丈怀海禅师之法嗣，年十五即辞亲出家。后参礼马祖法嗣百丈怀海禅师，在百丈禅师处悟道。后遵百丈禅师之嘱，前往大沩山开辟道场。随后，仰山慧寂禅师以沙弥身份来参学。仰山的到来，使得灵祐禅法的深机深用得以彰显，为大沩山增添了无限生机。一时父子唱和，禅学辐辏，风动天下，并最终导致沩仰宗风广扇禅林，名播宇内，形成一花五叶之首——沩仰宗。

◎ 第127条 《袁州仰山慧寂禅师语录》

师谓仰山曰："吾以镜智为宗要①。"

【注释】
①〔宗要〕一宗门派所立的法要。

【提要】

这是沩山禅师给仰山慧寂禅师开示的一段宗要,《人天眼目》也有记载。"镜智"即以"镜"喻"智",以显性相常住、体用双彰之意。仰山住东平寺时,沩山派僧送书并镜给仰山,昭示沩仰宗纲宗授受之意:

师(仰山)住东平时,沩山令僧送书并镜与师。师上堂,提起示众云:"且道,是沩山镜?东平镜?若道是东平镜,又是沩山送来;若道是沩山镜,又在东平手里。道得则留取,道不得则扑破去也。"众无语,师遂扑破,便下座。

沩山送书和镜给仰山之时已是晚年,师徒父子纲宗授受之意十分明显。对此,仰山做了特别发挥,大显禅家作派,断然把镜摔破,机用手法与临济在黄檗门下唤侍者取火烧先师禅板如出一辙,显示不负沩山、继承纲宗的峻烈气势。由此可见,"镜智"确然是沩仰父子唯一授受纲宗。所谓"镜智",其意旨为理事不二、体用双彰,标示了沩山禅法的根本宗旨,也是沩山继承马祖、百丈"理事如如、动即合辙"的根本宗旨。

仰山慧寂禅师(807—883),沩山灵祐禅师之法嗣。俗姓叶,韶州怀化(今广东番禺)人。慧寂禅师悟道心切,在还没有受具足戒的时候,十八岁即以沙弥的身份开始游方参学。曾参礼吉州耽源山(今江西新干县)应真禅师（南阳慧忠国师法嗣），数年良有所得，已悟玄旨。约二十一岁时，离开耽源，往沩山参灵祐禅师，遂升堂奥。于是在沩山和尚座下，执侍前后，盘桓十四五年之久，与沩山和尚举扬宗风，评唱诸方，共同开创了禅宗第一个宗派——沩仰宗。《从容录》评论沩仰宗："师资合道，父子投机，沩仰家风，千古龟鉴。"

◎ 第128条 《无门关》卷一

如人上树，口衔树枝，手不攀枝，脚不踏树，树下有人问西来意①，不对②即违他所问，若对又丧身失命。正恁么③时，作么生对？

【注释】

①〔西来意〕达摩祖师由西天而来中土之意，禅林中以此语喻指禅之真义。

②〔不对〕不回答。

③〔恁（nèn 嫩）么〕这样，如此。

【提要】

本段是著名的"香严上树"公案，由香严智闲禅师所说。香严禅师在这里举"口衔树枝"的比喻，形象地表达出禅的意义无法通过语言来表达，"开口即错，动念即乖"，这就是让学人明白需要从超越言语分别之处去寻道。纵使学经论，明道理，开口后还是落入了意识分别之中，离失了法身本来。在"香严上树"这个精心设计的情景中，逼迫学人不得不放弃开口言说，需要另寻出路，去找到禅的真正入手处。那还有"开口"处吗？有位上座老参出来对这个困局解套，他对香严禅师说："树上即不问，未上树请和尚道！"这则公案的妙处在于，树上容易回答，而未上树时却很难回答。所以，面对机关识破，香严禅师只是呵呵大笑。这则公案是一则精心设计的非常优秀的入门公案，对于禅宗参禅悟道的用功处所在揭示无余，非常值得深入参思。

香严智闲禅师，沩山灵祐禅师之法嗣。成年后，辞亲出家，观方参道。曾参百丈怀海禅师未悟，百丈禅师圆寂后，他便改参师兄沩山灵祐禅师。沩山禅师问他："我闻你在百丈先师处，问一答十，问十答百。这是你聪明灵利，意解识想，生死根本。父母未生时，试道一句看！"智闲被沩山这一问，直得茫然无对。后他屡次去方丈室，请求沩山为他说破，但都遭到沩山的拒绝。沩山道："我若说给你，你以后骂我去。我说底是我底，终不干你事。"智闲后辞别沩山，开始四处行脚，走到南阳慧忠禅师的旧址就安住下来。一日，智闲禅师正在除草，不经意间，碰到一块瓦砾，恰好打在竹子上，发出一声清脆的响声，智闲禅师刹那间触缘大悟。于是便急忙回到室内，沐浴焚香，遥礼沩山，赞叹道："和尚大慈，恩逾父母。当时若为我说破，何有今日之事？"并作颂曰：

> 一击忘所知，更不假修持。
>
> 动容扬古路，不堕悄然机。
>
> 处处无踪迹，声色外威仪。
>
> 诸方达道者，咸言上上机。

沩山听说了智闲的这首偈子，便对仰山道："此子彻悟也。"仰山说："此是心机意识，著述得成。待某甲亲自勘过。"于是仰山便前往见智闲，说道："和尚赞叹师弟发明大事，你试说看。"智闲遂举前颂。仰山道："此是夙习记持而成，若有正悟（真正的发明开悟），别更说看。"智闲一听，又作一颂曰："去年贫，未是贫，今年贫，始是贫。去年贫，犹有卓锥之地；今年贫，锥也无。"仰山道："如来禅许师弟会，祖师禅未梦见在。"智闲于是又作一颂曰："我有一机，瞬目视伊。若人不会，别唤沙弥。"仰山这才证实他彻悟了，于是便回去报告沩山。智闲后驻锡于邓州香严寺，教化一方，四方衲子争相亲近。曾有上堂法语："道由悟达，不在语言。况是密密堂堂，曾无间隔。不劳心意，暂借回光。日用全功，迷徒自背。"智闲特别强调，要离心意识去参，不要沉溺于语言文字，更不能呈口舌之快。大道不在别处，只在目前。若能在日用中，念念回光返照，即是与道相应。

◎ 第129条 《潭州沩山灵祐禅师语录》

三十年来寻剑客^①，几回落叶^②又抽枝^③。
自从一见桃华^④后，直至如今更不疑。

【注释】

① 〔剑客〕譬喻能够斩断烦恼的无漏慧剑。

② 〔落叶〕譬喻烦恼暂时脱落。

③ 〔抽枝〕长出新枝，譬喻烦恼复又生起。

④ 〔桃华〕即桃花。

【提要】

这是福州灵云山志勤禅师在沩山处因睹桃花悟道而作的悟道偈。灵云志勤禅师，长庆大安禅师之法嗣，福州长溪人。初礼大沩，久未契悟。时长庆大安禅师于沩山充当典座。一日经行，灵云禅师见桃花灼灼，因而悟道，平生疑处，一时消歇。于是作偈云："三十年来寻剑客，几回落叶又抽枝。自从一见桃华后，直至如今更不疑。"沩山禅师听了他的悟道偈之后，反复诘问，遂与之印可，并教诲道："从缘悟达，永无退失，善自护持。"

开悟的契机因人不同而千差万别。有言下荐得，有从缘悟得，有读经明得。诸般悟处，以从缘悟得得力最大。因为从缘悟得需要有长期的修行作基础，是量变到一定的程度而发生的质变，而且完全是无心而得。因此，一旦从缘悟得，便永不退失。香严击竹闻声，从声缘而悟得；灵云一见桃花，从色缘而悟得。从灵云志勤禅师的悟道偈中，同时可以看出，他在睹桃花悟道之前，整整苦参了三十年，没有这三十年的工夫，纵然天天见桃花，亦难得悟入。

◎ 第130条 《景德传灯录》卷十二

原来黄檗佛法无多子！

【提要】

这是临济禅师悟道后所说的一句名言。临济义玄禅师，黄檗希运禅师之法嗣，年少出家后，投黄檗禅师会下参学，三年沉默寡言，未问过一句话。睦州陈尊宿亦在黄檗座下。在睦州的鼓动下，临济前去问黄檗："如何是佛法大意？"话还没有问完，黄檗早已一拄杖打过来。临济莫名其妙。睦州见临济垂头丧气的样子，便问："问话怎么样？"临济道："某甲问声未绝，和尚便打，某甲不会。"睦州鼓励说："尽管再去问。"于是，临济又去问，黄檗举杖又打。就这样，临济三度去问，三度遭打，实在是绝望极了。于是他告诉睦州道："早承激劝问法，累蒙和尚赐棒，自恨障缘，不领深旨，今且辞去。"睦州觉得他辞去挺可惜的，便说道："汝若去，须辞和尚了去。"临济于是礼拜睦州而退，准备第二天拜辞黄檗。睦州于是事先来到黄檗禅师那儿，说道："问话上座，虽是后生，却甚奇特。若来辞，方便接他，以后为一株大树，覆荫天下人去在。"第二天，临济来礼辞黄檗禅师。黄檗指点他说："其他地方都不须去，只往高安（今江西境内）滩头参大愚（归宗智常禅师之法嗣），必为汝说。"

于是临济来到大愚禅师座下。大愚问："甚处来？"临济道："黄檗处来。"大愚又问："黄檗有何言句？"临济道："某甲三度问佛法大意，三度被打。不知某甲有过无过？"大愚道："黄檗这么老婆心切，为你的开悟大事操尽了心，你却更来这里问有过无过？"临济一听，言下大悟，惊喜道："原来黄檗佛法无多子（没多少东西）！"大愚一把揪住他，问道："你这尿床鬼子，刚才问有过无过，如今却说黄檗佛法无多子。你见个甚么道理？速道！速道！"临济便向大愚的肋下打了三拳。大愚推开临济，说道："汝师黄檗，非干我事。"

临济于是辞别大愚禅师，重新回到黄檗山。黄檗禅师一见，便问："这汉来来去去，有甚了期！"临济道："只为老婆心切。"黄檗道："大愚有何言句？"临济便把自己参大愚的经过告诉了黄檗。黄檗道："大愚老汉饶舌，待来，痛与一顿。"临济道："说甚待来，即今便打。"说完，便打了黄檗几拳。黄檗道："这疯颠汉来这里捋虎须！"临济大喝一声。黄檗便唤侍者，说道："引这疯颠汉参堂去。"临济就此悟道。

　　"黄檗佛法无多子"一句，正如沩山所说"单刀直入，则凡圣情尽，体露真常"，正是直指吾人当下本心，法本无法，法法是法。临济后来说法虽有种种，但宗要只在这一句"黄檗佛法无多子"。临济义玄禅师承袭了黄檗希运的严峻禅风。禅法纲宗有"三玄三要""四宾主""四照用""四料简""四喝"等方便设施，以接引不同来机，更以机锋峭峻著名于世，别成一家，遂成临济宗。临济禅师接引学人，每以叱喝显大机用，世有"德山棒、临济喝"之称。其门庭峻烈，禅风如激箭，然学徒奔凑，门风兴隆，成为中国禅宗最为盛行的一派。他的上堂和示众法语，更是深入浅出，直指人心，千百年来一直被视禅门瑰宝，可作为参禅悟道的指南。唐宣宗大中八年（854），临济禅师至河北镇州，住于临济院，开法接引徒众。咸通八年（867）四月示寂，全

身建塔于大名府西北隅，塔号澄灵，敕谥慧照禅师。其语要由门人慧然编成《镇州临济慧照禅师语录》一卷，简称《临济录》，为后世禅宗必读书之一。

◎ 第131条 《镇州临济慧照禅师语录》

师谓僧曰："有时一喝，如金刚王宝剑^①；有时一喝，如踞地师子^②；有时一喝，如探竿、影草^③；有时一喝，不作一喝用。汝作么生会？"僧拟议，师便喝。

【注释】

①〔金刚王宝剑〕比喻能顿斩一切烦恼的无漏智慧。

②〔踞地师子〕能震伏各种妄想，破除各种小见识。

③〔探竿、影草〕《人天眼目》注释说二者皆是打鱼人的聚鱼方法，喻善知识引起学人聚集注意，学者来集，师则为之勘验。

【提要】

本段是临济禅师讲说"临济喝"的四种妙用，也是接引学人的四种方法，各家解释不尽相同。一喝有多种效用，此中第一喝为发大机之喝，对于学人系着于知解情识，拘于名相言句时，此喝如智慧宝剑，有截断意识分别流的功用。第二喝以狮子为喻，具大机大用，如行者呈小机小见来测度师家，此喝如狮子哮吼，野干脑裂，小知小见乃至猥亵之念可顿然消除。第三喝为师家勘验学人之修行或学人测试师家时所用，为勘验之喝。第四喝即向上之一喝，虽不入前三喝之中，却能将前三喝收摄在其中。《人天眼目》说，在这一喝中，同时具三玄三要、四料简、四照用、四宾主等种种功用。

◎ 第132条 《镇州临济慧照禅师语录》

道流①！佛法无用功处，只是平常无事②，屙屎、送尿，着衣、吃饭，困来即卧。愚人笑我，智乃知焉。古人云："向外作工夫，总是痴顽汉。"尔且随处作主③，立处皆真，境来回换不得，纵有从来习气④、五无间业⑤，自为解脱大海⑥。今时学者总不识法，犹如触鼻羊⑦逢着物安在口里，奴郎不辨⑧，宾主不分⑨。如是之流，邪心⑩入道，闹处即入不得，名为真出家人，正是真俗家人。

【注释】

①〔道流〕修道之流，指修行人。

②〔平常无事〕不在各种事上刻意用功，又能任运于日常事上。

③〔随处作主〕于任何时地都能返观觉照，不失本心。

④〔习气〕烦恼、业力、名言等诸势力熏染心体，心上便会保留它们残留下来的支分，便叫作习气。

⑤〔五无间业〕佛法观念，因杀父、杀母、杀阿罗汉、出佛身血、破和合僧等，而造下五种重罪，当受无间地狱之苦，故称五无间业。

⑥〔解脱大海〕解脱境界，无边无际，犹如大海。

⑦〔触鼻羊〕盖羊目不能辨物，凡有触于鼻者即食之，故有触鼻羊之喻。于禅林专指不识法的昏昧学人。

⑧〔奴郎不辨〕比喻不分主次，不辨宾主。

⑨〔宾主不分〕宾主，指偏正、事理等。临济禅师有四宾主句，包括宾看主、主看宾、主看主、宾看宾等。

⑩〔邪心〕指不正见。

【提要】

本段是临济禅师指示学人用功法则，特别强调要辨识主宾、偏正。从主中主的无功用行角度讲修行，则本觉自性本然如是，不劳寻觅；但歇下一切分别妄见，则水清月现，立处皆真，不必头上安头，另外求真。若也

总要寻求玄妙之法，总要着力观照清净之法，则还是在
"宾"处、"偏"处用功，未得"主"处、"正"处的无
功用处用功之见地。而平常日用则随缘任运，饥来吃饭
困来眠，只是歇下无事。这是获得禅宗参悟决定见之后
的高明修行法。

◎ 第133条 《镇州临济慧照禅师语录》

大德！尔且识取弄光影底人是诸佛之本源，
一切处是道流归舍处。是尔四大[①]色身[②]不解说法
听法，脾胃肝胆不解说法听法，虚空不解说法听
法，是什么解说法听法？是尔目前历历底物，一
段孤明，是这个解说法听法。若如是见得，便与
祖佛不别。

【注释】

①〔四大〕地、水、火、风四大种的略称，指构成色
法物质世界之四种要素。

②〔色身〕指有形质的身体。

【提要】

本段是临济禅的参悟心要，也是临济禅的入门

处。《临济语录》中说，于此见得，参学事毕，其或未明了，直待当来问弥勒。到底是什么呢？这里说："是尔目前历历底物，一段孤明，是这个解说法听法。"这个"一段孤明"就是吾人本有的觉性之心，临济禅师比喻作"无位真人"，堂堂显露，无纤毫许间隔，何不识取？《临济语录》中解释："心法无形，通贯十方，在眼曰见、在耳曰闻、在鼻嗅香、在口谈论、在手执捉、在足运奔；本是一精明，分为六和合。一心既无，随处解脱。"但凡俗之人，只为一切向外驰求，心不能歇，不达法空之理，不明古人闲机境，所以有种种障碍。若明得这个父母未生前的本来面目，更向外求什么？自然回光返照，当下识取。所以古人云："演若达多失却头，求心歇处即无事。"

◎ 第134条 《景德传灯录》卷十二

沿流不止问如何，真照无边说似他。
离相离名人不禀，吹毛①用了急须磨。

【注释】

①〔吹毛〕指吹毛剑，极锋利之剑。

【提要】

本段为临济禅师圆寂前所说的付法偈，收入《景德传灯录》。"沿流不止"，指生死之流，意识之流，流转不息；"问如何"，应该如何解脱出离？"真照无边"，指本然觉性灵光独耀，恒照无尽；"说似他"，当下反观觉照即是他，须是识得不为冤。"离相离名人不禀"，真照无边，离形相离名字，人们难以形容。"吹毛用了急须磨"，观照功夫破一切相，似有非有，似无非无，如吹毛剑一样锋利，纵然如此，还是要勤加用功，就像吹毛剑用了就要马上磨一样。这首偈把临济禅的用功方法展示无余，简明切要。紫柏尊者认为此偈体现了禅之大机大用，照不昧用，用不昧照，一归平常心之道。

◎ 第135条 《瑞州洞山良价禅师语录》

切忌从他觅，迢迢与我疏。
我今独自往，处处得逢渠①。
渠今正是我，我今不是渠。
应须恁么会，方得契如如②。

①〔渠〕唐代方言，今作"他"。

②〔如如〕指真实之体，真如。《大乘义章》卷三云："诸法体同，故名为如。彼此皆如，故曰如如。"

【提要】

本段为曹洞宗创始人洞山良价（807—869）的悟道偈。洞山良价悟本禅师，云岩昙晟（shèng 圣）禅师（782—841）之法嗣，幼时出家，先礼谒了南泉普愿禅师。良价到达南泉的时候，正好赶上寺院为马祖忌辰准备斋事。南泉问大众道："来日设马祖斋，未审马祖还来否？"大众都无言以对。这时，良价从大众中走出来，回答道："待有伴即来。"南泉一听，便赞叹道："此子虽后生，甚堪雕琢。"良价道："和尚莫压良为贱。"后往参沩山灵佑和云岩昙晟，深有所悟。一日，良价辞别云岩。云岩问："甚么处去？"良价道："虽离和尚，未卜所止。"云岩问："莫湖南去？"良价道："无。"云岩又问："莫归乡去？"良价又道："无。"云岩道："早晚却回。"良价道："待和尚有住处即来。"云岩道："自此一别，难得相见。"良价道："难得不相见。"临行前，良价又问云岩："百年后忽有人问，还邈得（描画）师真（真影）否，如何祇（zhī只）对（回答）？"云岩默然良久，道："只这是！"良价一听，便沉吟。云岩道："良价阇（shé 蛇）黎，承当个（这）事，大须审细！"虽经云岩点拨，良价此时仍然对云岩的"只这是"一语，存有疑惑。离开云岩后，一天过河的时候，良价无意中朝水中一看，看见了自己的影子，遂大悟前旨。作偈曰：

> 切忌从他觅，迢迢与我疏。
> 我今独自往，处处得逢渠。
> 渠今正是我，我今不是渠。
> 应须恁么会，方得契如如。

洞山良价无意中看到自己在水中的倒影，与当初问"云岩真像"之机相应，从而打破向来所疑，彻悟本来面目，从此悟道。这首悟道偈情景生动，主旨鲜明，所蕴含的道理却是禅门的核心问题。禅门下常问的"主人公在何处""本来面目如何"等，本偈都给出了回答。吾人的本来面目，本然自在，自性如如，如果向外驰求，"从他觅"，却是咫尺千里，愈求愈"与我疏（远）"。若能独自往（回）观自心，灵光独耀，耀性发明，则处处得见他（渠，本然心地）。真如自性（渠）正是本来面目（我），但若有一丝观照之心（我），则为头上安头，见指忘月，却又不是他（渠）了。应该这样来观照用功（会），才能够契合真如自性。

洞山良价悟道后，先于唐大中末（约 860 年前）

住新丰山，接引学众，后盛化于豫章高安的洞山。《五灯会元》中说："权开五位，善接三根，大阐一音，广弘万品。横抽宝剑，剪诸见之稠林；妙叶弘通，截万端之穿凿。又得曹山深明的旨，妙唱嘉猷，道合君臣，偏正回互。由是洞上玄风，播于天下。故诸方宗匠，咸共推尊之曰'曹洞宗'。"咸通十年（869），洞山良价端坐圆寂，春秋六十三岁，谥悟本禅师。留示法偈：

> 学者恒沙无一悟，过在寻他舌头路。
>
> 欲得忘形泯踪迹，努力殷勤空里步。

◎ 第136条 《筠州洞山悟本禅师语录》

也大奇，也大奇，无情①说法不思议。
若将耳听终难会，眼处闻时方可知。

【注释】

① 〔无情〕指没有情识者，如山川草木等。

【提要】

洞山良价曾参沩山禅师，就南阳慧忠国师（？—775）"无情说法"公案请问沩山，沩山就举起拂子，问洞山会否，洞山未能领会。后沩山指点洞山去参云岩昙晟，洞山举前因缘，便请问："无情说法什么人得闻？"
云岩说："无情得闻。"洞山说："和尚闻否？"云岩说：
"我如果听到，你就听不到我说法。"洞山问："我为什么
就听不到您说法了？"云岩竖起拂子说："还听到吗？"
洞山说："没听到。"云岩说："我说法你尚没听到，何况
无情说法你怎么能听到！"洞山问："那无情说法有什么
经典依据？"云岩说：《弥陀经》里不是说：水鸟树林
悉皆念佛念法。"洞山于此有省，就作了本偈："也大奇，
也大奇，无情说法不思议。若将耳听终难会，眼处闻时
方可知。""无情说法"本身就有一种无言静默的参悟气
息，由此达到不由"耳听"，而以"眼闻"，这是《楞严
经》中的六根互用境界，乃是彻悟本有觉性的悟道境界。

　　"无情说法"最早由南阳慧忠国师提出，为了显示佛
性遍一切义，身心一如，心外无余，全不生灭。用在禅
宗上，则是抉择禅宗的圆顿禅观道理，不是在"生灭法"
之外寻觅个"不生灭法"，把生灭与不生灭打为两截，而
是当下一心即是全体大用，故说"青青翠竹，尽是法身，
郁郁黄花，无非般若"。禅宗不共般若的见地要义在"不
二"，三祖僧璨《信心铭》中说"一空同两，齐含万象"，
禅人悟道既要与真如法界相应，也要与一切万法一如，
空有双融，理事无碍，把生灭与不生灭、有为法与无为
法，乃至烦恼与菩提、生死与涅槃都融通无碍。洞山良

价对于慧忠国师这句"无情说法"参学许久，沩山禅师也给他解说过其中要义，但他还是有疑惑。到了云岩昙晟这里，经指点，洞山良价终于大悟其中奥义。

◎ 第137条 《瑞州洞山良价禅师语录》

正中偏，三更①初夜月明前，莫怪相逢不相识，隐隐犹怀旧日嫌。

偏中正，失晓②老婆逢古镜③，分明觌面④别无真，休更迷头犹认影。

正中来，无中有路隔尘埃，但能不触当今讳，也胜前朝断舌才。

兼中至，两刃交锋不须避，好手犹如火里莲⑤，宛然自有冲天志。

兼中到，不落有无谁敢和，人人尽欲出常流⑥，折合还归炭里坐⑦。

【注释】

①〔三更〕午夜子时，晚十一点至凌晨一点。

②〔失晓〕不知天亮，多指人晚起。

③〔古镜〕譬喻本觉性明或真如佛性，能映现一切。

④〔覿（dí 迪）面〕见面，相见。

⑤〔火里莲〕火中生莲。火比喻三界火宅。

⑥〔常流〕凡俗寻常之流。

⑦〔炭里坐〕坐在火炭里，喻具足诸苦的三界。

【提要】

这是洞山良价禅师著名的《五位君臣颂》。对于洞山良价的"偏正五位"，曹山本寂概括道："正位即空界，本来无的偏。偏位即色界，有万象形。"正位为体，为理；而偏位为用，为事。所以"正中偏者，背理就事。偏中正者，舍事入理。"正偏两者相反相成。正偏方面多是从自受用来说。"兼中至"与"兼中到"为"兼带"，从应化利他方面来说。曹山讲"兼带者，冥应众缘，不堕诸有，非染非净，非正非偏，故曰虚玄大道，无著真宗。从上先德，推此一位，最妙最玄，当详审辨明。"

"正中偏，三更初夜月明前，莫怪相逢不相识，隐隐犹怀旧日嫌。""嫌"或作"妍"。背理就事，人人本具，个个圆成，惜乎识得不为冤。

"偏中正，失晓老婆逢古镜，分明觌面别无真，休更迷头犹认影。"古镜比喻智。这是舍事入理，缘中触处这个是，忽然见得旧时面。

"正中来，无中有路隔尘埃，但能不触当今讳，也胜前朝断舌才。"孤明独耀，迥脱根尘，说似一物即不中。

"兼中至，两刃交锋不须避，好手犹如火里莲，宛然自有冲天志。""兼中至"，或作"偏中至""偏中来"，透过法身，功位齐彰，偏正并举，理事无碍。

"兼中到，不落有无谁敢和，人人尽欲出常流，折合还归炭里坐。"理事俱泯，朕兆难分，浑然天成，无人敢安名，无物堪比伦。

这里虽分五位，实则一位，乃至一位也无。涉一位则五位全赅，如此才能尽五位回互的妙用；若于五位妄生分别，私智卜度，则南辕北辙，永不到家。洞山的《宝镜三昧》中也讲"如荎（chí）草味，如金刚杵"。荎草即五味子，一籽而五味俱足。金刚杵，首尾俱阔而中狭，首尾俱虚而中实，恰似重离之卦，具五位于一体。

◎ 第138条 《宝镜三昧》

夜半正明，天晓不露。

【提要】

出自曹洞宗名篇《宝镜三昧》。《宝镜三昧》由洞山良价所传，或说云岩昙晟所传，或说药山惟俨所传，是楷定曹洞宗之宗旨的精要之作，与三祖僧璨《信心铭》和石头希迁《参同契》一脉相承。《参同契》云："当明中有暗，勿以暗相遇。当暗中有明，勿以明相睹。"此段"夜半正明，天晓不露"正与此相承。"夜半正明"指暗中有明，"天晓不露"指明中有暗，乃是指授亲见觉性的心要之语。

宝镜三昧歌

如是之法，佛祖密付。汝今得之，宜善保护。

银碗盛雪，明月藏鹭。类之不齐，混则知处。

意不在言，来机亦赴。动成窠臼，差落顾伫。

背触俱非，如大火聚。但形文彩，即属染污。

夜半正明，天晓不露。为物作则，用拔诸苦。

虽非有为，不是无语。如临宝镜，形影相睹。

汝不是渠，渠正是汝。如世婴儿，五相完具。

不去不来，不起不住。婆婆和和，有句无句。

终不得物，语未正故。重离六爻（yáo 遥），偏正回互。

叠而为三，变尽成五。如荎草味，如金刚杵。

正中妙挟，敲唱双举。通宗通途，挟带挟路。

错然则吉，不可犯忤。天真而妙，不属迷悟。

因缘时节，寂然昭著。细入无间，大绝方所。

毫忽之差，不应律吕。今有顿渐，缘立宗趣。

宗趣分矣，即是规矩。宗通趣极，真常流注。

外寂中摇，系驹伏鼠。先圣悲之，为法檀度。

随其颠倒，以缁为素。颠倒想灭，肯心自许。

要合古辙，请观前古。佛道垂成，十劫观树。

如虎之缺，如马之騤（zhù 柱，左后脚为白色的马）。以有下劣，宝几珍御。

以有惊异，骊（lí 离）奴白牯（gǔ 古）。羿以巧力，射中百步。

箭锋相值，巧力何预。木人方歌，石女起舞。

非情识到，宁容思虑。臣奉于君，子顺于父。

不顺非孝，不奉非辅。潜行密用，如愚如鲁。

但能相续，名主中主。

◎ 第139条 《抚州曹山元证禅师语录》

"一灵真性不假胞胎时如何？"师曰："未是妙。"道者云："如何是妙？"师曰："不借借。"

【提要】

本段是曹山本寂禅师（840—901）著名的"不借借"公案。《抚州曹山元证禅师语录》记载，当时有一位纸衣道人（穿纸衣的道人）来参曹山，曹山问："莫是纸衣道者否？"纸衣道人说："不敢。"曹山就问："如何是纸衣下事？"纸衣道人说："一裘才挂体，万法悉皆如。"曹山再问："如何是纸衣下用？"纸衣道人走近前，便立脱而去（站立死去）。曹山说："你只解怎么脱去，何不解怎么来？"纸衣道人忽然开眼问道："一灵真性不假胞胎时如何？"曹山说："还不是高妙。"纸衣道人问："如何才是高妙？"曹山说："不借借。"纸衣道人受此教化，珍重万分，下堂便化身（圆寂）而去。这位纸衣道人的功夫已达到坐脱立亡的境界，但并未悟道。纸衣道人所说的"一灵真性不假胞胎"，是说"一灵真性"于死此生彼来去自在，而不需要假借胞胎。曹山禅师告诉他，这还不是最高妙的。那什么才是高妙的呢？曹山说："不借借。"所谓"借"，指假借外缘而见而明；"不借"则指不依外缘而自见自明，乃至这个"不借"也不假借，故称为"不借借"。禅门常说："从缘入者，不是家珍。"假借外缘而获得到的，都不是自家珍宝，都不珍贵。不是本有自性宝藏，而是从外缘得来，所以是"借"，若是自己本有的，当然不是"借"；借而不借，不借而借，如此才是"不借借"。所以，曹山随后又开示一颂：

> 觉性圆明无相身，莫将知见妄疏亲。
>
> 念异便于玄体昧，心差不与道为邻。
>
> 情分万法沈（chén 陈）前境，识鉴多端丧本真。
>
> 如是句中全晓会，了然无事昔时人。

曹山本寂，洞山良价法嗣，为曹洞宗的创始人之一。此宗由洞山良价开创，至曹山本寂大成。本寂禅师俗姓黄，泉州莆田人。十九岁出家，二十五岁受具足戒，随后往高安参学洞山良价禅师，问答之际，默领玄旨。后盘桓数载，不违如愚，临行之时，洞山禅师授以《宝镜三昧》以表传付。别师之后，先礼曹溪，后住抚州曹山（旧名荷玉山，为思慕曹溪六祖慧能，遂改名曹山），主持法席二十年，参学之众，往来不绝，然心不附物，意无求荣，钟陵大王再三迎请，终无一赴。后终于山居，寿六十二，敕谥"元证禅师"。曹山承继洞山良价，深明禅宗的旨，堪传法印，师资道合，妙唱嘉猷，使洞上玄风，播于天下，曹洞一宗卓然成立。曹山禅师完善了曹洞宗的禅法纲宗，诸如五位君臣、五相偈、四禁偈、三种堕等，大扬宗风，并详说洞山五位旨诀，而为丛林楷式，对于曹洞宗细致绵密宗风的形成大有功勋。

◎第140条 《抚州曹山本寂禅师语录》

莫行心处路①，不挂本来衣。
何须正怎么，切忌未生时。

【注释】

①〔心处路〕指思虑分别的境界。

【提要】

本段为曹山禅师"四禁偈"。这四条都是参禅学人最初用功的要点之处，指出了如何悟道的心法。（一）"莫行心处路""心处路"是指心意识起分别作用，如有能观、所观，能对治、所对治等，心有所趋，虽极玄也偏蔽，都不是禅宗正观行。（二）"不挂本来衣""本来衣"指执着于有个本来的清净境界所得，即指法身，法执不忘而堕法身边，这不是禅宗的本来面目。（三）"何须正恁么""正恁么"指当下觉观直显，拟议便乖（才一念想便错了）。在禅门下有很多这样的指示与诘问。如六祖慧能给道明开示："不思善，不思恶，正恁么时，阿那个是明上座本来面目？"禅宗观行非常注重"当下时"的指点与参悟，而曹山这里指出，不要执取在"当下时"上面，实际上"当下时"也是寻觅不到，只是禅门的方便接引，就禅门意趣来说，时时处处皆是，所以说"何须正恁么"。（四）"切忌未生时""未生时"本是禅门参话头回光返照一念未生之时的重点参究之处，前面六祖指示慧明的"不思善，不思恶"也是指向"未生时"，而曹山言"切忌未生时"则是指向切忌住着于空境，需要真正透过打破此未生之境，才能达于理事无碍、双照双泯的真如境界。

736

◎ 第 141 条 《从容录》卷三

函盖乾坤，截断众流，随波逐浪。

【提要】

云门三句，乃是云门宗禅法纲宗。《云门匡真禅师广录》记载，云门文偃禅师上堂示众说："天中函盖乾坤，目机铢两，不涉春缘，作么生承当？……自代云：一镞（zú 族）破三关。"后经德山圆明缘密禅师依据云门祖师此意，作为新云门三句："一句函盖乾坤，一句随波逐浪，一句截断众流。"（《景德传灯录》卷二十二）云门文偃讲"天中函盖乾坤"，意指心性彻天彻底，包罗天地万象，六道众生皆是；"目机铢两"则指心性对微细处明明了了，斩断烦恼；"不涉春缘"，《人天眼目》作"不涉万缘"，即心性用功处要离心意识，迥出根尘，于妄想分别不加了知，不去执着。而"一镞破三关"则指直下承当，不涉次第。后来缘密禅师重作的云门三句"函盖乾坤，截断众流，随波逐浪"，是对云门祖师三句意趣的更加简明的总结。"截断众流"即是禅门所说的"言语道断，心行处灭"，但不是作意去压制意识流，而是要截止这个分别之流，"离心意识参"，让心意识的对立分别停歇下来，客尘烦恼得以消融，"函盖乾坤"之自性就能呈现；随之而来的"随波逐浪"，则是自性之妙用，体用如如。这三句分说如此，实则要整体看，一句含三句，所以云门祖师说"一镞破三关"。

云门文偃禅师（864—949），唐末五代僧，为云门宗创立祖师。浙江嘉兴人，俗姓张，法名文偃。幼怀出尘之志，从嘉兴空王寺志澄出家。未久，至毗陵坛受具足戒，遍览大小乘经论，深究《四分律》。后至睦州（浙江建德）参学于陈尊宿道明门下，为了悟道而损一足，大悟本来，经数载，尽得其道。又经陈尊宿指示参谒雪峰义存，依住三年，受其宗印。后历叩诸方，参究玄要，声名渐著。五代后梁乾化元年（911），至曹溪礼六祖塔，随后投于灵树如敏会下为首座，并嗣其法席。后唐同光元年（923），文偃禅师又于乳源云门山别创新寺，盛传雪峰宗旨，道风愈显，海众云集，法化四播，世称云门宗。文偃禅师机锋险峻，门风殊绝，世称云门文偃，其开示语录对后世禅宗的发展产生了极大影响。例如：

问："生死到来，如何排遣？"师（文偃禅师）展手曰："还我生死来！"

问："如何是佛？"师曰："干屎橛。"

问："如何是佛法大意？"师云："面南看北斗。"

问："不起一念，还有过也无？"师曰："须弥山。"

举："世尊初生下，一手指天，一手指地，周

行七步，目顾四方。云：天上天下，唯我独尊。"师
曰："我当时若见，一棒打杀与狗子吃却，贵图天下
太平。"

五代后汉乾祐二年（949）四月十日，端坐示寂，世
寿八十六，南汉王敕赐匡真禅师。北宋乾德四年（966），
宋太祖复追谥大慈云匡真弘明禅师。有《云门匡真禅师
广录》三卷行世。

◎ 第142条 《云门匡真禅师广录》

"如何是超佛越祖之谈？"师云："糊饼。"

【提要】

这是著名的"云门饼"公案。"云门饼"与"赵州
茶"是禅门丛林中齐名的公案佳话。学人来向禅师问
话时，有时问的很高深，但禅师的回话却又极平实，
往往就是日常生活中的平常物事。如赵州禅师对前来
参学者说"吃茶去"，这看似普通的话语，却常有出其
不意、扭转乾坤的教学效果。类似公案在禅宗常见，
如学人问洞山禅师说："如何是佛？"洞山云："麻三
斤。""麻三斤"是眼前的普通事物，学人本想求个高
明的回答，而禅师朴实的回答，使得学人从高妙玄思

中回到眼前，突然截止之前的妄想分别、逻辑思维，回光返照，返观自性，故能起到截流悟道之效。所以像"糊饼""吃茶去""麻三斤"这类回答，都是当下截流悟道的现量指示，与棒喝一样，乃是禅宗生动活泼的方便教授，也是菩提自性的般若妙用。云门祖师此处以眼前的"糊饼"来回应"超佛越祖之谈"，非常生动地体现了禅宗当下指示的教学手法，可谓极高明而道中庸。

◎ 第143条 《云门匡真禅师广录》

示众云："十五日已前不问尔，十五日已后道将一句来。"自代云："日日是好日。"

【提要】

这是云门禅师的一段上堂开示。农历十五日为月圆之日，禅门里常比喻为见道。修学从初一到十五，妄想剥落，渐见真实，十五月圆，喻心性光耀灼灼如同满月，到达悟道的境界。"十五日已后道将一句来"，则是指悟道之后又应该如何行持。在本段中，可见云门三句宗风的生动体现。"十五日已前不问尔"正是"截断众流"；

而"十五日已后道将一句来"则是"随波逐浪",坐断千差,应化万千,随体而用;后面自答"日日是好日"正是理事圆融,大用现前,可比"函盖乾坤"句。对于"日日是好日",圆悟克勤禅师赞曰:"此语通贯古今,从前至后,一时坐断。"一句具三句,方得契入云门禅意。

◎ 第144条 《金陵清凉院文益禅师语录》

三界唯心①,万法唯识②。唯识唯心,眼声耳色。色不到耳,声何触眼?眼色耳声,万法成办。万法匪缘,岂观如幻。山河大地,谁坚谁变?

【注释】

①〔唯心〕此处"心"不同于西方哲学中唯心唯物之"心",是指法界之心体,实为非心非物之体性。

②〔唯识〕识指八识,前六识、第七末那识、第八阿赖耶识。唯识宗认为一切现象界皆不离此识,阿赖耶识所含藏的种子遇缘变现万法而有一切因果现象。

【提要】

本段是法眼文益禅师(885—958)的偈颂。法眼宗创始人金陵清凉院文益禅师，罗汉桂琛禅师之法嗣，年少出家。初研律学，后与同参共三人南下游方参学，途经地藏院，天下大雪，不能前行，于是三人便暂住休憩。一日，三人正在烤火，地藏桂琛和尚问："此行何之？"文益道："行脚去。"桂琛和尚又问："作么生是行脚事？"文益道："不知。"桂琛和尚道："不知最亲切。"接着，桂琛和尚又同三人谈起《肇论》，说到"天地与我同根"的时候，桂琛和尚突然问："山河大地与上座自己是同是别？"文益道："别。"桂琛和尚于是竖起两指。文益一见，便道："同。"桂琛和尚又竖起两指，并起身而去。不久雪止天晴，三人便向桂琛和尚辞行。桂琛和尚把他们送到山门口，并问文益："上座寻常说'三界唯心，万法唯识'"，便指一块大石头问："且道此石在心内，在心外？"文益道："在心内。"地藏和尚又问："行脚人着甚么来由，安片石在心头？"文益禅师窘得无言以对。三人当即又返回地藏院，放下行包，依桂琛和尚法席下，求桂琛和尚为他们抉择法义。这样过了将近一个月，文益禅师每天向桂琛和尚呈述自己的见解，讲说道理，可是地藏和尚却对他说："佛法不是这样。"文益非常绝望，说道："某甲词穷理绝了。"桂琛和尚这时对他说："若论佛法，一切现成。"文益一听，言下大悟。随后在桂琛和尚座下参学有年。后唐清泰二年（935），文益应江西抚州州牧的邀请，住锡崇寿院，四方请益者甚多。南唐国主李璟听说了文益的道名，邀请他到金陵，先住报恩禅院，后又住锡清凉道场。由于金陵在五代宋初战乱较少，文教兴盛，文益禅师在此法缘大开，僧俗归仰，大振雪峰、玄沙之禅道，门下受法弟子众多，不仅有诸方禅僧前来参学问禅，还有来自新罗、高丽、日本等外国僧人，清凉院成为了名重丛林的禅宗大道场，隆盛一时，俨然成派。后周显德五年（958）七月十七日，文益禅师圆寂于金陵，春秋七十四岁，奉全身于江宁县丹阳起塔，塔名"无相"，谥"大法眼禅师"之号，故宗派称为法眼宗。著作有《宗门十规论》传世。

法眼宗为禅宗五宗中最晚成立的一宗，此派禅师多数深通教理，使得法眼宗具有鲜明的禅教相融特点。文益禅师以禅悟开解华严要义，又以华严教义印证禅悟，故有《三界唯心颂》《华严六相义颂》等，使得直指人心的禅悟之理，能与深刻简明的华严教义互相发明，呈现出"禅教兼重"的宗风。后来法眼宗永明延寿禅师以"举一心为宗，照万法为镜"之宗旨而编集成百卷《宗镜录》，成为禅教相融的代表作。

文益禅师《三界唯心颂》与《华严六相义颂》都是以教理的"如来藏自性清净真心"来讲说宗门的"自性"，以教理的"理事不二，贵在圆融"来讲说宗门的"回互"。

"唯识唯心","唯识"是事法界,"唯心"是理法界。"色
不到耳,声何触眼",乃是唯心境界,根境不相到,不可
思议;"眼色耳声,万法成办",乃是唯识境界,根尘相
合,诸法缘生。"万法匪缘,岂观如幻",唯心境界,一切
皆真;唯识境界,一切如幻。"山河大地,谁坚谁变",心
真如门,迥超生灭;心生灭门,来去变幻。

◎ 第145条 《景德传灯录》卷二十五

通玄峰①顶,不是人间。
心外无法,满目青山。

【注释】

①〔通玄峰〕在天台山,德韶禅师尝卓庵于此。又,
"通玄"比喻真如妙峰。

【提要】

本段是法眼宗第二世天台德韶(891—972)国师的
著名禅偈,体现了法眼宗"一切现成"的宗风特色。通
玄峰在天台山上,德韶国师在此处建立了道场。天台山
上景色宜人,素来是高人隐居之处,"通玄峰顶,不是人
间",正是青峦叠嶂之山峰景色描述,同时也寓意禅道的

不可思议，非常人能了知。而"心外无法，满目青山"，则以一幅美丽的画卷体现出法眼宗"一切现成"的宗旨意境。见道开悟，身心与山河大地融为一体，唯此一心，更无别法，满目外境却皆为自心之呈现。这首禅偈，言简意深，气象非凡，非体证亲切，说不出这样意境优美而深远的诗句。文益禅师听了这首禅偈后赞叹说："即此一颂，可起吾宗。"

天台山德韶禅师，清凉文益禅师之法嗣，俗姓陈，处州（今浙江丽水）龙泉人。德韶十五岁时，曾有一梵僧来家中化缘，见他生得气度不凡，便劝他出家，于是他十七岁便依本州龙归寺落发，十八岁又于信州（今江西上饶）开元寺受具足戒。后唐同光年间（923—926），德韶开始游方参学，曾先后参礼投子大同、龙牙居遁、疏山匡仁等五十四位善知识，虽然悟境大增，然而法缘却还不具足，未能彻悟。后唐清泰二年（935），文益禅师应邀住锡江西抚州崇寿院期间，德韶前来礼谒，文益一见便非常器重他。一日，文益上堂，有僧问："如何是曹源一滴水？"文益道："是曹源一滴水。"那僧一听，不识其旨，惘然而退。当时，德韶正坐在一旁，听到文益的回答时，豁然大悟，平生所有凝滞，涣然冰释。他便把自己的证悟说与文益，文益予以印证，并赞叹说："你以后当为国王所师，致祖道光大，吾不如也。"德韶彻悟后不久，即回浙江，游天台山，目睹智者大师的遗踪，恍若旧居，于是便在天台白沙创院弘法。吴越王钱弘俶闻德韶道名，便请他来治所说法，并执弟子礼，故称国师。德韶国师告诉他说："他日为霸主，无忘佛恩。"当时专弘天台教义的螺溪义寂与德韶国师关系甚密，他告诉德韶国师说："智者之教，年祀浸远，虑多散落。今新罗国，其本甚备，自非和尚慈力，其孰能致之乎？"于是德韶国师便把此事上奏给吴越王钱弘俶，遣使前往新罗缮写智者大师之遗著，带回国内，此举在中国佛教史上意义重大。德韶国师后于般若寺开堂说法十二余会，宋开宝五年（972）六月示寂，春秋八十二岁。

◎ 第146条 《杨岐方会和尚语录》

释迦①老子说梦，三世诸佛说梦，天下老和尚说梦。且问诸人，还曾作梦么？若也作梦，向半夜里道将一句来！良久云："人间纵有真消息，偷向杨岐说梦看。参！"

【注释】

①〔释迦〕释迦牟尼佛之简称。释迦是出身的家族，

牟尼是圣者的意思，佛陀是大觉者。释迦族的圣人，故号释迦牟尼。

【提要】

本段是杨岐方会禅师的上堂法语。袁州（今江西宜春）杨岐方会禅师，慈明楚圆禅师之法嗣，出家后游方参学，遍叩尊宿。方会初投慈明楚圆座下，自请为监院，每次入室咨参，慈明总是说："库司事繁，且去。"一日，方会又入室参问。慈明告诉他说："监寺异时儿孙遍天下在，何用忙为？"慈明有一个习惯，就是每天吃完饭之后，必于山上经行。一天饭后，慈明又上山经行，正好赶上天下大雨。方会暗中跟着，在一处山间小径上，方会看到慈明，便上前扭住道："这老汉今日须与我说，不说打你去！"慈明道："监寺知是般事便休（知道这个事便好了）。"慈明话还未说完，方会豁然大悟，当即便跪在泥泞的山路上礼拜。一日，慈明上堂，方会从大众中走出，问道："'幽鸟语喃喃，辞云入乱峰'时如何？"慈明道："我行荒草里，汝又入深村。"方会道："官不容针（指公事不容一毫私情），更借一问。"慈明便大喝一声。方会道："好喝。"慈明便又大喝一声，方会亦跟着大喝。慈明于是又连喝两喝。这时，方会便礼拜。慈明见方会疑滞已尽，便首肯道："此事是这人方能担荷。"方会于是拂袖便行。方会悟道后，即归瑞州九峰，应道俗之请，于杨岐山开法接众，后又移居云盖山。其禅风以力参为要，来参学人需努力下语，不可混日。临济一系禅法经方会禅师大力弘传，又进入高峰时期，其影响远胜于诸宗，世称杨岐派。方会禅师示寂于北宋仁宗皇祐元年（1049），春秋五十八岁。

梦醒人生是佛法常用比喻，本段杨岐方会讲诸佛与祖师的说梦。诸法缘生如梦幻，因诸人作梦，故诸佛说梦，意趣却在觉醒梦中人。如何醒梦？"夜半正明，天晓不露"，这是指授觉醒的真消息；然而，人间纵然有"真消息"（指悟道的机缘关要），也不过是梦中说梦而已，而真正的祖师真意还未梦见在。若论佛法，一切现成，大用现前，触目皆是，故说"人间纵有真消息，偷向杨岐说梦看"。

◎ 第147条 《杨岐方会和尚语录》

上堂：杨岐一言，随方就圆①，若也拟议，十万八千。

【注释】

①〔随方就圆〕随顺情势，因机接物。

【提要】

本段是杨岐方会禅师的上堂开示。方会禅师接人曾有"四一"法门,《杨岐方会和尚语录》中记载:

"杨岐一要,千圣同妙。布施大众,果然失照。"

"杨岐一言,随方就圆。若也拟议,十万八千。"

"杨岐一语,呵佛叱祖。明眼人前,不得错举。"

"杨岐一句,急着眼觑(qù 去,见)。长连床上(僧堂中集体共住的通铺,称为'长连床'),拈匙把筯(同'箸')。"

本段所讲"随方就圆",既是"触处皆是"的随缘应现,也是"随方解缚"的教学方式。杨岐方会平常指示学人的言句开示,都是当下直显,应机而作,应病施药;若是在这无执的心体上去拟议思量,则分别生起,就与禅师直示的本意相差十万八千里了。

◎ 第148条 《五灯会元》卷十七

杰出丛林是赵州,老婆勘破①有来由。
而今四海清如镜,行人莫与路为仇。

① 〔勘破〕勘验识破。

【提要】

本段是黄龙慧南禅师悟道后所说偈，收入《五灯会元》。黄龙慧南，慈明楚圆禅师之法嗣，俗姓章，信州玉山（今江西玉山县）人。慧南十一岁从本州怀玉寺智銮禅师出家，十九岁落发受具足戒，后游方参学，一时名震诸方。黄龙曾师事泐（lè 乐）潭怀澄禅师，后参慈明楚圆。一天晚上，慧南入室请益："慧南以暗短，望道未见，此闻夜参，如迷行得指南之车。然唯大慈，更旋法施，使尽余疑。"慈明道："书记领徒游方，名闻丛林，借使有疑，不以衰陋鄙弃，可坐而商略，顾不可哉！"于是便令侍者搬来禅床，请慧南坐。慧南被慈明的诚恳所感动，惶恐不安，坚辞不肯坐，并再三哀请慈明禅师为他开示。慈明道："公学云门禅，必善其旨。如云门放洞山三顿棒，是有吃棒分、无吃棒分？"慧南道："有吃棒分。"慈明一听，便板起面孔道："从朝至暮，鹊噪鸦鸣，皆应吃棒。"慧南当即瞠目结舌，连连后退。慈明道："吾始疑不堪汝师，今可矣！"说完，慈明便端坐不动，慧南于是焚香作礼。慧南礼毕，慈明又问："倘或你会云门意旨，则赵州尝言'台山婆子，被我勘破'，且哪里是他勘破婆子处？"

慧南被问得无言以对，汗下如雨。第二天，慧南又入室请益。才隔一夜，慈明像变了一个人似的，一见慧南，便指着他的鼻子，诟骂不已。慧南大惑不解，说道："骂岂慈悲法施邪？"慈明道："你作骂会那！"慧南一听，言下大悟。后作颂呈给慈明。颂曰：

> 杰出丛林是赵州，老婆勘破没来由。

> 而今四海清如镜，行人莫与路为仇。

慈明则手指颂中的"没"字，慧南就改为"有"字，慈明便予印可，慧南这才真正彻悟了。慧南大悟所作禅偈与赵州禅师勘破婆子的公案有关。原公案如下：有僧游五台，问一婆子曰："五台山路向甚么处去？"婆曰："蓦直去。"僧便去。婆曰："好个师僧，又恁么去。"后有僧举似师（赵州禅师），师曰："待我去勘过。"明日，师便去问："五台山路向甚么处去？"婆曰："蓦直去。"师便去。婆曰："好个师僧，又恁么去。"师归院谓僧曰："台山婆子为汝勘破了也。"此公案中到底赵州勘破了台山婆子，还是台山婆子勘破了赵州？这是禅门中著名的常参话头。这公案不知难倒多少豪杰，又使多少豪杰开眼。慧南在慈明指"没"字时改为"有"字，此答非常妙，可谓是赵州勘台山婆子公案的最佳注脚。

慧南悟道后，开法于洪州凤栖山同安道场，后又住锡归宗寺、黄檗山，末后住锡隆兴府（今江西南昌）黄龙山接众。临济宗至慧南禅师，盛极一时，其禅语之雄健，法席之兴旺，足以与当年的马祖、百丈相媲美，慧南禅师因此被尊为黄龙祖师，而此派也被称为黄龙派，与杨岐派并名于世。有上堂法语："横吞巨海，倒卓须弥，衲僧面前，也是寻常茶饭。行脚人须是荆棘林内坐大道场。向和泥合水处认取本来面目。且作么生见得？"遂拈拄杖曰："直饶见得，未免山僧拄杖！"上堂："说妙谈玄，乃太平之奸贼；行棒行喝，为乱世之英雄。英雄奸贼，棒喝玄妙，皆为长物，黄檗门下总用不著。且道黄檗门下寻常用个甚么？"喝一喝。北宋神宗熙宁二年（1069）三月十七日，慧南禅师端坐而逝，后谥普觉禅师，后人辑有《黄龙慧南禅师语录》行世。

◎ 第149条 《黄龙慧南禅师语录》

生缘断处伸驴脚，驴脚伸时佛手开。
为报五湖参学者，三关一一透将来。

【提要】

此为禅宗著名的"黄龙三关"公案，是黄龙慧南禅师给学人指示考验所设。慧南禅师常会对问话的学人先提个问题："人人尽有生缘，上座生缘在何处？"意为人人都有出生的因缘所在，你的在何处？等学人刚要回答时，他突然伸出一手又问："我手可似佛手？"学人又将作拟议之时，慧南则垂下一脚再问："我脚可似驴脚？"三十年来总以此示人，无有能契合其旨者。丛林将此三问称为"黄龙三关"。

慧南禅师对三关做了说明。对于第一关，他解释：

生缘有语人皆识，水母何曾离得虾。
但见日头东畔上，谁能更吃赵州茶。

水母以虾为目，比喻世人以妄想分别为目，而忘记了赵州"吃茶去"平常心的本来面目。故若不识得"父母未生前的本来面目"则不能勘破外在的名相、概念等分别，无法过第一关。

对于第二关，慧南解释：

我手佛手兼举，禅人直下荐取。
不动干戈道出，当处超佛越祖。

心佛与众生，是三无差别。我手佛手，是异是同，生佛一如，直下荐取。

对于第三关，慧南解释：

我脚驴脚并行，步步踏着无生。
会得云收日卷，方知此道纵横。

悟彻无生，森罗万象，云起日涌，相融自在。

黄龙三关当时在禅林影响很大，但解说纷纭，不免沉寂。然三关剖出，别出手眼，却也为临济禅法带来了一股新风。

◎第150条 《黄龙慧南禅师语录》

上堂："有一人，朝看《华严》^①，暮观《般若》^②，昼夜精勤，无有暂暇。有一人，不参禅，不论义，把个破席日里睡。于是二人同到黄龙，一人有为，一人无为。且道，安下那一个即是？"良久曰："功德天，黑暗女^③，有智主人，二俱不受。"

【注释】

①〔《华严》〕全称《大方广佛华严经》，大乘佛教重要经典之一，华严宗所依根本经典。

②〔《般若》〕梵文音译词，意为智慧，但特指关于一切宇宙万物究竟实相的甚深智慧。讲说大乘般若的一类经典称为《般若经》，其中有《大般若经》六百卷，为最长的一部佛经。

③〔功德天，黑暗女〕佛教故事中，功德天与黑暗女

是姊妹，形影不离。功德天形相秀美端正，能给众生带来吉祥功德，所以大家都喜欢。黑暗女则形相丑恶忿怒，能带来毁灭灾难，所以人们都害怕，不喜欢。但是，功德天女与黑暗女始终同行，比喻清净功德与烦恼无明是一体两面。所以，有智慧的人既不在乎喜欢功德天，也不在乎畏惧黑暗女，而超越了对于二者的执着分别。

【提要】

禅宗的学习风格具有鲜明的中国文化特色，可以说不拘一格。这里黄龙慧南禅师举了两个学习例子：有一人精进地闻思教义，早上学习《华严经》，晚上学习《般若经》，昼夜勤修般若禅观，没有片刻闲暇；而另有一人则随缘安顿，既不尽力参禅，也不研究讨论教义，整日无事安睡。这样，一位在有为处用功，一位在无为处用功，如果同时到了黄龙，禅师就问大众，这两种情形哪种符合禅意？慧南禅师于是以功德天女与黑暗女的故事做了解答。从自性清净心的角度来说，这两种情况都要超越（"二俱不受"），禅宗一法不立，无论是有为法，还是无为法，都不去执着。通常来说，未悟道之前，学教理，作禅观，明般若；悟道之后，了知物我一如，则多行保任功夫，不参禅，不论义，表现为"饥来饮食困来睡"的无为行持。天童弘觉禅师评论说："山僧不比黄龙小家子禅，如是二人同到能仁，一齐安下。何故？海阔从鱼跃，天空任鸟飞。"禅门的参禅用功，悟前有明理用功提撕的积累，悟后有作无为保任绵密功夫的纯熟。禅囊括天地，虽一法也不立，但也不舍一法。

《禅参》28 条

◎ 第 151 条 《五灯会元》卷十七

上堂：老僧三十年前未参禅时，见山是山，见水是水。及至后来，亲见知识，有个入处。见山不是山，见水不是水。而今得个休歇①处，依前见山只是山，见水只是水。大众！这三般见解，是同是别？有人缁素②得出，许汝亲见老僧。

【注释】

①〔休歇〕禅林用语，指大悟后心得安住。

②〔缁（zī 兹）素〕黑白，指分辨出个黑白。又，缁素是个佛教常用语，指出家、在家二众。缁指黑衣，古代出家众一般着黑衣，故代指出家众。素指白衣，在家众一般着素衣，故代指在家众。

【提要】

本段是宋代临济宗黄龙派僧青原惟信禅师的一段上

堂法语。惟信禅师是黄龙晦堂祖心禅师的法嗣，曾任江西青原山净居寺住持。本段法语以文学意境极美的比喻来讲说参禅悟道的三重境界，不仅在禅门非常著名，后来也成为举凡论说艺术和修养等境界的脍炙人口的语段。初参禅时，不免心著外境，有见有闻，所以"见山是山，见水是水"。参禅悟道后，根尘脱落，无人无我，亲见空性，故说"见山不是山，见水不是水"。大悟之后，知山河大地即是菩提妙明真心，转身消融习气，入泥入水，行菩萨道，回归日用平常心，极高明而道中庸，故说"见山只是山，见水只是水"。然以圆顿的观点来看，这三般见解，非同非别，了然一味，不可打为三截。

◎第152条 《五灯会元》卷十五

乃普观大众曰："……所以声前悟旨，犹迷顾鉴①之端。言下知宗②，尚昧识情之表。诸人要知真实相为么？但以上无攀仰，下绝己躬，自然常光现前，个个壁立千仞。还辨明得也无？……能截生死流，同据佛祖位。"

【注释】

①〔顾鉴〕顾，回头看。鉴，审察。顾鉴，是禅宗云门文偃的一个公案。云门祖师接引来参学人时，常盯着学人看（顾鉴），然后说一句"咦"，学人则有省，时人谓之"顾鉴咦"三句。

②〔知宗〕知晓禅宗心要。

【提要】

本段是雪窦重显禅师（980—1052）的上堂法语。雪窦重显，智门光祚禅师之法嗣，俗姓李，遂宁府（今四川遂宁县）人。重显禅师出身豪富之家，年少从普安院仁铣（xǐ洗，又读xiǎn显）上人出家，开始主要是学习经论，曾机辩无敌，后投智门光祚座下请益。一日，重显入室参智门和尚，申问道："不起一念，云何有过？"智门和尚没有接话，却招呼他到跟前来。重显刚一走近，智门和尚突然抽出拂子，照他的嘴就打。重显正想开口申辩，智门和尚接着又打。这一下，重显终于豁然大悟。重显禅师大振宗风，被称为"云门中兴之祖"。因为重显久住雪窦山，故后世禅林皆称之为"雪窦禅师"。

禅门问话是参禅的重要方式，早期祖师多是在问话中言下大悟，但禅宗到后期，能言下大悟者越来越少。雪窦重显对禅宗历来的"问答"参禅方式提出看法，指出"千圣只言自知"，如乐于"互分宾主，驰骋问答"则不定能悟得，而且指出其中的岔路，"所以声前悟旨，犹迷顾鉴之端。言下知宗，尚昧识情之表"，即言前语后所谓的悟得，并不一定可靠，这是雪窦重显对当时问话禅的警示。雪窦重显更多推动了文字禅，曾作《颂古百则》，将古人指导弟子之禅门公案百则，以简洁偈颂评唱，称为颂古，其本意乃在吟诵之间体会古则之禅机。后来圆悟克勤在雪窦重显百则公案的基础上，又加以点评和颂文，编为百则公案评唱集《碧岩录》，一问世就大受欢迎，成为禅宗公案集名著。

◎ 第153条 《五灯会元》卷十九

山前一片闲田地，叉手叮咛问祖翁。
几度卖来还自买，为怜松竹引清风。

【提要】

本段为五祖法演禅师（？—1104）的投机偈。蕲州五祖法演禅师，白云守端禅师之法嗣，俗姓邓，绵州（今四川绵阳）人。法演三十五岁时出家受具足戒，后往成都，游历讲肆，学习《唯识》《百法》等论。法演因学唯识，对于"自知之理如何"一直有疑惑（唯识学之自证分），从此求教四方，终遇到禅门临济宗下白云守端。法演向白云守端请问南泉普愿摩尼珠公案。该公案是这样的：终南山云际师祖禅师，初参南泉普愿和尚，问："摩尼珠，人不识，如来藏里亲收得。如何是藏？"南泉和尚道："与汝往来者是。"师祖又问："不往来者如何？"南泉和尚道："亦是。"师祖又问："如何是珠？"南泉和尚召师祖，师祖应诺。南泉和尚道："去！汝不会我语。"师祖从此悟入。法演刚举完这则公案，便遭到白云守端的大声呵斥，法演于是当下大悟，向白云守端呈上了这段投机偈。白云守端看后，遂予初步印可。为了进一步钳锤法演，一天，白云守端又来问法演："有数禅客自庐山来，皆有悟入处。教他说亦说得有来由，举因缘问他亦明得，教他下语亦下得，只是未彻悟在。为什么？"法演大为疑惑，思量道："既悟了，说亦说得，明亦明得，如何却未在？"便一心参究，精勤用功。数日后，忽然大悟，遂将从前当作宝贝来珍惜的种种知见境界，一时全部放下，身心踊跃。故得白云守端印可。法演后来说："吾因兹出一身白汗，便明得下载清风。"

　　本段偈中"一片闲田地"喻指众生的心田，因不明其本来面目，怀其疑惑到处寻问前辈祖翁。众生忘失本心，又几度寻觅本心，然终不离此田地用功夫，故说"几度卖来还自买"。言下所得未必可信，几度参究终于明得，可惜松竹引清风，如幻常变幻，然真心本性不生不灭，只是"一片闲田地"而已。后来圆悟克勤评论说："须知诸佛出世，唯证明此一片田地，祖师西来，亦提持此一片田地。"

◎ 第154条 《圆悟佛果禅师语录》卷十六

当人脚跟下一段事，本来圆湛，不曾动摇。威音佛前①直至如今，廓彻灵明，如如平等。只为起见生心，分别执着，便有情尘烦恼扰攘。若以利根勇猛身心，直下顿休到一念不生之处，即是本来面目。所以古人道：一念不生全体现，六根才动被云遮。多见聪明之人，以妄心了了，放此妄心不下，逗到歇至不动处，不肯自承当本性，便唤作空豁豁地，却拟弃有着空，是大病。若有心弃一边、着一边，便是知解，不能彻底见性。此性非有不须弃；此性非空不须着。要当离却弃着有无，直下贴贴地，圆湛虚凝，倏然安稳，便自能信此真净妙心，饷间②被世缘牵拖，

762

便能觉得不随他去。直须长时虚闲，自做工夫，消遣诸妄，使有个自家省悟之处始得。古人云："不离当处常湛然，觅则知君不可见。"

【注释】

① 〔威音佛前〕威音佛，又作威音王佛，乃过去庄严劫最初之佛名。禅林中一般用"威音佛前"指遥远的过去或者时间上的原初，喻指本来面目。

② 〔饷间〕饷，同"晌"，指一小会儿。

【提要】

圆悟克勤佛果禅师（1063—1135），五祖法演之法嗣，俗姓骆，彭州（今四川彭县）人，祖上世代以儒为业。克勤出家参学多年，最后投五祖法演座下。克勤在五祖法演身旁，一日适逢部使者陈氏解印还蜀，前来五祖礼谒问道。法演道："提刑少年，曾读小艳诗否？有两句颇相近。'频呼小玉元无事，只要檀郎认得声。'"部使者一听，惘然莫测，唯应"喏喏"。法演道："且子细！"当时，克勤正侍立于侧，听到这两句诗，恍然有省。部使者走后，克勤问法演："闻和尚举小艳诗，提刑会否？"法演道："他只认得声。"克勤问道："只要檀郎认得声。他既认得声，为甚么却不是？"法演道："如何是祖师西来意？庭前柏树子聻（nǐ呢）！"克勤忽然大悟，连忙走出丈室。这时，正好看见一只鸡飞上栏杆，鼓翅而鸣，由此大悟。自言道："此岂不是声！"于是克勤便拿着香，重新入丈室，向法演报告他刚才所得，呈悟道偈："金鸭香销锦绣帏，笙歌丛里醉扶归。少年一段风流事，只许佳人独自知。"

本段文字虽长，内容却是禅宗的一般道理：吾人本具自性清净心，无始以来恒常清净，圆湛灵明；只因念起生心，妄见分别执着，便有了情尘烦恼纷纷扰扰的现实人生。若能当下顿然休歇，放下分别执着，返照回到一念不生之处，即是本来面目。所以古人道：一念不生全体现，六根才动被云遮。接着，指出了参禅一大病处，即着有、着空；须是弃舍有无两边，不着有，也不着无，自做工夫，消遣诸妄想分别，使有个自家省悟之处，即是《证道歌》所讲"不离当处常湛然，觅即知君不可见"。需特别指出的是，此处言"威音佛前""一念不生之处，即是本来面目"等，乃是参禅过程中的引导语，目的是指向悟道，而不可便作为教理上的空有来理会。

◎第155条 《碧岩录》卷一

向上一路[①]，千圣不传。学者劳形，如猿捉影。

①〔向上一路〕禅林用语，指言语道断、心行处灭的开悟之道。

【提要】

这是宋代以来禅宗的一句常用语，《碧岩录》多处引用。"向上一路，千圣不传"也成为禅门名言，说明禅宗禅法之高峻，不落闻见，不随声色。禅宗之法向来不是通过"传"或"给予"方式在师徒之间进行。参禅若想在禅师处"传"个什么，却是参禅的歧路，就像猴子去捉水影一样，终是不得。学者劳心苦志、勤加思维以求之，不过是心外求法，了不可得。心智路绝，不劳寻觅，般若非可解，非不可解。故《肇论》说："玄道在于绝域，故不得以得之。妙智存乎物外，故不知以知之。"正如庞蕴居士所说："行学非真道，徒劳神与躯，千生寻水月，终是枉功夫。"

《碧岩录》，又称《佛果圆悟禅师碧岩录》，凡十卷，为禅宗最具代表性的公案评唱集。本书是佛果圆悟于宋徽宗政和年间（1111—1117）住持湖南澧州夹山灵泉禅院时所作。《碧岩录》以雪窦重显所著《颂古百则》为基础，圆悟禅师即在每则公案的前面讲一段"垂示"，又在每则"本则"及"颂古"各句下加了"着语"，并作"评唱"，成为讲说公案非常精彩的名著。《碧岩录》对后世禅宗影响很大，有"禅门第一书"之称。

◎ 第156条 《大慧普觉禅师语录》卷十七

须知、人人有此一段大事因缘，亘古亘今，不变不动。也不着忘怀，也不着着意，但自时时提撕。妄念起时，亦不得将心止遏。止动归止，止更弥动。只就动止处，看个话头①，便是释迦老子、达摩大师出来。只是这个。……须是行也提撕，坐也提撕。喜怒哀乐时，应用酬酢时，总是提撕时节。提撕来，提撕去，没滋味，心头却如顿一团热铁相似，那时便是好处，不得放舍。忽然心华发明，照十方刹，便能于一毛端，现宝王刹，坐微尘里，转大法轮。

【注释】

①〔话头〕公案中的某句话供学人参究之用，称为"话头"。

【提要】

　　这是大慧宗杲（gǎo搞）禅师（1089—1163）讲参
话头用功方法的一段开示。大慧宗杲，宋代临济宗杨岐
派高僧，圆悟克勤之法嗣，号妙喜，俗姓奚，安徽宣
州人。十七岁剃发、受具。参学于曹洞、临济二宗诸
老，后依圆悟克勤发明大事。后奉克勤禅师之命，分座
说法，一时名重丛林。绍兴七年（1137）奉诏住持径山
寺，法席大盛。后遭谤被革除僧籍，先后流放衡州（湖
南衡阳），被贬梅州，后获赦。绍兴二十八年（1158）
奉敕再度住持径山寺。隆兴元年（1163）宗杲示寂，世
寿七十五，僧腊五十八，谥号"普觉"。著作有《正法
眼藏》六卷，后人集其著述讲说编为《大慧普觉禅师语
录》三十卷等。

　　大慧宗杲继其师圆悟克勤之后，将"参话头"这
一特别的参悟法门进一步完善，加以提倡，并逐步成为
元代之后禅宗的主流参禅法门，是对临济宗禅法的重要
革新。他的书信集（《大慧普觉禅师语录》卷十九至卷
三十，共八十四篇）集中地体现了他的禅法心要，篇篇
披肝沥胆，开人睡眼，醒人迷梦，是后代禅人修学不可
多得的参悟指南。

◎ 第 157 条 《大慧普觉禅师语录》卷二十

今时学道人，不问僧俗，皆有二种大病：一种多学言句，于言句中作奇特想；一种不能见月亡指①，于言句悟入，而闻说佛法禅道不在言句上，便尽拨弃②，一向闭眉合眼，做死模样，谓之静坐、观心、默照。更以此邪见诱引无识庸流，曰："静得一日，便是一日工夫。"苦哉！殊不知尽是鬼家活计。去得此二种大病，始有参学分。……语、默二病不能除，决定障道，不可不知。知得了，始有进修趣向分。第一莫把知得底为事业，更不求妙悟，谓我知他不知，我会他不会，堕我见网中，为我相所使，于未足中生满足想。此病尤重于语、默二病，良医拱手。此病不除，谓之增上慢③邪见人。

【注释】

①〔见月亡指〕"月"譬喻自心佛性，"指"譬喻语言文字。顺着手指以见月，而不停留于手指，即"见月亡指"，譬喻参禅者可以借助语言文字又不执着语言文字（比如话头）而悟入。

②〔拨弃〕弃置一边。

③〔增上慢〕七慢之一，指对某一教理未有所悟而自以为已悟，或者对某一果德没有证得而自以为证得，进而生起的高慢之心。

【提要】

大慧宗杲禅师在本段中分析当时参禅学道的两种歧路，以及增上慢的邪见之病。两种歧路即"语""默"两种病，这是有针对性的论说。到了宋代，宗师们为了方便学人登堂入室，开始以"颂古""拈古""评唱"等形式，对古来大德悟道、接众的一些著名公案，进行解说并诱导学人更好地悟入宗门。但这样的文字禅在流布的过程中，其弊端也日渐显露。越来越多的人开始沉溺于对公案的意识知解，文字禅最后变成了"口头禅""葛藤禅"。与此同时，曹洞宗的宏智正觉禅师对当时盛传文字禅所带来的流弊也非常不满，特地提倡"默照禅"，但是默照禅在流布的过程中，也出现了一些偏差。一些见地不到位的人，错认一念不生的顽空之境，执为究竟，并住在上面，不肯放舍，最后成了"魂不散的死人"，丧失了宗门活泼泼的大机大用。这就是所谓的"枯木禅""髑髅禅""黑山鬼窟禅"。大慧宗杲认为，相对于文字禅和默照禅而言，话头禅有自己明显的优势，既可堵"葛藤禅"之漏，又可解"枯木禅"之毒，而且能给学人一个"不可把捉的把柄"，让学人有个下手处。通过参话头，一方面可以将学人的心意识逼进死胡同，将他的意识知解心、投机取巧心、分别执着心，统统扫荡干净，令其言语道断，心行处灭，伎俩全无；另一方面，又可以借助话头的力量，使学人保持灵动的智慧觉照，避免落入舍动趣静、不得活用的枯寂状态。因此，大慧宗杲称赞"参话头"是"盲人手中底杖子""破生死疑心底刀子""摧许多恶知恶觉底器仗"。他极力地向他的弟子们宣说推广这一禅法。

圆悟克勤与大慧宗杲师徒二人实为禅门双碧。参禅入门，讲得详尽细致者莫如大慧宗杲；修行途中，对种种歧路审察谛当者莫如圆悟克勤。此二师的教法，可为参禅指南。大慧宗杲曾作诗偈："桶底脱时大地阔，命根断处碧潭清。好将一点红炉雪，散作人间照夜灯。""红炉点雪"正是大慧宗杲指授禅悟的入手心要之处。

◎ 第158条 《大慧普觉禅师语录》卷二十

学世间法，全仗口议心思。学出世间法，用口议心思则远矣。佛不云乎，是法非思量分别之所能解。永嘉①云："损法财，灭功德，莫不由兹心意识。"盖心意识乃思量分别之窟宅也。决欲荷担此段大事因缘，请猛着精彩，把这个来为先锋、去为殿后底向生死魔根一刀斫断，便是彻头时节。正当恁么时，方用得口议心思着。何以故？第八识②既除，则生死魔无处捿泊③。生死魔无捿泊处，则思量分别底，浑是般若妙智，更无毫发许为我作障。所以道，观法先后，以智分别，是非审定，不违法印。得到这个田地了，尽作聪明，尽说道理，皆是大寂灭、大究竟、大解脱境界，更非他物。故盘山④云，全心即佛、全佛即人是也。未得如是，直须行住坐卧，勿令心意识得其便，久久纯熟，自然不着用力排遣矣。思之！

【注释】

①〔永嘉〕永嘉玄觉禅师，六祖慧能法嗣，著有《证道歌》。

②〔第八识〕阿赖耶识，又称本识、藏识、种子识等。

③〔捿（qī 欺）〕同"栖"，"栖"的异体字。

④〔盘山〕盘山宝积禅师，籍贯、生卒年均不详，为

马祖道一禅师法嗣，居河北幽州盘山宣扬宗风，谥号"凝寂大师"。

【提要】

这是大慧宗杲禅师对谢廓然居士的一段开示，对参禅道理以及悟后起用都作了详细说明。大慧宗杲说参禅一法重在离心意识参，世间的学问多是思量分别的，而参禅则是"非思量分别之所能解"，故要"把这个来为先锋、去为殿后底。生死魔根一刀斫断"。要破心意识，从唯识学角度来说就是要先破第六识、第七识，分别思量的我执去除，则第八识也随之转依为真如。若学人的思量分别我执生死魔根斩断了，见其清净本性，真正悟得了，那么悟后所起的所谓思量分别都成为般若妙智，这就是悟后的妙用，而不是悟后默然。禅是活泼泼的，就是讲此妙用。但参禅人若是未得如此，就需要平时在行住坐卧中作功夫，时时提撕，对心意识思量分别时时观照，串习久了，那么有相作意就自然斩断，得大寂灭、大究竟、大解脱境界。

◎ 第159条 《默照铭》

默默忘言，昭昭现前。

出自宏智正觉禅师《默照铭》，收入《宏智禅师广录》卷八。宏智正觉（1091—1157），南宋丹霞子淳禅师（1064—1117）法嗣，默照禅的提倡者，俗姓李，山西隰（xí 习）州人。十一岁剃度，十四岁具戒，后参学丹霞子淳得悟。之后住持天童禅寺前后达三十年，令寺观焕然一新，学徒盛集，世称天童中兴之祖。宏智正觉对当时盛传文字禅所带来的流弊颇不满意。为了帮助学人从语言知解的"葛藤"中解放出来，将功夫落到实处，正觉禅师特别提倡"默照禅"，主张"忘情默照""照默同时""休去歇去"。"默"就是离心意识，远离事缘；"照"则是般若观照。默照禅注重静坐用功，观心实证，反对从分别思维中寻找出路，在某种程度上是对达摩壁观禅法的一种回归，对扭转当时僧俗学人中流行的凭文字知解参究而落入"口头禅"起了很大作用。

宏智正觉的默照并不同于各宗的止观和禅定，仍是禅宗离心意识的用功方法。《默照铭》中讲："默照至得，输我宗家。宗家默照，透顶透底。"曹洞宗的默照，是欲因之而通"向上一路"，欲因之而"顿悟"。"默默忘言"，即在"言语道断"的那一默之中，即可明心见性。"昭昭现前"，鉴照之时功用无穷，默照之心体"灵然"圆融，

"露月星河，雪矫云松"，山河大地，万象森罗，无不了了分明，一味平等。

默 照 铭

默默忘言，昭昭现前。鉴时廓尔，体处灵然。

灵然独照，照中还妙。露月星河，雪松云峤。

晦而弥明，隐而愈显。鹤梦烟寒，水含秋远。

浩劫空空，相与雷同。妙存默处，功用照中。

妙存何存，星星破昏。默照之道，离微之根。

彻见离微，金梭玉机。正偏宛转，明暗因依。

依无能所，底时回互。饮善见药，挝（zhuā 抓）涂毒鼓。

回互底时，杀活在我。门里出身，枝头结果。

默唯至言，照唯普应。应不堕功，言不涉听。

万象森罗，放光说法。彼彼证明，各各问答。

问答证明，恰恰相应。照中失默，便见侵凌。

证明问答，相应恰恰。默中失照，浑成剩法。

默照理圆，莲花梦觉。百川赴海，千峰向岳。

如鹅择乳，如蜂采花。默照至得，输我宗家。

宗家默照，透顶透底。舜若多身，母陀罗臂。

始终一揆，变态万差。和氏默璞，相如指瑕。

当机有准，大用不勤。寰中天架，塞外将军。

吾家底事，中规中矩。传去诸方，不要赚举。

◎第160条 《宏智禅师广录》卷八《坐禅箴（zhēn 真）》

佛佛要机，祖祖机要。不触事而知，不对缘而照。

不触事而知，其知自微；不对缘而照，其照自妙。

其知自微，曾无分别之思；其照自妙，曾无毫忽之兆^①。

曾无分别之思，其知无偶而奇；曾无毫忽之兆，其照无取而了。

水清彻底兮，鱼行迟迟；空阔莫涯^②兮，鸟飞杳杳^③。

【注释】

①〔毫忽之兆〕细微的征兆。

②〔莫涯〕没有边际。

③〔杳杳〕悠远貌，依稀貌。

【提要】

本段为宏智正觉禅师著名的《坐禅箴》，收入《宏智禅师广录》卷八。《坐禅箴》是坐禅之箴言，是对坐禅人的金玉良言，也是默照禅的经典。"不触事而知，不对缘而照"讲的就是"默照"，与临济宗所言"灵光独耀，迥脱根尘"同一心要，都是在觉性之体处做功夫。"事"是所对的具体境界。有事、无事都是事，有念、无念都是执着，但是，觉照之"知"清清楚楚，明明白白。"不触事"是默，"而知"是照。"缘"是指心所缘的一切境，比"事"更细致，范围更大，包括一切外境及内境。既不缘外境，也不缘内境，而境界清楚、明了，如同镜子一般，镜子本身并没想照什么东西，但胡来胡现，汉来汉现，一切皆显现在镜中。默而恒照，照而恒默，自微自妙，而奇而了。最后讲到"水清彻底兮""空阔莫涯兮"，指心体清净而广大；"鱼行迟迟""鸟飞杳杳"，指曹洞宗所讲的不留痕迹之玄路、鸟道。《坐禅箴》文字意境很美，是对坐禅用功内在心行要领的准确描述。宏智正觉讲："真实做处，唯静坐默究，深有所诣。外不被因缘流转，其心虚则容，其照妙则准。内无攀缘之思，廓然独存而不昏，灵然绝待而自得。……净净而明，明而通，便能顺应，还来对事，事事无碍，飘飘出岫云，濯濯流涧月，一切处光明神变，了无滞相，的的相应。"正是此意。

宏智正觉一生提倡默照法门，阐扬理事泯融、偏正回互、明暗相即、寂照虚灵、环中虚白之旨，此实为石

头希迁及洞山良价以来相承宗旨，为大乘不二法门之细则。他在入寂前留偈："梦幻空花，六十七年。白鸟烟殁，秋水连天。"

◎ 第161条 《无门关》卷一

参禅须透祖师关，妙悟要穷心路绝。祖关不透，心路不绝，尽是依草附木精灵。且道如何是祖师关？只者一个"无"字，乃宗门一关也。遂目之曰"禅宗无门关"。透得过者，非但亲见赵州，便可与历代祖师把手共行，眉毛厮结，同一眼见，同一耳闻，岂不庆快！莫有要透关底么？但将三百六十骨节，八万四千毫窍，通身起个疑团，参个"无"字，昼夜提撕。莫作虚无会，莫作有无会，如吞了个热铁丸相似，吐又吐不出，荡尽从前恶知恶觉。久久纯熟，自然内外打成一片，如哑子得梦，只许自知。蓦然打发，惊天动地，如夺得关将军大刀入手，逢佛杀佛，逢祖杀祖。于是生死岸头，得大自在，向六道①四生②中游戏三昧③。且作么生提撕？尽平生气力，举个

"无"字，若不间断，好似法烛，一点便着。颂曰：狗子佛性，全提正令，才涉有无，丧身失命。

【注释】

①〔六道〕地狱道、饿鬼道、畜生道、阿修罗道、人道及天道。

②〔四生〕卵生、胎生、湿生及化生。

③〔游戏三昧〕三昧是"三摩地"的早期译名，意为"定""等持"等。禅林中多用"三昧"来指禅关诀窍，"游戏三昧"即是方便随缘任运的意思。

【提要】

这是无门慧开禅师所著公案集《无门关》的开篇语。无门慧开（1183—1260），万寿月林师观禅师之法嗣，俗姓梁，杭州钱塘人，字无门，世称无门慧开。慧开出家后，于南峰石室独居禅思，忽有省悟，乃投江苏万寿寺月林师观座下参学。师观教他看赵州"狗子无佛性"之"无"字话头。慧开昼夜六时，精勤不息，奋志发誓道："若去睡眠，烂却我身！"后来有一天，慧开在法座边用功，忽然响起斋鼓的声音，他终于豁然大悟，遂作偈曰："青天白日一声雷，大地群生眼豁开。万象森罗齐稽（qǐ起）首，须弥蹦跳舞三台。"得师观禅师印可，从此以后，慧开机用大发，慧辩无碍。由于慧开的平生悟处是从"无"字得手，故他出世后，大弘"无"字法门，称之为"无门关"。宋理宗绍定元年（1228），慧开在福州永嘉龙翔寺，应学人之请益，从诸禅籍中拈提佛祖机缘之公案古则四十八则，加上评唱与颂而成《无门关》一书。本书与《碧岩录》《从容录》同为禅门代表性的公案评唱集，对于宋代文字禅的流行有推波助澜的作用。相对于《碧岩录》的文学化风格，《无门关》则简明直截，更为易读。

◎ 第162条 《无门关》卷一

佛语心为宗，无门为法门。既是无门，且作么生透①？岂不见道：从门入者，不是家珍；从缘得者，始终成坏。恁么说话，大似无风起浪，好肉剜疮。何况滞言句，觅解会②，掉棒打月，隔靴爬痒③，有甚交涉！……颂曰：大道无门，千差有路。透得此关，乾坤独步。

【注释】

①〔作么生透〕作么生，口语，作什么。透，参透。

②〔觅解会〕指寻觅理论的理解和领会，这是禅门顿

悟法门之大忌。

③〔掉棒打月，隔靴爬痒〕扔棒打月，隔靴搔痒。

【提要】

本段是《无门关》序文。禅宗有《楞伽经》印心之说。四卷本《楞伽经》共四品，每一品都称为"佛语心品"，故这里说"佛语心为宗"。禅门以心为宗，然悟心之法则是顿悟法门。佛法号称八万四千法门，这些"千差有路"都是渐修渐悟法门，而真正代表禅宗宗风的顿悟法门则是"无门为法门"，故说"大道无门"。既然是无门，怎么才能透过而明心见性呢？《史记》记载孔子对学生讲老子其人说："鸟，我知道它能飞；鱼，我知道它能游；兽，我知道它能跑。会飞的可以织网捕获它，会游的可成丝线去钓它，会跑的可以用箭去射它。至于龙，我就不知道该怎么办了。它在云端，在天上，无法捉摸，深不可测。我今天去见老子，他就像龙一样啊。"无门之门，恰如神龙一般。从门入者，还从门出；从缘得者，又从缘坏。禅宗的珍宝乃是自心本然，本自具足，不从外来，故说"从门入者，不是家珍"。本然即心即佛，生佛不二，何来勤修苦参，无风起浪。若是个不滞言句的人，透得过这个无门关，则顿悟菩提，独步乾坤，满目青山。

◎ 第163条 《无门关》卷一

春有百花秋有月，夏有凉风冬有雪。
若无闲事挂心头，便是人间好时节。

【提要】

本段是《无门关》第十九则公案"平常是道"之颂语，讲说禅门的"平常心是道"。赵州从谂问南泉普愿："如何是道？"普愿说："平常心是道。"赵州又问："还可趣向否？"普愿说："拟向即乖。"赵州再问："不拟争知是道？"普愿说："道不属知，不属不知。知是妄觉，不知是无记。若真达不拟之道，犹如太虚廓然虚豁，岂可强是非也。"赵州禅师言下顿悟！本句虽说是描写日常光景，"春有百花秋有月，夏有凉风冬有雪"，但在禅门所指则境界很高。此境界并不仅是悟前的随缘，也是指授悟后保任的用功要领。悟道"不属知，不属不知"，故说"若无闲事挂心头"，离开造作分别，契入烦恼即菩提的一味如如之中，这是"平常心是道"的真实禅意。

◎ 第164条 《五灯会元》卷十七

内翰东坡居士苏轼，字子瞻。因宿东林①，

与照觉^②论无情话^③，有省。黎明献偈曰：

溪声便是广长舌^④，山色岂非清净身^⑤？

夜来八万四千偈，他日如何举似人。

【注释】

①〔东林〕即东林寺，在江西九江庐山西北麓。东晋慧远（334—416）曾于此结白莲社，是为中国佛教净土宗的发源地。宋神宗元丰三年（1080），敕改为禅林，请常总禅师驻锡说法。

②〔照觉〕东林常总（1025—1091）禅师，北宋临济宗黄龙派僧，黄龙慧南禅师法嗣。

③〔无情话〕山河大地、水石草木等"无情说法不思议"的禅话。

④〔广长舌〕佛舌头的特称，后用以比喻妙舌生花，能言善辩。

⑤〔清净身〕佛的法身。

【提要】

这是苏东坡（1037—1101）所作的一首著名诗偈。苏东坡一生与佛教的因缘都比较深，他与佛教高僧的交游也比较多。在任杭州通判的时候，他就亲近过大弘净土法门的钱塘圆照法师。为感念父母养育之恩，苏东坡请人画了一幅阿弥陀佛像，用来超荐父母，并作颂曰：

"……愿我先父母，与一切众生。在处为西方，所遇皆极乐。人人无量寿，无往亦无来。"此后，苏东坡每至一地，都要随身带上这幅阿弥陀佛像，并且告诉人说："吾往生公据也。"在贬居黄州期间，东坡居士也是一有空儿就去附近寺院游观，以遣心中之失意。这首诗偈就是他上庐山拜访东林寺常总禅师时所写。东坡居士游庐山，夜宿东林寺，与常总禅师谈论无情说法的禅话，豁然有所省悟。黎明的时候，他作了本偈呈给常总禅师："溪声便是广长舌，山色岂非清净身？夜来八万四千偈，他日如何举似人。"可说是一首意境非常幽深的禅诗，以优美的文学诗句来表达"无情说法"的禅意，写出了禅家所说"青青翠竹，尽是法身；郁郁黄花，无非般若"的禅境。苏东坡的著名禅诗还有：

稽首天中天，毫光照大千；

八风吹不动，端坐紫金莲。

苏东坡晚年病重将逝。临终前，门人钱济明侍立于床前，问道："公平日学佛，此日如何？"苏东坡道："此语亦不受。"径山惟琳禅师前来看望，提醒说："先生践履至此，更须着力。"苏东坡应声道："着力即差。"说完便奄然而逝，完全是禅者作派！

◎ 第165条 《金刚经注解》卷一

身如泡沫亦如风，刀割香涂共一空。
宴坐①世间观此理，维摩虽病有神通。

【注释】

①〔宴坐〕安身正坐，指坐禅。

【提要】

这是王安石居士读《维摩诘经》有感而作的偈子，记载于明洪莲编著的《金刚经注解》中。王安石（1021—1086），北宋时期杰出的政治家、文学家，江西临川人，字介甫，封荆国公，世人又称王荆公。王安石与佛教禅宗有着不解之缘，年轻时就结交了许多高僧大德，与蒋山（今南京紫金山）觉海禅师交情颇深。熙宁九年（1076），王安石二次罢相后回到江宁（今南京市），次年辞官，在江宁府上元县城外筑新居，名"半山园"，过起了一心向佛的归隐生活。长子王雱（pāng 乓）病故后，王安石施资为长子在钟山定林寺内做法会，并安葬在寺院；又将朝廷赐予的田产捐给寺庙，为王雱"置办功德"。长女出嫁后，王安石给她寄去《楞严新释》，劝女儿以佛法作为解脱。元丰七年（1084）一场大病后，王安石舍宅为寺，将新居"半山园"也捐出来作为寺院，并上奏皇帝赐额。宋神宗同意了王安石的请求，赐额"报宁禅寺"并亲书匾额。王安石退居江宁后，忘情山水，潜心佛学，写了大量参悟佛禅的诗偈。本偈就是读《维摩诘经》有感而作。"身如泡沫亦如风，刀割香涂共一空"，意为人生不过是四大和合而成，如同泡沫与风，不论以刀割，还是涂以香油，本质上都是无常而空无自性。"宴坐世间观此理，维摩虽病有神通"，静坐观照诸法空性的道理，就能理解维摩诘居士虽然身体示病，却具有不可思议的神通变化，并入解脱法门。

◎第166条 《五灯会元》卷十七

海风吹落楞伽山①，四海禅徒着眼看。
一把柳丝收不得，和烟搭在玉栏干。

【注释】

①〔楞伽山〕相传佛陀讲《楞伽经》的地方。

【提要】

这首诗是黄庭坚（1045—1105）居士悼念黄龙祖心晦堂禅师所作的偈颂。北宋名士黄庭坚，黄龙祖心的在家得法弟子，字鲁直，洪州分宁（今江西修水）人。黄庭坚出入宗门较早，与诸长老过从甚密。元祐年间（1086—1094），黄庭坚馆居黄龙山，参礼黄龙祖心晦堂，乞示修行捷要之处。晦堂禅师问道："只如仲尼道，'二三子以我为隐乎？吾无隐乎尔者'，太史居常如何理论？"黄庭坚正要开口论对，晦堂禅师止道："不是，不是！"黄庭坚迷闷不已。一日，黄庭坚陪同晦堂禅师于山间经行，恰逢岩边的一棵桂花正在盛开，清香四溢。晦堂禅师问："你闻到木樨花香了吗？"黄庭坚说道："闻到了。"晦堂禅师："吾无隐乎尔！"黄庭坚一听，心中迷闷当下释然。于是他便礼谢晦堂禅师，说道："和尚得恁么老婆心切。"晦堂禅师笑道："只要公到家耳。"

晦堂祖心手下有两大高足，一是死心悟新禅师，一是惟清灵源禅师。黄庭坚与二大士都结为方外之好。黄庭坚至云岩参礼死心悟新。禅师一见，便睁眼问道："新长老死，学士死，烧作两堆灰，向甚么处相见？"黄庭坚被问得无言以对。于是悟新禅师告诉他："晦堂处参得底，在这里用不上。"黄庭坚一听，茫然不知其旨。后贬官黔州，心无所系，参道之心日切。不久，他便洞明了悟新禅师所问之意，于是写信告诉悟新禅师："往年尝蒙苦苦提撕，长如醉梦，依稀在光影中，盖疑情不尽，命根不断，故望崖而退耳。谪官在黔南道中，昼卧觉来，忽尔廓然！寻思被天下老和尚谩了多少，唯有死心道人不肯，乃是第一相为也，不胜万幸。"惟清禅师寄诗祝贺大悟，黄庭坚和了一首包含许多参禅典故的诗偈：

> 石工来斫鼻端尘，无手人来斧始亲。
>
> 白牯狸奴心即佛，龙睛虎眼主中宾。
>
> 自携瓶去沽村酒，却著衫来作主人。
>
> 万里相看常对面，死心寮里有清新。

晦堂禅师示寂后，黄庭坚十分感念师恩，曾作晦堂塔铭，并以本偈吊之。"海风吹落楞伽山"，楞伽山本意为难到之处，也是佛陀讲《楞伽经》的地方，比喻一代宗师归去难寻。"四海禅徒着眼看"，弟子们十分思念，同时喻指晦堂禅师的法身慧命到底应怎么看？"一把柳丝收不得，和烟搭在玉栏干"，这两句很美，同时禅意浓浓。风吹柳絮丝，漫天飞舞，而与风烟融在一起，吹过玉栏杆，搭在玉栏杆上，比喻禅师的法身无处不在！这是一首极有禅意境的纪念诗句。

◎ 第167条 《佛祖历代通载》卷十九

幻质朝章①八十一，沤生沤灭无人识。

撞破虚空归去来，铁牛入海无消息。

①〔幻质朝章〕幻质指幻身，朝章指朝服。

【提要】

这是北宋张商英（1043—1121）居士所作的诗偈。张商英，兜率从悦禅师的在家得法弟子，字天觉，号无尽居士，北宋蜀州新津人，官至丞相。张商英最初习儒辟佛，后读《维摩诘所说经》而深有所感，倾心佛法，参悟禅宗，随有机会，即与禅师参学请益，深有所悟。张商英后因政务路过分宁，便与从悦禅师入兜率院游观，当晚并住在兜率院，与从悦禅师大谈佛法至深夜。从悦禅师单刀直入地问道："东林常总禅师既然印可你，你可于佛祖言教有少分疑惑吗？"张商英答："有。"从悦禅师说："疑哪句禅语？"张商英答："疑惑于香严独脚颂、德山托钵两个禅话。"从悦禅师道："既然于此禅话有疑惑，其余的公案怎么会没有疑惑呢？就像岩头和尚所说的末后句，是有，还是没有？"张商英答："有。"从悦禅师一听，便哈哈大笑，独自回方丈，关上门休息去了。被从悦禅师这么一问，张商英方知还有疑在，因此翻来覆去参思着这个公案。五更时下床小解，不小心踢翻了尿壶，顿时豁然大彻，猛然了悟岩头和尚所说的末后句，便作颂：

鼓寂钟沉托钵回，岩头一拶语如雷。

果然只得三年活，莫是遭他授记来。

张商英不胜欢喜，赶忙穿衣去敲方丈门，大声喊道："某已捉得贼了。"从悦禅师道："贼在甚处？"张商英便默然无语。从悦禅师道："居士且去，来日相见。"次日，张商英把所写的悟道偈呈给从悦禅师。从悦禅师看后开示道："参禅只为命根不断，依语生解。如是之说，公已深悟。然至极微细处，使人不觉不知，堕在区宇（境域，《楞严经》有堕于五阴区宇之论）。"说完便作颂为他印证。

其后，张商英还亲近过圆悟克勤、大慧宗杲等大禅师，禅悟历练深厚。宣和三年（1121）十一月临终说偈曰：

幻质朝章八十一，沤生沤灭无人识。

撞破虚空归去来，铁牛入海无消息。

言毕取枕头掷于门上，声如雷震。众人探视，已经圆寂。这首临终偈是说，这个有情幻躯，穿着朝服共八十一年了，生命像水沤一样幻生幻灭，变化来去，而其不生不灭之自性却无人识得。"撞破虚空"，指参禅至虚空粉碎，见道开悟。"铁牛入海无消息"，指心识消融于法界海中，性相不二，随缘任运。这首临终偈语显示出了丞相张商英的悟道境界。

◎ 第168条 《禅关策进》卷一之《天目高峰妙禅师示众》

次后被问："日间浩浩作得主么？"答曰："作得。"又问："睡梦中作得主么？"答云："作得。"又问："正睡着无梦时，主在何处？"于此无言可对，无理可伸。和尚嘱云："从今不要尔学佛学法，穷古穷今，只饥来吃饭，困来打眠，才眠觉来，抖擞精神。我这一觉，主人公毕竟在甚么处安身立命？自誓拼一生，做个痴呆汉，定要见这一着子明白。"

【提要】

这是元代高峰原妙禅师（1238—1295）被其师雪岩祖钦禅师（？—1287）所诘问并激励用功的一段对话。杭州天目山高峰原妙禅师，袁州（今江西宜春）仰山雪岩祖钦之法嗣，俗姓徐，苏州吴江人。原妙禅师十五岁从嘉禾密印寺出家，十六岁落发，十七岁受具足戒，十八岁学习天台教法，二十岁投净慈寺，立三年之死限，学习参禅。二十二岁依断桥妙伦禅师请益，参"生从何来，死从何去"话头，但原妙并不能用上力，往往"意分两路，心不归一"。后来原妙亲近雪岩祖钦，教看

"无"字（即参"无"字公案），而且每日到雪岩处汇报用功情况。开始时原妙多从有条理的教义去回话，后来雪岩再不问原妙用功怎样，进门就直接问他"谁与尔拖这死尸来"，还未等原妙回答出，直接就将其打出了门。原妙就此继续用功。后来在径山，梦里忽然想到"万法归一，一归何处"，从此疑情顿发，终日在疑情上用功，甚至"东西不辨，南北不分"。如此到了第六日随大众一起诵经，在诵经过程中忽然抬头看到五祖法演祖师的像赞中最后两句："百年三万六千朝，反复原来是这汉"，疑情打破，大悟本来，"直得魂飞胆丧，绝后再苏"，百千担子就此放下。然这其实还不是原妙用功夫的极则处，见到雪岩禅师后，雪岩诘问"正睡着无梦时，主在何处"？这引得原妙更深的疑情，继续参究。这样一直到五年后，原妙一日睡觉时，正疑此事（时时提撕），突然同寝的道友将枕头推落在地，发出响声。就在这时，原妙"蓦然打破疑团"。这次真正悟得了，所有公案都能解，"古今差别因缘，无不了了，自此安邦定国，天下太平，一念无为，十方坐断"。高峰原妙至此才算大彻大悟了。南宋灭国后，原妙慨民族大义，决定闭关。于是，元世祖至元十六年（1279），原妙来到天目山西峰，初于师子岩修葺茅棚居住，至元十八年（1281）入张公洞闭死关，直到去世的十五年时间中，足不出关，被世人尊称为"高峰古佛"。在天目山期间，创立师子院和大觉禅寺，学徒云集，参请者络绎不绝，僧俗随其受戒者数以万计。元贞元年（1295）十二月一日，焚香说偈，坐化而逝，世寿五十八，谥号"普明广济禅师"。有《高峰妙禅师语录》一卷、《高峰和尚禅要》一卷等行世。

高峰原妙禅师参话头、起疑情、破参的参悟过程，是后世禅门参禅用功的典范。原妙禅师以自己参究开悟的经历，说明了应怎样起疑情，怎样参话头，揭示了参禅起疑情过程实有重重之别，用功夫有粗细之分。雪岩后面指示参到"正睡着无梦时，主在何处"，正是指向深层的无始无明，是用功夫的极细微处。行人于此参破得力后，方得自在。而本段中雪岩指示的"只饥来吃饭，困来打眠"，这种用功方法是需要有前面参"谁与尔拖这死尸来"这个疑情为基础，然用力功夫做久了，需要做"切忌用力"的放下功夫，这与常人的饥来吃饭、困来打眠是有根本性不同的。

◎ 第169条 《禅关策进》卷一之《天目中峰本禅师示众》

看话头做工夫，最是立脚稳当，悟处亲切。

纵此生不悟，但信心不退，不隔一生两生，更无不获开悟者。或三十年二十年，未即开悟，不须别求方便。但心不异缘，意绝诸妄，孜孜不舍，只向所参话上，立定脚头，拼取生与同生，死与同死，谁管三生五生，十生百生，若不彻悟，决定不休。有此正因，不患大事之不了明也！

【提要】

从南宋大慧宗杲至元代高峰原妙、中峰明本，"看话禅"逐渐成为一个切实有力的参悟方法，这是禅宗禅法自元代以来的重大变革。本段是元代中峰明本（1263—1323）提倡"看话头"工夫的开示。杭州天目中峰明本禅师，高峰原妙禅师之法嗣，俗姓孙，钱塘人。明本禅师慧根明利，后出家师事高峰原妙，受具足戒后不久，一直留在死关（原妙禅师的闭关处），执侍原妙禅师。白天，他尽力从事打柴、挑水、做饭等各种体力活儿；晚上则修习禅定，十余年胁不至席。后来有一天，明本禅师外出，在山间行走，不经意间听到流泉的声音，恍然有省。于是明他匆匆地赶回"死关"，请求原妙禅师印证，原妙禅师却将他打出"死关"。从此以后，明本禅师用功越发精进。当时，民间讹传官府要选童男童女，用于治水祭神之用，当地的老百姓都人心惶惶。明本禅师问原妙禅师："忽有人来问和尚讨童男女时如何？"原妙禅师道："我但度竹篦子与他。"这里的场景非常妙，原妙禅师已出家，何来童男童女！而原妙禅师答的也妙，我送一个竹梳子给他，出家人已剔除须发，本就不用梳子！明本一听，言下大悟。

明本禅师悟道后，如同其师原妙禅师一样，不住寺庙而游化山林，在近三十年的岁月中，东走西避，流离无定。他常常以船为居，往来于长江上下和黄河两岸，亦或筑庵而居，皆以"幻住庵"为名，聚众说法。元仁宗、元英宗和元文宗都赐袈裟衣和封号以尊崇，元顺帝更册封中峰明本禅师为"普应国师"，并敕令将其三十卷的语录与文集收入佛教大藏经中。朝廷权贵和文士官员等对明本禅师更是推崇备至，然而明本禅师与原妙禅师一样，以清苦自持，行如头陀，虽名高位尊而不变其节，风骨独卓，众望所归，被尊为"江南古佛"。

明本禅师特别提倡"参话头"法门。参话头这一法最初是大慧宗杲为对治"静病"而提出，提倡参究"狗子有佛性也无"公案，但是真正把参话头作为用功方法、依之开悟并以之授徒，使得参话头这个方法发扬光大的是高峰原妙和中峰明本。原妙禅师教人惟以所参话头蕴之于怀，行也如是参，坐也如是参，参到用力不及处、留意不得时，蓦忽打脱，方知成佛，其来旧矣。中峰明本千言万语，只教人看话头，做真实工夫，以期正悟，谆切透快，千载而下，如耳提面命，具存全书。参禅无秘诀，只要生死切。第一要念得生死无常，大事真切，毕其形命不肯放过；第二要识破一切世间憎爱是非缘境，不使一尘为障为惑；第三要办取一片长远决定身心，岁月愈久，而志愿益精。

明本禅师提倡苦参力行，时久功成，不仅重见地，也重工夫，改变了唐宋禅宗以见地抉择为主的风格，以此对治狂禅及文字禅，禅风硬朗，苦节高标，故其得法者如天如惟则、千岩元长等禅师皆铜头铁额，享誉丛林。千岩元长又传法于万峰时蔚，明本一系遂成明清两代中国禅宗的主流。而力参风格的"话头禅"后来与禅堂制度相结合，也成了清代以来禅宗禅法的主流模式。

◎ 第170条 《五灯全书》卷六十一

问："撒手那边底人，为甚么不居正位？"
师曰："大功不宰。"
曰："回头这畔底人，为甚么不堕偏方？"
师曰："至化无为。"

【提要】

这是元初曹洞宗高僧万松行秀禅师的开示。万松行

秀禅师（1166—1246），雪岩慧满禅师（？—1206）法嗣，生于洺州永年县（今河北省永年县），俗姓蔡，号万松老人。十五岁从邢台净土寺赞允禅师出家，嗣法于磁州大明寺雪岩慧满禅师，尽得其蕴底，后迁至中都万寿寺，退隐于从容庵，时与江南天童如净禅师并称曹洞宗两大宗匠，著有《从容录》《请益录》等。《从容录》，又称《万松老人评唱天童觉和尚颂古从容庵录》，与《碧岩录》并称为禅门公案禅双璧。《碧岩录》重在临济宗，而《从容录》则重在曹洞宗。

本段是万松行秀与学人的问答禅话。"撒手那边"指见性悟道，明得般若空性之理，无人无我，不处正位，故说"大功不宰"。"回头这畔"指悟道后保任，转身度化众生，不堕偏位，故说"至化无为"。虽然可见曹洞禅法之偏正回互特色，但若作偏正回互理会，犹是剜肉做疮而已。"大功不宰""至化无为"是借用道家语言，用来表达禅法之微妙境界，却非常贴切自然，毫无一丝违和感。

◎ 第171条 《三教平心论》卷一

孝宗皇帝①制《原道》②辩曰："以佛治心，以道治身，以儒治世。"诚知心也、身也、世也，不容有一之不治，则三教岂容有一之不立。无尽居士作《护法论》③曰："儒疗皮肤，道疗血脉，佛疗骨髓。"诚知皮肤也、血脉也、骨髓也，不容有一之不疗也。如是，则三教岂容有一之不行焉？

儒教在中国，使纲常以正，人伦以明，礼乐刑政，四达不悖，天地万物，以位以育，其有功于天下也大矣。故秦皇欲去儒，而儒终不可去。

道教在中国，使人清虚以自守，卑弱以自持。一洗纷纭轇辐④之习，而归于静默无为之境，其有裨于世教也至矣。故梁武帝欲除道，而道终不可除。

佛教在中国，使人弃华而就实，背伪而归真，由力行而造于安行，由自利而至于利彼，其为生民之所依归者无以加矣。故三武⑤之君欲灭佛，而佛终不可灭。

【注释】

① 〔孝宗皇帝〕指南宋孝宗赵昚（shèn 甚）（1127—1194）。

② 〔《原道》〕《原道论》，宋孝宗淳熙八年（1181）制，旨在反对韩愈《原道》等的排佛论。

③ 〔无尽居士作《护法论》〕无尽居士即张商英

（1043—1121），宋徽宗时官至右丞相，号无尽居士。著有《护法论》一卷，广破欧阳修的排佛说，又驳斥韩愈、程颐等人的佛教观，并对照儒、道、释三教的优劣，认为"儒疗皮肤，道疗血脉，佛疗骨髓"。

④〔缪辕（jiāo gé 交格）〕交错，杂乱。

⑤〔三武〕指北魏太武帝（408—452）、北周武帝（543—578）、唐武宗（814—846），三武在位期间皆有灭佛之举，史称"三武灭佛"。

【提要】

元代静斋学士刘谧所撰《三教平心论》，于元泰定元年（1324）撰成，比较客观地评论佛道儒三教的地位与关系，以辩驳宋儒以来的排佛风气。禅宗根植于中国文化的土壤中，与中国历来的儒家文化、道家文化密切相关，深受中国儒道思维方式的影响。而禅宗的发展也反过来极大地影响了儒家与道家，作为宋代新儒家之宋明理学和金元时期新道教之丹道学，都深受禅宗影响。宋代之后，儒释道三教思想相互影响，相互融会，各有其用，共同构成了中国文化的核心部分。刘谧引用宋孝宗所论的"以佛治心，以道治身，以儒治世"，正说明此理。

◎ 第172条 《憨山老人梦游集》卷二

古人说参禅、提话头，都是不得已。公案虽多，惟独念佛审实的话头，尘劳中极易得力。虽是易得力，不过如敲门瓦子一般，终是要抛却，只是少不得用一番。如今用此做工夫，须要信得及，靠得定，咬得住，决不可犹豫。不得今日如此，明日又如彼，又恐不得悟，又嫌不玄妙，这些思算，都是障碍。先要说破，临时不生疑虑。

至若工夫做得力处，外境不入，惟有心内烦恼，无状横起，或欲念横发，或心生烦闷，或起种种障碍，以致心疲力倦，无可奈何。此乃八识①中，含藏无量劫来，习气种子，今日被工夫逼急都现出来。此处最要分晓，先要识得破，透得过，决不可被他笼罩，决不可随他调弄，决不可当作实事。但只抖擞精神，奋发勇猛，提起本参话头②，就在此等念头起处，一直捱追将去。我这里元无此事，问渠向何处来？！毕竟是甚么？！决定要见个下落。如此一捱③将去，只教神鬼皆泣，灭迹潜踪，务要赶尽杀绝，不留寸丝。如此着力，自然得见好消息。若一念拶得破，则一切妄念，一时脱谢，如空华影落，阳焰波澄。过此一番，便得无量轻安，无量自在。此乃初心得力处，不为玄妙。及乎轻安自在，又不可生欢喜心；若生欢喜心，则欢喜魔附心，又多一种障矣。

至若藏识④中习气爱根种子，坚固深潜，话头用力不得处，观心照不及处，自己下手不得，须礼佛诵经忏悔，又要密持咒心⑤，仗佛密印以消除之。

【注释】

①〔八识〕第八阿赖耶识。

②〔本参话头〕学人以一句禅语来参究本来面目，谓之参话头，自己始终参究的话头称为本参话头。

③〔拶（zǎn 攒）〕压紧，逼迫。禅门以狠辣手段逼拶学人，使其绝处逢生，大死大活，意在速疾悟道。

④〔藏识〕阿赖耶识，因含藏一切业果心识种子，故又称藏识。

⑤〔咒心〕长咒中有摄要的短咒，叫作咒心。

【提要】

明代以来，禅宗总体上开始衰落，净土念佛法门盛行，于是又出现了参"念佛是谁"的话头，并成为晚明到清代禅林中最为流行的参究话头。本段是明代憨山德清（1546—1623）对郑崐岩中丞的一段开示，就参究"念佛是谁"话头的用功关要做了详细解说，指出坚持这一句本参话头，并以此对治各种疑惑和习气障碍的方法，由此可以一窥晚明以来参究"念佛是谁"的用功要点。

憨山德清，字澄印，俗姓蔡，安徽全椒人。德清禅师幼时即有生死去来之疑问，常常萦绕心中。十二岁时，从南京报恩寺西林永宁禅师出家。后随同妙峰禅师结伴远游五台山，见北台憨山奇秀可爱，遂默取为号，"憨山大师"因此得名。后山居岩穴，人迹罕至，净如琉璃，修耳根圆通。发悟入定，身心俱忘，眼前唯一大光明藏，圆满湛寂，如大圆镜，山河大地，影现其中；出定之后，重觅身心，了不可得。于是作偈云：

瞥然一念狂心歇，内外根尘俱洞彻。

翻身触破太虚空，万象森罗从起灭。

德清禅师从此内外湛然，音声色相，无复为碍，从前疑滞，当下顿消。悟道后，因无人印证，便读《楞严经》以求自证，全经大旨，即了然于胸，更无疑滞。出山后，德清禅师根据当时佛教流行禅净双修的机宜，提倡参"念佛是谁"话头，认为这是末世众生修行的稳捷之法。

◎ 第173条 《大觉普济能仁琇国师语录》卷三

今冬与大众约法三章：第一，饮水不得打湿口；第二，吃饭不得咬着米；第三，经行不得撞着露柱①。

【注释】

①〔露柱〕露在外面之柱，指法堂或佛，殿外正面之圆柱。

【提要】

这是清初玉琳通琇（1614—1675）的一段法语。湖州报恩玉琳通琇禅师，磬山天隐圆修禅师（1575—1635）之法嗣，俗姓杨，常州江阴人，是清初著名的禅宗高僧。通琇禅师十九岁投磬山天隐圆修出家，并受具足戒。圆修禅师为举庞居士初见马祖禅话。庞居士问："不与万法为侣者是谁？"马祖说："待汝一口吸尽西江水即为汝道。"通琇听后，即呈一偈：

> 不侣万法的为谁，谁亦不立始亲渠。
>
> 有意驰求转暌隔，无心识得不相违。

圆修禅师道："不问你不侣万法，要你会一口吸尽西江水。"通琇一听，言下大悟，遂拂袖而出。从此以后，通琇禅师机辩大发，凡有诘问，皆当机不让，应对无滞。圆修禅师圆寂后，通琇遂继承法席。后奉清世祖（顺治皇帝）之召入京，大弘祖道，深得清世祖之嘉许，特封赐他"大觉普济能仁国师"之号。通琇禅师晚年游化江浙一带，于西天目山创建禅源寺。康熙乙卯年（1675）七月，于江苏淮安之慈云庵，示微疾，索笔书曰："本是无生，今亦无死。此是正说，余为魔说。"掷笔而逝，享年六十二。有《大觉普济能仁玉琳琇国师语录》七卷、《玉琳通琇国师语录》十二卷等行世。

本段讲参禅用功时，见地上要心不着境，不着佛求，不着法求；功夫上要善于无心用功，喝水不知喝水，吃饭不知吃饭，经行也不知眼前的柱子，颇有禅宗作派。

◎ 第174条　雍正《御选语录总序》

夫学人初登解脱之门，乍释业系①之苦，觉山河大地，十方虚空，并皆消殒。不为从上古锥②舌头之所瞒，识得现在七尺之躯，不过地水火风，自然彻底清净，不挂一丝，是则名为初步破参，前后际断者。（初关）

破本参后，乃知山者山，河者河，大地者大地，十方虚空者十方虚空，地水火风者地水火风，乃至无明者无明，烦恼者烦恼，色声香味触法者，色声香味触法，尽是本分，皆是菩提，无一物非我身，无一物是我己，境智融通，色空无碍，获大自在，常住不动，是则名为透重关，名为大死大活者。（重关）

透重关后，家舍即在途中，途中不离家舍，明头也合，暗头也合，寂即是照，照即是寂。行斯住斯，体斯用斯，空斯有斯，古斯今斯，无生故长生，无灭故不灭。如斯惺惺行履，无明执着，自然消落，方能踏末后一关。（末后关）

【注释】

①〔业系〕业，身、口、意三业。系，烦恼系缚。
②〔古锥〕禅机锋利的老禅师。

【提要】

选自清世宗雍正帝胤禛（1687—1735）所编《御选语录总序》。《御选语录》又称《雍正御选语录》，凡十九卷，雍正十一年（1733）刊行。雍正博览群书，尤好内典，在潜邸时曾奋力参究禅宗，颇有所悟，自号圆明居士。序中言所编《御选语录》是从历代祖师语录中，择选能提持向上、直指真实宗旨的禅师，删选其中精要语录，编辑而成。重点有僧肇、永嘉、寒山、拾得、沩山、仰山、赵州、永明、云门、雪窦、圆悟、玉琳等十二位禅师；佛教三藏之外的书，选了道教张伯端（紫阳真人），还有莲池大师作为禅净合流的代表，以及作为编者的雍正本人（即圆明居士）的语录，以及其他诸多禅师语句。由此客观地说，雍正对于禅宗及参究一事比较内行，因此对于禅宗悟道之事有自己的观点。

对于禅宗三关之说，五代宋以来有多种说法，雍正在《御选语录》中提出了自己的解释，颇得宗门义旨。雍正的解释，大体是以达前后际断、不挂一丝、悟心空寂的初登解脱门为破本参，为初关。以大死后大活，识得一切尽是本分，皆是菩提，无一物非我身，皆为真性之妙用，为破重关。以破无明，执着消落，由此则家途不二，寂照不二，明暗不二，任运现成，无修无证，为踏末后关（也称"末后牢关"）。这一说法对此后三百年来的禅宗界影响颇大。关于三关的解释，还有以唯识所破八识次第的解释观点，有以华严法界三观对应的解释观点，也有以禅宗顿悟说主张并无三观，高唱"一镞破三关，犹是箭后路"之说。

◎ 第175条　虚云禅师《参禅法要》

初心人所发的疑念很粗，忽断忽续，忽熟忽生，算不得疑情，仅可叫做想；渐渐狂心收笼了，念头也有点把得住了，才叫做参；再渐渐功夫纯熟，不疑而自疑，也不觉得坐在什么处所，也不知道有身心世界，单单疑念现前，不间不断，这才叫疑情。实际说起来，初时那算得用功，仅是打妄想，到这时候真疑现前，才是真正用功的时候。这时候是一个大关隘，很容易跑上歧路：（一）这时清清净净，无限轻安，若稍失觉照，便陷入轻昏状态。若有个明眼人在旁，一眼便会看出他正在这个境界，一手板打下，马上满天云雾散，很多会因此悟道的。（二）这时清清净净，空空洞洞，若疑情没有了，便是"无记""枯木岩"，或叫"冷水泡石头"。到这时就要提，提即觉照，但不要像初时的粗提，要极微细微细，单单的的一念幽幽隐隐，湛然寂照，如如不动，灵灵不昧，了了常知，如冷火抽烟，一线绵延不断。渐渐用功到这地步时就要具金刚眼睛，不再提，提就是头上安头。昔有僧问赵州老人道："一物不将来时如何？"州道："放下来！"僧道："一物不将来，放下个什么？"州道："放不下，挑起去！"就是说这时节。此中风光，如人饮水，冷暖自知。

【提要】

出自虚云禅师《参禅法要》，是关于参话头如何起疑情、起疑情后如何参究用功的一段开示。虚云禅师指出需要特别注意两种歧路：一是由于轻安陷入轻昏；二是疑情似空落入无记，并针对这两种弊端，提出了对治方法。

虚云禅师（1840—1959），法名德清，字古岩，又名演彻、性彻，号虚云，为中国近代最著名的禅宗高僧。1840 年出生于泉州府舍，自幼丧母，由庶母王氏抚养。幼时乐闻佛法欲出家，父为娶妻两房而清净无染。十九岁逃离家庭至福建鼓山涌泉寺出家，次年受具足戒。随后入山数年，参禅学教，勤修苦行。后为报父母恩，从普陀山出发，三步一拜，朝礼五台山，沿途历经九死一生，三年圆满。之后又前去西藏，并前往印度、斯里兰卡、缅甸等国朝山礼佛。光绪二十一年（1895），虚云禅师五十六岁，前往高旻禅寺打禅七，期间因开水溅手，茶杯落地声响，于时顿断疑根，大悟本来。遂作开悟偈云：

> 杯子扑落地，响声明历历。
>
> 虚空粉碎也，狂心当下息。

又有偈云："烫着手，打碎杯，家破人亡语难开。春到花香处处秀，山河大地是如来。"虚云禅师一生历经四朝五帝，坚持苦行长达百余年，历坐十五个道场，复兴六大祖庭，以一身兼承禅门五宗法脉，在近代世变衰微之际为中国佛教作柱石栋梁，为清末民国以来中国佛教最伟大的禅师。1959年于江西云居山圆寂，世寿一百二十岁。

◎ 第176条 《云居山[①]方便开示》

释迦如来说法四十九年，谈经三百余会，归摄在三藏十二部中。三藏者，经藏、律藏、论藏是也。三藏所诠，不外戒定慧三学。经诠定学，律诠戒学，论诠慧学。再约而言之，则"因果"二字，全把佛所说法包括无余了。"因果"二字，是一切圣凡、世间出世间，都逃不了的。因是因缘，果是果报。譬如种谷，以一粒谷子为因，以日光风雨为缘，结实收获为果。若无因缘，决无结果也。一切圣贤之所以为圣贤者，其要在于明因识果。明者，了解义。识者，明白义。凡夫畏果，菩萨畏因。凡夫只怕恶果，不知恶果起于恶因，平常任意胡为，以图一时快乐，不知乐是苦因。菩萨则不然，平常一举一动，谨身护持，戒慎于初，既无恶因，何来恶果？纵有恶果，都是久远前因。既属前因种下，则后果难逃，故感果之时，安然顺受，毫无畏缩，这就叫明因识果。

【注释】

①〔云居山〕位于江西永修西南十七公里处。山巅有云居寺，始建于唐宪宗元和三年（808），是佛教曹洞宗发祥地。宋代祥符年中（1008—1016），敕改真如禅院。

【提要】

出自虚云禅师《云居山方便开示》。本段指出禅宗行人要明因识果，明白因果的道理是参禅的先决条件："无论什么人，尤其想用功办道的人，先要深信因果；若不信因果，妄作胡为，不要说办道不成功，三涂少他不了。"

◎ 第177条 《来果禅师语录·参禅普说》

参禅人，工夫能做到不打失、不走作、不间断，三能办到，许是工夫持久。何以故？正提起"念佛是谁"句子，审疑清彻，念无浮昏，见无细妄，任见色闻声，工夫尚在，名不打失，不被声色转去是也。二六时中，历历明明，精参实究，从早至晚，未有一刻微懈，是名不走作。心心力参，念念深审；无不参之念；无不参之心；有心心参，有念念参；有心即有心参，有念即有念参；无心即无心参，无念即无念参；只知有参，不知不参，是名不间断，斯为成佛工夫。

【提要】

本段为近代来果禅师讲述参话头"念佛是谁"的用功方法，细致讲说了"不打失、不走作、不间断"的工夫，是参话头过来人的心要之语。

来果禅师（1881—1953），法名妙树，号净如，俗姓刘，湖北黄冈人，与虚云禅师同被称为清末民初的二位宗门大德。来果禅师少时就萌出家之念，七岁闻《心经》"无智亦无得"句有省。十二岁时潜逃出家，为兄寻回，每日念佛为课。二十四岁至普陀山朝拜，开始苦行出家，受尽磨难。后到金山受戒，常参"念佛是谁"话头。光绪三十四年（1908）二十七岁时，在金山禅堂坐香，来果禅师听到开静的木鱼声响起，终于豁然大悟，犹如千斤重担，蓦地放下。自此用功更加精勤细密，功夫日进。民国四年（1915）应扬州高旻寺月祖老和尚邀请到高旻寺，受月祖老和尚之命，来果禅师发愿毕生为高旻寺尽职。升座后，来果禅师矢志恢复高旻寺旧制，不作经忏，只许坐香，整治丛林规矩，制定高旻寺规约。又多方奔走化缘，拟修建宝塔、大殿、禅堂、延寿堂、如意寮等五大工程，后受阻于中日之战，仅完成宝塔基座。每谓高旻寺乃专主禅宗，所有常住，只许坐香，其他闭关、般舟行、念佛七、持午、讲经、学社、学戒堂、大小经忏佛事及焰口等，悉行禁止，并整治丛林规矩，制定《高旻寺规约》，声明任何人皆不可擅自更动，故有云："天下丛林不止单，守禅制者，独有高旻寺耳。"中华人民共和国成立后，来果禅师前往上海住茅篷，1953年示寂于上海，归葬寺中，世寿七十三。有《来果禅师语录》《四寮规约》传世。

《禅愿》23条

◎ 第178条 《入中论》[①]

大悲心与无二慧，菩提心是佛子因。

【注释】

① 〔《入中论》〕又译作《入中观论》，其内容叙述中观教义大纲，解释并阐明《中观论》，发扬龙树的中观正见。其结构组织依于《华严经·十地品》，其正文内容即是十地颂的释文。

【提要】

这首偈颂出自月称论师所著、法尊法师（1902—1980）所译的《入中论》，是本论的归敬颂，讲述三种成佛正因，即大悲心、无二慧与菩提心。所谓大悲心，是拔众生苦心，愿令一切世间众生都能离苦得乐。所谓无二慧，是远离二边、不着有无、没有分别之无漏智慧。依于此慧，能观诸法性空，无有实体，不执为有，亦观诸法是因缘生，不落于无。此慧能与一切我执、法执为正对治，是断烦恼、出生死之主力。所谓菩提心有二，一是胜义菩提心，即初地以上，能通达性空，同时发愿利生；二是世俗菩提心，此心观三界苦，犹如火宅，复观众生颠倒，以苦为乐，不知出离，以菩提心故观诸众生皆我父母眷属，欲为随机设教，令出苦海，成正觉。

◎ 第179条 《华严经》卷七十八

菩提心者，犹如种子，能生一切诸佛法故。
菩提心者，犹如良田，能长众生白净法^①故。
菩提心者，犹如大地，能持一切诸世间故。
菩提心者，犹如净水，能洗一切烦恼垢故。

【注释】

①〔白净法〕白法与净法，皆指清净无染的善法。

【提要】

出自《华严经·入法界品》，讲述发菩提心的内容，以一百多种譬喻来说明发菩提心的重要功用，这里只选取了前四种。菩提心，具称阿耨多罗三藐三菩提心，即无上正真道意；发菩提心即立志成就无上正等正觉之意，这是参禅悟道之人应发的崇高觉悟。

◎ 第180条 《入不思议解脱境界普贤行愿品》

于诸惑^①业及魔境，世间道中得解脱，犹如莲华^②不着水，亦如日月不住空。

【注释】

①〔惑〕烦恼异名。

②〔莲华〕同"莲花"。

【提要】

这是《四十华严》（又称《入不思议解脱境界普贤行愿品》）第四十卷的一首偈颂，讲述如来藏自性清净心的体性本自解脱，在一切惑业、魔境等障碍境界中也能无碍解脱，《圆觉经》中称为"一切障碍，即究竟觉"，如莲花出水而无染，日月行空而无碍。参禅学人发菩提心，度他觉世，还得进入世间众生的生活世界里去；而且，不仅要进去，还要像莲花出水一样不沾水，就像维摩诘居士以清净无染心，乃可入诸街头酒肆之中度化众生。

◎ 第181条 《入不思议解脱境界普贤行愿品》

于诸病苦，为作良医；于失道者，示其正路；于暗夜中，为作光明；于贫穷者，令得伏藏^①。菩萨如是平等饶益一切众生。

【注释】

①〔伏藏〕先前潜藏起来的等待发掘的宝藏。

【提要】

《入不思议解脱境界普贤行愿品》主要讲述了普贤菩萨行菩萨道的十大行愿。本段讲述了第九大行愿"恒顺众生"之内容。所谓十大行愿是指：一礼敬诸佛，二称赞如来，三广修供养，四忏悔业障，五随喜功德，六请转法轮，七请佛住世，八常随佛学，九恒顺众生，十普皆回向。关于"恒顺众生"的内容，经中说："恒顺众生者，谓尽法界、虚空界十方刹海，所有众生种种差别……如是等类，我皆于彼随顺而转，种种承事，种种供养，如敬父母，如奉师长，及阿罗汉乃至如来，等无有异。于诸病苦，为作良医；于失道者，示其正路；于暗夜中，为作光明；于贫穷者，令得伏藏。菩萨如是平等饶益一切众生。"也就是说，菩萨平等饶益一切众生是指，一方面，不论所饶益的对象是人类还是其他生物，是高种姓人还是低种姓人，是相貌庄严的人还是相貌丑陋的人，是普通人还是各种修习世间定的人等，菩萨都要去随顺且饶益他们；另一方面，菩萨饶益一切众生不是恩典性的，更不是施舍性的，而是像敬养父母、奉事师长、供养阿罗汉乃至供养如来那般地去供养一切众生。菩萨随顺一切众生的具体行动，这里觉出了四个内容：（一）众生有了病苦，菩萨便做他的良医，给他治病。（二）众生迷失了道路，菩萨就做他的向导，给他指明正确的方向。（三）众生陷于黑夜之中，菩萨就做他的灯塔，给他光明。（四）众生贫困潦倒，菩萨就告诉他去发掘自家的真实宝藏。菩萨就是这样平等地饶益一切众生。

◎ 第182条 《入不思议解脱境界普贤行愿品》

菩萨若能随顺众生，则为随顺供养诸佛；若于众生尊重承事①，则为尊重承事如来；若令众生生欢喜者，则令一切如来欢喜。

【提要】

菩萨饶益一切众生，并不是居高临下般地给予众生恩赐，更不是自我优越般地给众生以施舍，而是怀着一颗谦卑的心，把一切众生都当作佛来看待和供养。以菩萨的觉悟心来说，随顺一切众生，就是随顺供养诸佛；尊重承事一切众生，就是尊重承事如来；令一切众生心生欢喜，就是令一切如来心生欢喜。在菩萨的境界里，一切众生都是诸佛的化身，供养一切众生就如同供养诸佛。

◎ 第183条 《入不思议解脱境界普贤行愿品》

诸佛如来以大悲心而为体故，因于众生而起大悲，因于大悲生菩提心，因菩提心成等正觉①。譬如旷野沙碛②之中有大树王，若根得水，枝叶花果悉皆繁茂。生死旷野菩提树王，亦复如是。一切众生而为树根，诸佛菩萨而为花果，以大悲水饶益众生，则能成就诸佛菩萨智慧花果。

【注释】

①〔等正觉〕又作正等正觉，梵音"三藐三菩提"的意译。

②〔沙碛（qì气）〕沙漠，沙洲。

【提要】

俗语讲"鱼儿离不开水"，菩萨成就佛道也离不开众生，一切众生乃是诸佛如来得以成就的"根"。诸佛如来与一切众生同体大悲，一切众生就像是旷野沙碛中的树根，诸佛如来就像是由树根生长出来的花果，没有一切众生，便没有诸佛如来。树根因为水的润养，能逐渐成长为一棵枝叶繁茂的大树，并最终结出花果。一切众生也因为诸佛大悲心的润养，由大悲心而生起菩提心，由菩提心而最终成就正等正觉。若诸菩萨能以大悲水而平等饶益一切众生，则能成就无上正觉。

◎ 第184条 《入不思议解脱境界普贤行愿品》

从初礼拜乃至随顺，所有功德皆悉回向①尽法界、虚空界一切众生，愿令众生常得安乐，无诸病苦；欲行恶法皆悉不成，所修善业皆速成就；关闭一切诸恶趣门，开示人天涅槃正路；若诸众生因其积集诸恶业故，所感一切极重苦果，我皆代受；令彼众生悉得解脱，究竟成就无上菩提。

【注释】

①〔回向〕以所成就的功德，回转给他人，使趣向菩提涅槃。

【提要】

本段讲述普贤菩萨第十大行愿"普皆回向"的道理。回向对于菩萨道的修行十分重要。有个譬喻十分形象地说明回向的道理：如果将所修功德回向给法界一切众生，那么就如同将一滴水融入大海，不论自己所行的善行有多么细小，也能与大海同体。只要将做善行功德无私地回向给一切众生，则自己终将收获无量福德。反过来，如果未将所修功德回向给一切众生，那么就犹如将水放入漏器中，不论成就了多大的功德，也会流失殆尽。而且，没有回向的功德，就像一堆柴薪，遇到嗔怒之火便会烧光，所谓"瞋是心中火，能烧功德林"。普贤菩萨所成就的一切功德，从第一大愿"礼敬诸佛"乃至第九大愿"恒顺众生"，所有功德都回向法界一切众生，只有这样普贤菩萨的行愿才能真正地圆满成就。

◎ 第185条 《大毗卢遮那成佛神变加持经》卷一

菩提心为因，悲为根本，方便为究竟①。

【注释】

① 〔方便为究竟〕方便法即是究竟法。

【提要】

出自《大毗卢遮那成佛神变加持经》（即《大日经》）卷一《入真言门住心品第一》。《大日经》是真言部根本经之一，凡七卷三十六品，唐代善无畏、一行等译。本经论述一切众生本有清净菩提心所具之无尽庄严藏，示以本觉方便主旨。这里的"菩提心为因，悲为根本，方便为究竟"三句，乃是贯穿全经的根本宗旨。若以大树作比喻，则菩提心犹如大树的种子，大悲心犹如菩提种子在四大众缘滋养下所生长出来的树根，方便究竟法犹如大树所结出来的果实。在这三个法门中，菩提心为根本，没有菩提种子，便进入不了觉悟之门。

◎ 第186条 《法华经·法师品第十》

入如来室，着如来衣，坐如来座，尔乃应为四众广说斯经。如来室者，一切众生中大慈悲心是；如来衣者，柔和忍辱心是；如来座者，一切法空是。

【提要】

本段讲述法师应以法（真理）为师，进入如来的堂室，穿着如来的衣衫，坐上如来的正道法座，全面秉承如来的正觉精神。所谓"如来室"指对一切众生的大慈悲心，心量广大，拔苦与乐，关爱自己、他人乃至社会；所谓"如来衣"指柔和忍辱心，能忍受一切挫折、侮辱和毁谤，积极面对一切外境；所谓"如来座"指安住于诸法缘起性空的正见，破除一切我执法执，以平等心无分别地为一切众生做奉献。

◎ 第187条 《法华经·药草喻品第五》

我观一切①，普皆平等，无有彼此爱憎之心。

【注释】

①〔一切〕法界一切有情众生。

【提要】

出自《法华经·药草喻品第五》，讲述如来平等之法。平等是佛学的重要观念之一，佛心无碍，等视众生，故观一切普皆平等，故说一味平等之法，令诸众生共证菩提，犹如雨施大地，一切普润。凡心有私，分别高下，则彼此生出爱憎之心，相互争斗，纷争四起。所以，平等思想是佛法的根本思想之一，不论众生根机利钝如何，以佛法视之则普皆平等。

◎ 第188条 《法华经·方便品第二》

是法住法位①，世间相常住。

【注释】

①〔法位〕真如正位。

【提要】

出自《法华经·方便品第二》，讲述如来众生皆依无性之真如，一如无二，悉不出如。所谓"是法住法位"

指世间法与出世间法等一切法，皆依住于真如法位，皆一理体；染位是世间相，净位是出世间相，宛然迷悟各别，然皆归真如法位。所谓"世间相常住"指于真如理体本位上说，世间相与出世间相皆以真如为位，亦以真如为相，其位相常住。其意同《大祖坛经》中说"佛法在世间，不离世间觉"，故说众生界与佛界皆不增不减，第一义空赅通真妄。世间缘生无常之理体即是真常，常与无常二理不偏，一切世间无常即真常理。因此，了知诸法实相，也就不会离开世间法而求正觉了。

◎ 第189条 《六祖坛经·般若品第二》

佛法在世间，不离世间觉。
离世觅菩提，恰如求兔角①。

【注释】

①〔求兔角〕兔子本来无角，却要在它头上求角。

【提要】

这是六祖慧能说的一句脍炙人口的偈语，出自《六祖坛经·般若品第二》，讲述的是世间求解脱的思想，圆融世间与出世间之对立，具有鲜明的中华文化圆融特点。

六祖慧能的禅法有两个开展层面：一是高唱"直指人心，见性成佛"的顿悟法门，这是指授明心见性的最上乘法门，是慧能禅法的核心；二是提倡"佛法在世间，不离世间觉"的当下安心之道，这是圆融世间与出世间的不二之道，也是针对所有学人当下行持的正知正念正行法门，是慧能禅法的方便法门。从宋代之后，除了丛林中以向上一路为主的顿悟法门之外，禅宗在更普遍的层面逐渐转为中华文化圆融的当下安心之道。中华文化重入世，重社会伦理，重人文教化，慧能提倡在家修持，孝顺父母，上下相爱，主张将禅悟与日常生活相融合，即世间而求解脱，具有浓厚的中国文化特点，构成了佛教中国化的一个重要内涵。

◎ 第190条 《维摩诘所说经·入不二法门品第九》

世间、出世间为二。世间性空即是出世间，于其中不入不出、不溢不散，是为入不二法门。

【提要】

本段讲述的是大乘佛法的一个重要理念——不二法门。《维摩诘所说经》记载，维摩诘居士问众位菩萨："什

么是菩萨入不二法门？"随后有三十几位菩萨纷纷回答，其中那罗延菩萨便回答了上面这一段话。大意是说，世间与出世间这一对二分法，它们在本质上并不是二分的，因为世间法的自性是空，而空性即是出世间，所以世间法与出世间法是统一于空性而非二分对立的。如果能这样看待世间与出世间的关系，那便是入不二法门。其余诸位菩萨也如此回答，只不过具体内容各有不同。比如有菩萨说生死、涅槃在本质上是不二的，色、色空在本质上也是不二的，等等。最后文殊师利菩萨问维摩诘居士："我等各自都说完了，请仁者说何等是菩萨入不二法门。"这时维摩诘居士寂默无言。文殊师利菩萨遂赞叹说："善哉！善哉！乃至无有文字、语言，是真入不二法门。"从经义上来看，真正的不二法门是离言法性境界，因为只有在离言法性境界里面，才不会有二分对待的分别产生，没有二分的分别生起，才是真正的入不二法门。所以，世间与出世间的不二，并非预先设定了一对二分存在，然后再去取消二者的对待，而是说二者的二分本就是一种分别施设。

◎ 第191条 《圆觉经》

一切障碍，即究竟觉①。得念失念，无非解

脱；成法破法，皆名涅槃；智慧愚痴，通为般若；菩萨外道②所成就法，同是菩提；无明真如，无异境界；诸戒定慧及淫怒痴，俱是梵行；众生国土，同一法性；地狱天宫，皆为净土；有性③无性④，齐成佛道；一切烦恼，毕竟解脱；法界海慧，照了诸相，犹如虚空。此名如来随顺觉性。

【注释】

①〔究竟觉〕又作无上觉，即佛果位，与本觉、相似觉、随分觉合为"四觉"，是《大乘起信论》所说的四种不同的觉证阶段。

②〔外道〕原是佛教称呼其他教派之语。

③〔有性〕有种性，如三乘种性。

④〔无性〕无种性，即一阐提，指断尽善根之人。

【提要】

本段讲述何为"如来随顺觉性"，是禅宗参悟世间与出世间问题的重要语句。这段文字的含义实际上与《法华经》"是法住法位，世间相常住"旨趣相同。所谓觉性，实指佛性、如来藏自性清净心。《圆觉经》中有四种随顺觉性：凡夫随顺觉性、菩萨未入地者随顺觉性、菩萨已入地者随顺觉性、如来随顺觉性。而如来随顺觉性则是佛果地之不二境界，寂灭一心现前，超越了能所、生死涅槃、菩提烦恼等凡圣差别境界，彻底破除了无相、人相、众生相、寿者相。佛果境界中以圆觉心，明了一切相皆为虚妄，悉皆解脱，非一非异，空有不二，皆在本然圆觉之中。如《楞严经》云："清净本然，周遍法界。随众生心，应所知量。"而世间与出世间的一切法，障碍与清净，得念与失念，智慧与愚痴，菩萨法与外道法，无明与真如，诸戒定慧及淫怒痴，等等，皆为本然究竟圆觉性，照了诸相，犹如虚空，故知烦恼即菩提，一切烦恼毕竟解脱，一切障碍即究竟觉。

◎ 第192条　永明延寿①《宗镜录序》

举一心为宗，照万法如镜。

【注释】

①〔永明延寿〕延寿（904—975），唐末五代宋初吴越国高僧，俗姓王，浙江余杭人，中国净土宗第六代祖，禅宗法眼宗三祖。延寿禅师自幼喜欢诵读《法华经》，常戒杀放生。早年做地方税务官时，因挪用官银买生放生而获罪，后被吴越王特赦，遂投归龙册寺翠岩禅师出家。后往天台山谒天台德韶国师，得其印可。之后在国清寺行法

华忏，精修净业。后住明州雪窦山弘法，又复兴杭州灵隐寺。宋太祖建隆二年（961），应吴越王钱俶（chù 处）（929—988）之请，迁南屏山慧日永明寺，接引大众十五年，世称永明大师。延寿禅师融通各宗又会归净土，主张祖佛同诠、禅教一体，折衷法相、三论、华严、天台，以禅融会贯通。开宝八年（975）示寂，世寿七十二，赐号"智觉禅师"。著有《万善同归集》六卷、《唯心诀》一卷等行世，又集《宗镜录》一百卷。

【提要】

此偈出自永明延寿所作的《宗镜录序》，可视为《宗镜录》的纲要。《宗镜录》凡一百卷，成书于宋太祖建隆二年（961），系永明延寿禅师召集慈恩、贤首、天台三宗僧人互相发问辩难，并广收大乘经论六十余部及中印大德著作汇编而成，内容详述了当时诸经论及学派大意，以及有关佛学义理的问题讨论，并用"举一心为宗"来会通解释诸派义理，如同镜子印照出万象一样，意在融会禅宗与教派，提倡禅教一致的思想。永明延寿禅师通过编集《宗镜录》，一方面对隋唐以来的宗派佛教义理进行了总结，另一方面以"一心"思想来融合各宗派的思想，这种禅教一致的思想，在某种意义上进一步促进了中国佛教诸宗派的融合，使得自宋以降以禅宗为主导而融会各派的发展模式成为中国佛教发展的主流。

◎ 第193条 《辅教篇·原教》

不杀仁也，不盗义也，不邪礼也，不饮智也，不妄信也。……修前五者，资之可以为人；兼修其十者，报之可以生天。脱天下之人以此各修，人人成善，人人皆善，而世不治，未之有也。

【提要】

本段是宋代明教契嵩禅师阐释其儒释一致思想的论述，以儒家的仁义礼智信"五常"解释佛教"五戒"，盛论佛教的"五戒十善"等同于儒家的"五常"，乃是治世的基本准则。契嵩在中国佛教思想史上最突出的事迹是，在宋仁宗明道年间（1032—1033），针对韩愈、欧阳修等人的辟佛议论，作《辅教篇》力加反驳，阐明儒佛一贯的思想，轰动当时文坛，成为宋代儒佛关系史上的重要史料，对于宋代之后的儒佛交融思想影响颇深。针对韩愈《本论》提出的三个排佛理由（一是佛教传入中国千年，对政教有害无益；二是佛教"弃其父子，绝其夫妇"，不讲孝道，灭绝人性；三是佛为夷狄之人，其法不应行于中国），契嵩禅师作出了有力的辩驳。

契嵩认为儒佛都是圣人之教，一者治世，一者治出世，分工不同，相辅相成，互不可缺。《镡津文集》卷八

《寂子解》中说："儒者，圣人之大有为者也；佛者，圣人之大无为者也。有为者以治世，无为者以治心。"他认为佛教思想与儒家道德伦理相合，叙说佛教之五戒十善与儒教之五常一致，名异实一，有益治化；佛教之情大慈大诚，感人至深；佛教以道报恩，以德嗣德，乃人伦恩义之大者；并以道和礼义为本，论说真正的夷夏之辨。又作《孝论》阐述佛教的孝道思想，申述佛教意旨深远、不违人伦之意。

在《辅教篇·广原教》中，以"迹本论"（迹虽有异，本则相同）对《原教》所论儒佛一贯作深层的理论阐释。篇中说："惟心之谓道，阐道之谓教。教也者，圣人之垂迹也；道也者，众生之大本也。"认为各家学说，称作佛家、儒家、百家，实际其道则一，而其迹则异。诸家圣人所本皆存乎道，乃是穷理尽性之极则、物我一同之理体，依此而开出诸家之教，不过是圣人的不同权设，其为善救世济物的本怀则完全一致。他认为，心之谓道，道之本存乎觉明，动而为业感，出而为性情，辗转演化万物，一即万，万即一，浩然不穷。诸家学说，其为善之本怀一致，而教化之迹则各有不同，但都同归于治化。

契嵩以禅师的身份讲述儒家的尊道贵德、圣贤之学以及义利之辨等问题，他对于儒学经史造诣颇深，故能博引儒家经典而与排佛之说驳论，声气振发，持论正大，对佛教有益政教治化作了逻辑严密、合情合理的论辩，澄清了当时儒生对于佛教的误解，使佛教中国化在宋代得以进一步发展。

契嵩（1007—1072），北宋云门宗僧，洞山晓聪禅师（？—1030）法嗣，云门下第四世。俗姓李，字仲灵，自号潜子，藤州镡津（今广西藤县）人。七岁出家，十三岁得度，十九岁游方，遍参知识，后得法于洞山晓聪。尝作《原教论》十余万言，明儒释一贯之旨，以抗韩愈等人排佛之说。后居永安兰若，著《禅门定祖图》《传法正宗记》《辅教编》，上进宋仁宗。仁宗览之加叹，付传法院编次入藏，并下诏褒宠，赐号"明教"。韩琦、欧阳修等明士皆尊礼之。熙宁五年（1072）六月中夜，坐化于杭州灵隐寺。遗有《镡津文集》二十卷盛行于世。

◎ 第194条 《紫柏尊者全集》卷一

老憨[①]不归，则我出世一大负；矿税[②]不止，则我救世一大负；传灯[③]未续，则我慧命一大负。若释此三负，当不复走王舍城[④]矣。

【注释】

①〔老憨〕憨山德清禅师（1546—1623）。

②〔矿税〕万历二十八年（1600），朝廷征收矿税，宦官乘机搜刮民脂民膏，南康知府吴宝秀（？—1600）因不服从税令以致被捕，真可禅师多方调护无果，遂发如此激愤之语。也正是因为他的激愤，引起了朝廷庸官的忌惮，遂罗织造作"妖书"的罪名将真可禅师逮捕入狱。万历三十一年（1603），与沈鲤等东林党人交好的真可禅师，又被牵扯进了"第二次妖书案"中，屡被东厂宦官严刑拷打，不幸遇害。

③〔传灯〕佛法破暗犹如明灯，佛法传续譬之传灯。这里指《嘉兴藏》的刊刻事业。

④〔王舍城〕中印度摩羯（jié 洁）陀国的都城，佛陀传教中心地之一，灵鹫（jiù 旧）山所在处。

【提要】

紫柏真可禅师自言平生三大负：一是如果憨山德清禅师还不营救回来的话（万历二十三年，憨山德清被诬以私造寺院罪名而被充军到广东雷州），便是自己出世的一大负疚；二是如果矿税政令还未禁止的话，便是自己救世的一大负疚；三是如果《嘉兴藏》的刊刻工程没有完成，便是自己慧命的一大负疚。如果这三大负疚都能了结的话，那就不用再去王舍城了。以出家人身份而发了三个看起来完全是世俗事的强烈心愿，紫柏真可禅师这"三大负"可谓是非常特出，但却是大乘菩萨道救世度生精神的真实体现，展现了一位大乘菩萨行者的豪情气概，具有鲜明的中国化精神特点。

《紫柏尊者全集》凡三十卷，憨山德清禅师校阅。紫柏尊者，即径山紫柏真可禅师（1543—1603），俗姓沈，江苏吴江人。少时好游侠，十七岁时偶住虎丘云岩寺，因闻佛号而从明觉禅师落发。二十岁受具足戒，入武塘景德寺闭关三载，期满策杖游方。万历元年（1573）至京师，依大千佛寺华严宗匠遍融法师学习经教九年。后与德清相会，成为至交。万历十七年（1589），开始组织编纂《径山藏》。万历二十八年（1600），因事蒙冤入狱。万历三十一年（1603）十二月，于狱中示寂，世寿六十一。遗有《紫柏尊者全集》。紫柏真可会通禅教，倡儒释道三教一致，与莲池袾宏、憨山德清、蕅益智旭并称为晚明四大高僧。

◎ 第195条 《印光法师文钞·复隆智居士书》

学佛之人，务须敦伦尽分，闲邪①存诚，诸

恶莫作，众善奉行。存好心，说好话，行好事。以此自行，复以化他，则生为圣贤之徒，没入如来封疆矣。现今世乱已极，其根本皆由大家不讲因果，故致成有天地来之第一大乱也。为今之计，无论何人，皆须明因识果。……因果者，世出世间圣人平治天下、度脱众生之大权，乃标本同治之妙法也。

【注释】
①〔闲邪〕防止邪恶。

【提要】
　　这是近代高僧、净土宗第十三代祖师印光法师劝化在家居士的一段开示，也是一段具有代表性的关于圆融儒佛二家、圆融世间与出世间的开示文，体现了佛教中国化的菩萨精神。这段文中，印光法师宣扬道德、强调善恶因果等化导世人的心情跃然纸上。他有感于当时的战乱景象，认为一切战争乱世的久远根源都是人们不能明因识果，故提倡"诸恶莫作，众善奉行。存好心，说好话，行好事"，并以此自行化他，认为这是关系到整个社会、国家平治天下的要务。
　　印光法师（1861—1940），陕西合阳人，俗姓赵，名圣量，字印光，别号常惭愧僧。少时喜读韩、欧、程、朱之书，受其影响而排佛。后病困数载，因读佛书而病愈，遂回心向佛。二十一岁，依终南山南五台莲花洞道纯长老出家，后挂搭湖北竹溪莲华寺，又往陕西兴安双溪寺受具足戒。二十六岁，赴净土道场红螺山资福寺念佛，自号"继庐行者"。其后居浙江普陀山法雨寺二十余年闭关，朝夕唯阅藏念佛。又复建苏州灵岩山寺，成为现代净土宗第一道场。1940 年，示寂于灵岩山寺，世寿八十。印光法师一生以净土为宗，操行弘毅，被誉为民国以来净土宗第一尊宿，与虚云、太虚、弘一并称为民国四大高僧。有《印光法师文钞》《印光大师全集》等行世。

◎ 第 196 条 《即人成佛的真现实论》

仰止唯佛陀，完成在人格，
人圆佛即成，是名真现实。

【提要】

这首偈颂是近代佛教思想家太虚大师（1889—1947）关于人生佛教（人间佛教）的名言，可谓近代中国佛教寻求适应现代社会的现代化转型的总原则。出自 1938 年

2 月在重庆所作的《即人成佛的真现实论》(《太虚大师全书·第十四编支论》)。因为诗律的关系，在不同的文章中，"完成"又作"完就"，"人圆佛即成"又作"人成佛即成""人成即佛成"等。原颂有八句："堕世年复年，忽满四十八，众苦方沸腾，遍救怀明达。仰止唯佛陀，完成在人格，人圆佛即成，是名真现实。"当时上海、南京已经相继沦陷，太虚有感于国家的生死存亡与百姓的痛苦不幸，一时间悲天悯人的菩萨情怀难以自已，希望自己能为时下的苍生做点什么，并进一步思考佛教该如何投入到救亡图存与经世济民的活动中去，乃作了这首述怀偈。其核心思想是"即人成佛"，所谓"人成""人圆"，便是真正的成佛。而要圆成人格，就要践行普贤行愿法门，修十大行愿，以担得起"上求大觉，下济有情之大事"。从个人层面来说，践行普贤行愿法门是成佛的必由之路；而从整个佛教来说，回到现实的人生也是佛教发展的必由之路。

太虚是近现代中国佛教最为重要的思想领袖，民国时期佛教革新运动的倡导者，提倡教理、教制、教产三大革命，为促进近代中国佛教的现代化转型作出了杰出的思想贡献。俗姓张，浙江崇德人，本名淦（gàn 干）森。十六岁出家，十八岁于宁波天童寺受具足戒，十九岁在西方寺阅藏。后游学于金陵杨仁山之祇洹精舍。1914

年于普陀山闭关三年，大悟《楞严》及唯识。1918年，在上海与陈元白、章太炎等创办觉社，主编《觉社丛书》，翌年改为《海潮音》月刊。1922年创办武昌佛学院，为近代佛学院僧教育的发展作出了开创性的贡献。1928年，赴欧美等地讲学游化，是近代中国佛教西传欧美的先驱者。1929年回国后于南京成立中国佛学会，积极从事佛学研究和演讲，思考佛学与现代学术之融汇，并着力推动中国佛教协会以及世界佛学苑的开展，掀起了佛教在组织、教理、学术以及弘化社会等多层面现代化之新风气。抗战后住锡重庆缙云寺，创办汉藏教理院，促进汉藏佛学交流，并游化印缅，宣扬抗战。抗战胜利后，积极推动人生佛教（人间佛教）思想，积劳成疾，1947年3月17日因病于上海玉佛寺圆寂，葬于浙江奉化雪窦山。遗有著作多种，后由门人印顺等辑为《太虚大师全书》六十四册行世。

◎ 第197条 《五乘共学》

佛教有五乘之法：天乘、人乘，是世间之佛法；声闻、缘觉、菩萨三乘，乃出世间之佛法。此五乘佛法，各具教理行果修证等事。

出自《太虚大师全书·五乘共学》之《真佛教徒——即俗即真的大乘行者》。这里所讲的五乘佛法，依太虚所说，前四乘都是"方便随缘之说法"，并非释迦出世之本怀。释迦所处的时代，那种远离世间、遁迹山林的苦行十分流行。修行者们大都思想高洁，对于污秽的浊世完全不感兴趣，一心追求清净安乐的涅槃境界，故释迦牟尼佛乃说小乘方便法，导人真正离于三界苦宅。不过，小乘佛法大都追求自己解脱，缺少觉他利他的菩萨悲愿。佛陀为遮自利之病，又讲菩萨教法，以使一切有情皆成正觉之佛果。太虚这里讲五乘佛法，其实有很强的现实意义。一方面，那种远离世间的高洁苦行的修行方式，虽然值得人们敬佩，但在太虚看来，容易使大众对佛教产生误解，使人觉得"佛法为世外高尚之法，学佛者为高尚贞操之士、山林隐逸之流"，而把学佛与远离红尘混为一谈。其实佛陀的本怀就是为了解决人生问题，故又讲了大乘佛法。另一方面，太虚又指出，中国佛教历来以圆顿为究竟，然一旦落实到现实的修行生活中却很吊诡："中国虽代有高僧名士相继辈出，说法玄妙，理论深幽，然考其平昔修行，不外观轮回苦求脱生死而求自利……皆口说大乘圆顿之教，身行小乘偏权之行。……一见学佛而兼行利济众生之事业者，便讥笑其为非真正之佛教徒……"就连太虚本人，为了积极推动佛教改革事业而经常进出于南京国民政府，而被人诟病为"政治和尚"。太虚痛惜大乘菩萨悲愿之不行于世不可不谓不深。世人多以为他所倡导的"人生佛教（人间佛教）"是对中国近代佛教进行的一场具有划时代意义的变革，但其实，太虚提倡的即生活求正觉的"人生佛教"，恰恰是对佛陀本怀的直接回归。

◎ 第198条 《五乘共学》

佛法虽普为一切有情类，而以适应现代之文化故，当以"人类"为中心而施设契时机之佛学；佛法虽无间生死存亡，而以适应现代之现实的人生化故，当以"求人类生存发达"为中心而施设契时机之佛学，是为人生佛学之第一义。佛法亦容无我的个人解脱之小乘佛学，今以适应现代人生之组织的群众化故，当以大悲大智、普为群众之大乘法为中心而施设契时机之佛学，是为人生佛学之第二义。大乘佛法虽为令一切有情普皆成佛之究竟圆满法，然大乘法有圆渐、圆顿之别，今以适应重征验、重秩序、重证据之现代科学化故，当以圆渐的大乘法为中心而施设契时机之佛学，是为人生佛学之第三义。

【提要】

出自《太虚大师全集·五乘共学》之《人生佛学的说明》，讲述"人生佛学之大旨"。其有三重要义：一是佛法虽普为一切有情，但应以人类为中心，应以追求人生的发达为中心，而施设契合时代需要的佛学；二是就人生的解脱道路而言，佛法中虽有小乘解脱道路，但为了适应群体化、组织化的现代社会，佛法道路的建设应以普度众生为理想的大乘佛法为中心；三是就大乘佛法的解脱道路而言，其又有圆渐、圆顿等的分别，而为了适应现代社会科学化、多元化的发展道路，佛法建设应以圆渐的大乘法为中心。就第一重要义来说，人生佛教是为了洗除一切近于"天教""鬼教"等的迷信，而把目标定位在人生的发展道路之上。就第二重要义来说，人生佛教是为了摆脱小乘佛教那种远离群体、远离组织的人生态度，而走向现代化的人生。就第三重要义来说，人生佛教主张佛法的修行要先圆后渐，要先从大乘经论研求得正确之圆解，发菩提心，学菩萨行，修习大乘十信位菩萨之善根，获得初步之证验，完成人生，成为孔丘、王守仁一般之圣贤，然后再渐趋入于十住、十行、十回向、十地等长期修证，达于大乘菩萨阶位，直至最终成就正觉。

◎ 第199条 《赵朴初文集上·中国佛教协会三十年》

我以为在我们信奉的教义中应提倡人间佛教思想。它的基本内容包括五戒、十善、四摄、六度等自利利他的广大行愿。《增一阿含经》说"诸佛世尊，皆出人间"，揭示了佛陀重视人间的根本精神。《六祖坛经》说"佛法在世间，不离世间觉。离世觅菩提，恰如求兔角"，阐明了佛法与世间的关系。佛陀出生在人间，说法度生在人间，佛法是源出人间并要利益人间的。我们提倡人间佛教的思想，就要奉行五戒、十善以净化自己，广修四摄、六度以利益人群，就要自觉地以实现人间净土为己任，为社会主义现代化建设这一庄严国土、利乐有情的崇高事业贡献自己的光和热。

【提要】

出自《赵朴初文集（上）》之《中国佛教协会三十年》，这是 1983 年 12 月 5 日赵朴初居士在中国佛教协会第四届理事会第二次会议上的报告。中国佛教协会自从 1953 年成立以来，迄今已经近 70 年，赵朴初居士这个讲话正值佛教协会成立 30 周年之际，也是改革开放后贯彻落实宗教信仰自由政策，佛教开始逐步走向恢复发展的历史关头。在这种情况下，赵朴初居士在谈到中国佛教协会的今后任务时，提出"当代社会主义中国的佛教徒，对于自己信奉的佛教，应当提倡一种思想，发扬三个传统"。他指出，"中国佛教已有近二千年的悠久历史。在当今的时代，中国佛教向何处去？什么是需要我们发扬的中国佛教的优良传统？这是我们要认真思考和正确解决的两个重大问题"。在他看来，对于第一个问题，即"中国佛教向何处去？"这个问题，我们应当提倡人间佛教思想。对于第二个问题，他指出"应当发扬佛教的三个优良传统"：第一是农禅并重的传统；第二是注重学术研究的传统；第三是国际友好交流的传统。这些都成为改革开放以来指导中国当代佛教恢复和发展的重要方针。在赵朴初居士看来，提倡人间佛教有利于社会主义中国的佛教徒担当新的历史时期的人间使命，是对佛教在当下时代契理契机的智慧诠释。

赵朴初居士（1907—2000），是我国当代杰出的宗教领袖、著名社会活动家，在国内外宗教界有着广泛影响，深受广大佛教徒的尊敬和爱戴。赵朴初生于安徽省安庆，在上海求学期间开始参与佛教事业和社会慈善工作，并积极参与了许多爱国、抗日和民主、进步活动。新中国成立后，特别是改革开放以来，他长期担任中国佛教协会的领导工作，为中国佛教事业的传承和发展贡献了毕生心血。在长期的工作实践中，赵朴初居士以佛教精神为底蕴，形成了既蕴含中华传统文化精华又具有鲜明时代特色的丰富思想。他以大乘佛教广大的行愿精神为契合点，将佛教的经典教义、修行实践、建设人间净土的理想与中国的社会主义现代化建设圆融在一起，将传统的佛教教义融入时代精神的主流，阐发并指明了在改革开放和建设中国特色社会主义的新时代背景下，人间佛教的核心理念和实践方向，是对人间佛教思想的丰富和发展，成为改革开放后中国大陆佛教事业恢复振兴的指导思想，并为党和政府制定、完善宗教工作方针、政策和法律提供了重要参考，也为当下和未来中国佛教事业与时俱进提供了道路指引，是一笔值得我们珍视和继承的宝贵精神财富。

◎ 第200条 《生活禅钥·自序》

觉悟人生，奉献人生。

【提要】

中国禅在历史上为中国文化作出了杰出的贡献，那么，进入20世纪之后，"禅"应该如何适应现代社会呢？当代禅宗大德净慧法师提出了"生活禅"的新理念、新道路。净慧法师提出，"生活禅"是禅在人生日用中的落实与运用，其宗旨是觉悟人生，奉献人生；其要领是在生活中修行，在修行中生活；其着力点是把握当下一念：觉悟在当下，奉献在当下，修在当下，证在当下，受用在当下，保任在当下。"觉悟人生，奉献人生"是生活禅的宗旨，这两件事也是大乘佛教的根本精神。"觉悟"是智慧，"奉献"是慈悲；以大智慧觉悟人生，以大慈悲奉献人生。可以说，这八个字概括了哲学、宗教、文化、社会、人生各个方面的最高要求，也是最基本的要求。

禅不离世间法，禅的任务就是净化世间法、提升世间法、超越世间法。修行不能离开世间法，不能离开生活；离开了生活，离开了世间法，修行就没有了着落处。禅要适应当前的社会，要适应当前大众修学的需要，就要契理契机地弘法，利益众生，提倡人间佛教，提倡在生活中修行，把修行落实到生活中。为此，净慧法师提出了生活禅的具体内容："在生活中修行，在修行中生活。"净慧法师在《生活禅钥》中论说，生活禅这一命题的意义，在于揭示佛法与生活的不一不异。从觉悟者来看，生活就是佛法，佛法就是生活，世间与出世间不二，烦恼与菩提不二，生死与涅槃不二，此岸与彼岸不二，一切处于中道。生活禅将禅的精神、禅的智慧普遍地融入生活，在生活中实现禅的超越，体现禅的意境、禅的精神、禅的风采。在禅者看来，生活处处都充满了禅机，处处都可以证得禅的境界，禅与生活本来是打成一片而非两截的。中国文化重生活，印度佛教小乘重解脱生死，大乘重觉悟超越生死。禅宗自六祖之后，毋宁说是视死生一如，当下之呼吸即同死生，死生之问题即在当下之观无常生灭中得以超越，而不必待死之时才超越。净慧法师依据祖师言教，认同佛法即生活，视死生为呼吸，死生一如，死之问题即生之问题，生死问题即生活问题。因此，佛法的核心、禅的核心是觉悟生命，在生存、生活中觉悟生命。禅可以成为人生的一种生活方式，处处体会生活禅，时时拥有禅生活。提倡生活禅的目的在于将佛教文化与中国文化相互熔铸以后产生具有中国文化特色的禅宗精神，还其活泼灵动的天机，在人间的现实生活中运用禅的方法，解除现代人生活中存在的各种困惑、烦恼和心理障碍，使我们的精神生活更充实，物质生活更高雅，道德生活更圆满，感情生活更纯洁，人际关系更和谐，社会生活更祥和，从而使我们趋向智慧的人生、圆满的人生。

净慧法师（1933—2013），俗姓黄，湖北新洲人。1948年依武汉三佛寺大鑫和尚（1887—1961）学经。1951年，赴广东云门寺受具足戒，成为虚云和尚的侍者及传法弟子。1956年中国佛学院创立，即入学深造。1979年重返北京参与中国佛教协会的各项恢复工作。历任《法音》主编，河北柏林寺方丈、湖北黄梅四祖寺方丈、湖北当阳玉泉寺方丈等。2013年4月20日在湖北省黄梅县四祖寺圆寂，世寿八十一岁。净慧法师所倡导的"生活禅"理念对于当代社会产生了较为广泛的影响，是当代禅法革新的代表人物。